中国城市转型研究

Studies on the Transition of Urban China

李程骅 著

人民出版社

目　录

前　言

在世界城市化与现代化的进程中，改革开放30多年来中国城市化的创新实践，以前所未有的速度、深度和广度，书写了经济增长与城市发展的宏大篇章。伴随着中国成长为世界第二大经济体，一批中国城市在全球产业链和世界城市体系中也快速崛起，彰显了国家在实现现代化奋斗目标中的整体竞争力。更让整个世界期待的是，中国在城市化率超过50%之后，将进入一个全面加速期，在未来的15—20年，城市化率将达到70%以上①，接近发达国家的城市化水平②。中国的城市在世界城市网络体系的运行中，在经济全球化与生态文明建设中，将发挥更加重要的作用，并承担起更多的责任和义务。

在当代中国大地上演进的声势浩大的城市化运动，是发生在欧美完成两次城市化之后的世界第三次城市化浪潮。尽管这一浪潮还未达到高峰，但全球城市体系和经济版图已因此而改变，中国整体的经济、社会和文化结构为之而变，国内的区域之间、城乡之间、人与城市之间的关系被重新建构，"乡村中国"加速转身为"城市中国"。城镇化和城市现代化，已经成为引领中国现代化进程的重要引擎。特别是在转变经济增长方式、打造中国经济"升级版"的新形势下，在新型城镇化战略全面推进的过程中，"城市中国"的内涵深化与实践创新，已经不仅仅体现在我国整体城市化

---

① 联合国发布的《2013中国人类发展报告》中的预测，到2030年中国城镇化水平将达到70%，中国将新增3.1亿城市居民。

② 世界银行统计数据，2011年美国、日本、德国的城市化率分别为82.4%、91.1%、73.9%。

率的稳步提高上，更体现在代表国家综合实力与竞争力的大中城市的转型升级和主要区域的现代化目标实现上。在未来的城市化进程中，中国的主要大城市以及所构成的城市群、都市圈区域，将具有参与全球生产体系、服务体系和创新体系的能力，并在世界城市的网络体系中占据具有控制性的节点位置，以展现出一个经济大国应有的地位和影响力。① 毕竟，我国所走过的30多年的快速城市化道路，主要是靠快速工业化推进的，在得益于土地和人口两大红利集中释放的同时，也带来了前所未有的资源与环境的挑战。与西方发达国家工业革命以来长达200—300年的城市化进程相比，当代中国的快速城市化是"压缩型"的城市化模式。这种"压缩型"的城市化模式固然提高了发展效率，但也浓缩了快速城市化所带来的诸多问题和矛盾，特别是近年来以交通拥挤、城市积水以及雾霾、生态环境恶化为突出特征的"城市病"的集中爆发，严重影响了中国城市化与城市的可持续发展。由此，在转变经济发展方式的国家战略行动中，在新型城镇化战略的实施过程中，必须加速推进中国城市的转型发展，彻底告别对传统的粗放型发展路径的依赖，探索出绿色发展、集约发展和创新发展的新路径。城市的发展动力要从"投资驱动"变为"创新驱动"，中心城市、大城市的产业结构与整体功能必须实现从"制造型"、"生产型"向"服务型"、"商务型"的转变。② 与此同时，特大城市、大城市的转型进程，必须和国际化战略有机结合，即瞄准国际标杆城市，在全球城市体系中寻求自身的枢纽位置或重要的节点位置，强化在全球范围内整合发展资源和创新要素的能力，加快成长为国际性城市或国际化都市，促进中国从经济大国到创新型国家的地位跃升。

从世界范围来看，城市发展的历史就是城市持续转型升级的历史，城市转型发展的核心动力来自于产业和经济的转型，产业与经济的转型升级

---

① 2009年3月，麦肯锡全球研究院发布的"迎接中国十亿城市大军"研究报告中称，2025年中国将大约有10亿城市人居住在城市。届时将出现百万人口的大都市221个，500万以上人口的大都市23个。千万人以上的超级城市将有8个，分别为北京、上海、天津、深圳、武汉、重庆、成都和广州。

② 李程骅：《服务业推动城市转型的"中国路径"》，《经济学动态》2012年第4期。

提升了城市的功能，也促进了城市空间价值的增长。一个国家和地区的城镇化过程，在很大程度上就是现代性空间再生产的过程，并直接表现为城市空间扩展与价值的提升。工业革命以来，产业、经济转型升级的周期与城市发展的生命周期，形成了明显的互动之势，使诸多现代城市在经历多重危机之后，依然能在可持续发展的轨道上实现复兴和壮大。而信息技术引发的产业革命与城市空间网络的重构，不仅使城市从原来的生产中心、制造中心变身为服务中心、商务中心，还使那些进入全球产业价值链和世界城市体系中的城市，上升为重要的信息中心、创新资源要素的集聚中心，让现代城市全面显现出创新发动机的系统功能，并通过创新型经济的培育和发展，把城市的人力资本、环境资本、文化资本纳入创新体系之中，从而形成创新型城市建设的新机制，保障城市转型升级的方向不改变、发展路径不中断。即使在遇到了国际金融危机之后，这些城市所形成的创新能力和在全球范围内的资源调配能力，也可以快速复苏、重振影响力。这一现象进一步证明，未来城市的转型发展，在全球化的网络体系中，将更多表现为创新驱动的能级水平上，城市和所在区域的高端产业研发能力、生态环境、人文氛围，及其对创新型人才、创新型企业和创新资源要素集聚的制度政策，并在转型进程中形成协同性机制与集成化解决方案。无疑，能否建立起创新型城市的服务体系与动力机制，将直接决定城市转型发展的成功与失败。

基于上述对世界城市转型动力机制的分析，以及对中国城市转型发展所面临的阶段性挑战的认知，我们可以说，尽管中国还处在城市化的加速期，很多城市还处在成长发育阶段，城市转型行动才起步不久，但在新一轮的城市化进程中，仍要坚持以新型城镇战略为引领，以转变经济发展方式为主线，加快产业升级步伐，大力发展创新型、服务型经济，在生态文明建设的准则下优化城市空间布局，提升城市服务能级，构建起实现城市和区域"主动转型"发展的新机制、新路径。具体说来，应重点在以下几个方面强化城市转型的战略内涵和实践行动：

首先，中国城市的转型行动应树立全球视野和国际化的理念，必须立足于城市创新发展的时代前沿，来进行"系统的系统设计"，从经济、社会、文化、政治和生态文明建设的高度，既要确定创新驱动、集约发展和绿色发展的战略方向，同时也要制订差别化的城市转型战略，为处在不同的发展阶段和能级水平的城市提供对应的国际标杆，以整体提升中国城市的转型效率。当前中国区域发展的非均衡格局，已形成了国家级中心城市、区域中心城市、地区性城市等多种层级，这些城市由于政治地位、经济发展水平、综合实力和服务能级的差别，城市的发展定位不同，也就不可能选择同一种实施的路径。但是，转变经济增长方式和城市发展方式是根本性的要求，主要城市必须从原来粗放式、低效率的发展模式，彻底转变成低消耗、低排放和高质量的发展模式，探索出从投资驱动到创新驱动、从被动追随到主动引领的战略转型路径。

其次，针对中国城市转型发展正在进入关键的"窗口期"，必须坚持以经济转型带动城市整体转型的原则，通过大力发展创新型经济，加速产业升级步伐，建立现代产业体系，促进工业化、信息化、城镇化、农业现代化同步发展。那些已经具备国家中心城市、区域中心城市功能的大城市、特大城市，则要重点发展现代服务业和先进制造业，建立起开放式的新型产业分工体系，打造与全球产业链对接的国家价值链，承担起参与全球经济活动、整合国际高端资源的职能，全面提升城市的国际竞争力。国际经验表明，工业化与经济发展水平大体呈倒"U"型关系，当人均收入处于 5 000—10 000 美元时，工业增加值和就业比重大体保持稳定，工业化的重心是质量提升；当人均收入超过 10 000 美元，工业增加值和就业比重趋于下降，即由工业化走向逆工业化或去工业化，城市经济向高端化和服务化方向发展。[①] 就国内经济发展水平而言，人均 GDP 在 2012 年已经超过 6 000 美元，整个国家还处在提高工业化质量的阶段，城市化依然要靠新型工业化推动。但对于众多人均 GDP 已经超过 10 000 美元、15 000 美元，甚至已经接近 20 000 美元的大城市、特大城市来说，则要重点向高端化和服务化方向转型，从而更有效地提升城市的服务能级和对创新资

---

① 魏后凯：《论中国城市转型战略》，《城市与区域规划研究》，商务印书馆 2011 年第 11 期。

源的集聚与整合作用。

再者，中国城市的转型发展要与生态文明建设同步，受到资源和环境的约束加大，并且要在实现经济增长的前提下来推进城市转型，这是一个巨大的挑战，因为在增长中实施转型，在发达国家的城市与区域发展中还没有范本，那些成功转型的城市无不是经过长周期的衰退阵痛后才获得新生的。在增长中实施转型，作为转型主体的企业，内生动力会明显不足，市场的力量与政府的力量难以形成合力，整体转型的阻力会加大。与此同时，节能减排的刚性约束，生态环境建设的指标体系的明晰化，需要城市对产业升级、环境修复与城市设计加大投入，又逼迫城市建设投入机制的创新，对城市新兴产业的培育和发展造成影响。因此，国内城市的转型行动，一方面要大力发展低能耗、高产出的现代服务业、文化创意产业，规划布局好战略性新兴产业，同时还要注重把生态文明的建设内容融入这些产业的空间布局和产业链的各环节中，打造生态化的城市产业结构，达到城市生态修复与绿色、低碳产业同步发展的双重目的。积极探索出经济转型与城市转型同步、城市转型发展的可持续的长效机制。

再次，中国城市的转型发展在新一轮城镇化战略的实施中，在推进区域协调发展、均衡发展和城乡统筹发展、城乡一体化等方面将体现重要的新的价值导向，即通过大城市、中心城市的转型发展，进一步带动区域发展，形成的有机化的"城市群"、"都市圈"空间扩张方式，使大城市、中等城市、小城市和小城镇构成参差有致的有机的网络体系，真正实现城乡一体、产城互动，促进大中小城市和小城镇协调发展，形成城市与区域联动转型的新格局，系统探索出区域现代化的实践路径。对于中国这样一个特殊的大国来说，全面实现现代化必须要有区域现代化的先行探路，区域的现代化又必须建立在高度城市化与城乡一体化的空间平台之上。因此，在把握好我国实现现代化战略目标的战略节点的前提下，积极探索推进城市与区域联动的转型发展之路，特别是在"五位一体"总布局下来全方位推进区域现代化，也有助于转变我国城市的治理方式，即从原来强调城市单一经济功能的转型突破，上升为整体系统的转型发展。

通过上述对当前我国城镇化、城市转型发展所面临的问题、挑战与机遇的综合审视，我们必须在世界城市转型发展、创新发展的战略新格局中，建构起中国新型城镇化和城市转型发展的话语体系，以向全球昭示中国转变城市发展方式的战略设计和实践路径，进一步丰富世界城市化和城市转型升级的理论与实践内涵。这是中国城市学界应有的学术使命和时代责任。

　　基于这种认识，本书在写作的过程中，历经了从梳理"西方理论"、"西方经验"——植根"中国语境"——归纳"中国经验"——整合"中国模式"——创造"中国范式"的思考线路，力图通过这种中西方城市转型理论与实践的"思维穿越"，构建一个研究中国城市转型路径和价值导向，并在产业升级和城市空间优化的双重维度下，对中国城市的经济转型和能级跃升，提出了比较系统的解决方案和战略性的对策与建议。在这个开放的逻辑框架之下，分别建立起产业动力机制对城市转型发展影响的"纵轴"，和制度创新下的城市空间优化对城市转型支撑的"横轴"。

　　"纵轴"，系基于世界城市转型"历时态"的战略审视，以产业演进的维度建立起中国城市转型的"共时态"的"时间轴线"，从产业结构升级与新产业体系构建——现代服务业发展的多元功能——文化创意产业发展与"创意城市"的崛起等方面，来阐明中国城市转型与经济转型的互动机制、对应关系。

　　"横轴"，则从空间优化维度建立起中国城市转型的"空间轴线"，从创新驱动中国城市发展方式转变、创新型城市建设——区域发展一体化进程与中国大都市区营造——新型城镇化战略与"美丽中国"建设等方面，来探讨创新型城市建设、区域一体化的实践成效以及新型城镇化战略的整合作用，进一步验证中国城市转型发展中"空间响应"的重要性。

　　"纵轴"与"横轴"的协同演进和正向作用，系统保障了中国城市转型的战略方向和可持续发展的动力机制，从而达到或接近以先进的发展理念来引领城市转型的实践创新，让持续的实践创新来丰富城市发展理论体系的"理想状态"。

　　全书各章内容的演绎，基本按照理论探源——国际视角——现实对应——实证检验——战略选择与对策建议的路径，以形成相对完整的逻辑体系。同时，全书各章围绕产业动力机制的"纵轴"和城市空间优化的"横轴"有序延展，以期搭建起理论与实践相互支撑的中国城市研究学术体系。当然，由于城市研究的角度多重、学科多元和话语表达方式的不同，这个涉及多个学科和实践领域的话语体系的科学性还有待于进一步检验，相关支撑的内容也需要不断地丰富和完善。

在快速的城市化进程和城市转型升级的战略行动中，在打造中国经济"升级版"的新的战略要求下，中国的经济转型与城市转型形成的互动之势，将书写出中国城市创新发展的新篇章。新型城镇化战略所确立的基于生态文明建设的可持续、集约化和高质量的中国城市转型之路，不仅可以在全球范围内为发展中国家和地区提供方向性的引领，也将为发达国家的城市再转型提供新的启示。在全球新一轮的城市化浪潮和城市转型行动中，中国的城市已经踏上了创新发展的道路，尽管挑战巨大，但前景光明。可持续的发展理念、科学的路径引领和创新的动力机制，必将为世界城市的发展与繁荣，提供更多的正能量，注入理论与实践的新内涵。

第一章
全球视野下城市转型发展的
战略审视

　　人类的工业文明造就了现代城市，也培育出了产业发展推动城市转型的动力机制，使所有的城市在经过阶段性的发展之后，都必须从产业结构、服务功能、空间布局以及城市治理方式等方面进行全面的调整与完善，以适应可持续发展的需要。放眼全球，国际主要城市在转型发展的战略进程中所作的探索，无论是成功的经验，还是失败的教训，都是对城市转型理论与实践的丰富与深化，并直接为后发国家或地区城市化、城市现代化提供政策支撑与路径借鉴。从工业化城市，到后工业城市，再进一步成为信息化、绿色发展主导的生态化、低碳城市和更加宜居宜业的高度人性化城市，成为现代城市演进发展的基本路径与目标追求。与发达国家已经完成了城市化进程、城市转型发展的目标相比，中国在城市化起步较晚的情况下，就启动了城市转型之路，其转变速度之快、集聚力之强和范围之广，在世界的城市化、现代化进程中前所未有，所遇到的挑战和困难也将前所未有。中国的城市必须立足时代前沿，站在以新的绿色、低碳、质量型和集约型为内涵的世界城市第三次转型的平台上，进行产业体系、空间布局和治理方式等方面协同推进的系统转型，加快转变发展方式，探索出创新驱动战略下的城市转型发展的新路径，在全球范围内树立可持续发展的新标杆，为世界的城市转型发展注入新的实践内涵。

第一节 城市转型的内涵演进、理论与实践

一、城市转型的内涵演进及理论认知

城市是一种有机的生命体和空间结构组织形式。城市本身的主要功能是化力为形，化能量为文化，化死的东西为活的艺术形象，化生物的繁衍为社会创造力。[①] 全球城市发展的历史表明，每一座城市都有其自身的生命周期，即经历兴起、发展、繁荣、衰退或再度繁荣的过程。[②] 因此，城市在生长的过程中，会有很强的发展阶段性和周期率特征，而通过转型发展来强化自身的功能、培育新的竞争优势，既是一种自然、本能的选择，也是应对挑战、适应外部环境变化的创新之举。

自工业革命以来，工业化造就了现代城市，培育了人类的新文明，但进入 20 世纪之后，工业化推进的城市化到了一定阶段出现了效率衰减，甚至加剧了"城市病"，这就倒逼人们的反思：城市发展的真谛是什么？在城市这个巨大的机会场里，经济、就业、环境、生活等，怎样才能和城市人的追求相适应、合拍？于是，产业升级、经济体系优化主导下的城市转型发展，就成为了一种理性的选择。20 世纪 50 年代以来，以欧美国家为主导的城市转型发展运动，进行了多方面的实践探索，成为促进经济社会变迁的战略行动，在"后工业社会"的来临之时，有效破解了城市发展中的一些难题，并且得以在信息革命到来后，构建了全球生产网络、服务经济维系的世界城市网络体系，通过在全球范围内整

---

① ［美］刘易斯·芒福德（Lewis Mumford）:《城市发展史: 起源、演变和前景》，宋俊岭等译，中国建筑工业出版社 2005 年版，第 582 页。

② 美国学者路易斯·萨杰维拉（Luis Suazervilla）认为，城市犹如生物体一样，有其出生、发育、发展、衰落的过程。霍尔（P.Hall）在 1971 年提出"城市发展阶段理论"，认为城市发展具有生命周期的特点，"在这个生命周期中，一个城市从'年轻的'增长阶段发展到'年老的'稳定和衰落阶段，然后进入到下一个新的发展周期"，并将城市的空间发展分成四个阶段，即城市化、郊区化、逆城市化和再城市化。这一理论模型被西方多数学者所采用，西方城市化的过程也证明了其理论的前瞻性。

合优质资源，强化中心城市的国际影响力，来进一步提升区域和国家竞争力。进入 21 世纪，在知识经济的引领下，世界的主要城市又进一步转型升级为知识中心、创新中心，继续发挥经济、文化和消费的引领作用。发展中国家和新兴经济体国家的一批城市，在新一轮全球化进程中快速崛起后，主动启动城市转型发展的新战略，丰富了世界城市转型发展的实践探索。可见，在全球进入"城市社会"，更多的发展中国家和新兴经济体国家迎来了城市化加速期之后，城市的转型发展、创新发展将成为世人更关心、关注的话题。对于城市转型的理论研究和学术探讨，也将吸引更多学科、更多领域人士的参与，并以此来指导和引领城市转型发展的实践探索。

世界性的城市化、城市现代化的历史进程已经表明，主动的、持续的城市转型战略和行动，所呈现的一种正向机制，已经成为城市和区域发展的创新动力。但是，为什么同样处在同一个发展阶段、发展水平的城市，有的转型成功，有的却转型失败？为什么在经济全球化的进程中，那些已经进入了全球城市网络体系的城市，国际化程度与城市和区域竞争力并未呈现正相关的关系？为什么在 2008 年的国际金融危机之后，那些被视为转型成功的"标杆"和典范城市，反而受到的冲击更大？在新的世界城市网络体系中，发展中国家和新兴经济体国家的城市，在转型发展中应如何处理"国际化"和"本土化"的关系？所有这一切新的关乎现实的重大问题，要想对其认识、理解并给出可行的答案，都必须从对"转型"这个概念的基本认知起步，并从理论和实践的双重维度对"城市转型"的内涵进行系统分析。

"转型"作为一个基本概念，初始是应用在生物学领域的，指事物结构形态和运转方式的变化。早期被引入到经济社会发展领域，主要表达的是 20 世纪上半期全球建立的社会主义国家在计划经济实践中遇到困难并探索其解决办法的探索，前苏联学者布哈林在 1921 年出版的《过渡时期经济学》中，探索社会主义过渡时期的经济发展规律，首次提出了"经济转型"的概念。后来，国际学界对"转型"概念的认识，一般都是转型经济学的领袖人物热若尔·罗兰（Gérard Roland）的表述：转型即一种大规模的制度变迁过程或者说经济体制模式的转换。① 基于当代中国的城市化语境来看，"转型"一词具有体现为从计划经济向市场经济的转变，运用到城市的发展层面，则指的是在社会主义市场经济体制之下城市发展理念、经济发展方式的转变。自 1978 年开始的中国经济转型行动，和 10 多年后的东欧、俄罗斯及其他独联体国家的体制转型一起，体现的是典型的从计划经济向市场经济转型的过程，故这种转型也被称为"转轨"。但是，进入 21 世纪，随着转变发展方式成为国家发展的主题，城市转型的内涵已转化为以经济结构调整、建立服务经济主导的新产业体系的经济转型带动下的城市发展理念的转变：从原来 GDP 高增长主导的重数量轻质量、重规模轻内涵的表现为高增长、高消耗、高污染、高排放、低效率的粗放型增长模式，向重质量、重效益、重服务的绿色、智能、生态的精细型增长模式转变。因此，当代中国城市发展中的"转型"概念，体现在"大规模的制度变迁"上，主要表现为站在世界城市发展前沿的产业体系的轻型化、服务化，以及在功能转变、空间结构优化、创新能力的培育和政府治理方式的转变等具体层面，既不止于"计划经济向市场经济"的层面，也早已超越早期特指的"资源型城市"的产业创新与整体的涅槃新生。在中国的城市化、城市现代化进程中，城市转型，既体现为市场资源优化配置、政府规制引导和社会公众认同与参与的自觉或被动的行为，更表现为转变经济发展方式、不断提升城市功能和城市竞争力的阶段性过程，需要市场、政府和社会的多重合力的稳步推进。

尽管现代城市转型发展的内涵和行动路径早已超越了资源型城市转型的内容框架，但毕竟针对不可再生资源型城市（镇）的演进的研究，是城市转型研究的重要源头之一，而在信息革命到来之前，资源型城市转型的研究已经形成了相当多的共识，并在实践运用中产生了一定的成效。因此，对资源型城市的转型理论与研究成果的分析和吸取，也是很有必要的。

---

① ［比］热若尔·罗兰：《转型与经济学》，张帆等译，北京大学出版社 2002 年版。

　　资源型城市是依托当地不可再生资源的开发而兴建或者发展起来的城市，由于资源的不可再生性以及产品自身所固有的周期性特征，为了延长自身有限的生命周期，突破不可再生资源的制约，资源型城市必须拓展城市的可利用资源，拓宽资源的开发领域，实现多种资源的综合开发，推动城市的转型发展，否则，今日立身的核心资源，明天就成为可持续发展的"魔咒"。①

　　国际上对资源型城市发展的研究起源于20世纪30年代，代表人物有加拿大著名经济史学家和经济地理学家伊内斯（H.A.Innis）等，主要是以单一的城镇为研究对象。当时的加拿大、美国出现了大量以矿山开采为主要产业的城镇，这些城镇都面临资源过度开发后的衰退问题，它们如何转型发展开始引起关注。到了二战之后，罗宾逊（I.M.Robinson）、赛门斯（L.B.Siemens）等开始研究资源型社区的规划与建设问题。在此基础上，卢卡斯（R.A.Lucas）提出了单一矿产城镇的发展阶段理论：建设、雇佣、过渡和成熟四阶段。② 此后，著名地理学家布赖德伯里（Bradbury）又对卢卡斯的单一资源型城镇理论进行了发展，提出了发展的第五、第六阶段，即下降阶段和关闭阶段。从20世纪70年代开始，国际学界转向了对资源型城市群体的实证研究，重点为经济结构、劳动力市场和世界经济一体化对资源型城市的影响等方面，以期为实践提供指导。进入80年代之后，国外的资源型城市产业转型多数已完成，城市转型研究的重心也快速转向了全球经济一体化对城市产业升级、新产业体系构建，以及大城市郊区化带来的产业空间、商业空间和居住空间的变化等新的领域。

---

　　① 1995年，哈佛大学教授杰弗里·撒切斯（Jeffrey Sachs）与安德鲁·沃纳（Andrew Warner）发表了《自然资源丰裕与经济增长》一文，以实证的方式，专门研究了自然资源与经济增长的关系问题。通过经验研究和计量检验，得出的结论为：自然资源与经济增长之间确实存在相关性，但是一种负相关性。自然资源丰富的国家与地区，经济增长反而慢于自然资源稀缺的国家与地区。该论文表明：一定的发展环境中，资源不再是经济增长的条件，反而成了经济增长的阻碍，"资源魔咒"的命题即由此而来。

　　② R.A.Lucas, *Minetown, Milltown, Railtown: Life in Canadian Communities of Single Industry*, Toronto:University of Toronto Press,1971.

城市转型研究的另一个重要源头，是基于 20 世纪的现代城市的空间结构发生重大变化的实践性探索的城市空间结构理论。20 世纪 20 年代后，美国进入了城市扩散阶段，开始了郊区化的浪潮，一批大城市从原来单中心的空间格局，比较快地扩展为多核心的都市区形态。大城市空间形态的变化，不仅体现在产业的分离、分化，还体现在城市社会结构的变化上，芝加哥学派对这一重大转变的研究，提出了"同心圆理论"①、"扇形理论"②，后来还有集成特色的"多核心理论"③，这三大理论是从基于美国城市空间格局转型的实证研究而来的，但表明了城市作为一个有机生命体，其空间从集聚到扩散的阶段性特征。从二战之后，国际上对于城市的空间扩展、要素集聚以及郊区化的趋势等方面的研究，仍多局限于传统城市的单一主体的框架之内。但是美国东北部地区的大城市的产业升级与环境整治行动，则体现了"协同转型"的特征，这实际上是传统的现行经济增长模式推动的城市转型的必然出路。区域联动发展，解决产业问题、生态问题，应运而生大都市区理论。1957 年法国经济学家简·戈特曼提出"大都市圈"理论，主张由特大城市的发展应定位为行政区域的核心，通过辐射并带动周边中小城市的协同发展，以形成在世界范围内具有重大影响力的大都市经济圈或城市带。这一理论虽然立足于城市规模的扩大，但比较早地提出了在全球地理空间扩大城市影响力的命题，为大城市的转型

---

① 伯吉斯（E.W.Burgess）于 1925 年在《城市社会学》中提出，以对芝加哥城市土地利用整体空间结构分析为依据，审视居住空间与商业区位、工业区位、城市交通区位的关系等，发现城市各功能用地以中心区为核心，自内向外作环状扩展，共形成五个同心圆构成的空间圈层结构。

② 霍伊特（Homer Hoyt）于 1939 年提出，他对美国 64 个中小城市及纽约、芝加哥、底特律、华盛顿、费城等城市的居住地的趋势分析，发现各类城市用地趋向于沿主要交通线路和沿自然障碍物最少的方向由市中心向市郊呈扇形发展。

③ 多核心理论最先是由麦肯齐（R.D.Mckenzie）于 1933 年提出，然后被美国地理学家哈里斯（C.D.Harris）和乌尔曼（E.L.Ullman）于 1945 年在《城市特征》一书中加以发展的。该理论强调城市土地利用过程中并非只形成一个商业中心区，而会出现多个商业中心。其中一个主要商业区为城市的核心，其余为次核心，这些中心不断地发挥成长中心的作用，直到城市的中间地带完全被扩充为止。随着城市规模的扩大，新的极核中心又会产生。

发展提供了空间支持的理论基础。①

19 世纪 60 年代之后，"世界城市"（World City）的概念被应用起来。②英国地理学家、规划师彼得·霍尔（Peter Hall）1966 年将这一术语重新使用，将"世界城市"定义为在全世界或大多数国家发生全球性经济、政治、文化影响的大都市。③ 随后，学者们开始从国际经济分工、金融资本国际化以及城市的外在联系等方面，来研究世界上占据重要位置的城市的特征，其中，弗里德曼（J. Friedmann）和沃尔夫（G. Wolff）开启了划时代的研究工作，他们发表的《世界城市的形成：研究与行动备忘录》，对世界城市的概念和本质特征作了系统分析。在此基础上，弗里德曼后提出了"世界城市假说"（The World City Hypothesis）。在同一时期，美国地理学家诺瑟姆（Ray M.Northam）提出各国城市化过程的轨迹为 S 型曲线的理论④，认为一个国家和地区的城市化过程分成三个阶段，即城市水平较低、发展较慢的初期阶段，人口向城市迅速聚集的中期加速阶段和进入高度城市化以后城镇人口比重的增长又趋缓慢甚至停滞的后期阶段，为发达国家城市转型的时机把握提供了理论上的依据。

20 世纪八九十年代，是世界城市转型理论成果的集中涌现期。一方面，全球性大城市、大都市区的产业转型、功能升级以及全球性城市体系的形成，现实实践为理论创新提供了丰厚的土壤；另一方面，信息革命的到来，城市重组生产要素的方式发生重大变化，全球生产体系下的"信息

---

① 简·戈特曼认为当时的世界已经存在六大都市圈：美国的纽约都市圈、环五大湖都市圈、法国的巴黎都市圈、英国的伦敦都市圈、日本的东京都市圈和中国的长江三角洲都市圈。

② 1889 年，德国学者哥瑟（Goethe）即用"世界城市"来表述巴黎和罗马。但"世界城市"作为一个学术用语，1915 年在著名学者葛迪斯（Geddes）的著作《演化中的城市》（Cities in Evoluation，Williams & Norgate Ltd.）中被提出，主要指当时世界上有商业影响力的城市。

③ Peter Hall, *The World Cities*, London: Weidenfeld and Nicholson,1966.

④ 诺瑟姆（Ray M.Northam）通过观察、分析世界各国的城市化过程，1975 年提出城市化发展的一般规律（即，诺瑟姆 S 型曲线）：城市化的初级阶段（城市化率小于 30%），城市化水平低，发展缓慢；城市化中期阶段（城市化率大于 30%，小于 70%），城市化加速；城市化后期阶段（城市化率大于 70%），城市化又缓慢发展。

城市"成为重要发展方向。卡斯特（Manuel Castells）构建了城市"发展的信息模式"（information mode of development），并据此提出了"信息城市"（Information Cities）的概念，为人们对世界城市的认识提供了新的内涵。①

城市本身是不可能孤立存在的，城市之间的联系、城市与所处的区域联动发展，是城市的本质特征之一。在方兴未艾的全球化浪潮中，城市转型必须跳出自身的资源与空间束缚，才能获得生命体的持续生长和更新。1991年，萨森（Saskia Sassen）正式提出了"全球城市"（Global Cities）的概念，由此引发了一场全球城市研究的新热潮，为国际城市转型发展的功能、定位、模式，确定了全球化的转向。由此，涉及经济、地理、社会、文化以及国际关系多个学科的"世界城市"理论，被迅速应用于实践中去，引领全球生产、贸易、金融和消费产业的转移，在进一步强化顶级城市经济控制力的同时，也造就了一批快速进入世界城市体系的城市。进入21世纪之后，以泰勒（P. J. Taylor）教授和毕沃斯托克（J. V. Beaverstock）的"全球化与世界城市研究小组与网络"（GaWc Study Group and Network）团队，进一步深化讨论了城市之间的关系和网络特征，提出了"世界城市网络"（World City Network）的概念，即一个由枢纽层、节点层、次节点层的城市相互联结的城市网络结构，世界城市就是作为这一网络体系中的"全球服务中心"。②

从以上对世界城市转型发展研究的学术成果和理论探讨中，可以清晰地看出产业升级、新经济体系的构建，始终是被关注的主线，而参与国际

---

① 卡斯特将城市网络置于流动空间之中进行考量，认为信息经济的核心是"流的空间"（space of flows），而"世界城市就是信息城市"，拥有新技术则成为世界城市的主要特征。在信息时代，世界城市的支配性功能与过程日益以网络组织起来，这种情形充分表现在以通信联系为基础的世界资本市场与金融交易之中。详见 M.Castells, *The Rise of Network Society*, Oxford: Blackwell, 1996。

② P. J.Taylor, "World Cities and Territorial States under Conditions of Contemporary Globalization", *Political Geography*, 19 (2000). P. J.Taylor, "Specification of the World City Network", *Geographical Analysis*, 33 (2001-2), 181-194. P. J.Taylor, *World City Network: A Global Urban Analysis*, Routledge, 2003.

分工的程度、信息化水平和全球服务能力，则是现代城市转型成功与否的重要标志。因此，在以"世界城市"为核心概念和转型目标的理论及相关实践成为城市研究的主流范式之后，跨国公司、金融机构、全球性的服务公司的集聚程度，直接体现了城市对全球经济、产业、资本、文化、消费的控制力和影响力，城市转型的研究也越来越趋向于实证化。故而当2008年国际金融危机爆发后，那些老牌的"世界城市"受到冲击更大的现实，就让人们重新思考全球范围内，尤其是发展中国家和新兴市场国家城市转型的战略方向：是不是国际化程度越高就越有竞争力？欧美国家的城市发展模式是不是具有全球的普适性？经济的增长与城市的转型发展如何形成阶段性的契合？这些现实挑战，实际上为全球范围内的城市竞争力提升与城市转型战略的研究提出了新的要求，并对以往的主流学术范式进行完善。与此同时，进入21世纪以来，资源和环境压力的日益加大，有关低碳城市、生态城市和幸福城市的新理念、新范式，在一些重要国际组织的推进下，也在实践和理论上寻求契合，以形成全球发展的共识。国际学界开始对现行的城市发展模式进行反思，把低碳、绿色、生态、智慧和幸福等元素注入新的学术范式和理论体系中，已经成为必然的选择，尽管重点仍然在经济转型的方向和对策，但有关城市转型的多学科、多视角、多维度的综合研究日益增多。[①] 这无疑更有利于该领域研究的科学化、可持续发展。

伴随着中国城市化率的快速提高、中国经济在世界的崛起，特别是提升城市国际化水平、进入全球城市体系的需要，中国的城市转型研究成果也日益增多，并较快地融入世界城市研究的学术话语体系中。在20世纪90年代，国内的一批学者就率先在"世界城市"的学术话语下启动了中国城市参与全球分工、加快发展服务产业来促进城市经济转型的工作，宁越敏（1994）等为代表的团队成果引起了国际学界的关注。[②] 同一时期，阎小培（1995）对信息产业和城市国际化的关系进行了研究。进

①　屠启宇、苏宁：《国际城市 2.0：2012 年国际城市发展趋势》，见《国际城市发展报告（2012）/ 国际城市蓝皮书》，社会科学文献出版社 2012 年版。

②　参见苏宁：《世界城市理论综述与启示》，《上海商学院学报》2012 年第 2 期。

入 21 世纪，特别是中国加入 WTO 之后，国内对于城市转型的研究趋于系统化、多领域化。在对城市转型的一般性研究方面，学者们集中在城市转型的界定、内涵、模式、动因和方向等具体探讨上（侯百镇，2005；朱铁臻，2006；李彦军，2009）；对全球化背景下中国城市经济转型与城市整体发展战略转型方面的研究，成果也较为丰富：城市竞争转型策略研究（连玉明，2003），城市转型的产业支撑（周振华，2006），转型发展提升城市国际竞争力研究（倪鹏飞，2007），城市发展转型的战略（顾朝林，2005；崔曙平，2008），城市经济转型的方向研究（裴长洪，2010；李学鑫等，2010），城市产业转型与经济体系的关系（潘伟志，2004），创新型经济与城市转型（洪银兴，2009），都市圈一体化发展与城市转型（张鸿雁，2009），以及服务业发展推进城市经济转型（李程骅，2012）等。针对问题城市和典型城市转型的研究，除了大量的有关资源型城市转型的成果（吴奇修，2007）外，一些学者还探讨了老工业基地以及上海、深圳等典型城市的转型问题（陈建华，2009；吴缚龙，2006）。另外，一批上海学者围绕世博会引领城市转型的效应进行了多方面的深入探讨（屠启宇，2010；陈信康，2010）。值得关注的是，随着中国城市国际化水平的提高，近年来海外有关中国城市转型问题的研究也日益增多，代表性著作有弗里德曼（Friedmann，2005）的《中国的城市变迁》（*China's Urban Transition*）和邢幼田（Hsing, 2009）的《城市大转型：中国的政治与不动产》（*The Great Urban Transformation: Politics and Property in China*）。[①] 可以说，中国学者的相关研究成果，以及国际学者对中国城市的全新视角的研究，进一步丰富了世界城市研究的学术体系，对全球进入"城市世纪"的可持续发展起到了重要的实践导向作用。但我们也无须讳言，城市转型是一个理论问题，更是一个实践命题，往往一个问题还在破解之中，或一个学术框架还在构建之中，突然变化的现实就很可能颠覆原来的立论基础。因此，从全球经济发展和城市化的进程来看，特别是从国际金融危机

---

① 参见魏后凯：《论中国城市转型战略》，见《城市与区域规划研究》，商务印书馆 2011 年第 11 期。

对世界城市体系造成的冲击来看，世界城市转型的经验和路径要重新审视，未来的发展方向也需要重新校正，整体的、具有超越实践探索的系统城市转型理论还在形成之中，中国的学者理应为之作出更多的贡献，特别是对中国城市在全球城市体系中的地位攀升、全球化与区域一体化双向推进中的城市转型、大都市圈与中心城市的协同发展研究、新型城镇化战略下的产业转型与城市转型 / 服务经济体系与城市功能提升以及城市转型中的政府与市场的作用等很多前沿问题，进行更有针对性的探讨。

二、国际城市转型发展的实践与启示

城市的发展是多种因素共同作用的结果，在众多的影响因素中，产业是城市发展的主导力量。如果说城市的发展历程在很大程度上就是不断转型的过程，那么产业的升级无疑是推进城市转型的主导力量。在工业化时期，工业产业是城市发展的主导产业，工业产业中各部门产业的生命周期就会对城市的生命周期产生影响。当它的支柱产业符合城市的发展阶段时，就会推动城市的快速进步，但是每一种产业所使用的生产要素是不同的，随着城市的不断进步，这些要素的比较优势也会发生相应的变化，这就需要进行产业结构的调整。如果调整不及时，产业对城市发展的贡献作用就会逐渐缩小，城市的发展就会出现滞胀甚至衰退的现象。这就是为什么城市总是通过产业的结构调整、产业升级来实现转型发展的原因。市场资源配置下的城市转型，只有先行实施产业和经济转型，才能带动功能、就业、服务等一系列的转型。现代城市的转型探索，实际上自二战之后就开始了，但作为一种自觉的群体行动则是自 20 世纪 50 年代全面启动的。二战之后，美国为解决产能过剩，推出了援助欧洲的"马歇尔计划"，这实际上是美国工业增长衰退的前兆，而当时的美国城市是典型的工业城市，明显受到影响。为此，美国的东北部地区和五大湖地区城市的产业更新带动下的城市转型行动，开启了世界工业化城市的第一次转型之旅，现代城市开始从生产制造中心向"服务中心"转变，并逐步构建服务经济主导的新型产业体系，直接应对"后工业社会"的到来。

北美五大湖都市带分布于五大湖沿岸，从芝加哥向东，经过底特律、克利夫兰，一直延伸到加拿大的多伦多和蒙特利尔，它与美国东北部大西洋沿岸都市圈共同构成北美制造业带，自 20 世纪五六十年代起，因工业衰退、人口流失和经济下滑被称为"铁锈地带"，与后来崛起的美国西海岸的加州"阳光地带"的勃勃生机，形成了鲜明的对比。经济转型、产业升级和环境保护的转型行动一直与之相伴。进入 20 世纪 80 年代后，信息革命、互联网时代的到来，信息化引领新的工业化、服务型产业发展，全球生产网络体系得以建立，全球城市体系应运而生，一些国际化程度高的大城市又进入了第二次转型。第一次转型，表现为传统创业的升级与经济结构的优化，第二次转型体现为在全球网络中集聚高端资源，在金融、科技、创新等方面体现中心引领作用。

如果将 20 世纪 50 年代作为西方发达国家城市转型的起步期，那么到当前为止的半个多世纪中，全球化视角下的城市经济转型发展，实际上可分为两个阶段。第一阶段为产业结构调整带动下的向服务经济体系的转变，重点表现为产业升级、产业结构调整的"倒逼型"转型，从制造型城市向服务型城市转型，如美国的纽约、芝加哥、匹兹堡，英国的伦敦、伯明翰等。第二阶段是 20 世纪 80 年代之后的"主动型"转型。80 年代之后，全球的信息技术革命，大大降低了城市、区域间的交通、物流成本，促进了新型的现代服务业大发展，这不仅能提升城市自身的能级，而且还逐步构成了全球城市体系，形成全球产业价值链，并控制价值链的高端环节，在产业垂直分工中占据高端位置，像伦敦、新加坡、香港等实施的"再转型"，强化自身国际金融中心、国际航运中心、企业总部中心等就很有代表性。

第一阶段的世界城市经济转型行动，主要表现为产业升级带动下的制造业向服务业大发展，由此带来城市功能的提升、城市空间的优化。工业革命带来了世界城市的大发展，使不少城市扩张到一定程度后，因资源、产业和功能的单一而遭遇发展的瓶颈，甚至进入长时间的衰退，引发诸多经济、社会和政治问题。因此，美国的一批大城市如芝加哥、纽约、匹兹堡等，率先调整产业结构的转型行动，从制造型城市向服务型城市转变，这一战略行动在帮助它们顺利挺过六七十年代的经济难关的同时，城市经济形成了服务经济体系。①20 世纪 80 年代，有关学者对美国 140 个最大的大都市标准统计区的研究表明，尽管这些城市在转型的过程中表现出多样化的特征，但都呈现出一个规律性的现象，那就是城市内部的服务业得到了空前的发展，城市的专业化程度明显提高。② 与此对应的是制造业比重大幅下降，大多数制造企业被转移出去，城市的空间价值得到提升，金融业、会展业、研发服务业、咨询服务业、文化创意产业成为主导性发展的产业。纽约从 50 年代开始产业结构发生变化，功能逐渐从"物质生产中心"向金融中心、服务中心、信息中心和管理中心转变。芝加哥曾有美国"工业心脏"之称，是名副其实的"钢城"，由此带来的工业污染使芝加哥恶名远扬。但经过 20 多年的转型升级，就从一个重工业城市脱胎换骨成一个服务业主导的现代化大都市，20 世纪 80 年代后的芝加哥重新复兴，已成为国际金融中心、国际会展中心和国际信息技术中心，并因环境优美洁净成为国际旅游胜地，成为全球城市经济转型升级的典范。匹兹堡也曾是美国的"锈城"之一，原是美国重要的钢铁生产基地，20 世纪 70 年代，匹兹堡遭遇严重经济危机和失业潮后走上变革之路。在产业结构上从单纯依靠钢铁制造业逐步转变为融合新技术、医疗保健、教育和金融服务业为一体，在城市建设上在废弃的工业区建起崭新的现代民宅社区和商业中心。匹兹堡还靠高质量的教育和绿色环保两大优势，打造城市吸引力，现已成为 300 多家美国和跨国公司的总部所在地。2009 年的世界 G20 金融峰会选定匹兹堡作为举办地，用美国总统奥巴马的声明，"从没落的传统钢铁工业基地转变为采用新经济增长模式发展的现代城市，匹兹堡给美国乃至世界很多遭遇经济金融危机、亟待产业转型的城市和地区树立了成功典范"③。

欧洲的城市经济转型行动，也在 20 世纪五六十年代全面启动。二战后，作为传统工业中心的伦敦开始衰落，环境污染问题日益突出，转型发

---

① T.Stanback, T.Noyelle, *Cities in Transition*, N. J.Totowa: Rowman and Allanheld, 1982.

② T.Noyelle and T.Stanback, *The Economic Transformation of American Cities*, N.J. Totowa: Rowman and Allanheld, 1984.

③ 《匹兹堡：一座钢铁城市的成功转型》，《广州日报》2009 年 9 月 21 日。

展已无从选择。为此,大伦敦从产业空间规划入手,推动产业向伦敦西部发展,并布局了里丁、斯拉夫、布拉克尼尔等新镇,为新兴产业的发展与集聚创造了条件。到了70年代,伦敦开始实施以银行业等服务业替代传统工业的产业结构调整战略,产业结构从制造业为主转向以金融、贸易、旅游等第三产业为主,商业和金融服务部门及其他一些高科技支撑的产业创造了巨大的财富。持续的经济转型,稳固了伦敦作为经济中心和全球金融中心的地位,为以后的大力发展文化创意产业打好了基础。如果说伦敦的经济转型更多依靠的是市场的力量,特别是在全球范围内整合资源的超强能力,那么德国鲁尔、法国洛林的转型则更多体现了政府规划主导的作用。鲁尔本是煤炭之都,资源枯竭后于20世纪60年代实施经济转型行动,大致经历了防御型的"再工业化"、以传统工业为基础的"新兴工业化"和以地区优势产业为主导的"产业多样化"三个阶段。在转型过程中,联邦政府经济部下设联邦地区发展规划委员会和执行委员会,州政府设立地区发展委员会及实行地区会议制度,市政府成立劳动局和经济促进会等职能部门,负责综合协调,以保证行动的执行到位;同时,分期制定振兴规划,政府提供资金扶持,创建科技园区,培育新兴产业,使得信息服务等"新经济"产业在鲁尔区的发展极为迅速,并远远领先于德国其他地区,成为德国新兴的服务经济基地。洛林是法国历史上以铁矿、煤矿资源丰富而著称的重化工基地,20世纪60年代末实施"工业转型"战略,彻底关闭了煤矿、铁矿、炼钢厂和纺织厂等成本高、消耗大、污染重的企业,根据国际市场的需求,重点选择了核电、计算机、激光、电子、生物制药、环保机械和汽车制造等高新技术产业。为解决转型中的重大问题,政府创立了专项基金,创建企业创业园,国家资助的自身非赢利的"孵化器"为新创办的小企业无偿制定起步规划,既解决了本地职工的重新就业问题,又培育出了一大批创新能力强的中小企业。经过30年的努力,洛林由原来的工业污染重地,蜕变为环境优美的工业新区,整个地区获得了新生。①

_____

① 吴奇修:《资源型城市竞争力的重塑与提升》,北京大学出版社2008年版,第22页。

　　第二阶段的现代城市经济转型，是在新一轮全球化、信息化的深度推进下展开的，带有很强的主动性。信息革命引发的这一波城市转型行动，从 20 世纪 80 年代开始，到 90 年代和本世纪初进入高潮，其最突出的特点是通过信息网络的建设，来打造"智能城市"、"智慧城市"、"创意城市"，从而使城市自身在全球城市体系中占据控制或节点的位置，进一步强化城市的竞争力。伦敦、新加坡、东京、首尔等城市通过大力发展现代服务业、创意产业，特别是生产性服务业，如金融、物流、信息服务、创意设计等，不仅从制造型城市转变为服务型城市，并由此成为"世界城市"、"全球城市"、"国际化城市"。20 世纪七八十年代，伦敦实施以银行业等服务业替代传统工业的产业结构调整战略，产业结构从制造业为主转向以金融、贸易、旅游等第三产业为主，伦敦成为全球第一大国际金融中心。进入 21 世纪，伦敦的文化创意产业彻底改变了传统商业模式，更强调创意、营销的精神产品的生产和营销。伦敦东区的霍克斯顿临近剑桥大学，聚集了 500 多家创意企业和大量优秀的创意人才，是世界著名的创意产业园区。据《伦敦市长文化战略草案》的数据，伦敦的文化创意产业估计年产值为 250 亿—290 亿英镑，从业人员达到 52.5 万。2005 年伦敦创意产业人均产值为 2 500 英镑左右，几乎是全国创意产业人均产值 1300 英镑的一倍。由于文化创意产业创造的财富仅次于金融服务产业，同时也是第三大容纳就业人口的产业领域，创意产业已经成为伦敦重要的经济支柱和核心产业，伦敦由此确定了"创意之都"的地位。新加坡作为一个城市国家，1959 年独立以来，产业结构经历了三次成功转型：从传统的转口贸易转向发展进口替代工业的第一次转型，从进口替代转向发展出口导向工业、打造亚洲国际金融中心的第二次转型，从"制造基地"转向"总部基地"的第三次转型。20 世纪 80 年代，新加坡政府先后制定了《20 世纪 80 年代经济发展规划》（1981）和《新加坡经济：新方向》（1986），吸引大量跨国公司总部入驻的同时，大力推动产业优化升级，现代服务业成为新加坡的支柱产业，其中商业服务（包括对外贸易）、交通通讯、批发零售、金融服务等成为服务业最主要的行业。目前，共约有 7000 多家跨国公司在新加坡投资，大量跨国公司和外国企业的进入，不仅带来了大量资金、科技、管理经验和国际人才，还吸引了众多银行和金融机构进入，从而使新加坡进入全球城市体系之中，成为全球企业总部之都。以东京为中心的京（横）滨工业区是日本制造中心和研发基地，伴随着日本经济高增长时代的结束，东京加速发展服务业，逐步转化为金融、服务、商业时尚主导的国际都市。1990 年，东京的制造业在 GDP 中的比重为 16%，到了2002 年下降为 11%。2001 年，东京第三产业的就业人口占到全部就业人口的 80%[1]，这说明东京已成功转身为现代服务型城市。韩国的首尔，在80 年代即大力度推进产业转移，把制造业向外围城市、中国和东南亚转移，腾出的城市空间，则吸引公司总部、软件服务、工程设计、文化创意等机构进入，使首尔在 1984 年到 1994 年的 10 年间，服务业就业增长了104%，商务服务业更是增长高达 334%。目前，首尔集中了全国 80% 的技术和计算机服务业、50% 的商务服务业。[2]

全球性的第二阶段的城市转型行动，是基于信息革命、知识经济时代到来的挑战而采取的自觉行为，更有计划性、系统性，并且体现了政府引导和市场力量的双重作用，其所培育、发展起来的信息网络、软件服务、金融服务、科技研发、物流运输等新兴产业，形成了新的服务业体系，即我们统称为的现代服务业。这些现代服务业产业，与过去的传统服务业相比，在提升城市功能上，其"外部效应"更大、更强。金融中心、总部基地、研发总部的集聚功能，不仅直接提升了城市的空间价值、聚集高层次人才，同时还可以在全球的信息网络一体的"平"的世界中，以自身的专业服务、特色服务，构建全球的产业和服务的价值链，在全球范围内进行发展要素、资源的配置，带动一批城市加快升级、转型的步伐。因此，自20 世纪 90 年代起，世界性的城市转型风潮再起之时，多数城市转型发展的目标，已经不再止于产业升级，而是希望通过超常规的制度性的政策创新，使自身成为知识、技术交换的中心，形成价值创造中心，不断向国际化城市、全球性城市迈进，或争取进入全球产业价值链，成为这个价值链

---

①② 张颖熙：《城市转型与服务业发展：国际经验与启示》，出自《中国服务业发展报告》No.8《服务业：城市腾飞的新引擎》，社会科学文献出版社 2010 年版。

的节点城市。否则，在信息化、网络化、知识经济时代，城市如果不能参与全球产业分工，就会被世界所遗忘，难以分享经济全球化、国际产业分工带来的应有"红利"。20世纪80年代，弗里德曼提出的"世界城市"假说，认为经济全球化、信息技术驱动的世界城市正呈现为三个层级：全球城市——区域级国际化城市——国际性城市，这些城市的突出功能是对全球和大区域的经济控制能力，而其控制力绝对不是靠制造业，而是金融、信息网络、研发、设计、中介、物流等现代服务业，这些新兴的生产性服务业形成的控制链或体系，在全球网络中实施垂直分工，跨国公司的生产和流通完全被分化为模块化的服务环节，从而降低要素整合成本，有利于在这个体系中实现快速扩张，由此，不仅在理论上促进了现代服务业快速集聚式的发展，还使跨国公司、大企业的管理、研发、设计、营销等分解出来的部门、机构，进一步向控制性强的高能级的城市集中，改变了服务业在一个区域体系内的空间布局。新生的现代服务业大发展，强化了大城市的服务功能，其所形成的区域"虹吸效应"，进一步验证了服务业发展与城市功能提升、转型升级的对应关系。认识到了这个严峻的现实之后，我们就不难理解，为何进入21世纪之后，发达国家把现代服务业的发展作为推动城市转型、提升国家竞争力的重要手段或方式了。2008年后，国际金融危机引发了全球城市体系中的重构，美国、英国不惜花费高昂的代价，来维持纽约、伦敦的国际金融中心的地位，就是出于这种战略性的考虑。

持续了半个多世纪的发达国家的城市转型行动，无论是在"倒逼型"的还是在"主动型"阶段，服务业所发挥的多元动力都是不言而喻的，尤其是在信息革命和知识经济时代，现代服务业带来的"乘数效应"更为明显。当然，城市转型成功的动力机制是系统的，发展服务业虽然不是唯一的动力，但无疑是最重要的力量，尤其是在经历了工业化的阶段之后，城市必须靠生产性服务业和生活性服务业的发展才能回复其本质特征，那就是再造以人为本的空间环境，以激发人的创造性、满足人的交往需求和发展需要的平台。基于这样的理念和认知，来审视发达国家经济转型引领城市转型发展的成功经验，当给我们以更多新的启示：

首先，现代城市转型发展的进程，在很大程度上是产业不断升级、构建服务经济体系的过程，从制造业向服务业，从生产中心向商务中心，从"在地化"向"在线化"服务，是一个基本的规律。城市转型不可能一蹴而就，也很难跨越，必须围绕产业结构调整、新产业体系构建来优化功能，从而带动城市整体的发展转型。伦敦、新加坡等国际化大都市持续转型的过程和取得的成功，就很有代表性。从目前来看，那些始终掌控全球经济话语的城市，包括纽约、伦敦等，基本上都是以高端化的现代服务业主导的产业体系，服务业在经济总量的总体比重都在80%以上，有的甚至高达90%以上。正是靠这种绝对的统领作用，尽管在国际金融危机中受到重创，但其自我修复能力也很强。工业化主导的城市发展，在完成了阶段性的使命之后，必须把主角让位给服务经济，这已经成为城市可持续发展的基本定律。

其次，城市的服务功能的强化，主要体现在生产性服务业上，而生产性服务业的发展水平往往直接体现城市的能级水准，尤其是其在全球生产分工体系中所占据的位置。工业是生产性服务业之母，服务业尤其是其中的生产性服务业，在城市转型升级、功能提升的过程中发挥的综合效用最大。在城市化进程和世界城市体系构建的过程中，现代服务业的范围不断扩大、业态不断多样化，同时城市为现代生产者提供的知识、技术、信息密集型服务，如金融服务、商务服务、政务服务、信息技术、网络通信、物流服务等，这些生产性服务业具有高度的空间集聚特性，并具有就业人口的绝对优势，可以充分调整城市功能，特别是增强城市的辐射功能。当然，那些全球城市、国际化城市，在成为现代服务业的"领头羊"的同时，对先进制造业同样具有技术研发、资本投入和市场上的控制能力，只不过这种控制能力体现在超越本身地理空间的全球分工体系中，它们占据产业垂直分工体系的价值链高端，也就具有比较强的自我更新、调整的能力，形成城市发展的良性循环。

再者，在全球视野下的现代城市转型运动中，虽然多数城市具有自我修复和创新能力，但转型的结果依然有很强的不确定性。这是因为城市的经济转型，不仅需要市场的力量、企业的主动性，还需要政府的产业政策和发展规划的介入，而且政府在介入城市转型行动中要比较准确地把握自身的角色定位，真正起到战略引领和关键环节的促成作用。在世界性的城市转型行动中，我们看到了伦敦、纽约、芝加哥以及亚洲城市新加坡、东京的成功转型例子，但也要关注到那些虽然付出巨大努力和代价，却遭到失败或依然在痛苦转型进程中的城市。一些发展中国家和新兴市场国家的大城市，如印度的孟买、菲律宾的马尼拉以及拉美国家的诸多大城市，尽管人口集聚和空间扩展的速度很快，资源配置完全是市场化的，但对待自身的"城市病"却无法下手医治，当然不可能实施自我的转型发展行动，究其原因，是缺少政府力量介入的战略性转型规划引领。即使是在北美的五大湖地区，既有芝加哥成功的案例，也有底特律失败的典型。① 可见，在经济全球化的进程中，城市之间的竞争，已经不仅仅是传统资源禀赋和经济实力的比拼，而是体现在城市的治理方式特别是在制度创新的引领上。主动转型，把握先机，就有可能获得持续的发展生机；墨守成规，被动适应，就会逐步丧失竞争力甚至陷入万劫不复的境地。

现代城市的转型进程，也和世界经济周期有直接的关系。每一次大的经济危机，都倒逼城市产业升级和功能再造，2008 年以来的国际金融危机改写了世界经济的版图，那些被称为顶级城市的国际大都市的原有地位受到重创，一批明星城市受到重挫。英国伦敦在经历了 15 个月的经济负增长之后，美国《时代周刊》称其将沉没②；曾被称为世界第八大经济体的美国加州，在金融危机中面临财政破产③。同时，全球气候的变化，低碳发展的理念深入人心，绿色发展、环境友好型发展成为现代城市的新价值取向。这些都对原来的标杆城市、样板城市提出了挑战。世界性的城市转型运动下一步的方向是哪里？全球化下的金融流动、全球生产、贸易、服务外包等如何维系？那些刚刚熟悉和适应了经济全球化、国际化的规则，近年来在世界城市体系中上升较快的发展中国家和原转型国家的城

---

① 2013 年 7 月 18 日，底特律市申请破产保护，成为美国有史以来申请破产保护的最大城市。2013 年 12 月 3 日，底特律市正式破产。

② 美国《时代周刊》2008 年 10 月 20 日封面文章。

③ 2008 年 12 月 1 日，美国加州州长施瓦辛格宣布加州财政进入紧急状态。

市，该如何推进下一步的转型行动？这对于习惯欧美学者制订的主要衡量标准作为转型标杆的发展中国家，显得无所适从。尽管以东京、中国香港、新加坡等城市为代表的东亚城市，探索出了新的转型路径，并且在这次金融危机中显现出了抗风险能力，但其普适性还有待于在世界范围内认可。但我们有理由相信，以世界城市为主要联结点的全球城市体系，正在经历一场前所未有的自我更新，这种自我更新或体现在机能修复上，或体现涅槃重生上，但基于全球范围内整合资源、引领创新、提升服务功能的大理念是不可能改变的，正在酝酿的新一轮经济转型行动，关键是如何处理好城市作为一个大经济体在"离岸"与"在岸"之间的度的把握问题，如何处理好新的经济增长与生态资源环境相适应的问题。在这种新一轮的转型探索中，已经启动了经济转型战略行动的中国城市，将作出更多的贡献。

第二节　城市转型的模式综合比较与评述

一、国际城市转型的基本模式与类型分析

城市转型是一个永恒的命题，是一个持续的动态过程，是城市发展进程及发展方向的重大变化、重大转折，是城市发展道路及发展模式的大变革。现代城市发展的进程实际上就是不断转型发展、提升竞争力的过程。城市经过阶段性的发展之后，受经济周期和自身发展周期的影响，都面临着从产业结构、城市功能、城市建设、社会文化等方面进行全面调整与转型的要求，以适应永续发展的需要。但城市之间因为资源禀赋的不同、所处发展阶段的差异以及治理方式上的差异，对转型发展的时机切入、推进措施和具体对策，都会有自身的独特性，由此形成了不同类型的转型模式，使国际城市转型行动呈现出丰富性的特征，同时也为后来的城市转型的路径选择，提供更多有针对性的启示。

从工业革命以来的世界城市化与城市现代化的进程来看，转型发展既

是城市阶段性发展过程中的重要特征，无论是产业衰退、"城市病"倒逼的自身主动转型，还是融入"世界城市体系"、"全球城市网络"的主动转型，都是一种大规模制度变迁的过程。城市发展中好的制度变迁，体现为政府、市场和社会的合力，能加快城市转型步伐并提升城市能级，而缺少系统的制度设计，则可能加剧城市的恶化发展，甚至无从转型，世界城市发展中的"拉美现象"就是很好的例证。因此，制度经济学家热若尔·罗兰在其著作《转型与经济学》中强调：成功的转型是建立在适当的制度支撑基础之上的。在现代城市转型行动中，政府的主导力量不可忽视，这在发达资本主义国家美国、英国和德国的城市转型行动中，都已经得到了验证。政府力量的介入，一方面是战略规划及推进政策，另一方面就是要在城市长达数十年的阶段性的经济转型过程中，能有效地开展城市治理工作，避免城市动乱和危机事件的发生，提供一个稳定的经济转型环境。但另一方面，城市转型中的市场活力、企业的主动性也必须得到充分的释放，否则就难以形成创新的机制，甚至使政府主导的战略规划无法落实。因此，在城市转型的过程中，如何告别对过去路径的依赖，创新路径的发展，又成为一个新的挑战。"路径依赖"（Path Dependence）理论是美国经济学家道格拉斯·诺思第一个明确提出的，他认为路径依赖类似于物理学中的"惯性"，一旦进入某一路径（无论是"好"的还是"坏"的）就可能对这种路径产生依赖，经济生活与物理世界一样，存在着报酬递增和自我强化的机制，这种机制使人们一旦选择走上某一路径，就会在以后的发展中不断地自我强化，不愿轻易改变方向和规则。因此，在城市转型的战略行动中，有前瞻眼光的主动转型的案例不多，大多数是无法再运转下去的而不得不进行被动转型，这正是每一次大的经济危机带动国际城市转型行动的原因所在。我们可以清晰地看到，2008 年发生的国际金融危机，使金融杠杆维系下的全球城市经济体系受到重创，那些本来处在全球价值链高端位置、中心结点的"世界城市"受到冲击最大，伦敦、纽约作为国际金融中心，清醒地认识到自身核心功能必须要进行系统性的修复或重构，主动调整产业政策，构建完整的产业体系。为迎接 2012 年的伦敦奥运会，来自国家层面的系统推进，让伦敦的创意产业在全世界确立了龙头的地位，表明了大伦敦并未在金融危机中沉没。美国在金融危机之后，奥巴马政府认识到"去制造业化"不利于美国经济的抗风险，迅速实施大力发展高技术和高附加值的产业的"再工业化"战略。2009 年 12 月，美国政府公布了"重塑美国制造业框架"，随后相继启动《"先进制造业伙伴"计划》与《先进制造业国家战略计划》，将智能电网、清洁能源、先进汽车、航空与太空能力、生物和纳米技术、新一代机器人、先进材料等作为重点发展领域，抢占先进制造业制高点。这些新兴产业的研发基地、实验厂区基本都处在几个主要的大都市区，使纽约、洛杉矶等一批大都市区重新布局先进制造业，将促进生产性服务业主导的产业体系进一步优化。新加坡独立以来的三次主动转型，都是在政府的规划和国家资本的介入下而高效完成的。可见，政府主导的转型战略设计和市场主导的创新活力，是走出"路径依赖"的重要保障。

基于制度变迁的系统推进机制与突破"路径依赖"的双重视角，来观照现代城市的转型进程，就可以得出为什么它们的转型路径与结果会不同。从"主动"与"被动"的转型动力来看，那些"被动转型"的城市，大多缺乏政府主导的战略规划，"主动转型"的城市则是在城市发展还没有达到难以为继的时候，把握战略转型点，及时对城市进行发展战略、产业结构、增长方式等方面的转型，保持城市的持续、快速发展。进入 21 世纪，随着对城市发展规律认识的逐渐深刻，经济全球化对各国城市发展影响的日渐深入，城市之间竞争的升级，以及全球资源环境等约束压力的加大，多数大城市、新兴的科技城市都主动根据世界科技进步的发展方向、产业发展的未来走向，以及城市自身发展中出现的问题和矛盾，来积极主动地推进城市的转型，以制度创新来加快城市产业升级和城市转型发展的步伐。在这样的实践框架中来审视自二战之后的现代城市转型，我们可以将它们的转型方式及推进路径分为四种类型："产业链延伸型"、"整体转换型"、"混合发展型"以及"特色引领型"。

"产业链延伸型"是指城市在转型过程中，利用原有产业优势，通过技术进步及产业改造，从深度和广度上对原来的产业进行上下游的延伸，扩展原有产业链，增加产品的加工深度，提高资源的附加值，进而优化产业结构，提升产业的核心竞争优势。这种转型模式的优点是在转型的初期能够充分发挥本地原有的产业优势，加强上下游产业在生产、管理和技术方面具有明显的相关性，实施转型的难度较小。随着产业链的延伸，大量相关联的企业在一定空间内的聚集所带来的专业化生产，低运输成本、低交易费用、便捷的沟通和配套服务将导致聚集经济，提高要素配置效率。但该模式的最大问题是容易陷入"路径依赖"，因为原来的利益群体会因为既得利益，阻碍技术创新和商业模式创新，所谓的转型只不过是延长原来的阶段性的生命周期，在制度性的变迁上难以体现出来。美国的休斯敦是此种类型的典型代表。1929 年，东德克萨斯大油田发现后，美国各大石油公司纷纷将总部迁至休斯敦，休斯敦作为美国南部最重要的城市开始崛起。20 世纪 60 年代以后，休斯敦及时制定相关政策来支持矿业城市转型，伴随着石油和石油化工的兴起，同步发展为其服务的机械、钢铁、水泥、电力、造纸、粮食、交通运输等多种产业，并以城市的区位优势，吸引美国国家航空局和宇宙航行局在此兴建宇航中心，培育和吸引了电子、仪器仪表、精密机械等行业的 1300 多家高技术和新技术企业，有效带动了科研、教育、医疗、金融、国际贸易的迅速发展，使其到了 20 世纪 80 年代之后，成为资本、智力、技术密集型的综合型都市。

"整体转换型"的模式，大多为资源枯竭型城市所选，即在转型起步时就基本脱离了原有的发展资源和发展模式，实行资源转换，培育和发展新的替代产业。德国的鲁尔、美国的匹兹堡、法国的洛林等是其典型代表。这种转型模式，城市转型所建立的新的产业体系由于与原有产业之间的关联性不强，新产业发展的基础较弱，能否成功在很大程度上取决于产业选择的正确性以及产业发展战略的有效推动，因此代价和难度都很大，往往要经过长达数十年的转型周期，由此带来的转型阵痛会出现经济衰退、失业人口比例高和人口的大量流失。美国的匹兹堡，在 20 世纪 70 年代因美国经济结构转型造成大量重工业企业倒闭。随后，匹兹堡出台了一系列战略计划，消除烟雾污染，改善环境，全面实施城市更新计划，颁布烟雾控制法令等，在使城市污染状况得到有效控制的基础上，大力发展高新技术产业、教育医疗和文化创意产业，吸引了众多研发机构，城市人口中的科学家、工程师和技术人员比例大幅提高，开发出了从核反应堆、计算机软硬件到机器人等各种高新技术产品，构建了完整的高新技术产业体系。德国的鲁尔从"煤钢中心"转变成煤钢产业与信息产业、汽车制造业等相结合、多种行业协调发展的新经济区，也前后用了 30 年的时间。这种转型模式，即使在发达的资本主义国家，如果没有政府力量的介入，特别是政府的战略性规划和政策引导，一般难以完成。

"混合发展型"亦称多元发展型，集以上两种类型之长，在转型初期会以产业链的延伸发展为主，随着加工业的不断发展、城市功能的逐步完善以及新兴产业的不断发展，逐渐实现产业的整体转型与升级。发达国家的很多城市都采取了这样的转型模式，美国的纽约、芝加哥等城市是其代表者，通过产业链的延伸，推动产业的整体转型与升级，构建了服务经济体系，成功地由制造业城市转变为世界服务业的中心城市，城市的竞争实力也在转型的同时得到了进一步提升。芝加哥是美国老工业城市之一，经济结构的主要基础是商业贸易和制造业，20 世纪 60 年代到 90 年代，芝加哥完成了经济调整与转型，建立了以服务业为主的多元化的经济体系。1990 年至 2002 年期间，芝加哥服务型经济发展急速提升，使其在商务服务业领域可以与纽约媲美，10 年间服务业就业岗位总量增长了 82%，达到 56.58 万人。其中大芝加哥地区共有外资企业 3400 个，提供就业岗位24 万个。[①] 而波音总部的迁入为芝加哥带来了 300 多位高级市场管理、项目开发专家。[②] 纽约的产业结构调整过程，也体现了多元发展模式的特点。从 20 世纪 70 年代开始，纽约逐步从以生产为主的制造业中心演变为以商品和资本交易为主的金融贸易中心，并相伴形成信息和文化中心。纽约作为美国制造业中心，从 20 世纪 40 年代末开始显现衰退之势，至 70 年代

---

① 谢静：《经济转型的代价》，《国际金融报》2005 年 7 月 15 日。

② 波音飞机公司的总部原在西雅图，但当芝加哥政府得知波音公司为了接近市场而有意迁往美国中部地区时，主动向波音公司提出优惠条件，终于使波音总部迁入芝加哥。2001 年 5 月 10 日，波音公司宣布将公司总部迁往芝加哥。

衰退最为剧烈。但是由于纽约的服务业高度集中，在工业衰退后，早在 19 世纪的早期，纽约就已经成为一个经济功能齐全的大城市。进入 20 世纪后，服务业快速跟上。1969—1989 年期间，生产服务业就业人数从 95 万增至 114 万，占就业人口比重从 25% 升至 31.6%；社会服务业就业人数从 76 万增至 93 万，占就业人口比重从 20% 增至 26.3%，华丽转身作为国际商务中心、金融中心、公司总部中心。由于它集聚了面向全球市场最先进、最完备的生产服务业，始终保持了在全球经济中的神经中枢地位。

"特色引领型"的转型模式，是在 20 世纪 80 年代之后，基于信息革命和全球生产网络而广受关注的，是知识经济时代特有的创新引领城市发展的新路径。这批城市多为发展中国家和新兴市场国家的新崛起者，没有较为厚重的产业转型包袱，在得到国家和区域的创新战略引导后，新兴产业发展的起点很高、速度很快，在全球市场的份额比较高，尽管没有纽约、伦敦这类顶级城市对全球经济的控制能力，但在某一个领域、某一个行业是引领者或主导者，在多层次的全球生产网络中扮演着重要的角色。经济全球化和城市国际化的两大趋势，使 20 世纪 90 年代后的全球范围内的不同区域的经济联系加强，基于垂直分工的新的全球生产网络日益成熟，新崛起的高科技城市也可以直接加入世界城市体系之中，如东亚地区的中国深圳、中国台湾的新竹、韩国的大田和印度的班加罗尔等，都是在短时间内来实现产业的持续升级，不断凸显自身的国际竞争力。在创新型经济引领下的这些城市的转型发展，由于迅速成为创新资源的输出中心，也推动了世界城市体系的结构优化。在始终处于变化状态的世界城市体系中，如果说纽约、伦敦、东京等是跨国公司总部集中、金融资本服务、信息收集处理以及高端商务服务的顶级城市，那么这些城市则由于直接承接"新经济"的发展，一定程度上是全球高科技产业的"技术极"，对全球经济发展和产业转型与升级具有较大影响力，并且逐步向金融服务、技术研发、品牌营销和市场开拓等领域拓展，将会成为涵盖多重价值链环节和功能的新兴城市。正是进入了高度经济联系的新型世界城市体系中，这类城市因会聚集高端人力资源、知识资本，把研发和生产服务集为一体，它们的产业升级与转型的时间期、路径设计，就不会出现"路径依赖"的现象，始终在全球价值链中占据比较高的位置。①

以上四类转型模式，是从世界范围内的现代城市转型发展实践梳理而得的，总的来看都是在经济转型的主线下来推进的。城市的经济转型，是一个系统演进的过程，有较长的时间周期，在这一过程中，有的获得了成功，有的却失败了，不同的城市有不同的原因，但有一点是共同的，那就是对"战略转型点"的把握是否得当，往往决定了城市转型的命运。转型的路径可以继续摸索，不断纠错，但战略转型点一旦错失，就很难再有重得的机会。"战略转型点"的概念，本是美英特尔公司主席安迪·格罗夫在企业管理实践中提出的，其含义是"清楚地辨明业界的主要动向，并先于他人占据要津"，转型的复杂性在于决策资源的信息的缺乏和结果存在不确定性，他的经验是"宁可过早，不要过迟"②。对于城市的发展来说，把握战略转型点，就是原有的资源可以得到有效运用，同时又能抓住新的机会和增长点。

适应新的变化的城市，就具有主动创造未来的能力。以伦敦的转型为例，其成为全球金融中心的过程就是抓住了几个战略转型点：20世纪50年代，伦敦欧洲美元市场为代表的离岸国际金融市场的开辟，是伦敦成为全球金融首都的转折点；20世纪70年代，伦敦又抓住了金融自由化、国际化的转型点，创新金融产品，金融保险业再次实现了跨越，成为统领全球的金融之都。当然，伦敦的城市转型成功，与其在世界的地位是直接相关的。一般的城市转型，该如何把握战略转型点呢？对此，国内有学者从经济增长的角度研究得出，在城市的规模增长速度上有一个重要的拐点，这个拐点大约出现在人口年均增长率3%和经济规模增长率10%左右，并维持25年的持续增长的时候，即城市人口规模大约在25年内翻一番，经

---

① 李健的《世界城市研究的转型、反思与上海建设世界城市的探讨》(《城市规划学刊》2011年第3期)、武前波和宁越敏的《基于网络体系优势的国际城市功能升级》(《南京社会科学》2010年第8期)等文对此也有论及，并认为将高科技制造业城市纳入世界城市体系中，有利于关注生产网络中全部价值环节的完整性，像中国的东莞、昆山，越南的胡志明市，作为全球生产体系中的重要基地，面向全球市场，有利于加快本身的产业升级，带动区域服务功能的提升。

② A.Grove, *Only the Paranoid Survive*, Doubleday:New York,1996.

济总量扩张 10 倍。超过这个拐点后，城市就应采用"跨越式"的增长模式。① 当然，这个结论是否具有普遍性，还需进一步验证。但从现阶段来看，国际金融危机之后，世界范围内的城市转型行动正在寻找新的方向和推进路径，而在全球经济再平衡的过程中，以中国城市为代表的发展中国家的城市，将迎来在全球城市体系中提升地位的好时机，如何在新一轮的经济全球化进程中，根据自身所处的发展阶段和产业基础，充分把握"战略转型点"，探索出适应性的经济转型与城市转型路径，无疑更有实践的导向作用。

二、经济转型与城市转型的互动关系验证

城市转型本质上是城市在面临生产关系与生产力的矛盾时，自我调整经济活动的手段。国际城市转型发展的经验和规律告诉我们，城市经济转型战略点的把握至关重要，但在一个长周期的转型进程中，能否有效推进阶段性的转型行动，向预定的目标迈进，还有宏观经济周期、国家与区域发展战略以及自身的制度安排等多方面的因素。城市转型发展不仅仅是经济的转型，而是经济社会发展的重大的制度性变迁，不仅限于产业升级，也不仅是经济增长方式的转变，还包括经济、社会、文化、生态环境等多个系统的演进；在综合的动力机制上，受到产业政策的适时调整、创新要素的影响以及制度性的安排和保障等方面的制约，同时检验城市转型发展的绩效和水平，则体现为经济发展水平、资源节约水平、生态文明的提升力度以及是否和谐包容等多个方面。由此，我们尝试构建了一个城市转型发展的三维效果模型。（参见图 1-1）在这个模型中，原因维与路径维形成的合力，托起了效果维的价值体系：经济发展、资源节约、生态文明和社会和谐。随着人类文明水平的提高，城市转型的内涵也在不断丰富。在当代社会，可持续发展的理念、绿色低碳发展方式以及包容性增长的追求，已经深入人心并成为全球的共识，未来的城市转型行动必须把这些内

① 侯百镇：《城市转型：周期、战略与模式》，《城市规划学刊》2005 年第 5 期。

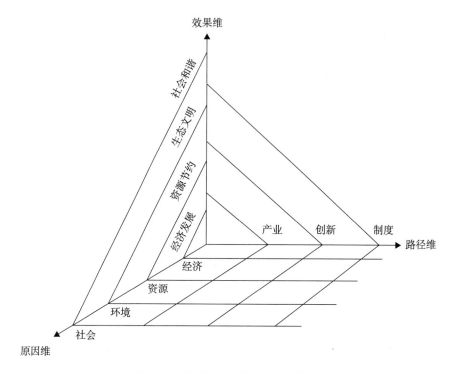

图1-1 城市转型三维效果结构模型

容充分体现，以破解经济、资源、环境、社会等发展要素整合中的问题。在经济转型方面，传统的资源消耗型的增长方式必须放弃，对于发展中国家来说，由于城市化的进程相对滞后，很容易为保持高速增长的势头而坚持粗放的增长方式。另一方面，经济全球化带来的能源资源产品金融化和高价化的时代已经来临，在资源成本大幅上升、市场竞争日益激烈的背景下，粗放型的经济结构和产业体系已经难以支撑城市的持续繁荣发展。城市转型必须加快推动产业结构转型升级，提高产品的科技含量和附加值，逐步建立新型、多元、高端、稳固的新产业体系。在绿色低碳发展方面，要根据资源环境的承载能力，大力节能减排，从根本上改变过去高消耗、高污染、高排放的发展方式，加快向集约、节约、绿色、低碳、和谐、可持续的发展方式转变，尽快建立起资源节约型、环境友好型、社会和谐型的新型发展模式。在创新发展方面，要加快推动从资源依赖型向创新驱动型的发展转变，通过技术革新和技术进步，大幅消除或破解资源瓶颈，为产业升级和城市发展提供持久动力。"转型"必须依靠"创新"机制和能力来推动，不断创新的生产方式和管理方式，通过科技创新和技术进步，从原来注重外延性、框架性、基础性、速度性的战略模式，加快向更加注重内涵性、整体性、功能性、质量性，实现以增强综合竞争力为核心的创新发展战略模式的转变。

从国际城市转型的成功实践来看，它们在转型的进程中大多遵循着一些基本的规律，如顺应周期率，把握战略转型点，遵循产业演进趋势来持续推动产业升级，善于发挥市场机制和政府调控的协同作用来配置资源等。掌握这些规律，对于发展中国家的城市尤其是中国的城市，在推进刚刚起步的转型发展行动中，是很有裨益的。例如，对于城市发展的周期性，我们过去的认识明显不够，过多地强调经济线性增长，等到发现该转型升级了，可惜战略转型点已经错过，产业升级与城市转型的代价加大。实际上，城市的周期性现象不仅出现在工业化历史较长的西方发达国家的城市中，在我国的很多大城市中也已经出现。北京、上海、深圳、广州、苏州等城市，都在发展达到一定阶段后不同程度地出现了经济增长缓慢的情况，就是这种现象的显现。再如在城市转型的机制和实现手段上，在美国等西方发达国家中，市场都在资源的配置过程中发挥着基础性的作用，产业的升级、企业的发展都是在市场机制的作用下，通过供需变动来实现的。但这些国家在推进城市转型行动中，市场机制并没有完全替代政府的作用，政府的规划和产业支持政策发挥着重要的作用，波士顿、芝加哥和匹兹堡的成功最具有代表性，因为在长达数十年的转型周期中，经济衰退、失业增加所引发的阵痛，是市场的力量难以解决的，政府的介入一方面能维持稳定的社会环境，另一方面能加快推进转型的步伐，比如制定产业复兴计划；通过税收等政策来扶持新兴产业的发展等。只有市场、政府的力量形成合力，城市转型的动力机制才会有长久性。波士顿是信息时代美国最为成功的转型城市，其转型经验已经被写入哈佛大学的教科书。波士顿曾是传统行业占据主要地位的工业重地，但在信息革命到来后，系统制定落实"波士顿创新体系"，成功实现了向现代服务业及高科技产业转型，波士顿128号公路高科技园区已经在很多领域可以与美国西部的硅谷比肩。波士顿政府在推动创新园区建设的过程中，为了吸引全球的生物科技与高科技产业进驻，积极营造宽松而有活力的发展环境，不仅为企业提供多种税收优惠政策，还直接投资搭建科技企业孵化器，并联合专业第三方为企业发展提供管理、融资、营销等专业化服务，在降低创业成本和门槛的同时，极大地提升初创企业成功率。同时鼓励发展行业协会、咨询公司、产权交易、金融服务等中介服务机构，提高政产学研合作的效率。实际上，美国联邦政府在促进中小企业的发展方面也是不遗余力的。2011年2月，美国小企业管理局（SBA）发布了《2011—2016年度战略》，明确提出了未来五年期间美国小企业管理局的战略概要、基本使命、核心价值观，详细地阐述了美国小企业管理局的战略目标及其分解细化的战略分目标，让中小企业的发展成为产业升级与城市创新发展的不竭源泉。

当然，西方发达国家早期城市转型之路的选择，是基于当时工业文明的基础，更多考虑的是产业升级的连续性，对新产业体系的构建往往有一个过程，特别是"先污染、后治理"的基本思路，使持续的转型进程付出了更大的代价。纵观现代城市转型的历史，大凡积极推动转型的城市，环境恶化程度随经济的增长而加剧，多数都曾经历过城市严重污染，是在生态环境遭到极大破坏、经济发展难以持续的情况下，才被倒逼转型的。对此，"环境库兹涅茨曲线"曾作过描述：当经济发展到达某个临界点或称"拐点"以后，环境污染会由高趋低，其环境污染的程度逐渐减缓，环境质量逐渐得到改善。对于一个转型城市来说，只有真正实现了经济转型，并重新构建了新的富有竞争力的产业体系，促进了就业和劳动收入的提高，才有可能出现这种结果。不过，对于发展中国家或新兴市场国家的城市而言，由于城市化和经济腾飞的滞后性，转型发展的阶段性到来要晚些，在选择转型的方式特别是推进经济转型的战略行动中，已经有条件超越发达国家城市转型中遇到的阶段性障碍，在更高的起点上选择前瞻性强的产业，特别是以绿色、低碳为转型特征的新兴产业，加快实现生态型的转型目标，而不是步步亦趋发达国家城市转型的脚步。只有这样，才能避免后发国家的城市一味追求经济增长造成晚转型或不愿转型的问题。对此，已经有学者指出，"环境库兹涅茨曲线"作为一种假说，隐含了一个重要的先决条件，那就是无论污染多严重，生态环境都是可逆的、可恢复的，因而拐点总是存在的、可实现的。但像中国这样的发展中国家，已经不具备依靠"环境库兹涅茨曲线"解决环境题目的生态条件，"先污染、后治理"是万万行不通的，城市的经济转型必须早谋划，尤其是基于生态环境的可持续发展观，一定要始终贯穿在转型行动中。①

城市转型的关键是经济转型，重点又在于如何加快推动产业结构转型，即大量新兴产业部门将替代传统产业部门，高端、高附加值产业部门替代低端或低附加值产业部门，逐步建立新型、多元、高级、稳固的现代城市产业体系。现代城市转型在很大程度上是产业升级和经济转型的过程，而经济的增长和发展则是有规律性的波动，这种有规律性的波动即是经济周期。因此，现代城市转型发展的战略实施和阶段性演进，和世界的经济周期是有很大关系的。经济学家们的已有研究成果表明，工业革命以来的经济长周期，基本上是50年左右，被称为康德拉季耶夫周期（Kondratieff Cycle）②：第一个长周期为18世纪80年代至19世纪40年代，制造业比重开始上升，但农业部门仍占主体。第二个长周期为19世纪40年代至19世纪90年代，交通运输革命和冶金技术进步带来了制造业比重的上升，农业的比重开始下降，世界城市化的水平开始提升。第三个长周期为20世纪90年代至20世纪30年代末，电力、汽车和化工业的发展，制造业占主要地位，但服务业的比重已在加大。第四个长周期为20世纪30年代末至20世纪90年代，石化、航空的发展和电子计算机的运用，使服务业成为主体，制造业的比重下降。经济增长的长波理论，自20世纪70年代以来，已经成为研究工业化国家经济萧条的主要解释，并被公认为是一个影响所有工业化国家的国际现象。而长期以来西方学者对城市发展的划分，除了按照社会历史年代作为分类标准外，一直把近代资本主义工业城市产生后的1800年、1850年、1900年、1950年前后的四个时期，视为是城市大发展的年代。大发展导致城市的繁荣，这一观点，恰好与长

①　刘志彪：《"先污染后治理"试错成本太高》，《21世纪经济报道》2010年12月31日。

②　1926年，俄国经济学家尼古拉·D·康德拉季耶夫提出经济长周期理论。

波理论阐述的康德拉季耶夫四个周期相吻合。[①]

就经济发展的产业升级与结构转变的规律来看，克拉克等人的研究也表明，随着经济发展以及人均收入的提高，地区产业结构会呈现出第一产业产值比重和就业比重逐渐降低，第二产业和第三产业产值比重和就业比重逐渐上升的趋势，库兹涅茨和钱纳里等人的研究则进一步说明，当经济发展达到一定阶段后，第二产业的产值比重和就业比重也会逐渐降低，第三产业将成为地区经济的主导产业。与制造业相比服务业是周期比较小的产业，对经济周期有抑制作用，可以延长城市的生命周期。从国际城市转型的阶段把握来看，那些转型成功的城市，如纽约、芝加哥、伦敦、鲁尔等都是在制造业的发展已难以推动城市快速发展的阶段，及时制定有效的政策措施，大力发展生产性服务业以及其他服务业，从而实现了城市产业的成功替代，并最终推动了城市由制造业城市向服务业城市的转型。它们的转型成功，无疑与顺应第四个长波的走势有直接的关系。

在工业社会的长周期发展阶段，工业化推进的城市化，是讨论城市转型发展的基础。审视工业革命以来城市的发展周期与世界经济长波之间存在对应的联系，就会发现其根本性的推动力就是科技革命、技术革命和产业革命，把握经济长波理论与城市发展和转型的阶段性对应关系，有助于后发国家在城市转型的战略行动中，更好地顺应经济周期律，提升转型的效率和速度，减少转型的代价。但认识和遵循这一规律，只是城市和区域转型发展的一个前提，更重要的是城市在转型过程中培育出来的创新精神和系统的创新机制。对此，熊彼特提出周期创新学说[②]，认为创新是延长

---

① 徐巨洲：《探索城市发展与经济长波的关系》，《城市规划》1997年第5期。
② 熊彼特在《经济发展理论》一书中提出"创新理论"以后，又相继在《经济周期》和《资本主义、社会主义和民主主义》两书中加以运用和发挥，形成了"创新理论"为基础的独特的理论体系。"创新理论"的最大特色，就是强调生产技术的革新和生产方法的变革在资本主义经济发展过程中的作用。熊彼特认为，每个长周期包括六个中周期，每个中周期包括三个短周期。短周期约为40个月，中周期约为9—10年，长周期为48—60年。他以重大的创新为标志划分，根据创新浪潮的起伏，把资本主义经济的发展分为三个长波：1787—1842年是产业革命发生和发展时期；1842—1897年为蒸汽和钢铁时代；1898年以后为电气、化学和汽车工业时代。

和扩展经济周期的基本动力，是把生产要素的优化组合，城市化运动也可以视为一个创新的运动过程。在经济增长和城市转型的阶段性周期中，创新的动力最为关键。在这一方面，20世纪下半叶以来，亚洲城市在世界的崛起也作了印证。东京、新加坡、香港和首尔等一批城市国际地位的迅速提升，而且能成功地在全球或地区性的经济危机中实现持续转型，在很大程度上得力于这种创新能力。对此，日本经济学家渡边利夫在分析东亚经济之所以能始终保持旺盛的活力时，关键在于其有很高的"转换能力"（transformation capabilities），即东亚各国和地区在根据条件变化进行自我调整，向更加高度化的产业结构转换的应变能力方面，显示出比其他地区更加超前的力量。①

工业革命以来的城市经济，是主导城市发展的核心动力，这就决定了城市的转型与发展是难以摆脱经济长周期的制约与影响的，其中产业生命周期与单体城市的发展对应性最强，很多资源性城市的兴盛与衰亡，直接决定于主导产业的生命周期。如果依据西方学界将以往城市发展分为四个生命周期的话，自信息革命以来的城市转型发展，则可以称为第五个生命周期，（如果从信息革命的持续影响力来看，再没有颠覆性的重大技术变革引发的产业与经济的大转型，也可以被称为第四个周期的延长版）。以二战之后电子计算机的广泛应用为代表，产业的组织生产方式发生大变革，特别是后来信息技术的出现，发达国家形成了新技术引领的服务业为主体的经济体系，全球产业链、价值链维系的世界城市体系全面崛起，使纽约、伦敦、巴黎、东京、香港和新加坡等城市形成对全球经济、金融、创意和消费的高度控制力，决定着世界经济发展的走向，成为高度国际化的信息中心、服务中心和创新中心。② 尽管2008年发生的国际金融危机对这些城市的高端产业造成重创，但其快速复兴的表现依然证明其稳固的地位和超强实力。在新一轮经济全球化的进程中，产业、经济的周期和城

---

① ［日］渡边利夫：《奇迹与危机：东亚工业化的结构转型与制度变迁》，广东教育出版社1999年版。

② 本部分内容可参见李彦军的论文：《产业长波、城市生命周期与城市转型》，《区域发展》2009年第11期。

市的兴盛与危机的关系，更多体现在世界新的分工体系下的协同机制的运用，那些站在新兴产业价值链上的创新型城市或地区，受整体的经济长波的影响在逐渐变小，即使受到类似国际金融危机的大冲击，其已经形成的城市与区域创新体系，也能够很快恢复元气。在后信息经济时代，已经纳入国家创新体系中的创新型城市、地区，其抗风险能力越来越强，最根本的原因在于知识、创意取代了传统的发展要素，创新型、服务型经济重构城市的生产组织方式和空间结构形式，新产业空间也可变成城市的功能区，企业的创新活动可以转化为城市的创新文化。以被称为美国"最聪明的城市"波士顿与西雅图为例，之所以能成为制造业城市转型升级的样板，与两个城市本身居民的学历层次、知识结构有直接的关系。波士顿和所在的马萨诸塞州，60%的人都受过高等教育。[1] 美国人口统计调查局2006年8月公布的全美教育程度排名，拥有学士学位的居民比例最高的城市是西雅图，该市年龄25岁及以上的居民中，有52.7%的人拥有学士或更高的学历，其中20.5%的市民拥有硕士以上学历。[2] 如此优化的人口结构，使西雅图成为美国航空业、软件业、医疗业最为集中的城市，有力支持现代高技术产业的增长和吸引新公司，微软、亚马逊、美国电话电报无限公司以及星巴克等企业的高度集聚，促进西雅图充满着持续创新的活力。对创新型企业和人才的吸引、集聚，是现代城市可持续发展、保持竞争优势的重要保障。

以世界经济长波和城市发展生命周期来观照当前中国的城市转型发展，就会发现二者有明显的"交错期"特征：在转变经济发展方式和建设创新型城市、创新型国家的战略目标要求下，我国的一批经济发展水平较高的城市，已经率先实施转型发展的战略行动，站在了后信息技术主导的绿色、低碳产业为代表的第五个生命周期的新平台，产业结构、产业体系的服务业化已经非常明显，并且具备了参与全球高新技术产业与市场的竞争能力，在世界城市体系的运行中具有了一定的话语权。但是，与此相伴

---

① 薛涌：《美国最聪明的城市波士顿》，《南都周刊》2011年第20期。
② 参见《西雅图成美国"最聪明"的城市》一文，人民网2006年9月6日。

的是，多数的中国大城市，特别是发展起步较晚的大部分中西部城市，仍处在中期或初期的工业化阶段，服务业的比重明显偏低，产业结构与经济发展水平还处在经济长波理论中的"第三个周期"或"第四个周期"的初始阶段。即使是北京、上海、广州、深圳等被视为国际化水平较高的大城市，也有支柱产业仍属于"第四个周期"中的主导产业。这种交错性的表现，进一步证明了中国快速的城市化、城市转型发展的"压缩型"特征。在新一轮城市化、城市转型发展的战略机遇期中，国内的城市一方面要大力发展新兴产业，构建具有核心竞争优势的主导产业，另一方面也必须在传统产业的升级改造上下功夫，使之融入现代产业体系，促进产业转型与城市转型有机结合，全面提升城市的能级水平，实现新产业的生命周期与城市创新发展长周期的对应与互动，探索出以产业转型的"议程前置"来引领城市"主动转型"的中国城市创新发展的新路径。

基于上述的分析，我们可以认为，中国城市在推进转型行动中，既要遵循产业升级与城市转型的内在规律，同时又要在超越传统的经济周期，强化创新型、服务型经济的整合功能上下功夫，尤其是要通过"系统的系统设计"，让主导产业、经济结构的转型与城市设定的长周期发展目标形成良性的互动。当前，在我国全力转变发展方式、推进可持续的现代化道路中，国内主要城市所采取的积极有效、稳定的产业转型行动，尤其是从制造型向服务型的产业结构的转型，在全球产业链与价值链上占据的重要位置，已经明显提升了中国城市在世界城市体系中的地位。面向未来的新一轮城市化加速期，产业升级和新产业体系的构建，是打造中国经济"升级版"的重要前提。而没有中国经济的"升级版"，也就不可能有中国城市的"升级版"。尽管中国城市的"升级版"会有多种特色性的"版本"，但总体的目标追求应是基本一致的，那就是要具备集约化的空间形态、高附加值的产业体系、生态化为本的城市治理机制、创新文化引领下的城市发展动力。这实际上也是新一轮城市化加速期，中国城市转型发展的基本目标。认清这一点，将有助于把握控制好产业生命周期与城市生命周期转换的战略节点，培育出创新驱动下的中国城市可持续发展的新模式。

第三节　中国城市转型发展的战略与方向

一、中国城市转型的机遇、挑战与战略推进

进入 21 世纪，中国经济的快速增长，改变了世界经济版图，也促进了世界城市体系的均衡化。但与世界发达国家已经完成了城市化进程、城市转型已探索出了成功模式不同，中国的城市化属于后发型，整体的进程还处在加速期。虽然我国 2011 年的城镇化率刚过 50%，但实际城镇户籍人口也就在 35%左右。这说明我国实际的城镇化率还很低，不仅低于发达国家近 80%的平均水平，低于一些与我国发展阶段相近的发展中国家 60%左右的平均水平，也低于世界 52%的平均水平。[①] 改革开放以来的高速经济增长以及由此带来的城市快速发展，尽管使中国成为世界第二大经济体，一批大城市也快速进入全球产业链主导的世界网络城市体系中，但由于发展的阶段性不同以及在全球分工体系中始终处在中低端的位置，国际竞争力和综合实力仍处在大幅提升阶段。就已经启动的城市转型发展战略来说，由于大城市、特大城市的人均 GDP 才达到 10 000 美元左右，尚处在转型发展的起步期。更为关键的是，进入 21 世纪以来，在中国加入 WTO 之后，在推进以"内发性"为主要特征的规模城市化的同时，加大国际化力度，以"外发性"为主要特征的全球城市化又成为城市发展的新型动力机制[②]，向世界城市、国际化城市的目标快速转型，就成为一种无奈的选择。规模增长和转型发展的压力需要同时承担，使中国城市转型发展的环境和道路，明显不同于已经成功转型的发达国家城市，充满了更多的风险。不过，从另一方面来看，从全球的城市化进程和城市转型的战略实施来看，如果中国的城市转型能把这种压力转化为动力，形成内外力合一的动力机制，则可以在更高的起点、更快地进行产业升级和经济转型，

---

① 李克强：《协调推进城镇化是实现现代化的重大战略选择》，《行政管理改革》2012 年第 11 期。

② 李国庆：《城市发展中的全球化动力》，《中共福建省委党校学报》2008 年第 4 期。

即站在以新的绿色、智慧、质量型和集约型为内涵的世界城市第三次转型的平台上，进行产业体系、空间布局、治理方式等方面协同推进的系统转型，探索出创新驱动城市转型发展的新路径。

中国自 20 世纪 90 年代中期就提出了转变经济增长方式的问题，转变经济增长方式的国家战略行动，是启动和推进中国城市转型的主导力量，而城市经济转型的力度，又直接体现了转变经济增长方式的绩效。从转变经济增长方式的成效来看，除北京、上海、广州等少数城市已经初步形成了服务经济体系之外，多数城市还处在产业结构调整的加速期，正在从以工业为主向以工业与服务业并重的产业模式转变，也就是说这些城市在加快产业升级、推进经济结构调整的同时，也必须同步推进城市转型发展，这就无可避免地要求中国城市必须在发展理念、发展模式等方面积极地探求新的路径，在转变经济增长方式的主线之下，加快构建现代服务经济体系，来实现城市转型发展的战略任务，探索出全新的、具有中国特色的"压缩型"城市转型发展之路。

总体来看，中国的城市转型行动正处在一个战略机遇期，机遇与挑战并存，尽管挑战的压力巨大，但依然有新的机遇。

首先，从中国的城市化进程来看，城市化率超过了 50% 之后，进入了新一轮加速期，这将为已经启动的城市转型提供更大的运作空间，有利于在发展中进行结构调整、产业升级和功能提升。联合国关于世界城镇化的最新研究报告表明，中国的城镇化率还有近 20 年的快速增长，到 2030 年的城镇化率将提高到 65%—70% 左右，城镇人口新增 3 亿左右[①]，如果按照西方发达国家城镇化人口每 25 年左右翻一番的规律，中国在 2038 年前后的城市化水平至少要达到 85% 左右。快速城镇化率产生的投资拉动和消费增长，所带来的"内需型"市场，可以为城市转型发展、聚集高端要素提供巨大的想象空间。更重要的是，科学发展的理念已经深入人心，全面、协调、可持续的发展理念，正在转化为中国城市的实践行动。同时，我国的工业化尚未完成，先进制造业还有很大发展空间，特别是金融

---

① 联合国报告预测 2030 年中国城镇化水平将达 70%，新华网 2013 年 8 月 27 日。

危机后的国际产业结构调整为我国提供了难得的产业升级新机遇。已经到来的"第三次工业革命",其基本特征是新一代互联网和可再生能源结合,以数字化制造、新型材料应用等为方向,使我国在推进城镇化过程中,可以用更广阔的国际视野,顺应世界科技产业变革的新趋势,加快发展战略性新兴产业,抢占国际竞争制高点。[1]

其次,经过 30 多年的经济发展,中国已经成为世界第二大经济体,一批大城市的人均地区生产总值已经超过 10 000 美元,有的已接近 20 000 美元。[2]并且已经在全球生产网络上占据了位置,具有了一定的国际化或国际性的特征,正处在发展的重要转折期。国际经验表明,工业化与经济发展水平大体呈倒"U"型关系,人均 GNI(国民总收入)达到 5 000 美元和 10 000 美元是两个重要的转折点(魏后凯,2005)。当人均收入在 5 000 美元以下时,工业化将加快推进,工业增加值和就业比重将趋于提高;当人均收入处于 5 000—10 000 美元时,工业增加值和就业比重大体保持稳定,工业化的重心是质量提升;当人均收入超过 10 000 美元,工业增加值和就业比重趋于下降,即由工业化走向逆工业化或去工业化(de-industrialization),城市经济向高端化和服务化方向发展。[3]因此,对很多大城市而言,产业发展已经具备了重点向高端化和服务化方向转型的基础,即通过大力发展服务业,构建现代服务经济体系,来加速推进城市的转型发展。

再者,我国城市发展过程中面临的资源和环境约束加大,水污染、大气污染倒逼城市在经济转型中更大力度地注入绿色低碳、生态安全的元素。在传统粗放的经济增长方式下,发展就是"燃烧",高增长、高消

---

① 李克强:《协调推进城镇化是实现现代化的重大战略选择》,《行政管理改革》2012 年第 11 期。

② 2009 年,深圳市人均生产总值已超过 13 000 美元,广州超过 12 000 美元,无锡、佛山、苏州、上海超过 11 000 美元,宁波、珠海、北京超过 10 000 美元。2012 年,深圳、上海人均 GDP 接近或达到 20 000 美元,北京、天津、南京、杭州、苏州、无锡、长沙等城市人均 GDP 超过 14 000 美元。

③ 魏后凯:《论中国城市转型战略》,见《城市与区域规划研究》,商务印书馆 2011 年第 11 期。

耗、高排放、高扩张加剧了资源供应和环境的紧张，并带来了诸多方面的弊端。目前我国的人均资源占有量仅为世界人均占有量的 58%，居世界第 53 位。2008 年，中国石油净进口量高达 2.01 亿吨，占国内油品消费量的近 52%；2009 年，中国进口铁矿石达 6.28 亿吨，铁矿石进口依存度高达 63.9%。这些进口资源绝大部分是由城市地区消耗的。由此推动的"燃烧型"增长，造成了酸雨的覆盖率已达我国国土面积的 40%，二氧化硫排放多年世界第一。全国 600 多座城市中，缺水的就有 400 多座，110 个城市严重缺水，城市水资源承载力不足成为普遍现象；我国 600 多座城市中，大气质量符合国家标准的不到 1%，很多城市的上空被厚厚的雾霾覆盖。①2009 年，我国消耗了世界上 46% 的钢铁、45% 的煤炭、48% 的水泥、10% 的油气，但是只创造了世界 8% 的 GDP。2009 年，中国单位 GDP 能耗是世界平均水平的 3—4 倍，是日本的 6 倍，印度的 1.6 倍。可见，如果仍延续高投入低产出、高能耗低收益、高污染低环保的粗放型发展方式，不仅我国的能源条件、世界的能源供给无法支持，由此带来的排放和污染将引发诸多生态灾难。因此，我国从提高综合竞争力和可持续发展能力的角度看，加快城市的全面转型势在必行。

　　现代城市在规模扩张、功能提升中，都不可避免地要应对转型发展的问题，尽管每个城市的资源禀赋、产业体系和发展阶段不同，但是如果能利用一些重大的历史机遇期加速推进城市转型发展，就可能降低城市转型的成本，缩短城市转型的周期，促使城市的转型更加顺利。在这一点上，欧美的城市转型历史已经作了证明。中国的城市转型，在遵循产业升级、经济转型来带动城市转型的规律上应该是一致的。但中国的城市转型，与 20 世纪后半期的欧美城市转型，在动力机制和推进方式上又有很大的不同。如美国的工业城市转型，由于更多的是自身的单兵作战，转型升级的计划与行动主要靠城市自身对市场资源的重新配置和吸引，但中国当前的城市转型，则是在国家转变经济发展方式的动员令下，在新型城市化战略

---

　　① 亚行 2013 年 1 月 14 日发布的中国环境分析报告显示，全球污染最严重的 10 个城市中有 7 个在中国，中国的 500 个城市中，空气达到世界卫生组织推荐标准的不足 5 个。见《经济参考报》2013 年 1 月 15 日。

指导下来整体推进的，政府主导的作用更大，每个城市在转型发展的过程中，固然存在着争先进位的竞争，但在一个大的行政区或都市区内，也完全可以实行协同发展、分工合作，提升转型的效率和速度。从这个角度来看，中国大城市的转型发展，一方面要保持较高的"外向性"，在全球生产网络和城市网络中保持一定的地位；另一方面可在"内向性"的发展上进行制度性的创新，立足所在区域获取更多的高端资源，进行产业体系的优化和空间结构的重组。如在中国的长江三角洲地区，以上海为中心的大都市区，就形成了上海主导金融、商务、科技服务等现代服务业，昆山、苏州、无锡以及周边地区环绕的生产性服务业、先进制造业空间布局的合理分工，使各自在发展中都获得了应有的资源，从而形成了比较长久的共赢机制。

当代中国的城市转型发展，在部分城市起步不久、多数城市准备起步的情况下，就遇到了世界金融危机，这可以看作是一种重大挑战，但也可以视为一种重大机遇。世界金融危机使得全球经济环境发生了重大变化，很多国家和城市的经济发展出现停滞甚至是倒退的趋势，而中国由于本身作为一个"世界"，正处在经济发展的上升期、国家实力的提升期，国际影响力大大增强，这就给中国的城市在全球生产的网络或价值链上站在高端位置提供了发展的新机遇。从20世纪90年代开始，全球经济生产空间就已经通过跨国公司向多国延伸，形成了全球生产网络，全球生产环节和劳动分工的层次和水平日益深化。在这个全球生产网络上，由于受到自身发展的局限和发达国家的控制等多方面原因，国内的城市一直在低端的生产环节徘徊，无法向全球产业价值链的高端环节延伸。而在漫长的后危机阶段即世界经济的再平衡时期，国内的城市可以利用发达国家经济危机的迟滞发展，通过大力发展创新型经济、强化自主创新能力和对全球市场的控制能力，迅速将自身镶嵌到全球生产网络中去，向高端环节提升。因此，国内城市，尤其是人均GDP已经达到10 000美元以上的沿海发达城市，无论从自身的发展阶段还是从外部的发展条件来看，在未来的一个时期，将是转型升级、跨越发展的战略机遇期，着力调整产业结构、发展创新型经济，以从根本上转变经济增长方式，并推进城市从"制造型"向"服务型"、从"高碳城市"向"低碳城市"的整体转型发展。

　　此外，全球金融危机的出现，使得整个世界产业结构和经济结构面临新的大调整。金融危机无论对虚拟经济，还是对实体经济都产生了重要影响。世界经济在危机后也面临重大调整，新一轮的世界经济再平衡，不仅是国际金融秩序重建问题，还有低碳经济、新能源经济等主导下的国家、城市之间的新一轮利益大博弈。特别是美国政府在认识到推行清洁能源等存在着国内和国际上的阻力，尤其是发展中国家将因权益受到侵害而强烈反对后，已经着手从减碳排放、"碳交易"入手来先行改变世界贸易规则。"哥本哈根谈判"，美国和欧盟主导世界发展话语权的思维已经化成了具体的行动，就已经证明了这样一个新的严峻的现实。因此，包括中国在内的发展中国家，必须充分认识到经济增长和可持续发展所遇到的新挑战，即在受到碳排放约束的条件下，来推动绿色低碳产业的发展，树立城市转型的绿色、生态的新方向。

　　因此，当代中国的城市转型，最大的动力机制应该是基于国家层面转变经济发展方式的战略行动，这一行动应在三个维度上来协同推进：一是继续在全球生产网络中提升核心产业的控制力，向价值链的高端环节攀升；二是遵循国际城市转型的产业升级规律，加速从制造业主导的产业体系向服务业主导的现代产业体系转变，实现从生产型城市向服务型城市的功能跃升；三是注重"在地化"的资源整合与产业空间重组，在都市区的空间范围内进行产业布局和功能优化，让城市转型与区域发展形成联动关系。基于这三个维度的城市经济转型，将为中国城市的转型树立起"高"、"富"、"绿"、"美"的崭新发展理念，为世界的城市转型发展注入新的内涵。"高"是指产业的高端化，构建高新技术产业、高附加值产业主导的现代经济体系；"富"指的是城市的聚集性、聚富能力强，是产业资本和金融资本的集中地，提供更多高收入的岗位，培育出中等收入阶层的"白领"、企业家和"金领"等构成的社会群体，使城市具有生生不息的创新创业的文化资本；"绿"指的是绿色发展的理念和行动，产业导向是绿色产业、低碳产业，生活导向是低碳、节能的生活方式；"美"指的是城市发展以生态为本，城市治理以人文为本，形成和谐、幸福、包容的美丽城市、美丽都市区。

　　当然，要实践中国城市转型发展的新理念，需要政府引导和市场推进的双重合力，还需要在新一轮全球化进程中把握好转型行动中的"离岸发展"与"在岸发展"，即"外向性"和"内向性"的关系。全球金融危机的出现，使得整个世界经济结构面临新的大调整，我国的城市完全可以利用发达国家经济的增长乏力，来大力发展创新型经济，强化自主创新能力和对全球市场的控制能力，将自身镶嵌到全球生产网络中去，以实现转型发展。一方面，国际金融危机之后，政府主导的保增长投资计划和扩大内需的政策引导，使中国经济保持了持续增长的势头，并成为仅次于美国的世界第二大经济体，而纽约、伦敦、巴黎等原来作为转型楷模的全球城市、世界城市，恰恰在此次危机中受到的冲击最为严重，出现了包括经济增长速度减缓、失业人员大量增加、财政收入增长下降、公共支出增长的压力增大等问题，这很容易造成一种假象，那就是基于全球化的城市转型之路的风险太大，不应该继续坚持；另一方面，中国在成为世界第二大经济体，人均 GDP 超过 5 000 美元，特别是一些城市的人均 GDP 达到了10 000 美元之后，产业升级与消费提升都进入了新阶段，认为自身的内需市场也很大，区域发展不平衡所带来的潜在商机巨大，也容易把发展的眼光从世界转回到国内来，而削弱推进国际化的动力。如果因为这种假象而改变原来"外向性"与"内向性"有机结合的转型战略行动，就很容易进入认识的误区。因为中国的城市，即使是一线大城市的经济发展水平，也与那些全球城市、世界城市有很大的差距，完全不是一个能级水准，决不能因为它们受到了阶段性的冲击，而误认为国际化的进程可以暂时中止，只把重心放到"内向性"增长上。从目前到 2030 年的我国新一轮城市化加速期中，国内的城市转型方向，依然要坚持"外向性"与"内向性"并重，遵循产业升级与经济转型的规律，在政府力量引导和市场力量推动的双重作用下，充分利用城市创新引擎和自身的文化资本、技术资本、环境资本等特色资源，调整和优化城市产业结构、社会结构和空间结构，提升参与经济全球化的核心竞争力。对于当前的中国城市来说，一方面要保持稳定的经济增长，以一定的增长速度来维系发展的基本面不改变，但另一方面要坚持低碳绿色的发展理念，加快转变发展方式，在经济增长减速中来完成转型，唯有如此，才能实现经济增长和城市转型的双重目标。

在转变发展方式的国家战略行动中，来保持经济增长和城市转型，关键是加快产业升级的步伐，构建低碳、绿色、智慧、集约的现代产业体系，并让产业升级与城市转型形成互动。当前，国内的一批大城市率先启动的转型行动，重点是发展服务业，提升城市的能级，无论是老城区的改造，还是新城的建设，都把产业空间布局的优化作为重要前提，来强化现代服务业的空间集聚，探索集约发展、功能升级的新路径。出现这种趋势的原因，首先是因为土地资本化提供了城市产业结构转型的原动力。20 世纪 90 年代中后期，我国通过城市土地进入一级市场、土地资本化、住房制度改革、企业股份制改革等多项改革措施，促使工业向工业园区转移，使城市动员市区土地资源的空间成为可能。土地资本化和土地级差收益逼迫制造业不断从城市中心区向外转移，并不断吸引服务业填充制造业转移遗留下的空间，成为城市经济结构转型的最主要经济动力，促进了服务业在中心城区的集聚。其次，"经济容积率"规律在发挥作用。城市中心区最集约使用土地空间的经济含义并不是建筑学中的"容积率"的概念，建筑学"容积率"的概念是指盖房子的密度，这里讲的"经济容积率"，是指最集约地使用土地空间，它要求在所能承载建房密度的空间中得到最高的经济产出。城市中心区随着经济的发展，非生产人口居住的呈下降趋势。在现代化大都市中心区，特别是中央商务区，单纯的住宅面积是受到限制的，这就导致了该区域非生产人口的下降。我国城市经济在实践发展中已经出现了税收"亿元楼"，就是反映了提高土地单位产出率的要求。再次，经济虚拟化的趋势，城市的生产投入要求资本与知识要素密集，产出只以价值量来衡量。在城市中心区的生产投入中，货币资本投入固然是最重要的，但体现为科技手段和知识要素的设备、人力资本也同样重要。由于城市经济以服务经济为主，服务产品是主要的产出内容，服务产品往往没有物理形态，没有实体外观，它的使用价值难以用数量单位来衡量，因此，服务产出的衡量单位只有价值量，这就使都市经济成为货币经济和虚拟经济的生产中心，货币经济和虚拟经济也成为城市经济的基本形态。当现代服务业成为先进生产力发展的重要领域，服务劳动者成为社会的主要劳动者的时候，服务产业化必然扩大到教育、医疗、健康救助、文化传播等传统意义上的"上层建筑"领域，系统提升了城市的服务功能。因此，国内城市转型发展，应针对全球现代服务业向中国大城市转移的新机遇，超前进行产业空间优化，加快制造业的服务业化，大力促进服务业结构升级，充分把握城市经济转型与产业升级的关键节点，大力推进集约发展、"精明增长"，提高"经济容积率"，提升 GDP 的绿色、低碳含量，探索出转型发展、跨越发展的新路子。与此同步，充分利用城市创新引擎和自身的文化资本、技术资本、环境资本等特色资源，提升参与经济全球化的核心竞争力。[①]

二、中国城市经济转型的路径与重点突破

在对我国的城市化进程和主要大城市所处的发展阶段有了基本的判断，认识了中国城市转型面临的挑战和机遇之后，我们就能比较理性地把握城市转型的方向，特别是城市经济转型的实践路径。在国家转变发展方式的战略行动中，城市的发展必须从原来"土地城市化"、"人口城市化"的粗放增长方式，向以人为本、生态为基、产业高端、空间集约的"精明增长"转变，全面提高城市的发展质量。当前中国城市的经济转型，应该在顺应城市的产业升级规律，加快经济结构调整，培育战略性新兴产业的过程中，大力发展生产性和生活性服务业，构建服务经济主导的现代产业体系，尤其要以创新型经济的发展为引领，推动城市的能级持续提升，让国内的城市从一般性城市向国际性城市、国际化都市所处的世界城市体系的高端位置攀升，并由此带动区域的转型升级和国家的现代化进程。

从国际金融危机后新一轮全球经济再平衡的大背景来看，中国城市的经济转型也迎来了一个新的"窗口期"。历史经验表明，大的危机往往孕育着大的科技创新，而重大科技创新也往往推动世界经济走向复苏与繁

---

① 参见裴长洪、李程骅:《我国城市经济与服务业转型的方向》,《南京社会科学》2010 年第 1 期。

荣。1857 年发生的世界性经济危机引发了以电气革命为标志的第二次技术革命；20 世纪 30 年代大萧条前后问世的科学发现成为日后以电子、航空航天和核能为标志的第三次技术革命的基础；20 世纪 80 年代美国的经济危机则造就了 90 年代互联网信息技术革命的飞速发展，也造就了世界经济新一轮的繁荣。此次金融危机发生后，美国等西方发达国家将发展的重心转向"新能源"、"低碳经济"、"绿色经济"，这将有力推动世界产业走向一条新的创新之路。国内的城市可以在高起点上来谋划经济转型，实现从原来的投资拉动型向创新驱动型的转变，经济增长的推动力从投资驱动转向创新驱动，构建政、产、学、研、金等"五位一体"的城市创新体系，促进创新资源的有机互动和高效运行，强化创新过程的系统性整合与协同，促使体制创新、组织创新、技术创新、政策创新等相互作用，形成创新合力，培育出生生不息的城市与区域创新精神。

　　由此，在我国新一轮城市化和城市现代化的战略机遇期中，城市的经济转型应该着力体现在培育和发展创新型经济，并带动现代经济体系的形成。在现代城市，城市化水平或竞争力的差别，已不完全是城市人口的比重，而是主要表现在吸引和集聚生产要素的能力的差别，城市的基本功能主要体现在两个方面，一是集聚和集成创新要素，二是提供创新的软实力。[1] 城市经济的转型实际上是重新配置创新资源和确定新型运行规则的过程，因此大力发展创新型经济主导下的先进制造业和现代服务业的过程，也就是现代城市经济转型升级的过程，其中强化以知识、智力资源为依托的现代服务业，成为重要的发展方向。没有创新型经济体系，就不可能有创新型城市。创新型经济大多是经济发展已经达到一定阶段，具有较强科技综合实力的国家和地区才能发展的一种经济形态，注重培育本国企业和 R&D 机构的创新能力，发展拥有自主知识产权的新技术和新产品，以自主创新为目标和主要推动力的经济，形成一个国家、城市和企业的核心技术、知识产权和创新品牌，站上产业链与价值链的高端位置。因此，从培育创新型

---

　　① 洪银兴:《向创新型经济转型——后危机阶段的思考》,《新华日报》2009 年 8 月 25 日。

经济体系，以及加快产业升级的角度来看，国内的城市应该从以下几个方面来把握产业升级和结构调整的战略大方向：

第一，立足全球生产体系和产业价值链，推进先进制造业与现代服务业的协同发展。在我国现代化的进程中，作为世界的超大经济体，在攀升全球产业价值链的同时，也必须从经济安全以及可持续发展的高度，构建一个基于国家价值链的制造业与服务业一体发展的产业链、产业体系。现代城市转型需要服务业引领，但在构建服务经济体系的过程中，还不能丢弃先进制造业，更不能机械地用服务业的发展来取代实现新型工业化。现代服务业是在工业化比较发达的阶段产生，依靠高新技术和现代管理方法、经营方式及组织形式发展起来的，主要为生产者提供中间投入的知识、技术、信息相对密集的服务业，以及一部分由传统服务业通过技术改造升级和经营模式更新而形成的现代服务部门。实际上，我国当前的城市转型和区域发展转型，必须肩负双重任务：既要发展先进制造业，又要加快发展现代服务业。其原因主要有以下几个方面：首先，我国现代服务业发展离不开工业化，特别是工业现代化的发展。我国是大经济体，不可能像某些小经济体那样，依托某些资源优势发展少数服务行业来支撑国民经济；大国发展道路的一般规律是需要以实体经济为基础并建立比较健全的产业体系，先进工业发展是所有产业现代化的前提。其次，我国工业经济体制改革和开放、从所有制改革到产品生产与流通的市场化改革以及资本的市场准入等各方面条件，都优于和领先于服务产品的改革和开放，这也决定了我国工业经济必然领先以及必须在工业现代化继续完成的条件下加快发展服务业的既定格局，形成两者相互依存、相互促进的趋势。再者，我国社会主义市场经济制度的建立和保障，既需要以价值量衡量的增加值和收入的持续增长，也需要以实物为基础的经济实力、科技实力和综合实力的不断壮大，两者都离不开工业现代化的继续完成。发展先进制造业是促进生产性服务业发展和实现服务业结构优化升级的主要途径，没有先进制造业的支撑和依托，就不可能有真正的现代服务业，也不可能真正实现城市的经济转型和整体发展转型。

第二，构建现代服务经济体系，把生产性服务业的发展与传统服务业结构升级并重推进。发展现代服务业、实现服务业结构优化和升级，要以生产性服务业为突破。生产性服务业是直接或间接为生产过程提供中间服务的服务性产业，其范围主要包括仓储、物流、中介、广告和市场研究、信息咨询、法律、会展、税务、审计、房地产业、科学研究与综合技术服务、劳动力培训、工程和产品维修及售后服务等方面，但最重要的是信息服务业、现代物流业、研发服务业、金融与租赁服务业等。我国服务业发展不仅存在总体滞后问题，结构也不合理，过于依赖生活性服务业的结构，生产性服务业发展落后已经成为产业结构调整与优化的主要制约因素。对此，在推进城市经济转型发展的进程中，我们可以借鉴跨国公司的做法，利用我国城市技术人才的劳动力成本的比较优势，大力发展服务外包。外包模式作为一种企业经营战略，在 20 世纪 80 年代就已经流行于发达国家。20 世纪 90 年代以来跨国公司的经营战略出现了调整，其要旨就是把原先由内部提供的生产和服务环节转移到外部，重组企业的生产体系，通过合约来购买外部优质的资源，包括原先由内部生产的产品和服务，以达到降低生产成本和提高竞争力的目的。这种外部化的经营战略调整，不仅促进了新的第三方服务供应商的发育成长，而且还使一部分制造企业向服务企业转型，出现了服务型的制造企业，众多的跨国企业开始了从制造商到服务供应商的彻底转型。这是一种供应链管理的办法，即通过生产性服务业来连接国际市场体系。原来制造型企业的转型，通过对生产性服务业的剥离，就延长了整个产业链，其空间落点更多地向城市的中心区或新的功能区聚集，就发挥了优化城市空间的作用，使产业空间与城市空间实现有机融合。

　　第三，充分运用国际服务贸易的新规则，建立内外贸一体化的城市服务产业体系。这是我国城市经济转型发展的一个重要选择。在国际垂直分工的生产体系中，产品在生产过程中的时间只占全部循环过程 5% 不到，流通领域占 95% 以上，产品在制造过程中的增值部分不到产品价格的 40%，60% 以上发生在服务领域。流通领域缺乏效率，竞争力就会受到影响。因此，城市服务功能的提升，与自身商业服务运营体制的改革直接相关，特别是国际金融危机之后，内需市场的扩大，需要吸引更多的企业"向内转"，更需要进行大力度的流通体制改革，首先是加工贸易的产品内销，要突破许多的政策障碍和体制障碍，海关监管方式和征税制度都要进行改革，渠道建设，流通制度、流通组织方式的改革加快跟进。其次是通过生产性的服务把它们连接起来，在国内形成供应链，加快与国际市场接轨。把对外贸易从过去"引进来"为主，变成"引进来"和"走出去"并重，特别是在"引进来"的项目中，要从以制造业为主调整为制造业和服务业并重。① 值得肯定的是，我国政府为进一步顺应全球经贸发展的新趋势，实行更加积极主动的开放战略，于 2013 年 8 月宣布设立中国（上海）自由贸易试验区，并于 9 月 29 日正式挂牌开张。试验区总面积为28.78 平方公里，涵盖上海市外高桥保税区、外高桥保税物流园区、洋山保税港区和上海浦东机场综合保税区等四个海关特殊监管区域。在扩大服务业开放方面，选择金融服务、航运服务、商贸服务、专业服务、文化服务以及社会服务领域扩大开放（具体开放清单见附件），暂停或取消投资者资质要求、股比限制、经营范围限制等准入限制措施（银行业机构、信息通信服务除外），营造有利于各类投资者平等准入的市场环境。② 目前全球有 800 多个自由贸易区，这些地区被公认为是世界经济最开放、自由化程度最高、资源配置效率最高的地区，已经成为跨国公司配置资源的核心区。我国改革开放 30 多年来，境内一直未能建立起面向全球的自由贸易区，不利于我国参与全球经济贸易一体化的进程，直接影响了我国建立真正意义上的国际航运中心、国际物流中心和国际金融中心。从国家战略层面来说，借鉴国际通行规则，对外商投资试行准入前国民待遇，这一重大的制度性创新，有利于培育面向全球的竞争新优势，构建与各国合作发展的新平台，拓展经济增长的新空间。对于上海来说，则是直接获取了更多的制度性红利，可以通过税收、外汇使用等多方面的优惠措施，促进跨国公司在全球范围内调拨资源，吸引更多的金融机构前来注册，强化对国

---

① 参见裴长洪:《后危机时代: 中国外向型经济发展模式转型》,《经济观察报》2009年 11 月 29 日。

② 参见国务院批准的"中国（上海）自由贸易试验区总体方案",中央人民政府网站 2013 年 9 月 27 日发布。

际性物流业务的集聚效应，巩固"四个中心"的地位，促进上海在世界城市体系中的地位大幅提升，在未来发展为东亚地区的经济龙头城市。

第四，在转变经济发展方式的时代主题引领之下，把低碳经济的发展嵌入到城市历史与现实之中，践诺绿色、低碳、集约的增长理念，走出"先污染、后治理"的传统工业城市的发展路径，构建生态型、智慧型的宜业宜居城市。低碳经济引领下的城市转型，更多地体现为产业的有机融合，一、二、三产业联动，生产与服务、生产服务与消费等方面都可以有机地连接起来，形成产业部门之间各种业务的交叉与整合。如韩国政府推出的"2030 智能电网路线图"中，智能电力网络作为战略发展核心，连接电力生产和消费两端，同时也需要适应智能交通和智能再生能源领域的发展需要，就体现了这种产业融合的特性和发展优势。① 当前的中国城市，多数都喊出了"低碳"的发展口号，但因为要保持一定的经济增长率，推进的力度都不大，大多都完成不了预定的减排指标。因此，国内城市在培育和发展低碳经济的过程中，政府在制定硬性考核指标的同时，更应该支持企业加强自主创新，依靠技术进步来节能减排，同时重点提高对自然资源的利用效率，让先进的清洁能源技术，来主导可再生能源、替代燃料、废物处理与水资源循环利用等，打造出新型的节能环保产业，在培育新的经济增长点的同时，又提升城市的生产能力与创新能力，增强城市的综合功能。

总的来看，在转变经济发展方式的国家战略行动的推动下，在创新型经济引领新一轮全球化的国际背景下，在现代服务业的竞争力决定城市核心竞争优势的现实条件之下，中国的城市转型发展，必须依靠城市经济的转型，在产业升级、现代服务业发展以及现代经济体系的构建来协同推进，并重点通过产业结构升级来引领城市经济转型。具体的突破路径和对策为：

首先，以创新型经济的发展来提高城市的"经济容积率"。我国当前主要城市的发展水平，与公认的"世界城市"相比差距巨大，即使与东亚

---

① 周振华：《转型发展的城市经济：从制造中心到服务中心》，《文汇报》2011 年 11 月 21 日。

城市如新加坡、香港、首尔和东京相比，也不在一个层级之上。差距的主要表现为都市区的城市化水平不高，市政基础设施等还需要大投资，城市交通需要大力加强，航空、地铁等基础设施还需要进一步强化，更直接的表现是城市的人均 GDP 和"经济容积率"。在从当前到 2030 年的新一轮城镇化的进程中，国内城市的改造和功能提升，在追求更高的"经济容积率"的同时，更应做好城市产业空间的布局优化，加快发展相关服务产业，以此衔接好中心区规划与产业空间的衔接与联系。如果我们把都市中心区形容为服务经济的"工厂区"，那么它与整个城市地域的规划关系就是生产区与生活区以及其他功能区域的关系，二者之间需要紧密的衔接。特别是城市的交通与基础设施发展的现状与未来，对中心区规划有重大影响，也对各种功能区域的规划有重大影响，区域规划的修编要充分考虑到这一点。在处理土地集约与资本投入的关系上，都市中心区应该是资本要素密集的区域，其土地利用要求愈集约，资本替代要求就愈高。因为资本替代要求实际成为中心区土地集约利用水平的决定因素，城市的中心区土地集约利用水平高，就必然意味着资本投入强度的提高。因此，必须积极培育基于空间价值集约的增长动能，调整和优化城市空间结构，使城市在同样的增长情况下，减少基础设施和服务方面的成本。同时要规划与确定合理的功能分区，促进功能性集群效应的发挥，进一步整合城市的开发园区资源，提高园区的集约化程度。在这一点上，作为我国创新型城市典范的深圳，其走过的产业与城市持续转型升级之路无疑较具代表性。20 世纪 90年代初，当深圳在人均 GDP 达到 2 000 美元之时，就决定有计划地收缩当时发展势头很好的"三来一补"企业，转变产业发展的战略方向，把服务业确定为支柱产业，集中财力、人力、物力发展以电子信息、新能源、新材料和生物技术为代表的高新技术产业。进入 21 世纪后，受土地和空间、能源与水资源、人口、环境容量等"四个难以为继"的因素影响，深圳的发展受到严重制约，又及时实施了从"效率深圳"向"效益深圳"转型的行动。[①] 通过构筑"环境和服务高地"来引进更高质量和效益的企业，

---

① 《深圳转型：从三大支柱产业到五个中心》，《21 世纪经济报道》2010 年 8 月 11 日。

加速促进传统产业的升级或转移，使第三产业蓬勃发展，新的经济形态不断产生，有效推动经济发展方式向质量型、效益型、集约化的转变，持续推进产业结构的升级换代，探索出"腾笼换鸟"的新举措，提升城市的创新能力和服务能级。2010 年 8 月，在深圳经济特区建立 30 周年之际，国务院批准《前海深港现代服务业合作区总体发展规划》，同意深圳把前海建设成为粤港现代服务业创新合作示范区。合作示范区的总面积达 15 平方公里，将重点发展总部经济、创新金融、现代物流、科技及专业服务业、通信及媒体以及高端服务业。2012 年，深圳决定把"产业转型"与"城市转型"的行动结合起来，以新型城市化引领产业发展方向，提升环境、配套和服务水平，进一步强化了对高端产业和企业的聚集力，为持续提升城市的经济容积率提供了制度化的空间保障。①

　　其次，通过大力培育和发展生产性服务业来优化服务业结构。在城市经济转型升级的过程中，我们必须认识到，发展现代服务业不仅仅是商务部门的事情，实际上也是制造部门的事情。制造业被称为服务业之母。在制造业的链条越来越长的条件下，一部分制造业通过专业分工和外包，再通过供应链整合生产组织体系，构建新的商业模式，或形成生产性服务业。通过制度化的创新和商业模式的创新，大力发展生产性服务业，是我国发展现代服务业的又一个重要途径。组织供应链通常是核心企业，它依靠优势资源成为核心企业，这种优势资源不一定是资本或技术，它可以是品牌，甚至可以是最终用户的认可和信任。我国的城市必须将调整结构与发展先进制造业相结合，大力发展生产性服务业，把第二和第三产业融合起来，促进交通运输业、现代物流业、金融服务业、信息服务业和商务服务业企业的快速发育成长。一方面可以优先发展先进制造业，通过产品的电子化、信息化、智能化、个性化特征促进服务业发展，然后使一部分先进制造企业成长为服务型制造企业；另一方面，通过改革企业组织结构，发展外包业务、扩大分工和服务交换的机遇，促进第三方服务供应商组织的成长。由于生产性服务业主要是以人力资本和知识资本为主导性投入，

---

①　《把产业转型与城市转型更好结合》，深圳新闻网 2012 年 9 月 28 日。

属于知识和资本密集性行业，其与制造业和传统服务业的高度融合，可以明显提升生产、销售的专业化水平，提高劳动生产率，也大大地有利于我国服务业和整体产业结构的优化升级。我国当前正在推行的服务业企业"营改增"税收改革，有效深化了专业化分工，打通了二、三产业间的抵扣链条，避免了对服务业和制造业的重复征税问题，激发了企业对生产性服务的需求，对生产性服务业发展产生了重要的政策推动作用。

再者，加快战略性新兴产业的培育，以打造中国经济"升级版"来引领城市的功能升级。

伴随着中国经济的持续增长、中国在全球的影响力和控制力的增强，一批国内的特大城市、大城市，未来将毫无疑义地在世界城市体系中成为重要节点城市。这一批中国城市必须参照世界知名大都市的发展过程和做法，在城市定位、产业体系建构和服务功能提升等方面要有战略性的规划和具体的阶段性行动计划。其中，在新一轮经济全球化竞争中，对于在未来有广泛市场前景的高技术项目以及创业型人才的吸引与聚集，成为国家、城市间争夺的焦点。伴随着国际上第三次工业革命热潮的涌起，新一代信息通信产业的快速发展，云计算与大数据的广泛运用，以及对新能源、新材料和生物技术应用的战略需求，我国对战略性新兴产业的培育和发展已被纳入打造中国经济"升级版"计划的重要内容。国家确定的七大战略性新兴产业发展计划发布之后，我国的地方政府，特别是省会城市、区域中心城市纷纷出台相关产业发展的空间规划与保障政策，以为城市和区域的新一轮发展提供新引擎。面对这一战略性机遇，地方政府培育发展新兴产业的政策，一定要覆盖产业发育生长的全过程，并通过产业集群、产业链和新产业体系的建构，形成空间网络上的创新协同效应，培育出充满活力的区域创新体系，以产业、经济的转型升级，带动城市创新、服务的功能提升。

再次，科学把握新产业分工的空间布局特征，建立绿色发展维系的生态化的城市空间新秩序。

新技术革命带来了产业空间与城市空间的高度融合，后信息时代的移动互联网催发了新产业组织形式的更大变化，基于生态文明准则的绿色发展、低碳发展理念，已经渗入了产业升级与新产业体系的建构行动中，并正在重构城市空间的新秩序。我国在进入城市群、大都市圈一体化发展的新阶段之后，培育和发展创新型、服务型经济，要根据新产业体系的空间布局特征，让附加值高、有创新带动性的产业和企业，占据城市中心或节点位置，成为知识创新、技术创新和商业模式创新的高地，以充分发挥对城市和区域空间的创新溢出效应。世界银行在 2009 年发布的《重塑世界经济地理》报告中已明确指出，在一个有机的城市体系中，大城市的空间主要承载服务业为主，聚集新公司和高附加值的企业，卫星城和小城市则重点发展专业化产业。即使在一个城市中，先进制造业和现代服务业，因对配套服务要求差别大，也必须进行空间的分隔。[①] 这样才能有效避免城市空间与产业空间的无谓浪费，促进城市空间的集约化发展，并在中心与外围的分工和合作中放大创新型经济和城市创新体系的辐射范围。同时，可以根据城市空间价值提升的规律，把发展绿色环保产业与城市空间的功能修复进行有机结合，在生态文明的准则下，运用系统的规划和投入机制，通过大力发展绿色经济，来建设绿色城市、低碳城市。既要重视对新区的生态设计，也要加强对旧区的生态修复，尤其是对承载城市文脉和工业遗存的老城区，应以生态修复为第一原则，对位于中心城区内的老厂房、传统产业空间进行生态修复和空间改造，注入生产性服务业、创意产业的内涵，发展为体验型、功能型的现代服务业集聚区。在城市产业升级的过程中，要加快创建清洁能源结构、营造人与自然协调发展的绿色、集约的空间新秩序，从而吸引追求优质生活与工作环境的创新型企业入驻。《城市的胜利》作者爱德华·格莱泽教授就认为，高密度的城市生活，不仅有利于保护自然生态，而且还能够激发创新。[②] 在这一方面，西方发达国家的老工业城市，如波士顿、巴尔的摩、蒙特利尔、西雅图等，通过对水岸码头、老工业区的改造，再现都市活力和生态环境的优势，成功聚集高新技术企业的做法，当给国内城市以直接的借鉴。国内城市对污染河流

---

① 参见《2009 年世界发展报告：重塑世界经济地理》，清华大学出版社 2009 年版。

② ［美］爱德华·格莱泽（Edward Glaeser）：《城市的胜利》，刘润泉译，上海社会科学院出版社 2012 年版。

的治理，已有上海的苏州河、南京的秦淮河、成都的府南河等成功实践，但总体来说，如何把生态环境修复后的空间价值提升与城市的创新文化再造结合起来，还有待进一步的细化和升华。在当前国内城市对老厂区、街区的改造热潮中，应系统学习国际城市的空间设计理念，在人性化、可达性、公共性以及生态系统的完整性等方面下功夫，使其不仅是一个园区，更是一个集文化创意、休闲体验和智慧交流的开放街区和社区，成为创意经济的载体、创新企业孵化与成长的乐园。

在世界城市化进程、城市转型行动的大格局下来审视当代中国的城市转型行动，我们可以比较清晰地认识到，在转变经济发展方式的整体要求之下、在新型城镇化战略实施中以及在世界城市体系新一轮重组的过程中，国内城市所处的发展阶段、所面临的挑战和机遇，以及为提升竞争水平所选择的突破路径。在"五位一体"的总布局下，新一轮的国内城市转型战略的推进，必须以经济转型为前提，以产业转型为动力，在传统产业的改造升级和在新产业体系的培育发展上体现更高的效率，从而在可持续发展的轨道上综合提升城市的能级水平。国家层面的整体设计与地方政府主导的城市创新行动，应转化为创新驱动下的新动力机制，协同打造创新型、服务型经济主导下的城市新产业体系，促使一批国内城市对接全球的创新体系，在全球生产体系和价值链中从事高附加值的经济活动，在世界城市网络的演进中发挥重要影响。以国内城市探索的转型发展、创新发展和绿色发展新路径，丰富世界城市转型的实践内涵，为全球城市化水平与质量的提升，为推进人类的现代化进程，承担起应有的"中国责任"，持续作出新的更大的贡献。

第二章

中国城市转型发展的
产业动力机制

　　现代城市持续发展的动力来自于产业，工业化推动了城市化，而城市的现代化则是靠建立在高度工业化基础上的现代服务业的发展引领。工业革命以来，城市的生命周期与全球产业与经济发展长周期直接相关，与一个国家或地区的工业化演进的轨迹契合。进入后工业社会，城市的创新集聚功能进一步凸显，自身的平稳发展、可持续发展的能力，又体现在超越传统的产业与经济的生命周期的制约，即通过制度化的创新、不断提升的服务功能和协同化的机制，以战略的前瞻来培育新兴产业，构建新产业体系，从而实现以主动的产业升级来推动城市进入更高层次的发展周期，最大限度地规避转型的阵痛与风险。与此同时，城市在转型过程中所带来的大规模的制度变革，又有效保障了新产业体系的健康运行。尽管当前我国整体上还处在工业化中期发展阶段，但东部经济先发地区和一些大城市则已迎来了后工业化时期，转型发展的新阶段已经到来。因此，我国在实施新型城镇化战略和城市转型升级的实践行动中，如何构建以战略性新兴产业为主导的新产业体系，让先进制造业和现代服务业在创造高附加值的同时，同步在城市的产业空间优化和城市能级的提升上发挥乘数效应，从而加速推进中国城市经济的转型，在世界城市体系和全国城市体系、全球价值链和国家价值链的双重通道中攀上更高的环节，当具有重要的导向意义和实践启示。

第一节 新产业体系驱动城市转型升级

一、产业体系演进与城市发展周期律

城市是人口、产业与空间构成的有机综合体。现代城市发展的核心驱动力是产业，产业外部的表现形态不同，产业内部结构性的变化，由此所形成的产业体系演进，直接带动了城市的扩张、发展和功能升级。现代城市的发展与产业体系的演进、产业升级的步伐是紧密相连的。产业体系的变化主要从内外两个方面影响着城市的发展，在城市内部，不同的产业体系则决定了城市的发展阶段及其综合功能，进而也左右着城市发展的速度和城市的生命周期。从外部来看，一座城市的主导产业以及围绕这些产业所形成的产业体系，主导着区域性的城市体系格局的变化，也决定了城市的能级地位。

自工业革命以来的全球城市发展，呈现出明显的周期性特征，而全球性的主导产业发展带动下的城市自身产业体系的演进，则直接导致了城市整体发展的周期性波动。詹姆斯·特拉菲尔在其著作《未来城》一书中指出，都市是一座类似森林的生态系统，和森林一样，都市的发展也需要足够的环境和能量，也都有生命循环——有诞生期、成熟期，也都会死亡。[1] 美国学者路易斯·萨杰维拉（Luis Suazervilla）也认为，城市的发展一般会经历出生、发育、发展和衰落。[2] 随着城市发展规模的扩大、城市发展进程的不断深化，影响城市生命周期的因素也愈加多样，而基于产业生命周期性产生的经济周期，则是影响城市生命周期最重要的因素。经济周期按照其时间跨度的长短可以分为四种类型，即康特拉季耶夫周期、库兹涅茨周期、尤格拉周期和基钦周期。中外学者的研究表明，世界城市发展的历史时期与经济发展的长波周期具有较高的吻合度。西方城市历史学家自近代资本主义工业城市产生后所划分的四个城市大发展年代，即

---

[1] [美]詹姆斯·特拉菲尔:《未来城》，赖慈芸译，中国社会科学出版社2000年版，第16页。

[2] L.Suazervilla, "Urban Growth and Manufacturing Change in the United States-Mexico Borderlands: A Conceptual Framework and an Empirical", *The Annals of Regional Science*,1985,(3).

1800、1850、1900、1950 年，正好与世界经济的工业长波周期基本吻合（徐巨周，1997；何一民，2006 等）。徐巨周（1997）还对纽约—曼哈顿地区人口年均增长率进行了统计，将这一地区的城市发展阶段与经济的长波周期进行对比后发现，纽约—曼哈顿地区的城市发展周期与经济的长波周期具有极为接近的发展同步性，经济投资的扩张和减少左右了城市的发展和衰退，使城市的发展呈现出周期性的波动特征。部分学者（敬东，2000；李彦军，2009）对中国城镇人口变化和国民经济发展情况的对比分析也表明，尽管中国的城镇人口变化受到户籍制度的影响，其波动性不是十分的明显，但是仔细研究同样可以看出，GDP 增长的波动与城镇人口的增长波动之间同样存在一定的相关性。可见，经济的增长波动会影响城市的繁荣和进步，并使其呈现出一定的周期性波动状况。

　　城市的发展运行是一个复杂的系统工程的推进过程，从宏观的角度看，经济、社会、文化、政治和生态是影响城市进程的五个主要方面，形成城市发展的五大"子系统"，这五个方面的协调一致，才能推动城市的顺利前进。在五个子系统中，经济系统是最基础的系统，是维系城市生命最基本的内容。经济系统的进步和发展，为其他子系统的发展提供了物质基础，决定了城市的兴衰和繁荣，其他子系统的发展则为城市经济的进步创造更好的外部条件。而城市经济的发展是其中各产业共同作用的结果，因此从根本上说，城市的周期性波动是主导产业发展的周期性规律及其整个产业体系演进所导致的。

　　产业经济学的研究成果表明，由于受到技术创新能力及市场需求变化等因素的影响，任何一个产业都会经历"兴起——扩张——减速——收缩"的发展历程，即出现产业的生命周期现象。这一理论最早起源于产品生命周期理论。1966 年美国经济学家 R.Vernon 通过产品在国内和国际市场发展的变化情况，将产品的生命周期划分为三个阶段：产品的导入阶段、成熟阶段和标准化阶段。[①] 在产品生命周期的基础上，一些经济学家将其扩

---

　　① 　R.Vernon, "International Investment and International Trade in the Product Cycle", *Quarterly Journal of Economics*, V.80, 1966, pp.190-207.

展到对产业的周期性分析中。Michael Gort 和 Steven Klepper（1982）[1]，考察了 46 种产品长达 73 年的发展历程后提出了著名的 G-K 模型，他们的分析结果显示，产业中的厂商数量会随着产业的成长而变化，他们按照产业中厂商数目的多少将产业的生命周期划分为引入期、大量进入期、稳定期、淘汰期和成熟期五阶段，认为企业在技术创新的作用下进入该产业，但随着创新的减少、价格竞争以及"干中学"所导致的效率竞争等因素，导致企业的大量退出，使产业进入淘汰期。随后，Steven Klepper 和 Elizabeth Graddy[2]（1990）对 G-K 模型进行的深化研究，同样证实了产业生命周期的存在。

产业的生命周期是主导产业更迭和产业体系演进的结果。在一座城市的发展中，由于主导产业具有较强的前向关联、后向关联和旁侧关联，因而，在主导产业的成长阶段会直接影响前向和后向的产业部门的发展，并通过扩散效应影响其他产业的发展，其他产业的发展反过来进一步促进了主导产业的进步，使扩散效应得到加强；进入稳定阶段后，主导产业的发展会继续支撑城市的经济繁荣，使城市的经济发展保持稳定的增长；但是进入淘汰期后，由于创新的减少和利润的下降，企业会逐渐退出主导产业部门，主导产业对其他产业的带动作用也会下降，从而使城市的经济发展增速降低，此时如果缺乏新的主导产业的培育和发展，城市将可能进入衰退阶段。在信息化时代，不同产业之间出现了相互融合、互动一体化发展的格局，主导产业的发展对整个产业体系以及经济系统的影响更大，波及的范围也更广。在主导产业出现衰退的阶段，加快培育新兴产业，并促进新的产业体系的重构，是城市保持旺盛生命力、可持续发展的关键。（详见图 2-1）

产业体系的演进也直接决定了城市地位的变迁。在传统的城市理论中，城市地位的高低是由其经济实力以及城市规模的大小所决定的。在不

---

[1]   Michael Gort and Steven Klepper, "Time Paths in the Diffusion of Product Innovations." *The Economic Journal*, Vol. 92, No. 367（Sep.,）1982, pp. 630-653.

[2]   Steven Klepper and Elizabeth Graddy, "The Evolution of New Industries and the Determinants of Market Structure", *RAND Journal of Economics*, Vol.21,（1）1990, pp. 27-44.

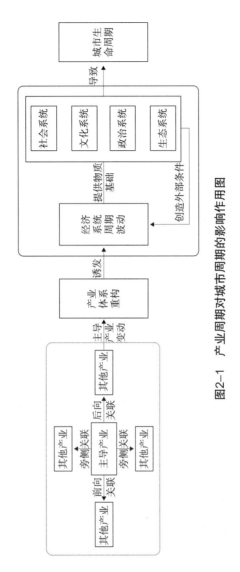

图2-1 产业周期对城市周期的影响作用图

同城市的不同发展时期，由于产业体系的技术先进性不同，城市的劳动生产效率也有所不同，从而促进劳动力等资源在不同城市之间的流动，城市的地位也会因此不同。发展先进技术带动下的产业，促进产业体系的变迁，可以促进城市地位的升高。Brezis 和 Krugman（1997）[1] 认为，一个城

————————

　　[1]　Elise S. Brezis and Paul R. Krugman, "Technology and the Life Cycle of Cities", *Journal of Economic Growth*,（December）1997,pp. 369–383.

市的技术创新主要源于两种途径：其一是基于当地产业发展经验的一种持续性学习，其二是一种偶然发生的技术创新。他们用劳动生产率作为衡量城市学习能力的指标，并假设城市 1 的劳动生产率是基于产量增加而产生的生产经验不断积累的增函数，即 $a = a(K(t))$ ，这里 $K(t)$ 是从时间 0 到时间 t 时期内不断增加的制成品产量：$K(t) = \int_0^t \int_0^m Y_{mi}(\tau) di d\tau$，其中 Y_{mi} 是 i 工人的制成品产量。假设学习（劳动生产率）函数为 $a(.) = \Gamma \dfrac{e^{vk}}{e^{vk} + \mu}$，在这种指数函数形式下，当生产为零的时候，劳动生产率也不会为零，$a(0) = \Gamma/(1 + \mu)$。同时，劳动生产率会随着产量的增加而逐渐提高，显示出企业在生产过程中的一种知识积累的能力，但是从以上学习函数的模型还可以看出，产量增加所产生的劳动生产率的提高相对于知识的存量来讲是很小的，其增加的比例会逐渐降低的，而且这种增加是有限度的，随着产量的不断增加 a 将趋向于 Γ。随后，假设一种与原有技术不同的新技术 a* 被引入，这种新技术相对于原有技术具有一定的优越性，即对于任何的产量 X，都有 $a*(x) > a(x)$，工人采用新技术将会使产量增加，也就是说最终新技术的 Γ 会高于原有技术。但是对于一个趋于成熟的企业来说，新技术在最初的引入时期会劣于原有技术，即 $a*(0) < a(k)$。基于这样一种假设，对于采用原有技术的城市 1 中的企业来说，在新技术引入的最初阶段不会采用这种新技术，然而新技术所具有的竞争优势会吸引新城市 2 的企业使用这种技术，从而促使劳动力在两座城市之间发生转移，当原有技术趋于成熟时，其劳动生产率的提高将会非常缓慢，而新技术因为具有更高的劳动生产率，因此对于同样的劳动力投入 L，其产出将更多，从而使新技术的效用 U^2 高于原有技术的效用 U^1，进而使劳动力更多地向城市 2 集中，其最终结果将导致城市 1 的衰败和城市 2 的繁荣发展。由此可以看出，技术创新促进了新兴产业的发展，使资源在不同城市之间进行重新配置，并最终导致了中心城市经济地位的变迁。

如果将全球城市发展重心的演进历程与世界技术的发展进行对比，可以很清晰地发现，工业革命以来的全球城市发展重心的转变，与技术的创

表 2-1　全球城市发展重心与世界技术发展情况表 [1]

时间	18 世纪80 年代到19 世纪40 年代	19 世纪40 年代到90 年代末	19 世纪90 年代到20世纪 30 年代下半期	20 世纪30 年代末—	20 世纪90 年代—
技术创新	棉纺、铁、蒸汽动力	铁路、交通运输革命、冶金技术进步	电力、汽车、化学	电子计算机及其技术	互联网、生物技术、新材料、新能源等
新产业体系	以纺织业为主的产业体系	以交通运输、钢铁等为主的产业体系	以电力、石化等为主的产业体系	以电子信息产业为主的产业体系	以电子信息、创意、新能源、新材料等产业为主的产业体系
大规模采用新技术的城市	英国伦敦	英国伦敦、美国纽约	美国纽约、英国伦敦、日本东京等	美国纽约、硅谷	美国纽约、硅谷、筑波、日本东京、英国伦敦，印度班加罗尔、中国的上海、深圳、北京等
世界经济中心	英国伦敦	美国纽约的经济地位不断提高，英国伦敦的中心城市地位向纽约分化。	美国纽约与英国伦敦并列城市世界经济中心，日本东京基于适用技术的创新逐渐发展壮大。	美国纽约、硅谷成为中心城市，伦敦和东京经济中心地位有所下降。	东京、伦敦经济中心地位重新树立，纽约、硅谷经济地位不断巩固，筑波、新竹、北京、上海、深圳等城市逐渐崛起。

新之间具有很强的内在关联。自 18 世纪以来的产业革命[2]，每一次产业都是基于技术范式转变的产业模式与产业形态的变化，在有效促进了经济发展的同时，也促进了财富向新的经济中心的聚集。那些率先大规模采用新技术，并围绕新技术构建新产业体系的城市在不同的时间节点成为全世界的经济重心，而原有的经济重心城市由于技术创新速度降低，会使其在全球经济中的领先地位出现一定程度的弱化，从而使全球的经济中心由最初的一座城市向多个城市转移和分散，并培育出新的经济中心城市，从而形成了产业发展与世界城市体系演化的良性循环。（参见表 2-1）

---

① 根据徐巨洲《探索城市发展与经济长波的关系》（《城市规划》1997 年第 5 期）、姜阳《科技革命与经济周期的变迁》（中国科学院中国现代化研究中心，见何传启：《第六次科技革命的战略机遇》，科学出版社 2012 年版）等文整理并做了完善。

② 对 18 世纪以来的产业革命，学术界有三次产业革命、四次产业革命和五次产业革命三种观点。参见何传启：《第六次科技革命的战略机遇》，科学出版社 2012 年版。

就城市自身而言，新产业革命所造就的新产业体系，也促进了内部空间结构的重组与优化。在工业化社会，制造业为主导的城市，产业空间与城市生活、商业空间是一种对立和冲突的关系，而当进入后工业社会、信息社会之后，制造业的外迁与产业生机，服务业的高度集聚，城市人"消费即生产"，使城市的产业空间与整体的城市空间形成了融合、和谐的关系。这种关系的变化，实际上是新技术革命加快了产业分工和升级、生产要素可以在全球范围内进行流动的结果，是建立在全球产业价值链上的产业升级模式的集成体现。传统的产业集群，是大量中小企业在空间上的相互集中，重在构建一个有机联系的市场组织网络，信息时代的高新技术产业集群，在强调协同性、互惠互利性的同时，集群内空间的接近性和价值趋同性，易于形成整体的创新氛围，带动区域空间的创新，高新技术的产业集群在一定程度上成为城市或区域创新体系的载体。此外，传统的产业分工是在一个相对独立的区域空间、城市空间内进行的，而新技术革命带来的新的产业分工的纵深化，企业内部的生产环节被分离，由过去自身完成变为上下游企业分工完成，从而达到了规模化、高效益的目的，自觉形成了新的产业价值链分工。新产业价值链各环节要求的生产要素有差异，就使大企业在研发、制造、销售各个环节上，实行空间的价值化分工。在全球价值链为主导的产业分工中，高新技术产业、高端服务业等具有高附加值行业所引领的新产业体系，则是促进城市产业空间布局优化、环境友好、集群竞合、集约发展的动力系统。①

二、新产业体系提升城市的空间价值

随着现代科学技术的快速发展，持续的科技革命与经济发展的关系日益密切，促进了产业的持续升级和新产业体系的形成，也促进了城市功能的提升。进入后工业社会以来，产业空间与城市空间的日益

---

① 此段参见李程骅:《新产业价值链与城市空间重组》，《新华日报（理论版）》2008年6月2日。

融合，现代服务业直接成为城市功能体系中的重要内容或空间节点，使现代城市的经济化功能发挥多元效用。特别是基于信息化、数字化、智能化技术发展起来的第三次工业革命，催生了以信息通信产业、计算机产业、新材料、技术研发、创意设计、绿色环保产业等新兴产业为主体的新一代产业体系的建立，智能化、数字化、创新性、融合性、绿色化等成为新产业体系的主要特征，对长期形成的机器大规模制造的生产体系产生了颠覆性的重构，对城市的整体空间价值的提升，都具有深远的影响。

与传统的相对单一的产业体系相比，新产业体系具有高新技术渗透广，产业技术密集程度高；产业分工不断细化，以模块化组织模式为主导；网络状产业链为主，产业间的关联度提高；资源利用效率高，产业环保性强；资金投入多，附加价值高等特征。这些特征使其可以成为城市的产业，而不是必须远离城市的"工厂区的产业"：

首先，新产业体系具有模块化的特点。随着产业分工的不断深入，一些新兴产业逐渐从原有产业中分离出来，设计、研发、营销、策划等众多的服务业环节逐渐成为独立的产业部门，为企业之间的模块化组织方式提供了可能。同时，消费者需求的多样化，使小规模、多品种的产品生产成为主流，这对模块化的生产方式产生了需求。不同企业之间以模块化的组织方式进行整合，越来越多的企业成为一个个可进行独立设计和半自律性的子系统（即模块），信息技术以及管理信息系统能够把分散在不同领域和由不同主体掌握的信息联结起来，产生积累和互补效应[1]，使其产业关联从依次传递关系转变为总体集成关系。由于每个模块都具有可独立设计的性能和半自律性，在其总体集成时就相对简单一些[2]，进而提高了整个产业的灵活性和反应能力，大大降了开展技术创新的成本，使产业的研发能力显著提升。同时，在模块化的组织方式下，多样化的产品共用大部分的模块，可以在模块层面产生生产的规模经济，很好地解决了大规模生

---

① 张彤玉等：《技术进步与产业组织变迁》，《经济社会体制比较》2006 年第 3 期。

② 周振华：《产业关联深化的新变化、基础及其结构平衡》，《东南学术》2005 年第 1 期。

产范式下规模经济和产品差异化之间的矛盾。① 由于"隐藏信息"是模块化的关键，因此，各模块内部多个主体在"背对背"的情况下可以同时进行创新，使熊彼特提出的"创造性毁灭"的机理得到了最大程度的发挥，也提高了企业或地区的整体创新活力。

其次，新产业体系具有融合化的功能。在高新技术产业的不断渗透下，产业之间的融合化趋势逐渐增强。尤其是进入 21 世纪以来，先进制造业与服务业之间的融合发展越来越成为产业发展中的重要态势。一方面，专业化分工的不断细化，促使生产性服务业发展迅速，其在第一和第二产业的嵌入越来越多，不同产业之间的界限愈加模糊，而降低风险、应对不确定需求、关注核心技术以及对专业知识的需求等非成本因素进一步促进制造业企业对生产性服务业的需求。另一方面，在创新越来越成为经济增长的主要驱动力时，创新过程的演变也进一步加快了产业之间的融合步伐。与传统的创新系统不同，在先进技术的带动下，制造不再独立于创新之外，设计和研发逐渐走出单纯的实验室环境，制造也成为创新的一部分，传统的"线性"创新过程变为一体化的"并行"创新过程，制造与创新之间的互动性越来越重要，"过程创新"成为产品实现创新的重要途径，因此需要制造业更大程度上的融入，同样，创新的"过程化"也需要管理、营销等多个服务环节的相互配合，从而使产业的融合化趋势不断增强，为创新研发等服务业与制造业的融合创造了条件，也促进了城市创新活动的多样化。

再者，新产业体系具有绿色、低碳的特点，具有发展的价值引导作用。工业革命以来，物质资源的消耗带来了巨大的能源和环境问题，经济增长来源于化石燃料"燃烧"，由此带来的污染和资源瓶颈问题，使人类的发展陷入不可持续的困境，因此，实现人与环境的和谐相处，产业发展与生活消费的兼容，走绿色发展的道路已经成为现代城市发展的重要追求。但如果不能建构起来绿色、低碳的产业体系，建设绿色、低碳城市

---

① 黄群慧、贺俊：《"第三次工业革命"与中国经济发展战略调整》，《中国工业经济》2013 年第 1 期。

就是空话。而以高新技术为代表的新产业体系，为城市的绿色发展创造了条件。新产业体系是建立在信心技术等高新技术基础之上的，以创意思维和技术创新为核心要素，降低了经济发展对物质资源要素的依赖程度。技术的创新带来了劳动生产率的提高，使单位资源投入的产出不断增加，也降低了对物质资源的消耗。同时，高新技术的发展为人类保护、改善、整治生态环境提供了更加有效的手段和技术，可以更好地解决生产过程中的环境污染、废物排放等问题，使城市的产业更加清洁、环保，特别是包括可再生能源、替代燃料、先进交通运输、新材料、废物处理与水源保持技术的应用，将成为头等重要的新兴产业，这类产业不仅能极大地提升城市的生产能力与创新能力，还能有效增强城市的综合功能。由此，城市向绿色、低碳的转型，就寻找到了产业发展、生活休闲与环境友好的有机结合平台。

新产业体系的智慧型技术与优化的产业组织形式、商业模式，还直接提升了现代城市的运行效率，使城市的能级和地位的衡量标准发生了变化。城市的服务能力、服务效率、创新能力，以及信息资源流动的便捷程度、畅达程度和汇聚程度等，成为影响城市能级提升的核心要素。这首先表现为服务能力及服务效率的提高。在企业竞争日益加剧、消费者需求多样化程度不断提升的今天，以小批量、多样化为主要特征的柔性化生产组织方式已经成为主流。柔性化生产方式需要企业及时根据消费者的需求和市场的变化进行产品的调整，企业之间采用小规模的模块化组织方式进行合作。在柔性化生产条件下，传统的竞合关系发生了显著的变化，处于产业链上的企业、部门及其内部之间的合作变得尤为重要。面对复杂多变的市场信息、日益多样的消费需求、相互交错的多方利益，那些具有较强综合服务能力和较高服务效率，能够快速收集产业链上各企业及其内部各部门、供应商、消费者信息，有效实现各方沟通，整合和提升各方利益，并最终实现自身效益最大化的城市，形成现代服务经济的全球制高点。在纽约、东京、伦敦等世界城市的产业结构中，第三产业比重均已超过80%，甚至达到90%以上。纽约都市区2010年第三产业增加值占地区生产总值的比重为92.7%，东京2008年第三产业的比重为

84.9%，伦敦 2009 年第三产业比重达到 91.03%。金融、保险、商务服务业等生产性服务业成为这些世界城市的主要服务业部门，信息产业、科技研发、文化创意产业、经营管理咨询业、医疗服务业、教育服务业等新兴服务业发展也十分迅速，并逐渐成为这些城市的主要产业部门，有效提升了产业的附加值。

新产业体系控制力和附加值的提升，还有助于强化城市的核心竞争力。随着全球化程度的加深，生产的全球分工程度逐渐增强，任何一个产业从其研发、生产到最终的营销、服务等，都不会在某一个国家或城市内全部完成，而是在众多国家、地区和城市构成的全球生产体系中协同完成，全球经济正日益演变成为一个将全世界各大地区和城市连接在一起的网络。那些对生产成本具有较强依赖的制造、加工环节，虽然可以在产业分工和专业化的日益细化下提高效率、降低成本，但是由于生产中标准化的程度不断提高，这些生产环节的可替代性也日渐增强，因此很难构成一个城市的核心竞争力。而对于处于产业链两端的研发、设计、营销、咨询等行业，由于它们的发展更多地依靠创新等知识性生产要素，因而不可复制性强，附加价值较高，城市也因此会获得核心的竞争优势。目前处于第一等级的服务支配型城市和技术支配型城市，正将越来越多的加工制造环节转移到其他城市，而将设计、研发、营销等可替代性较弱的产业作为其主导产业，占据价值链的高端位置。因此，虽然生产活动在跨国公司的带动下向全球扩散，但是生产的管理和控制权则日渐向这些城市集中，从而使它们在全球城市体系中占据核心地位。

在信息化和全球化的时代，城市之间的联系越来越密切，融入全球城市体系中的城市已经组成了一个纵横交错、联系广泛的网络，促使世界经济的重心由国家层面向城市层面转移，城市之间交流的要素由最初的人力、商品、资本等实体物质，转变为现在的信息、知识、技术等虚拟物质，城市的地理空间正在被网络化的虚拟空间所代替。在网络化时代中，决定城市能级及地位高低的核心要素，已不仅仅局限于城市自身的经济规模、人口、区位、资源禀赋等硬要素，城市的地位也可以建立在虚拟的空间维度下，在虚拟空间维度下通过信息资源的汇聚而实现，并进而通过信息资源的对外传递，实现能级的提升。因此，一个城市的产业体系，如果不具备这种对接性和"兼容"能力，就会在世界城市网络中被边缘化，造成发展的阶段性衰退或停滞。因此，"开放式创新"是构建新产业体系，提升城市竞争力的必然选择。

具体看来，与传统的产业与产业体系相比，新产业体系的演进和优化，对现代城市空间结构的优化、城市价值的提升，则直接体现为促进产业空间与城市空间的高度融合，促进整体空间的柔性化、一体化和连通化的发展，进而整体提升城市与区域的空间价值。（详见表 2-2）

表 2-2　传统产业体系与新产业体系的空间结构对比

分类	柔性化		一体化		连通化	
	产业特点	空间结构	产业特点	空间结构	产业特点	空间结构
传统产业体系	大型化、规模化。	难以分割和重组，不具有灵活性。	三次产业之间具有明确的产业界限；创新处于产业链的某一环节。	空间布局上彼此分离。	资源流动相对较慢，以物资、人力等物质资源交流为主。	以物理空间的连通为主。
新产业体系	小型化、个性化。	具有较强的灵活性、可分割性和可变性，便于重组，柔性化较强。	产业融合度较强；创新具有一体化趋势，由产业链的"源头创新"向"过程创新"转变。	空间布局上出现一体化趋势。	资源的流动速度加快，以知识、信息等非物质资源的交流为主。	连通性加强，虚拟空间的连通变得尤为重要。

首先，城市的产业发展与空间载体之间存在密切的关系，产业的发展需要空间载体的支持，空间载体则随着产业体系的演进不断调整自身的功能和布局，以适应更高层次的产业体系发展的需要。空间发展的柔性化是指在产业的空间布局和空间载体的建设过程中，具有较强的灵活性、可分割性和可变性，以应对产业和企业变化的需要。与传统产业体系下大规模的生产企业不同，在新产业体系模块化趋势的作用下，企业规模更多地呈现出小型化、个性化的特点，大规模的生产设施已难以适应新产业体系下

企业的发展需要。模块化组织模式下的企业需要其空间载体能够提供必要的共用性设施，同时便于分割和重组，使企业能够在外部环境和需求出现变化时及时进行调整。同时，在全球化不断深入的今天，资源在全球的流动速度逐渐加快，地区产业更新换代的频率也相应加快，产业空间的柔性化设计能够极大地降低"腾笼换鸟"状态下僵硬化布局所导致的成本损失，提高城市的资金和土地使用效率，提高城市动态化的经济容积率，使城市的发展更具可持续性。

其次，新产业体系促进了产业空间与城市空间的一体化。在传统的产业体系中，三次产业之间（尤其是制造业和服务业之间）的融合性较弱，产业界限清晰，不同产业的发展要素和模式明显不同，因此为了获得各个产业资源要素配置效率的最大化，会根据其核心生产要素进行空间布局，从而使制造业逐渐向劳动力和土地资源丰富的郊区转移，以获得成本上的优势，而服务业则逐渐向城市中心地区集中，使服务业更加接近消费群体，以提高服务的效率和效益，由此导致制造业与服务业之间的分离。而在新产业体系下，产业的融合性不断增强，不同产业之间的界限逐渐模糊，三次产业之间容易形成相互交叉、互动发展的格局，地理空间上的严格分割已难以适应新产业体系发展的需要。同时创新的一体化发展趋势也需要制造业与服务业之间的空间融合，制造业越来越成为创新过程中不可分割的重要环节，产业链的"源头创新"向"过程创新"转变已经成为创新发展的重要趋势，在这种情况下，实现制造业与服务业之间在空间布局上的一体化也成为一种必然。

再者，新产业体系还能通过创新要素的整合，来促进城市物质空间与虚拟空间的连通，以有效提升城市的能级地位。传统的产业体系下，经济的增长主要来自于大规模的生产和成本的降低，对外交流的核心要素是物资、人力等有形资源。而新产业体系是以创新为主体的产业体系。在信息技术和互联网技术的发展带动下，资源的流动速度已经成为创新成功的关键因素，城市对外联系和交流的重点变为信息、知识等非物质资源。城市需要在与外界的交互作用中，通过学习增加创新的能力和可能性；企业需要通过对客户信息的收集和整理，发现新的创新点和创新趋势；知识也需要在流动的过程中进行转化和传播，从而实现知识价值的增值等。资源流通的速度和渠道的多少，直接影响城市的学习效应、创新能力的大小以及创新成果的多寡。同时城市通过对资金、人才、物资、知识、信息等各种资源的汇聚、整合和重组，使资源实现价值的再造和提升，并形成新的经济流量向外扩散和传递，不断凸显自身的节点地位。可见，对外连通性的强弱决定了城市创新能力和能级地位的高低，城市的空间布局也应尽可能地提高城市的连通性。在信息化时代，连通性的提高应从虚拟空间和物理空间两方面入手，尤其要注重对虚拟空间连通化程度的加强，城市中网络体系、数字化平台以及共享设施等载体的建设，可以提高城市在虚拟空间的连通性，使其与物质空间联动，在区域的空间体系与全球范围内来双向整合高端资源，从而有效提升城市的能级地位和空间价值。

新产业体系对城市空间结构的优化，不仅仅体现在单一的城市或地区，还表现在对世界城市体系的重构上。世界城市体系就是由不同层次的城市相互作用、相互影响、相互合作形成的一个整体。每个城市的主导产业以及围绕主导产业所形成的产业体系决定了其在世界城市体系中的地位。新产业体系带来的产业组织模式、发展模式的更新，使世界城市体系的形成基础发生明显变化，导致了世界城市体系的重构。新产业体系支撑下的世界城市体系，中心城市的空间布局发生了变化，分工格局也出现了新的趋势，更多的城市之间呈现出网络化的横向联系格局，城市之间的分工更多地以类似模块化的"背靠背"式的竞合关系为主。

当然，新产业体系所带来的世界城市体系的变化，尽管打破了传统的城市之间垂直一体化的分工体系，但世界城市体系的层级结构仍然存在，因为在产业细分程度不断提高的情况下，城市的功能划分也越来越明确，只不过城市体系的层级结构，已由弗里德曼（Friedmann）等划分的单向演进层级结构向双向或多向演进层级结构转变。（参见图 2-2 和图 2-3）随着技术创新在城市发展中作用的不断提高，技术功能在原来的服务功能中凸显出来，原来处于第一层级的城市可以据此分为两类，即全球服务支配型城市和技术支配型城市。服务支配型城市指的就是那些在全球经济中具有支配和控制作用的世界城市，如纽约、东京、伦敦等，这些城

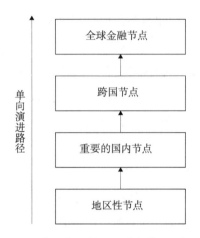

图2-2 弗里德曼的世界城市体系层级图

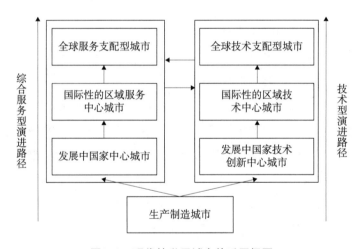

图2-3 现代的世界城市体系层级图

市同时也是具有全球意义的战略资源或生产要素（主要是资金、信息等要素）的集聚中心和配置中心①。技术支配型城市是指那些居于世界技术前沿领域的城市，如硅谷、筑波、波士顿等，这些城市是全球高科技产业技术标准制定和研发的"技术极"，对全球经济发展和产业转型升级具有重

① 参见寇静、朱晓青:《世界城市的特性、主导产业及对北京的启示》,《新视野》2012年第1期。

大影响力①。居于第二层级的城市也分为两类，即国际性的区域金融、管理和服务中心城市，如芝加哥、洛杉矶、新加坡、柏林等，以及国际性的区域技术中心城市，如台湾的新竹、韩国的大田等。第三层级的城市同样分为两类，主要是新兴工业国家以及广大发展中国家的中心城市，如莫斯科、首尔、香港、上海、北京、深圳等，以及这些国家的技术创新中心，如深圳、班加罗尔等。处于第四层级的则主要是一些从事产业链中生产制造环节的城市，这些城市凭借自身的劳动力等资源优势，已经嵌入到世界产业价值链体系之中，但是由于这些城市不具有核心竞争力，因此大多从事的是较为低端的生产制造环节，成为世界重要的制造业基地，如我国的苏州、东莞等。

　　在传统的世界城市体系中，城市要实现地位的升级，只能通过不断提高城市规模或经济实力这样的单一方式或单向路径来实现。但在新的网络化的世界城市体系中，处于低层级的城市可以采用不同的方式、不同的路径实现城市的升级发展：一是城市自身功能的升级。依据不同的功能划分，城市可以分别沿着不同的升级路径，如综合服务型和技术型演进路径实现升级的目的。二是不同功能间的交叉性升级，即跨功能升级。在城市升级的过程中，可以借由城市功能的转型，实现不同功能之间的交叉性升级，如由技术型升级向综合服务型升级转变，或由综合服务型升级向技术型升级转变，并在转变的过程中实现自身功能的提升。由此，新产业体系演进所带来的世界城市体系的新变化，为处于不同发展阶段的全球城市，提供了适合自身的多样化的转型升级的路径选择，并在一定程度上提供实现阶段性转型目标的保障机制。

　　总之，进入新经济时代的产业体系的发展，特别是借助突飞猛进的信息技术和快速便捷的交通网络的功能，使众多大城市空间分化加剧，而经济全球化带来的各种要素在国际产业价值链上的重新配置，又使城市不再是分割的空间节点。全球化促进了产业体系的升级，产业体系的升级又推

----

　　①　李健：《世界城市研究的转型、反思与上海建设世界城市的探讨》，《城市规划学刊》2011 年第 3 期。

动了城市化的进程和城市空间的优化，由此形成产业体系与城市空间互动促进的动力机制。

第二节　新产业体系与中国城市转型发展

一、产业升级推动我国城市发展方式转变

改革开放 30 多年来，当代中国在成为世界第二大经济体的同时，城市化率也超过了 50%，从而进入"城市中国"时代。在这一伟大的历史进程中，经济的快速增长与城市化进程成为最重要的两大推进力量：经济增长与城市空间扩展形成了明显的互动态势，城市空间重组催生了产业形态的变革与创新，产业集群、产业园区的空间再造又带动了城市空间的优化，推动城市与区域一体化进程。但也毋庸讳言，由于整体的工业化超前、城市化滞后，才使中国大陆成为"世界工厂"，创造了中国经济增长的奇迹。毕竟在经济全球化的潮流中，发展中国家的城市只有具备相当的规模和扩展腹地，才有可能参与国际产业分工。特别是在中国加入 WTO 之后，迎接国际产业转移的浪潮，又成为诸多城市的新追求，于是，新城开发、CBD 建设热兴起，城市的房地产开发价值显现，"圈地热"持续高涨，由此进一步造成了土地资源和各种发展要素的浪费，甚至使生态环境遭到破坏。① 总体来看，在经济高增长主导下的产业体系的发展与演进，尚未与城市空间结构的扩张形成良性互动。不仅一些城市从 20 世纪 80 年代早早开始的"退二进三"行动到如今难以完成，甚至连从 20 世纪 90 年代规划建设的新城区、开发区，也因为和不断扩大的城市空间规划相矛盾，也不得不加入"退二进三"、"腾笼换鸟"的潮流中，产业新城、开发区的"空城"、"鬼城"现象增多，造成这种情况最根本的原因，和政府主导的土地城市化、土地财政有直接关系，其结果是直接影响了经济发展方式的转

---

① 李程骅：《优化之道：城市新产业空间战略》，人民出版社 2008 年版，第 153 页。

变，影响了城市转型升级的进程。

具体来看，改革开放以来国内城市的产业体系在空间布局上的演化可分为四个阶段：第一个阶段是 20 世纪 80 年代的城市主城产业的自发性外迁，老的工业厂区迁入地为老城的边缘地带，由于当时的城市都是单中心的空间结构，加上企业的搬迁都是在不同的行业主管局办领导下进行的，搬迁的企业沿城市主要交通线，在城市周边的地区分散布局，未能形成相对集中的工业集聚区，这也是后来很快必须二次搬迁的重要原因。第二个阶段是 20 世纪 90 年代，国内城市的郊区化进程启动，工业郊区化成为共识，特别是城市土地有偿使用制度的实行，使企业通过转让原址可获得资金补偿，主动搬迁带来的是政府的规划引导意识的觉醒，按产业门类规划的产业园区纷纷涌现，开发区、产业园区集群化布局，集中性的产业空间在城市外围空间出现。进入 21 世纪，国家的新型工业化战略与大城市战略的实施，新城建设热潮带来了许多城市空间结构从原来单中心向多中心的变化，使国内城市的产业空间布局进入了"分散式集中"的新阶段，以服务业为主导的城市中心区、新城区和制造业为主导的处在郊区的高新技术开发区、主题性的产业园区，形成了相对独立的集约化的产业空间。[①]第四阶段是进入"十一五"之后，在科学发展观主导下的经济社会发展规划的落实，大城市、区域中心城市在城乡空间一体化、区域空间一体化进行产业空间的重新分工，核心的产业空间逐步变成城市的功能区，产业园区逐步城市社区化，生态城的概念出现，产业布局呈现区域型集聚特征，这预示着新产业体系对城市空间结构变化的影响加大。一方面，由于产业结构由重变轻，服务业成为主导产业，产业空间与城市空间开始有效融合；另一方面，基于新产业价值链的现代产业体系，可以在超越城市自身空间的大区域、都市圈或城市群的空间内进行要素整合和资源配置，为经济的可持续发展、绿色发展和清洁发展提供了空间基础与要素整合条件。

从改革开放以来政府主导的城市产业发展的政策演进来看，从 1978年到 1991 年，城市经济发展是"生存型"的。1984 年，我国城市经济体

---

① 李程骅：《城市空间重组的产业动力机制》，《南京师大学报》2008 年第 4 期。

制改革全面起步，企业改革风潮涌起，促进了国企、民企与"三资"（中外合资经营企业、中外合作经营企业、外资独资企业等三类外商投资企业的简称）形成三分天下的经济格局，这一时期国内城市的经济发展重在突破观念的误区，尚未有针对城市定位制定发展模式的意识。从 1992 年到 2000 年，社会主义市场竞争的体制逐步确立后，大干快上、做大做强，产业发展追求外向型、国际化、规模化，成为诸多城市的共同选择，有数十个城市提出了建立国际化大都市的口号。从 2001 年起，伴随着中国加入 WTO，中国的市场体系进入全球化的市场体系，城市的经济发展开始注重量的扩张与质的深化并重阶段，一方面通过产业园、高新技术开发区大力发展制造业，参与国际产业分工，融入国际产业链；另一方面开始明确城市的发展定位，注重以房地产业、商贸业的发展来提升城市的功能，部分沿海城市已经有了从外延增长向内涵增长、转变经济增长方式的可持续发展的理念，但 GDP 主导的政绩考核方式，让它们在转变发展方式的具体行动中止步不前。在这一时期，世界制造业、国际资本流、跨国公司区域总部以及国际交通通信流等，加快向中国沿海地区流动，也使中国在成为"世界工厂"的同时，具备了向"世界制造中心"和"世界办公室"迈进的条件和能力，尤其是大城市"服务经济"风生水起，中心城区空间出现了具有集中服务功能、高楼林立的中央商务区，主城或新城涌现出主题性的总部经济园区，标志着中国城市即将进入以服务业主导的转型发展的新阶段。2007 年 10 月，中共十七大把科学发展观写入党章，"发展"的概念被赋予了多重新的内涵，经济发展的提法代替了传统的经济增长的提法，发展经济的目的不是为了单纯追求表面经济指标的增长，而是强调改善结构、提高经济领域的自主创新能力、产业引领作用，从而带动整个社会的发展。对于在新的发展起点上的国内城市，也开始从"发展"、"以人为本"、"全面协调可持续"、"统筹兼顾"这四个方面来强塑经济发展的新理念、落实各项措施。经济增长与经济发展是有区别的，我国多数城市的 GDP 增长是以高能源消耗、污染环境为代价的，必须抛弃这种不可持续的增长方式。对于城市的经济增长来说，市场经济体制下的主导产业与产业体系，必须不断创新经济发展方式，持续推动产业结构优化升级。如果再走"发展就是燃烧"的传统路径，对经济的增长、对城市的发展，就是一场大的灾难。

从另一角度来看，改革开放以来的中国工业化与城市化进程，基本上是在"赶超型"的心态下推进的，经济发展水平被视为城市最重要的指标，政府的主导任务就是发展经济、不断提升 GDP 增长速度。粗放式的增长方式虽然创造了煌煌的经济总量，但收获的经济发展成果与原来的预期相差太大，工业化与城市化、城市现代化未能形成正相关的关系，单纯追求经济的增长，带来的是早早患上了污染、交通拥堵等"城市病"。从国际经验来看，经济发展水平越高，产业结构就越合理，城市的产业空间布局就越优化。亚洲的新兴工业化国家和地区，如日本、韩国、新加坡、中国台湾等，经济腾飞的过程中也都有过 20 余年的高速增长期。它们在创造"经济奇迹"的过程中，都实现了以工业化为内容的现代化，同时在发展空间上实现了城市化。从这个角度来看，一方面表明了中国的多数地区工业化进程尚未完成，未来的先进制造业经济增长空间仍然很大，但另一方面也表明，转变经济增长方式、促进经济与社会的协调发展已到了刻不容缓的地步。

基于这样的时代背景，进入"十一五"后，我国的省会以上的大城市、中心城市，确定的战略发展目标视野更宽、起点更高、思路更新，并突出强化了国际性、现代化、特色品牌、生态环境，开始实施促进产业转型与城市转型联动的战略行动，城市的发展方式从摊大饼式的量的追求，向注重内涵式的质量增长、功能提升来转变。北京、上海、深圳和广州等一批国内大城市、中心城市，率先形成了服务业主导的现代产业体系，为中国城市转变发展方式，提供了直接的实践引领作用。进入"十二五"后，国内主要城市都清醒地认识到了这一阶段是城市转型发展，以现代服务经济体系的构建，来强化城市核心竞争优势的关键期，目标定位更高，而且结合自身的区位、产业基础和未来战略性新兴产业体系的构建，来谋划具体的行动路径。如深圳明确提出产业转型与城市转型的联动战略，以让有限的城市空间承载更多的高附加值的新兴产业。上海通过建设国际经济中心、国际金融中心、国际航运中心和国际贸易中心的"四大中心"战略，来建构具有国际竞争力的现代服务经济体系和世界性城市，真正担当起国家赋予的亚太经济门户的重任。以上海为龙头的长三角地区，加速推进产业体系与城市空间有机互动的一体化进程，以有效破解经济发展所带来的资源环境的约束问题。如江苏在国际金融危机之后，率先启动转型升级战略，把产业升级、新产业体系的建构，与区域现代化的战略同步推进，让产业的发展与环境友好、生态修复融合，来提升城市与区域的功能。而"苏南现代化示范区建设规划"上升到国家战略，则探索出了中心城市与中小城市、整体区域协同实现转型发展和现代化的新路径。①

与西方 200—300 年的城市化道路相比，中国的改革开放以来 30 多年的城市化是"压缩型"的城市化。中国城市化的进程、城市的扩张和城市的转型升级是同步进行的，30 多年的城市化道路浓缩了西方 200—300 年的城市化进程；而中国的经济增长也是如此，持续 20 多年的高增长将中国推上了世界第二大经济体的地位，但整体的经济发展方式尚未得到根本的转变。因此，在城市化与工业化的双重动力推进下，主要城市的发展，一方面要保持一定的经济增长速度；另一方面加快经济转型，大力发展现代服务业和先进制造业，提升城市的服务能级。在这样的"双重挤压"之下，大城市、中心城市都在探索产业升级与城市转型的新模式与路径。其发展理念和行动上的主要变化为：

一是从原来重在追求"园区型"的经济增长，加速转向"产城合一"的产业空间与城市空间的融合发展。

在城市化和城市现代化的进程中，如何实现城市经济结构的转型和经济增长方式的转变，欧美发达国家以及亚洲的日本、韩国等国，已经探索出了比较成功的路径，那就是通过更有效的空间扩展与整合，实施产业的集中和功能分工，从而实现产业布局的优化和城市、区域空间价值的最大化，从"制造型"向"服务型"的产业体系升级，并培育出生生不息的城市和区域创新体系。进入"十一五"以来，我国城市的空间扩张，从原来

---

① 李程骅：《城市与区域联动转型：苏南现代化示范区的价值引领》，《江南论坛》2013年第 8 期。

重点建工业集中的开发区、高科技园区，到建设产城合一的科技新城、副城等，成为一种新的价值取向。特别是国际金融危机之后，世界城市体系重新洗牌，中国的城市快速崛起，必须以城市功能的提升和城市经济体系的完善为前提，而转变城市增长方式，以集约发展、清洁发展的理念来优化城市的产业空间布局和经济发展模式，大力发展先进制造业、现代服务业，加快培育战略性的新兴产业就成为一种必然选择。不仅像上海浦东新区、天津滨海新区和广州的南沙新区，成功探索出产业空间布局与城市空间规划的融合发展之路，甚至连那些经济先发地区的地级市、县级市，也早早谋划产业布局与城市功能区的对应问题，避免重复传统的开发区重产业轻功能的发展老路。以苏州的昆山为例，由于紧邻上海，是跨国公司选择制造基地的最佳区位，如何实现在成为跨国公司生产基地的同时，也能实现昆山城市的可持续发展？为此，早在 2002 年，昆山就花重金邀请国际咨询机构，以"产业片区"的规划理念，打破各镇行政体制，对整个行政管辖范围进行一体化规划，即以产业功能划分为主导，将全市分为七个片区，既为后来的产业与城市的快速联动发展提供了空间支持，也率先破解了城乡一体化的问题，原来的整个县域变身为常住人口超 200 万的中等城市[①]，由农民转化为市民的就业群体，居住与就业基本在各片区内完成，而各功能区以城市的交通、服务网络联系起来，又形成了网状的城市形态，为未来成为一个大城市搭起了骨干框架。无论是大城市，还是中等城市，以产城合一的"新城"来取代传统的开发区，最大的好处是在产业升级的过程中，当工厂停产，"腾笼换鸟"，原来的工业用地可以变身为生产性服务业用地，甚至发展为新的城市商业、生活以及公共服务的功能区，而不至于出现连片的废弃厂房，造成转型升级的巨大浪费，达到产业空间与城市空间融合发展的目的。

二是注重把握战略转型的"窗口期"，善于借助"大事件经济"来促进产业升级、发展新兴产业，加快城市转型步伐。

---

① 《昆山常住人口超 200 万》，参见《昆山的投资价值》，http://www.docin.com/p-510479545.html。

发达国家城市转型的成功实践告诉我们，尽管城市的发展是有生命周期的，但对转型升级关键节点的把握至关重要，借助国际性的"大事件"不仅创新城市空间结构体系，改善和优化城市功能，而且可以创新城市产业体系，带动城市转型升级。因此，利用重大赛会活动带来的国际性综合拉动效应，来带动区域快速发展与产业转型升级，已成为世界城市的一种战略性的选择。如伦敦、巴黎、东京、芝加哥、洛杉矶、蒙特利尔、首尔等，都在关键的发展或转型阶段，利用奥运会、世界博览会等综合性赛会活动，来形成"大事件经济"效应，实现产业与城市的转型升级。举办规模和影响越来越大，产业关联度越来越高，相应催生了大量的经济、产业和消费需求，带动了高层次现代服务业和新兴产业的迅猛发展，成为推动所在城市和区域优化产业结构、提升产业层次、促进产业转型的重要动力。自 1984 年洛杉矶奥运会第一次采取商业模式运作，首次实现盈利之后，现代奥运会对主办城市甚至主办国的经济影响作用就越来越大。1992年巴塞罗那奥运会使得这座城市脱胎换骨，从时尚型的旅游城市变成一个基础设施获得极大改善的度假中心。亚特兰大通过举办 1996 年奥运会，成功实现产业转型和跨越式发展，成为美国东南部的工业中心和第二大通讯发达城市，被誉为"全球最佳经济环境城市"和"拥有国际跨国公司最多的城市"，奥运期间留下的大规模先进的会议设施，使其成为全美的"会议之城"。"奥林匹克生产效应"使得韩国的高科技电子信息产业一跃成为国家经济支柱产业。日本东京通过举办奥运会，集中展示了经济和科技发展成就，一大批知名品牌走向世界，带来的经济繁荣被誉为"东京奥林匹克景气"。

申办、组办世界性的"大事件"，往往是国家经济实力和城市综合服务能力的体现。而 2008 年北京奥运会、2010 年上海世博会以及 2011 年广州亚运会等的成功举办，使全球性的大型赛事、展览活动进入了"中国时段"，既体现了中国已经成为世界第二大经济体的开放力度和发展水平，也促进了国内城市发展理念、发展方式的转变以及创新路径的探索，为优化城市功能、进入世界城市体系提供了新的契机。在中国，奥运经济发展为首都北京产业结构优化升级提供了直接动力，直接拉动了建筑业、通讯设备、交通运输、旅游会展等相关行业的发展，同时也有力促进了金融保险、信息传输、商务服务、文化创意等加快发展，形成了一批知名企业和品牌，成为带动产业升级的主导力量。金融保险业、社会服务业等 12 个行业部门从北京奥运会中直接受益，"后奥运时期"北京市第三产业比重持续加快上升，2011 年占 GDP 的比重已达 75%，接近西方发达国家水平，经济产业结构得到明显优化。[①] 全球大事件本身构成了一个全球要素资源配置与扩散的平台，大事件的生产要素与服务配置过程，就是一个全球生产者服务业高端服务能力时空扩展的重要平台。2010 年的上海世博会也是一个典型的"事件经济"、"事件产业"案例，为上海文化创意业、广告业、传媒业、旅游业、宾馆业、餐饮业、物流业、贸易业等产业的发展提供了一个重要的"发动机"和"放大器"。[②] 其后，广州的亚运会、深圳的"大运会"，都对城市服务经济的发展、城市功能的整体提升，起到了重要的促进作用。而 2014 年将在南京举办的世界第二届青年奥林匹克运动会，是我国继北京奥运会、广州亚运会承办的又一国际性综合体育赛事，已成为南京提升城市国际化水平的重大机遇和现实抓手。充分利用好青奥会这个"大事件"的筹备周期，借鉴国际国内相关城市的成功运作经验，系统谋划国际化战略，加快提升国际化功能，来打造新产业体系，构建新型的服务经济体系，进而提升城市综合实力和竞争力，进入国家中心城市的行列，已成为南京城市转型升级的战略性选择。

三是借助国家新的区域一体化的空间体系与交通体系的规划实施，把新产业体系的培育与新的城市功能区建设同步，来打造新的"增长极"。

伴随着城市化进程的加快，产业集聚也促进了城市集聚，我国的城市群时代到来，改变了传统的东中西的区域发展格局，城市与区域发展要素的配置更加市场化、科学化，国家实施新的区域发展战略，为新产业体系的构建和城市的功能提升提供系统的支持，特别是国际金融危机之后，我国大规模开展新一轮的现代化交通网络建设，高速铁路、城市轨道交通、

---

① 《北京第三产业比重 2011 年达到 75%》，http://www.cinic.org.cn/site951/gdcj/2012-07-02/572346.shtml。

② 段钢等：《以事件经济推动上海经济转型》，《社会科学报》2011 年 7 月 8 日。

航空航运交通的大项目建设，为区域发展、城市功能提升注入了新动力。一方面，快速的交通网络，特别是高速铁路的网络化，使知识、资本、技术等新产业的发展要素集聚的程度更高，中心城市、大城市的"虹吸效应"加剧。另一方面，高铁站、空港带动的新产业区，又成为新兴产业和现代服务业的新载体，并以此为抓手来优化产业的空间布局。国际经验已经表明，高铁带来人流、物流、资金流、信息流的聚集，为沿线城市经济发展带来机会，日本的新干线、德国的ICE高铁的带动效应已经证明了这一点。根据国务院2008年出台的《中长期铁路网规划》：到2020年，新建高速铁路将达1.6万公里以上，连接所有省会城市和50万人口以上城市，覆盖全国90%以上人口。未来，高铁周边100公里范围内辐射人口将达到全国总人口的93%。随着高铁时代的来临，我国城市与区域空间开发，将真正走上科学发展的道路，而不再延续以前那种摊大饼式的开发，京沪、京广、哈大等高铁的开通，将形成新型的高铁经济走廊和高铁城市带，沿线城市的产业空间重新布局，枢纽站点本身是新产业区、商务区主导的新产业体系。同时，沿线城市的高端要素快速互动，将会催生高端化的新产业体系，IT、软件服务外包、新能源、新材料等战略性的新兴产业，会加速向高铁城市带聚集。与高铁网络快速形成的同时，国内中心城市的地铁、轻轨等轨道交通建设热，则直接重组城市和都市圈的产业空间、生活空间，重新规划、布局现代服务业的"空间落点"，加快了服务业结构升级，提升了经济容积率，也促进了产业空间与城市空间的对接，并打造出新的增长极、增长带。

四是运用政府主导的创新型城市建设行动，营造适宜创新型、服务型经济发展的政策环境，积极探索创新驱动城市转型发展的新路径、新模式。

信息革命培育的创新型经济及其主导下的新产业价值链，已经成为维系全球城市体系运行、推动国际城市转型升级的主要力量。近20年来，那些在全球城市体系运行中的国际化都市和特色的科教类城市，无不是靠创新来驱动发展，人才、知识、新技术以及创新思维、先进的体制机制等，来直接转化为城市发展的创新要素，形成良好的创新环境和创新文化。新的区域创新体系理论表明，产业与区域创新环境的整合度越高，越利于产业和区域的联动发展。高科技产业集群不仅仅是创新型规模经济的基础，还能通过分工专业化与交易的便利性，把产业发展与区域经济有效地结合起来，形成更有效的生产组织方式，把产业集群提升为区域创新体系的重要载体。美国的硅谷、波士顿 128 公路、德州的奥斯汀，印度的班加罗尔地区，韩国的大田，以色列的特拉维夫等区域，都在这方面走出了成功的路径。进入 21 世纪后，我国从国家战略层面积极推进创新型城市的建设行动，使建设创新型城市，转变经济增长方式，从要素和投资驱动转向创新驱动，促进城市的产业转型和功能升级，成为共同的价值导向。而充分发挥政府在创新活动中的规划、引导和调控作用，创新型、服务型经济的城市经济体系的建设，来"先行先试"探索适合自身的转型路径，则上升为一批处在国际化前沿城市积极理性的选择。深圳作为最早成立的特区城市，一开始进行城市空间布局产业布局时，就借鉴世界先进城市、都市区的经验，以三大城市中心培育现代服务业、高科技研发，把制造链条转移到相邻的珠三角地区，使深圳经过 20 年的发展后，就成为了名副其实的高科技城，成为全国高新技术转让交易的市场、孵化基地，华为、中兴的研发基地、实验工厂，已经超越了产业空间的功能，成为深圳城市创新文化的名片。苏州虽然在行政级别上只是一个地级市，但其经济规模、创新能力已进入中国城市的前列。2007 年，苏州的 GDP 达到了5 700 亿元，经济总量在长三角地区仅次于上海。到 2012 年，苏州的经济总量则达到了 1.2 万亿元，紧逼北京、上海、广州、深圳四市。苏州经济的奇迹产生，和集现代产业空间与现代化城市功能空间为一体的苏州工业园的贡献直接相关，该园区以高新技术产业集群为先导，先后建成国家火炬计划软件产业基地、国家火炬计划汽车零部件产业基地、国家电子信息产业基地、国家集成电路产业园、国家动漫产业基地、中国软件欧美出口工程试点基地等六个国家级科技成果转化产业基地。[①] 到 2006 年时，苏州工业园每平方公里投资强度就达到 15 亿美元，在长三角地区和国内高居

---

① 贾健莹：《苏州工业园区：中新合作打造创新创业"新硅谷"》，《中国科技产业》2007 年第 6 期。

第一。更让人惊叹的是，园区名为"工业园"，但从城市规划、城市建设与城市管理，到产业发展、人居环境与园林绿化，再到公共服务、商务运行与文化品位，都体现出一座现代化城市应有的水准和功能，在这里有数万名各类高科技人才创业，上万名外籍人士工作生活。园区已成为具有示范意义的"国际技术产业城市"。

在全球化的竞争体系中，国家之间的竞争，主要体现在大城市、城市群之间的竞争，城市人和企业在具有国际竞争力、区域竞争力的城市中，才能有更多、更自由的发展机会，才能享受到更充分的价值福利。面对国际城市间和跨国公司的竞争，中国的大城市在转型升级的过程中，主要实施了两个战略，一个是"归核化竞争战略"，另一个是"无衰退的转型"。前一个是通过政府主导，以比较高的效率把城市的优势资源集中起来，而打造新型的服务经济集中区，如 CBD（中央商务区）、总部经济园等，使之成为参与国际竞争与合作的龙头和基点，能率先与国际接轨，仿真国际环境，执行国际规则，从而吸引、争夺、拥有、控制和转化优势资源，从这个角度来看，中国城市的 CBD 热和总部经济热，在一定程度上是中国城市提升自身能级、优化产业结构、参与全球经济竞争的重要起步，也是城市国际化自觉意识的体现。后一个"无衰退的转型"，则是因为我国现阶段整体上仍处于工业化的中期阶段，城市与区域的联动发展、资源优化配置的空间较大，城市的产业升级可以在立体的平台上多向展开，从而避免了"先衰退再转型"的陷阱，并依托创新的政策支撑体系，实现了产业与城市的同步转型。如上海、深圳两个城市，通过创新型、服务型的制度体系的引领，不仅在国内率先形成与国际大都市接轨的服务经济体系，而且在产业结构的持续调整中，保持了经济的稳定增长，也实现了城市发展整体的转型升级。

我国的城市经济转型在整个国家的经济转型格局中，处于先导性的核心战略地位，当前我国转变经济发展方式的实践探索，已经直接表现在城市发展方式的转变上。当然，在全球城市体系内来审视我国城市的转型升级行动，总体上仍然是粗放的、初级的，尤其是对高端资源的要素整合能力还比较弱，多数城市的转型目标与发展定位还比较模糊。不过，在国际金融危机后，尤其是进入"十二五"以来，我国推进的转变经济增长方式的战略行动，对增长条件的约束和对增长质量的要求，使城市之间的竞争理念和竞争方式集中到了创新的核心价值上，加快了产业结构调整、产业体系的优化，也加快了我国城市发展方式的整体转变，促进了产业升级与城市转型的良性互动。

二、新产业体系重组中国城市空间结构

如果说产业升级推动下的城市转型，更多体现在城市产业结构和经济结构的变化，重在解决存量资源的调整，其推动能力是有限度的；那么通过新兴产业的培育、新产业体系的构建，运用产业的创新能力来系统促进城市经济体系的优化、城市空间结构的重组，进而综合提升城市的能级，这种创新的驱动力则是无限的。现代城市在发展的过程中，其生产功能、服务功能和创新中心的功能，会呈现出叠加性特征，即集多种功能为一体，在城市的空间结构上实现渗透与融合。因此，城市的新产业体系不仅能起加快产业升级，促进新型经济结构的形成，还能以更加集约、更富效率的空间组织方式，来优化城市的产业空间布局，提升城市的空间价值。

无论是在工业社会还是后工业社会，城市的空间价值都是由城市能级决定的，而城市的能级在很大程度上是经济实力以及可持续的创新能力。城市在不同的发展阶段，价值导向也是不一样的，工业化时代的城市生产制造能力，到了后工业社会则很有可能成为对城市空间价值的损害，但没有工业化时代的生产聚集能力，在后工业社会也很难具备创新、服务的引领功能，关键是在全球经济环境和城市的内外部经济发展条件出现变化之后，能否主动推进城市经济结构的调整，实现城市的转型发展。由于产业转型一般都会经历一个阵痛期，很多城市在应对转型过程中不愿进行战略谋划，从而进入衰退的周期。而产业与经济的衰退，直接表现在城市空间价值的降低，国际上那些资源型、产业单一型城市转型的失败，都是在转型的关键阶段失去决断能力，造成企业外迁、高素质人口逃离和物业价值的大幅下降，城市的功能加速衰退。

现代城市在发展的过程中,政府的规划和市场力量作用下城市空间优化、重组的过程,实际上就是追求空间价值最大化的过程,土地的价格、房产的价格、收入和消费水平等都是空间价值的直接体现,而每个空间单位的平均"经济密度",是衡量空间价值的最直接的指标。在传统的产业空间,"经济密度"直接决定于以制造业、加工业为主导的产业空间,现代的产业空间,则包括产业密度、投资密度、消费密度,追求有机的多层次的产业空间,以市场的力量来推进产业空间层次的演化。高新技术产业、服务经济引领的新产业价值链,在组织产业分工时,会依据价值规律、要素配置的最经济化来选择空间和位置。从价值链的角度来审视产业空间布局,研发机构或部门往往倾向于大学和科研机构的密集区,生产加工基地则倾向于交通方便、土地便宜且产业配套能力强的区域,至于展示销售区域往往在城市的门户和窗口地区。一些高度国际化的城市,主城空间已经不再有生产加工业基地,只是企业的管理总部,产业的主体为高端服务业,就是因为其空间价值太高,占地多的工厂车间无法达到其"经济密度"的要求。因此,现代城市在发展的过程中,只有实现从生产制造型的经济体系向服务型、创新型的经济体系的转型升级,才能维持自身的能级地位,而充分发挥新产业体系的统领作用,则是促进加快转型发展、持续提升城市能级的重要途径和方式。

在城市产业体系发展优化的过程中,产业结构的调整对城市外部形态和内部结构的影响,也主要表现在城市空间的价值定位上。在产业空间与城市空间的互动发展关系上,级差地租理论也得到验证。19世纪60年代,W.阿朗索的级差地租理论反映了在城市空间结构中,不同区位的地理价值。由于城市土地级差的客观存在,各类经济资源要素受成本—收益的约束,围绕着城市中心呈现向心集聚态势。不同附加值的产业在空间的集聚分布将表现出规律性的动态平衡,按产业的不同,各类用地布局呈现出明显的区位特征。在级差地租的制约下,当代城市空间的利用出现了新的趋势与取向,都市复兴主义、新城市主义等城市建设新理念纷纷登上历史的舞台。在产业分工全球化的背景下,参与国际分工合作的服务外包城市、创意城市也快速涌现。英国的伦敦与德国的柏林是世界上较早重视创意产业的国际大都市，把创意产业作为未来城市发展的主要方向。作为欧洲的政治、经济、文化中心，世界著名的国际经济中心城市，伦敦与柏林在工业化进程中经济结构由"工业型经济"向"服务型经济"转化的过程中，在产业经济、城市管理等方面不断创新，不断强化全球设计与研发能力，成为世界创意之都。而发展中经济体的印度则充分发挥其在国际分工中的软件开发优势，主要城市加尔各答、孟买等大量承担国际软件外包业务，充分分享全球经济成长的成果。

新产业体系构成的价值链，不仅造就了产业空间新的布局方式，也使传统的城市空间价值被重新发现。而没有产业升级、新技术革命，就不可能催生新产业价值链。经济全球化，能源结构、交通方式等外部条件的急剧变化，使全球经济发展方式出现重大转变。后工业社会作为一种全新的社会经济形态开始萌芽，知识经济和全球化进程逐渐成为世界经济发展的基本特征，以机器为基础的制造业在世界经济中的主导地位逐渐被以知识为基础的服务业所取代，导致世界产业发展出现大规模的结构调整。国内外主要城市产业发展与空间结构变迁的关系表明，无论是工业化阶段的城市化，还是信息化时代后工业化阶段的后城市化时期，城市产业发展及其能级提升都会对城市的空间结构与布局产生深刻的影响。一方面，城市经济产业发展不可避免地引起城市人口规模的扩大，而为了使城市空间适应产业发展的要求，城市的空间结构或者向外拓展，或者进行内部更新，从而为产业发展开辟新的增长空间。另一方面，在城市经济从工业化阶段向工业化后期，甚至后工业化时期，城市的产业空间布局，特别是工业企业在城市空间中的区位格局将开始由集聚向分散转变。受到城市空间级差地租的影响，在高租金的城市中心区第三产业快速发展，而大量的传统工业则由城区向租金水平较低的郊区转移，新的产业园区在城市周边蓬勃兴起，这是价值链主导下的国际产业分工的动力所在，而这种国际分工一旦在一个区域或一个城市得到落实，就加速带动了产业空间与城市空间的变革：

首先，现代城市的新产业空间包括了开发区、工业园区、高新技术园区、大学城、科技街（城）、物流园区等，这些新型的产业空间主要强调空间上的集聚和功能上的互补。在区位选择上，开发区、工业园区可以远离城市中心，位于城市郊区或城市边缘区，并依托城市快速干道，通常是高速公路；高新技术开发区需要良好的环境、便捷的交通和密集的智力资源，因此往往与大学城相互依托在区位上相邻，并接近高速公路与航空港；物流园区位于城市交通枢纽地区；科技街则选择在城市内部，并与城市中心相邻，而科技城则可能依托高新技术开发区形成。在未来的新产业空间布局中，工业进一步向郊区、主要开发区、工业园区集中；高新技术开发区与大学城结合真正发挥科研研发的作用；物流园区与城市交通枢纽结合；科技街与大学、城市中心区相邻布置。产业结构空间布局的调整最有效的手段就是通过房地产及土地市场机制对城市空间用地结构进行调整。随着城市空间结构向外扩展，土地经济区位也在不断演替。城市中心城区内现有的工业用地逐渐变得不再适于发展工业，从而产生了工业企业外迁的压力，而工业企业外迁可以有效地降低土地利用成本，提高土地资源利用效率，降低土地收益的流失。

其次，对城市空间重构具有重大影响的就是城市服务业空间的重构，服务业新业态促进了城市空间结构的人本化。现代城市土地利用空间模式显示，城市中心区土地区位最优，一般适于发展金融、商业酒店、办公等高赢利性行业。随着城市由以制造业为主导的"工业时代"向以服务业为主导的"后工业时代"的转型，城市的商务、零售、娱乐、休闲功能将日益突出，中心区独特的建筑环境、传统历史文脉、浓郁文化氛围孕育了这一区域的巨大发展潜力。区域性购物中心、大型超市及家电卖场的发展，使居民购物行为转向郊区化、离心化和多中心化趋势越来越明显。新商业空间主要包括城市中心 CBD、郊外大型购物超市、大卖场、仓储式商店、专业市场等现象。中央商务区（CBD）既是市场经济的产物，也是城市职能转换的一种表现。竞标租金高的商业在中心城区的空间利用市场中具有较大的优势，在中心区发展商业、写字楼、酒店、服务式公寓等物业，无疑会大大提高土地的单位产出。商业、管理、服务、信息、金融等经济职能向城市中心不断集聚，而工业、居住则因在中心区需支付昂贵的地价而逐步被置换，因而在城市中心区形成了一种新型的以金融、管理、贸易等职能为主的新空间形式——中央商务区（CBD）。以它为中心，汇聚大量的第三产业与人口，形成城市商务商业活动中心节点。除了中心城区的CBD外，另一种新商业空间现象就是郊区大型购物中心，包括大型的超市、卖场、专业市场、批发市场等等。它们位于城市郊区新城，与主城有一定距离，往往选址在城市对外高速交通的出口区，这些新商业空间的发展引人注目，改变了城市零售业的空间格局，推动了传统商业空间重组，又反过来带动了新居住空间的变化，促进了城市产业空间、生活空间与居住空间的有机融合。

在当代中国城市转型的过程中，为了加快产业结构的调整，实现从"制造型城市"向"服务型城市"的经济体系的转变与升级，主要采用两种比较有效的方式，一种是政府部门通过系统的产业扶持政策，大力度发展高新技术产业和现代服务业，从产业体系优化的角度，提升创新型、服务型经济的增加值；另一种是通过城市内部行政区划的调整，扩大城市中心区的范围，为现代服务业的发展提供更多的空间支持。因为，几乎所有的中国大中城市，在经济发展达到一定规模后，在提升服务功能、发展服务经济的进程中，都会受到城市中心空间不足的制约，尽管通过外围的扩展，如建新城、新区能扩大城区面积，力求实现从"单中心"到"多中心"的新空间布局，但对于发展金融、商务、会展以及总部经济等高端服务业来说，老城区、城市中心的空间价值最高。就当前中国城市的综合实力与竞争力的提升来说，中心城区在高端产业、现代服务业等方面的聚集能力上，空间价值依然是最高的，只有中心城区的"经济密度"、空间价值上去了，才能在整体的城市空间或区域范围内，形成具有区域控制力、影响力的现代产业体系，并促进城市空间结构的优化。因此，近年来，我国的主要城市针对中心城区行政管辖分割严重、高端服务业资源无法进行有效配置，导致现代服务业发展空间受阻的严峻现实，加快了主城空间行政区划调整的步骤；2010年，北京将内城四大核心区东城、西城、崇文、宣武，四合二组建了新东城区和新西城区；2011年，上海的原黄浦、卢湾区合并为新黄浦区；2012年，青岛将四方区与市北区合并为新市北区，苏州将原老城区的沧浪、平江、金阊三区合并为新的姑苏区；2013年，南京将主城区内的原鼓楼、下关区合并为新鼓楼区，原白下、秦淮两区合并为新秦淮区。这些区划调整动作，顺应了城市空间体系、产业结构布局体系的变化，也为各自中心城区功能的提升作了制度性的安排。以苏州为例，苏州作为一个地级行政区成长为"经济巨人"的同时，中心城市首位度不高、辐射带动能力偏弱的"小马拉大车"问题越来越突出，与此对比的是平江、沧浪、金阊三城区的产业结构在转变为以服务业为主导的产业结构体系后，都存在着因各自发展空间偏小、土地资源绝对数量匮乏，对产业布局和拓展造成制约，影响了产业链的延伸，也难以形成规模化、集群化效应。新的姑苏区设立，既解决了原来三区产业同质化的问题，也提高了苏州中心城区的首位度，完善了城市空间布局，提高了整体转型升级水平。毕竟，苏州的经济总量在国内同类城市中遥遥领先，但整个的经济结构仍是制造业的比例较高，提升现代服务业比重的难度太大，主城区资源整合后，有利于发挥服务业的带动效应，加快实现"现代服务业基地"的目标。[①] 而南京主城区四区并二，则更有利于高端产业资源的优化配置，形成服务经济的规模效应。原来的四区面积偏小，发展空间局促，产业同构性强，行政成本过高。合并为两区后，南京中心城区的平均规模分别由43 平方公里、41 万人上升为 65 平方公里、61 万人，更有利于高端产业资源的整合，形成金融、科技、教育等多元化发展的新产业格局，培育出更高附加值的现代服务业、总部经济体系，在南京城市的新一轮转型升级中发挥更大的带动效用。

城市产业空间变革的直接力量，表面上看是体现在城市规划中的非产业力量暨政府权力意志，实际上从整个城市空间一体化的扩展过程来看，正是产业集群、产业体系的变化，推动了产业空间向城市空间的融合或自身的升级，倒逼城市的各功能区进行重新布局，促使传统的产业空间、商业消费空间以及居住空间不断进行空间位置的优化，形成开放的动态的一体化的空间系统。特别是新产业价值链体系下的产业分工，高新技术产业集群、高端服务业的整合能力，不仅让城市的空间功能进一步优化，带动

---

① 《苏州迈进"大城时代"：古城并为姑苏区 吴江撤市设区》，http://www.chinanews. com/df/2012/09-01/4150918.shtml。

了城市空间整体价值的提升，而且以此为基础形成的城市创新体系能力，还能带动城市人价值观、就业理念、消费理念以及生活方式的变革，培育或导引出城市的创新精神。城市的创新体系基本形成后，就能不断创造出更有效的资源配置方式，强化新的系统功能，形成城市的核心发展优势。因此，我们可以说，城市无论发展到任何阶段，不断升级、不断分工的产业以及对应的产业组织、空间布局等，始终都是推动城市空间变革和优化的原动力，即使是在全球价值链主导下的现代大都市的空间重组，也是以高端服务产业来整合产业、人力、资本、信息等要素的。这种动力机制，说到底是经济的力量，市场的力量，回归到城市的本质，是"市"的力量带动了"城"的规模的扩大和优化，是"城"的向心力集聚了"市"的资源要素，"城"和"市"的良性互动，持续的空间优化重组，创造出生生不息的城市创新精神。当前的中国城市，在整体进入快速发展期之后，大城市多进入空间的优化发展阶段，政府部门的制度创新，在政策调控、价值引导以及优质服务体系的配套支持，对大企业、城市的新产业价值链的构建，显得尤为重要。认清这个方向，我国的城市就会进一步优化发展环境，主动调整产业结构、就业结构，致力于打造产业空间与城市空间融合一体的生态型、创新型和高端化的城市有机大空间。

需要注意的是，在传统的城市化进程中，城市发展和城市产业空间的扩大是同时进行且又互为促进的过程。城市产业未形成规模时，其产业空间、经济空间必然狭小，而经济空间的狭小又限制了城市规模的扩大和城市地位的提高。但是，现代城市的发展，尤其是大都市的多极化、网络化空间拓展，则可以通过在郊区新建大型开发区、产业园的方式，来再造一个产业新城，突破原来城市空间与产业空间相互挤压造成的发展瓶颈、效率瓶颈，并在此基础上提升综合服务功能，培育出一个现代化新城，从而大步提高城市的能级水平。在全球重要节点城市构成的国际产业链主导世界经济走向的大背景下，中国的城市、大都市区域，实际上处在工业化和后工业化的同步驱动中，如果仅仅满足于简单地做"世界工厂"、"加工基地"，不大力发展高端服务业，就无法站在产业价值链的高端位置，难以造就自身的核心竞争力，而一旦遇到国际产业转移的周期波动，跨国公司把制造基地迁移到世界其他更有成本优势的国家、地区，国家的产业安全就会受到重大影响。正是基于区域和国家产业安全的战略考虑，我国大城市或都市圈的产业布局、产业集群引导，一方面强调与国际产业价值链对接，另一方面则在内部构成一个相对完备的产业链、产业体系，并以高新技术产业集群的创导作用，来带动区域或国家创新体系的构建。

由此，在转变经济发展方式的主线之下来加快城市发展方式的转变，是当前中国城市转型升级的阶段性要求和理性选择。新产业体系对产业空间与城市空间的重组，不仅体现在对原有空间资源的重组和优化配置上，如"退二进三"、发展总部经济等，同时更多表现在对城市新的增长空间的规划引导上，即从产城合一、再造新城的高度，来科学布局产业空间体系，实现新增长空间的整体功能提升，而不是复制传统的工业园区和开发区。进入21世纪以来，以新城建设的模式，通过放大城市空间，来优化城市或区域的产业布局，成为快速城市化进程中的中国许多大城市的共同选择。如果说对于原有主城区空间管制的改变，以扩大新兴服务产业的空间，是侧重于存量的盘活，那么以新城建设为平台，通过新产业体系的规划建设，来促进产业空间与城市空间的融合，则能把城市的空间增长与经济增长纳入一体化的轨道，推进城市更有效率、更加集约的发展。如北京的亦庄新城，规划用地55平方公里，入住人口30万，定位就是高新技术产业功能区；顺义新城规划占地60平方公里，入住人口60万，定位是临空产业及先进制造业基地。这些新城，由于具备较强的综合服务功能和对外辐射力，不仅仅在自身的园区范围内能实施一体化的产业布局、各功能区有效的分工，同时可以在区域或市域范围内构建资源优化配置的产业链、产业集群，实际上就是具备卫星城特征的新的城市功能区。早在20世纪90年代，上海借助浦东开发的重大机遇，在新产业的空间布局上借鉴欧洲一些国家集聚化的发展模式，实施土地集约、产业集聚和人口集中，做到统一规划、规模开发，在实现了城乡一体化发展的同时，又使市域的产业布局形成了圈层式的优化发展模式。在土地、物业价格高昂的内环线以内，以都市型先进制造业园区（楼宇）为基本载体，发展以产品设计开发、技术服务、经营管理和高增值、低消耗、无污染的都市型先进制造业，形成新的产业态。在内外环线之间，则重点发展都市型先进制造业和高科技产业，以及与支柱先进制造业相配套的产品，外环线以外为大型先进制造业基地，集中在市级开发区内，并按各先进制造业区产业功能定位导向布局。使上海在完成了六大产业基地布局的同时，松江、嘉定、临港、安亭等一批郊区新城也快速崛起，浦东新区也完全融入主城区，实现了新产业基地和城市副中心在空间上的有机融合和功能上的科学分工。

深圳新产业体系的演进发展，不仅和产业创新、技术创新以及创新型城市建设的脉络一致，而且直接转变了城市的功能布局，在国内城市转型发展的战略把握与实践上具有"样本"意义。2003 年，深圳特区内可开发利用土地面积只有 22 平方公里，而特区外尚待开发土地面积也仅 250 平方公里。在这样的形势下，深圳决定在产业空间拓展上实施"跨界"（跨越边界）、"进关"（关内、关外一体），将原来占地面积、能耗大的"两头在外"、"大进大出"的劳动密集型加工工业体系向市外转移，跳出 2 000 多平方公里的狭小地域范围，在泛珠三角的更大地域空间组合上构建产业链、产业集群。为此，深圳在"十一五"规划中明确提出了"提升中心区现代服务业"的规划要求，以"强化特区内现代服务业主体功能区的综合服务功能和持续发展能力，以知识型服务业为重点，消费性服务业为基础，生产性服务业为支撑，加快发展现代服务业，提升特区中心区服务全市发展的辐射和带动功能。同时，在深圳市域范围内，探索新的分区方案，将整个深圳市域划分为东部、中部（核心）、西部三大地带。各地带实行不同的功能定位，建设四个产业主体功能区：一是以特区内为主体的现代服务业主体功能区，二是以光明产业园区为主体的西部高新技术产业主体功能区，三是以大工业区（出口加工区）和宝龙工业区为主体的东部先进制造业主体功能区，四是以东部滨海地区为主体的生态休闲度假主体功能区。[①] 通过主体功能区的建设，加快形成"南软"、"西高"、"东重"

---

① 见《深圳市国民经济和社会发展第十一个五年总体规划》，2006 年 3 月 26 日深圳市第四届人民代表大会第二次会议批准通过。

的市域产业布局，使各区域的功能得到最大限度的发挥，"经济密度"大大提升，高新技术产业、金融产业、物流产业和文化创意产业形成完整产业体系，不断丰富创新驱动的发展内涵。2009 年 5 月，国家批准了《深圳综合配套改革总体方案》，深圳联合香港成立全球五大中心：国际金融中心、国际物流中心、国际贸易中心、国际创新中心和国际文化创意产业中心，目标定位为具有全球竞争力的国际化大都市。[①]2010 年，深圳经济特区扩容，特区范围从原来的罗湖、福田、南山、盐田四区扩大到全市，将宝安、龙岗纳入特区范围，特区面积从 327.5 平方公里扩大至 1 991 平方公里，面积增加 5 倍，发展空间大为拓展。2012 年，深圳在全国率先提出了产业转型与城市转型并举的新理念，在全球化、知识化、服务化和生态化的多维趋势下，不断提升现代服务经济体系的内涵和竞争力，以在世界城市体系和全球产业体系中攀上高端位置。深圳的产业升级与城市转型之路，对我国城市实施创新驱动战略有着重要的示范引导作用，那就是要充分发挥企业在创新行动中的主体功能，培育富有创新精神和核心竞争力的龙头企业，构建具有国际竞争特征的新产业体系，让产业结构升级与城市的功能升级，形成良性的互动。

值得肯定的是，在产业发展与城市转型的协同行动中，我国的诸多城市新区建设起步时就能告别传统的"土地城市化"、"产业园区化"的路径依赖，在全球产业发展趋势的大背景和区域功能定位上，来进行主导产业区的规划，细分主题不同的产业功能区，以有利于培育具有创新引领功能的新产业体系。2006 年，天津滨海新区被国务院批准为全国综合配套改革试验区。在土地面积达 2 270 平方公里的空间范围内，滨海新区实施了"一轴"、"一带"、"三城"、八个功能区的科学布局，"一轴"是沿京津塘高速公路和海河下游建设"高新技术产业发展轴"，"一带"是沿海岸线和海滨大道建设"海洋经济发展带"，"三城"是在轴和带的 T 型结构中，建设以塘沽城区为中心、大港城区和汉沽城区为两翼的宜居海滨新城，八

---

① 《深圳综合配套改革总体方案获得国家批准》，http://politics.people.com.cn/GB/14562/9368933.html。

个功能区为先进制造业产业区、滨海高新技术产业区、滨海化工区、滨海中心商务商业区、海港物流区、临空产业区、滨海休闲旅游区、临港产业区。(参见图2-4)国际大都市区域建立创新体系的经验表明,区域整体创新能力的关键在于促进各种组织建立长期互助的关系,同一区域的产业功能区,通过系统的内部机制,相互结合、相互作用,发明新产品、新技术,提升要素配置的效率,就会影响区域创新系统的发展,提高区域创新系统的效率。区域创新体系的有效运行,营建的创新创业环境,形成的创新创业局面,则会加速形成产业集群和空间集聚,产生集聚经济性,培育出产业的核心竞争优势,提高产业链的附加值。从这个角度来看,滨海新区实施不同主题的产业功能区的空间划分,使整体的产业布局顺应产业集

图2-4 天津滨海新区产业功能区规划图①

_____

① 参见天津滨海新区管委会网站。

群、产业链的成长规律，对当前中国城市转变发展方式，在城乡一体化进程中进行产业升级，在有限的土地供给条件下提升"经济密度"，无疑具有很强的导向作用。

以大手笔来规划建设产业新城、城市新区，可以避免在主城、老城"腾笼换鸟"付出巨大的改造、拆迁代价，而同步规划对应的商业、居住与公共服务的功能区，还能让政府在土地出让中获取更大的盈余空间，来增加基础设施的投入，加大对新兴产业的扶持力度。自天津滨海新区之后，近两年获批的重庆两江新区、兰州新区、广州的南沙新区等，无不把产业组团与城市功能组团进行有机融合，来打造多元的新产业体系，先进制造业、保税港、汽车制造、电子信息、文化创意、现代服务业等，几乎成为规划的基本内容。"两江新区"的范围达到1 200平方公里，要再造一个新重庆；南沙新城800多平方公里，要再造一个新广州；兰州新区规划806平方公里，也是要再造一个新兰州。这些新区的空间规划，其实质性的追求是通过新的产业体系、产业基地的构建，在整体上优化城市的产业空间与城市空间，提升城市的能级和竞争力。这种"造城"行动，不能简单理解为政府追求政绩的冲动，而是作为区域中心城市强化经济控制力、辐射力的重要手段。毕竟在区域一体化进程加快的背景下，城市群、都市圈所带来的产业空间组织方式的变化，没有规模实力，构建不出新型的产业体系，原来的核心地位必然受到挑战，甚至有被边缘化的危险。抓住战略机遇期，规划建设城市新区，可以达到多得用地指标、做大经济规模和做优产业体系的多重目的，从而提升城市的能级，获取更多的发展资源，并在区域或国家层面发挥创新的引领作用。至于推进的成效如何，往往需要几届政府、多任领导的努力，很难在短时间内作出评估，但有一点是获得共识的，那就是以发展新产业来统领的"造城"行动，保老城，造新城，大方向的选择是正确的。

值得一提的是，无论是上述的"国家级"特区、城市新区，还是地方谋划的新城区，在规划建设中都非常注重发展要素资源的优化配置，把主导产业的发展与主题性的功能定位，在空间上实施协同对应，避免同质化的竞争和低水平的重复。以陕西规划建设的西（西安）咸（咸阳）新区为例①，规划区总面积为882平方公里，在大的空间布局上分为空港新城、沣东新城、秦汉新城、沣西新城、泾河新城五个组团，对应西咸新区的五大主题定位：西安国际化大都市的主城功能新区和生态田园新城；引领内陆型经济开发开放战略高地建设的国家级新区；彰显历史文明、推动国际文化交流的历史文化基地；统筹科技资源的新兴产业集聚区；城乡统筹发展的一体化建设示范区。每个组团的功能定位都规划了对应配套的主导产业，既分工明晰，又是一个协同的空间体系。（参见图2-5和表2-3）由此，实现了西安原有的城市空间、产业空间与西咸新区的功能对接和空间融合，有助于整体提升西安城市的能级水准。

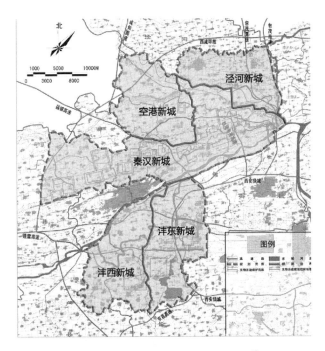

图2-5 西咸新区总体规划组团布局②

① 2009年6月，国务院批复颁布《关中—天水经济区发展规划》，提出"加快推进西咸一体化建设，着力打造西安国际化大都市"；2011年6月，陕西省人民政府在国务院新闻办公室正式对外发布《西咸新区总体规划》；2012年2月，国务院批复《西部大开发"十二五"规划》，西咸新区列入西部地区重点建设城市新区。

② 陕西省推进西咸新区建设工作委员会办公室：《西咸新区总体规划》（2010—2020），2011年5月。

表 2-3   西咸新区五大新城的功能定位和主导产业规划

组团名称	功能定位	主导产业
泾河新城	西安国际化大都市统筹城乡发展示范区和循环经济园区。	以低碳产业为主，重点发展节能环保、高端制造业、测绘、新能源、食品加工和都市农业等产业。
空港新城	西部地区空港交通枢纽和临空产业园区。	以临空产业为主，重点发展空港物流、国际商贸、飞机改装维修、现代服务业、高端电子制造业、都市农业等产业。
秦汉新城	具有世界影响力的秦汉历史文化聚集展示区和西安国际化大都市生态田园示范新城。	以生态、文化和商业为主，重点发展秦汉历史文化旅游、生态休闲、行政商务、金融商贸、总部经济、房地产开发、纺织工业、都市农业等产业。
沣东新城	西部地区统筹科技资源示范基地和体育会展中心。	以高新技术和会展业为主，重点发展高新技术研发和孵化、体育、会展商务、文化旅游、都市农业、房地产开发等产业。
沣西新城	西安国际化大都市新兴产业基地和综合服务副中心。	以战略性新兴产业为主，重点发展信息技术、新材料、物联网、生物医药，以及行政商务、都市农业等产业。

从区域协同发展、城市和区域可持续发展的角度来看，新产业体系不仅有助于优化产业布局，而且能促进区域创新体系与创新文化的形成。新产业在纳入了城市或区域发展的总体框架之后，所发挥的外部经济效应是多方面的。进入 21 世纪以来，中国大城市的郊区化以产业为推进，多以经济技术开发区、高新技术开发区、科学园以及保税区等为载体，来建设新城、城市功能中心，以突出产业的带动作用。与此同步，快速工业化引发的国际产业转移，使多数开发区产业集群规模急剧放大，原来圈定的工业用地很快告罄，失去了可持续发展的空间。在这样的新形势下，国内的开发区近些年来纷纷展开"破墙"运动，通过开发区与当地行政区综合管理的一体化、重叠化来解决原来的空间隔离问题，并同步解决产业发展的空间问题以及进一步优化布局问题。这样，不同产业主题的开发区，在新的城市空间格局的形成中，所发挥的就不仅仅是产业功能、经济功能，而是带动区域均衡发展、协调发展的综合功能。在同一个市域、区域空间内，产业集群就可以在主城区、新城、郊区、郊县，得到不同等级的疏散和集聚，如管理总部、市场总部以及商务中心等在主城，研发基地、生产

性服务业等向新城或城市新中心汇聚，制造基地及相关配套区等落户在郊区、郊县的产业园区，形成分工合理、功能错位、空间集约的不断优化的产业布局，也顺应培育出具有集聚效应和开放的新产业体系。新产业体系演进的外部效应，则进一步优化或重组城市的空间资源，不断提升城市的发展能级。

第三节　战略性新兴产业与中国城市"主动转型"

一、中国经济"升级版"与城市转型新方向

工业革命以来世界城市发展与转型的规律表明，城市的周期性波动是主导产业发展的周期性规律以及整个产业体系演进所致。对于一个城市或区域来说，主导产业是支撑阶段性发展的关键力量，但主导产业在成长中又必须形成开放的产业体系，来聚集、整合更多的创新要素和发展资源，培育出更具生命力和高附加值的新兴产业。在新兴产业中处于主导、引领地位的支柱性产业，可以构建更富有创新聚集力的产业体系，推动城市经济体系的持续优化和城市的能级提升，使一个城市和区域进入新的发展阶段或发展周期。因此，在当前中国城市转型发展的战略行动中，政府的规划、概念引领以及基础设施的投资建设固然重要，但更关键的是能否谋划、建构具有核心竞争优势的新兴产业体系、城市经济体系，以实现城市发展的"主动转型"。正是基于这种认识，我国政府把打造中国经济的"升级版"，与实施新型城镇化战略有机结合起来，以期在转变经济发展方式的主线之下，同步转变城市与区域发展方式，在创新驱动的轨道上实现产业升级与城市转型的目标。

现代经济体系的运行实践表明，产业的发展大致等于经济的发展，产业体系的优化可以代表经济发展质量的提升。在中国经济的规模进入世界第二、人均 GDP 达到 6 000 美元和城市化率超过 50% 之后，中央政府提出了打造中国"升级版"的概念和思路，表达了新一届政府在实现产业

升级、经济转型和全面协调可持续发展等方面目标的决心。打造中国经济"升级版"，就是要把传统经济增长函数关系转变为新型经济增长函数关系，改变粗放的经济发展方式，调整不合理的经济结构，强化创新驱动战略，让科技进步对经济增长的贡献率大幅上升，在高起点上做大做强先进制造业、现代服务业和战略性新兴产业，提升中国在全球产业链和价值链中的位置。打造中国经济的"升级版"，关键是真正转变发展方式。而转变经济发展方式，就是要在保持经济稳定增长的前提下进行产业结构调整，培育和发展新兴产业，构建具有全球竞争力和内生动力的现代产业体系。现代产业体系的培育和生长，在相当大的程度上要基于国家和区域创新体系的载体——城市的空间创新平台上，从而有效集聚高端发展要素和资源。经过改革开放以来30多年高速经济增长之后，中国在成为世界第二大经济体的同时，也进入"中等发达收入国家"行列。但在"中国制造"重构了全球经济版图，进入世界500强的中国企业越来越多，一批中国城市在世界城市体系中快速崛起之时，中国经济却没有形成完整的创新支撑体系，多数产业只能在全球产业链的低部区域苦苦支撑。打造中国经济的"升级版"，彻底破除制约转变经济发展方式的政策性障碍，也必将为城市的经济转型和功能升级带来新机遇，为推进新型城镇化和城市转型带来新的战略突破。在全球经济运行和城市发展的视野中，现阶段的中国城市能级地位，与主要产业和经济的地位基本一致，都因存在有规模无效率、有数量无质量等发展方式粗放、低水平重复的问题，难以获得可持续的发展动力。通过打造中国经济升级版的"顶层设计"与制度安排，可以保障中国城市经济朝绿色、循环、低碳的方向演进，内外并举获取增长的动力，实现稳增长下的城市产业转型与功能升级。同样，城市在转型升级过程中形成的创新资源集聚效应以及创新环境、创新文化，则为已有的产业升级和新兴主导产业的成长，提供了丰厚的土壤和系统的政策保障。

基于上述的认识，我们可以认为，通过打造中国经济的"升级版"，来加速、高质量地推进中国城市的转型，实际上是在演绎追求质量型、集约化的产业与城市联动转型的"中国路径"。在世界城市转型多样化的成功模式中，没有一种不是在产业衰退或大的经济危机的情况下来实施的，城市的转型是要付出巨大的经济代价的，只有培育出新的主导产业和产业体系，才可能进入新的增长周期而重获新生。应该说，经济衰退后、大危机之后的城市转型，都是属于被动式的转型，而我国在国际金融危机之后，经济增长依然保持较高的速度，即使在当前世界经济进入新的弱长周期后，我国经济依然保持稳定的增长，在这样的形势下来打造经济的"升级版"、推进城市转型，无疑是主动式的转型发展之路。主动转型最大的好处，是可以在创新的机制下来进行资源的优化配置，对已有的产业升级和培育新产业同步实施，从而减少产业转型的阵痛和代价。现阶段中国的产业转型和城市转型，主导力量依然是政府和政府控制的国资平台，其弊处是容易因追求短期的政绩或利益而不尊重市场规律，但好处是可以通过系统的政策支持，促进产业升级、战略性新兴产业的培育，与城市整体的经济转型、功能升级联动，以提升转型的速度和效率。因此，在进入中国城市化加速期，打造中国经济的"升级版"来推动城市转型发展，应以转变经济发展方式为主线，即以产业升级与新产业体系的构建为方向，培育和发展符合城市自身条件和阶段的新的主导产业，来主动寻求我国城市发展方式的转型、城市空间结构的转型和城市整体功能转变的路径突破。

首先，制订落实转变经济发展方式的刚性约束指标，主动推进中国城市发展方式的转型。中国当前的城市发展，面临的普遍问题是产业创新能力的不足，产业结构单一，产业体系不完善，主要产业长期处于世界全球产业价值链的低端环节，产品附加价值较低，产业技术创新能力不强，技术密集型产品，尤其是一些核心技术和设备仍主要依赖进口，产业可替代程度较强，制造业整体竞争力较低等。同时，由于产业的生产方式仍相对落后，资源消耗大、环境污染问题严重，在成长过程中就患上了"城市病"，失去了可持续发展动力。2011 年世界卫生组织发布的世界空气质量最差的前 100 个城市中，有 21 个来自于中国。[①] 在世界产业竞争日益加

---

① 　郑思齐、孙聪：《从国际比较看中国城市环境》，《中国社会科学报》2012 年 11 月 6 日。

剧，资源环境约束越来越大的情况下，走创新发展的道路，提高中国产业的创新能力和产品的附加价值，实现中国城市产业的整体升级，转变中国城市的经济发展方式，已经成为我国建设创新型国家、提高自主创新能力的战略要求。因此，在转变经济增长方式、打造中国经济"升级版"的战略行动中，必须在节能减排、经济容积率、研发投入、高科技产业增加值、服务业增加值等方面制订刚性的约束指标体系，同步构建具有核心竞争力的新产业体系，培育城市与区域的创新体系，系统推进城市发展方式的转型。

其次，充分发挥新产业体系空间组织形式的多向作用，主动推进中国城市空间结构的转型。基于信息网络技术、在第三次工业革命基础上发展起来的新产业体系，具有融合性、创新性、绿色化等特点，对城市的整体空间结构提出了新的要求，城市在整体空间结构的布局上要适应产业发展的网状需要。即城市在加强物理空间结构优化的同时，注重对虚拟空间的建设和功能的提升，以满足企业"全球在地化"和"在地全球化"的双向要求，在知识创新、产品研发、实验制造以及金融支持、物流保障、贸易服务等方面，形成一个系统的空间网络。这种空间组织形式的多向作用，会改变城市单中心的摊大饼的空间发展方式，转变三次产业分割、园区与所在社区分割、城乡分割等传统的空间组织方式，形成更具柔性化、一体化以及更强的对外连通性的空间格局。目前，新产业体系对城市空间组织方式的影响，主要显现在两个方面：一是强化城市中心区的高端集聚作用，以金融、高端商务、时尚消费等占据空间的制高点，加速推进"腾笼换鸟"，持续提升中心区的空间价值；二是建立新的研发基地、产业基地，加快新的城市产业空间再造，优化城市的空间结构，实现城市空间布局从单中心到多中心，空间组织从线性到网状化的变化，从整个空间形态上维系城市的可持续发展。

再者，围绕新产业体系整合高端要素资源，强化共性技术平台和信息中心、创新中心的功能导向，主动推进中国城市整体功能的转型。在传统产业体系支撑下的城市，主要是生产制造功能，新产业体系引领下的城市，则释放出创新、服务的新功能，促进创新型、服务型经济体系的形成。改革开放以来中国的城市产业发展，主要以承接国际跨国公司的低端制造环节为主，很多城市的功能主要体现在生产制造方面，即使是一些区域性中心城市，在现行政绩考核标准的推动下，也将更多的精力放在项目的引进和产品的生产上，忽视了对城市创新功能、服务功能、消费功能、教育功能等其他功能的提升。新产业体系更加强调产业的创新和服务功能，创新和服务已经成为新产业体系发展的两个核心要素，提高城市的创新能力和服务能力不再是产业发展之外的事情，而是产业发展的应有之义，是促进城市经济发展的重要因素。同时，创新和服务功能的提升都离不开知识的积累，教育为此显得格外重要，而创新的一体化发展，使服务终端的消费也成为创新中不可或缺的环节，消费功能和教育功能的提升均可以显著提高城市的创新和服务功能，进而促进新产业体系的发展。在新产业体系的发展带动下，生产功能在城市功能中的作用将逐渐弱化，创新、服务、教育以及消费等城市功能将不断得到提升，中国城市的整体功能也将因此发生全面的转型。

打造"升级版"的中国经济，是转变经济发展方式的目标任务，是依托新型城镇化的战略、加速推进中国城市功能转型的有效手段。中国经济的"升级版"，既要超越原有的经济版本，更要在全球经济版图中显现出核心竞争优势，那就是要从国家战略层面，立足国际科技与产业前沿，培育和发展新产业，构建具有创新引领、高附加值的新产业体系，让中国的城市在全球城市体系中展现不可替代的功能。依据学界的共识，依托第三次工业革命发展起来的新产业体系，主要包括了三大类新兴产业：以信息化、柔性化、智能化、数字化等为特征的先进制造业；以知识的生产、加工、处理为主要内容，以创新、创意为特征的知识型服务业；以低能耗、低污染、高产出等为特征的绿色低碳产业。① 中国城市转型发展，从根本上说就是实现从生产制造向创新服务的功能转变，不同能级的城市应针对自身的产业发展现状、资源禀赋以及城市未来的发展目标，参照国家的战

---

①　目前学术界普遍认为，第三次工业革命是基于互联网、云计算、信息技术深度应用为特征所形成的产业，以原子能技术、航天技术、电子计算机的应用为代表，同时包括人工合成材料、分子生物学和遗传工程等高新技术产业。

略性新兴产业发展规划，来建构适合城市资源条件和功能定位的新产业体系，率先打造出城市与区域的经济"升级版"，为中国经济的升级版注入新的内涵。

只有先行打造出经济的"升级版"，才会有中国城市的"升级版"。中国的城市经济实力、创新能力和服务能级分为多种层次，不同层次的城市转型升级的目标不可能一致。依据弗里德曼世界城市体系的层级界定，从中国城市在全球、国家、区域空间的资源整合能力的差异以及产业结构体系来考量，我们认为，基本可以把当前国内的城市分为具有世界影响力的国家中心城市、全国性的科技中心城市、全国性的区域中心城市和全国性的制造业中心城市等四种类型。这四种类型的城市，所追求的转型升级目标、路径，将是中国城市"升级版"的主要内容。

具有世界影响力的国家中心城市是代表国家参与全球经济、贸易、金融和文化创意的竞争的，展现的是国家实力和竞争力，以上海、北京为代表，作为中国经济的"两大龙头"，其表现将决定未来数十年中国经济的命运和创新能力①，其转型目标是要进一步提升城市能级，提高在世界范围内的影响力和辐射力，占据产业链高端地位，成为国际服务支配型的城市。要达到这一目标，应走综合高端服务型的演进路径，构建起以知识型服务业和绿色产业为主体的现代产业体系。国家中心城市的高附加值的服务业比重较高，是全国的金融、信息、技术等的集聚中心，拥有较强的资源配置能力，今后这些城市面临着如何进一步提升城市的服务效率和质量，增强对全球资源配置的能力，进而在全球城市体系中占据有利地位，并形成强大的全球影响力的问题。世界产业分工的深化以及产业技术革命的推进，对服务业的发展，尤其是以采用先进技术和手段发展起来的知识型服务业的需求日益增强，发达国家的再工业化必然需要更高层次的服务业作为支撑，采用先进的技术手段和设备发展起来的金融、保险、信息咨询、物流等知识型服务业，可以提高国家

①　世界银行研究报告：《两个龙头：给北京和上海的发展建议》，新华出版社 2012 年版。

中心城市对全球经济的总体控制能力，促使这些城市以更加有效的方式融入全球的产业分工之中，成为全球经济发展的重要节点城市，提高它们在全球城市体系中的地位和能级。以上海为例，其发展定位一直是中国的经济中心城市，从 20 世纪 90 年代中期开始就成为跨国公司地区总部、研发中心及跨国金融机构进入中国的首选之地。至 2009 年末，经上海市政府认定的跨国公司地区总部数量达 260 家，跨国公司研发中心数量达 304 家，外资金融机构的数量也达到 170 家。[①]（参见表 2-4）2009 年 4 月，国务院印发了《关于推进上海加快发展现代服务业和先进制造业建设国际金融中心和国际航运中心的意见》，明确了上海的"四大中心"定位：国际经济中心、国际金融中心、国际航运中心、国际贸易中心。此后，上海的国际金融中心推进战略以金融市场体系建设为核心，以金融机构体系建设为重点，积极推进金融创新和改革开放先行先试；国际航运中心的打造则以现代航运服务体系建设为核心，以国际航运发展综合试验区为突破，积极推进政策落实和创新突破。2011 年上海的人均生产总值达到 1.28 万美元，达到国际中上等富裕国家地区水平，第三产业增加值占生产总值比重提高至 58%，战略性新兴产业总产出突破 1 万亿元。[②]2013 年 7 月，我国决定在上海设立首个国家级的自由贸易试验区，将在利率市场化、汇率自由兑换、金融业对外开放和离岸金融中心的建设等方面，全面与国际对接，更有利于跨国公司内部的全球资源调配。此举在国家战略竞争层面上强化上海国际金融中心、航运中心和贸易中心地位的同时，将吸引更多的国际加工、制造、贸易和仓储物流企业朝上海聚集，提升上海现代服务业参与全球竞争的水准，促进中国加速进入全球产业价值链、全球城市体系中的高端位置，成为打造中国经济与城市"升级版"的新引擎。

---

① 参见李健：《世界城市研究的转型与发展新模式》，见《中国城市发展：转型与创新》，人民出版社 2011 年版。表格数据来源于上海市统计局 2002—2009 年统计公报。

② 上海发布"四个中心"白皮书，新民网 2012 年 11 月 15 日。

表 2-4   上海跨国公司机构数量增长表

单位：家

年 份	跨国公司 地区总部	跨国公司 投资性公司	跨国公司 R&D 中心	外资金融机构
2002	16	—	50	54
2003	56	90	106	89
2004	86	105	140	113
2005	124	130	170	123
2006	154	150	196	105
2007	184	165	244	131
2008	224	178	274	165
2009	260	191	304	170

  中国是一个地域广阔的经济大国，就当前各地域的经济产值和人口就业的集聚度而言，已经呈现了明显的多层次化和多极化，本身就是一个充满竞争活力的"世界"。在这个"世界"中，由于对创新资源的整合能力、经济规模、区位条件、政治社会地位等方面的差异，主要城市也构成了多层级的全国性的城市体系和产业网络结点。在全球城市体系、产业价值链和全国城市体系中来审视这些城市，则可以分为全国性的科技中心城市、全国性的区域中心城市和全国性的制造中心等三种类型。全国性的科技中心城市，应以发展知识型服务业为主，利用先进制造业为支撑的产业体系，进一步提高产业的科技创新能力，站在世界产业技术发展的制高点上来促进制造业与服务业的融合发展，重点走技术创新型的演进路径，加快发展以技术创新、研发、设计等为主的知识型服务业，增强城市对知识要素的生产、加工、处理能力，进一步加强对全球知识及其相关要素和产品的配置和掌控，推动其向产业链的高端地位延伸，逐步成为全球技术支配型的城市。我国的深圳、南京、武汉、西安等具备这种特征，本身具有较强的制造能力，先进制造业理应成为其产业体系中的主体产业，促进先进技术在制造业领域的广泛使用，加快发展符合当今世界产业技术创新趋势的先进制造业领域，一方面可以进一步巩固我国科技中心城市在世界先进制造业重要环节的核心地位，另一方面可以通过促进服务业和制造业之间

的相互融合，为技术创新提供更有力的支撑和更多的创新元素，提高其产业技术创新的能力，加快技术创新的步伐。全国性的区域中心城市，具有较为全面的、综合的城市功能，尤其是服务功能、管理功能、商业功能、社会功能较强，而且还具有很强的生产组织功能和科教功能，如武汉、成都、沈阳等。对于这些城市来讲，应走综合服务型和技术型交叉的演进路径，构建枢纽型的先进制造业和绿色产业为支撑的产业体系。同时，要注重对科教功能的提升，加大对科技和教育的投资，运用先进的技术和方式，进一步提高城市在区域内的综合影响力。此类城市还具有较为重要的生产功能，有的本身就是区域内的生产制造业中心，在发展过程中也面临着来自资源和环境的巨大压力，发展绿色产业可以在很大程度上解决城市面临的资源和环境问题，促进城市的长期可持续发展。全国性的制造业中心城市，是以先进制造业为主体，知识型服务业和绿色产业为支撑的产业体系，有较强的产业技术创新能力，可以在生产制造多个环节中嵌入技术创新的元素，从而推动产业链的功能升级。这类城市也可走技术型的演进路径，但仍以先进制造业为主体，在发展过程中，一方面要密切关注和追踪全球产业技术革命的最新成果，发展符合未来产业发展趋势的制造业，应用先进技术改造和提升传统制造业，提高产业的劳动生产率和综合生产能力；另一方面，要加快实现制造业的全面、全员和全过程创新，创新生产技术的同时创新管理方式和相关制度，实现从重要生产环节到全产业链的创新。这类城市在加大对先进制造技术投入的同时，必须加强对"互补性资产"的投资，使制造业中心城市的创新能力也随着制造能力的增强而不断提升。由于制造业中心城市的资源、环境瓶颈相对较大，发展科技进步主导的绿色产业，是促进这些城市实现可持续发展的必然选择，而且绿色产业已逐渐成为未来世界产业发展的主要方向，这些产业也可以成为制造业中心城市新的主导产业，持续推动这些城市转型升级。

　　上述四种类型的城市，基本代表了中国城市的发展水平和综合竞争力，当前都处在产业升级与新产业体系构建的关键阶段，也是全面转变城市功能的战略机遇期。它们由于发展基础、资源禀赋优势、产业结构及其在全球城市体系、全国城市体系的地位不同，转型发展的目标追求虽然有一定的差异，但大的战略方向是一致的：在产业升级与转型上，都要在全球产业价值链和国家价值链的双重轨道上寻求站位、扩大流量；在城市的功能升级与完善上，都要在全球城市体系与全国城市体系的双重平台上找准节点、争先进位，多元整合创新资源。因此，面对当前打造中国经济升级版和中国城市转型发展的战略要求，应该以新产业体系的发展和完善，来搭建国家价值链与全球价值链、全国城市体系与全球城市体系的对接通道和机制，全面提升中国城市的能级水平。具体说来，就是现在的国家中心城市、全国科技中心城市、全国区域中心城市和全国制造业中心城市，协同向全球服务支配型城市、全球技术支配型城市、国际区域中心城市和国际区域创新城市转型。我国的上海、北京等城市，已经具有了国际化的特征，先进制造业和现代服务业发展迅速，汇聚了世界众多的跨国公司，是全国的金融中心、研发中心、信息中心、服务中心等。随着城市发展进程的不断加快，它们同时面临着来自资源、环境等方面的压力，迫切需要加快产业结构以及发展方式的转型，进一步促进城市的精细化发展，解决好城市发展中出现的环境恶化、交通拥堵等"大都市病"，强化对文化、人才和创新型企业的包容性，向全球服务支配型城市转型。深圳、广州、南京等城市，关键是加快实现从"投资驱动"向"创新驱动"的转型，有效破解城市发展中的土地、资源、环境等诸多制约性因素，进一步提升在国际产业发展中的影响力，最终成为以创新要素为主导的国际技术支配型城市。而杭州、武汉、成都等区域中心城市，区域的首位度高，是区域发展要素和资源的集散中心，也是区域内金融机构、商贸物流、高校、科研机构、人力资源等的集聚中心，同时也是区域的生产制造中心，在区域的经济、科技、文化、服务、管理等方面具有重要引领作用。它们应通过服务能力的提升，构建起"城市—区域"的良性互动发展格局，进一步凸显在区域发展中的引领作用，在与区域一体化的进程中增强城市的内在活力和外在辐射力，成为具有国际影响力的区域中心城市。而那些行政地位不高、经济发展能力很强，并且已经进入全球生产制造体系的城市，如苏州、无锡、中山、东莞等，是世界众多跨国公司投资的热点地区，承接了大量的国际制造业价值链上的生产环节，在世界制造业的生产中具有举足轻重的地位，它们在转型升级的过程中，应通过加大对创新人才的引进，加强产业的技术研发，推动产业链由低端制造向高端研发环节的延伸，提高产业创新能力和综合竞争力，进而成为具有较强国际影响力的区域性创新城市。（参见表2-5）

表2-5　国内城市转型的类型及目标定位例证

当前类型	发展现状	转型定位	转型重点与路径	代表性城市
国家中心城市	全国性的金融中心、研发中心、信息中心、服务中心等。	国际服务支配型城市	大力发展现代服务业，加快产业结构的转型和升级，提高城市能级，成为全球城市体系中的重要节点城市。	北京上海
全国科技中心城市	中国科技创新的领先城市和引导城市，是国家科技创新的中心。	全球技术支配型城市	全面实施"创新驱动"，构建与国际对接的知识创新、技术创新的开放体系与平台，培养一批有国际竞争力的科技先导型企业。	深圳南京
全国区域中心城市	区域内金融机构、商贸物流、高校、科研机构、人力资源等的集聚中心，在区域的经济、科技、文化、服务、管理等方面具有重要引领作用。	国际区域性中心城市	构建起"城市—区域"良性互动格局，进一步凸显在区域发展中的引领作用；提高产业的创新能力，促进城市发展驱动要素的转变。	杭州武汉成都
全国制造业中心城市	全国乃至世界重要的制造业中心城市，在世界制造业的生产中具有重要地位。	国际区域性创新城市	由制造业城市向创新型城市转型，推动产业链由低端制造向高端研发环节的延伸，提高产业创新能力和综合竞争力。	苏州无锡东莞

产业升级与城市转型，在当前的中国正在演绎着全新的内容，而通过打造中国经济的"升级版"，构建具有内生动力和外在协同的新产业体系，来加快城市与区域经济发展方式的变化，提升城市的创新、服务功能，探索中国城市主动转型的发展之路，既能提高转型升级的速度和效率，也能为新型城镇化战略的实施，提供更有针对性的示范引领。把握好这一新的战略机遇，必须将产业发展与城市转型纳入创新驱动的轨道上，通过大力

发展创新型、服务型经济所形成的城市创新体系，来建设与国际接轨的创新型、服务型城市。当前中国的大中城市，多数仍处在经济规模和城市空间的扩张期，城市开发带来的土地升值以及财政收入的增加，政府在设定转型发展的路径时，往往更注重投资驱动下的城市硬件功能的提升，如在城市商业综合体的开发、立体的高速交通网络和城市轨道交通的建设等投入巨大，而对创新型企业的培育、新产业体系的打造，缺乏长远的、系统的政策支持，等到主导产业衰退时才被迫转型，造成发展的危机，这不利于城市创新功能的提升。当前的中国城市转型行动，必须规避短期的政绩和利益驱动，要通过制度性的创新，形成对区域、国家乃至全球创新资源的集聚效应，构建具备多元的富有竞争优势的新产业体系，以保障转型的方向不变、转型动力可持续，探索出从"投资驱动"到"创新驱动"，从"被动追随"到"主动引领"的城市转型新路径、新模式。

二、战略性新兴产业引领中国城市主动转型

打造中国经济的"升级版"，加快推动城市的转型发展、创新发展和绿色发展，就必须构建开放的、立足国际前沿、在国家战略发展层面具有引领性的新兴产业和与之适应的新产业体系。世界信息革命所带来的全球经济竞争的新格局，发展战略性新兴产业成为主要国家抢占新一轮经济和科技发展制高点的重大战略。2008 年国际金融危机爆发后，世界各国纷纷制订鼓励性的政策，加大财政投入，加速重大科技成果转化，培育危机后引领全球经济的新能源、新材料、生物技术、宽带网络、节能环保等新兴产业，使全球进入空前的创新密集和产业振兴时代。如奥巴马政府则推出庞大的"美国复兴和再资计划"，力求通过新能源产业革命的方式再造美国增长。"欧盟 2020 年战略"、"德国 2020 高技术战略"、英国的《新兴技术和产业战略 2010—2013》和《技术与创新的未来》等，无不体现了国家战略层面对新兴产业的全方位扶持。我国在应对国际金融危机后，也及时提出了发展战略性新兴产业的目标。2010 年 9 月，国务院会议通过了《关于加快培育和发展战略性新兴产业的决定》，认为战略性新兴产业

是"以重大技术突破和重大发展需求为基础，对经济社会全局和长远发展具有重大引领带动作用，知识技术密集、物质资源消耗少、成长潜力大、综合效益好的产业"。强调加快培育和发展以重大技术突破、重大发展需求为基础的战略性新兴产业，对于推进产业结构升级和经济发展方式转变，提升我国自主发展能力和国际竞争力，促进经济社会可持续发展，具有重要意义。同时，还确定重点培育和发展节能环保、新一代信息技术、生物、高端装备制造、新能源、新材料、新能源汽车等七大产业。随着国家对发展战略性新兴产业的一系列政策的出台，我国的地方纷纷出台战略性新兴产业发展规划，选择一些重点新兴产业来打造支柱产业，为区域和城市的新一轮发展提供新引擎。

但是，在我国城市与区域发展树立了战略性新兴产业的引领方向之后，必须清醒认识到诸多的新兴产业在培育、成长的过程中，会有很大的不确定性，风险很大，而上升到"战略性"的新产业，基本都不是成熟的产业，其成长必须靠政府的政策扶持。战略性新兴产业的竞争，核心是关键技术的竞争，目前我国战略性新兴产业的一些领域在规模上虽然已经跻身世界前列，但组装加工能力强，技术集成能力薄弱，缺乏核心竞争力。政府的政策支持，往往难以对其技术和市场前景作出科学的判断，并且很容易以发展传统制造业的旧有思维去买设备、上规模，从而形成新的产能过剩，造成更大的资源浪费，影响经济体系的正常运行。对此，国内学界认为，战略性新兴产业并不是严格的经济学概念，是经济学中"战略产业"与"新兴产业"两个概念的叠合，其对经济发展的影响，在经济学性质上主要体现在核心或主导技术的突破性和对未来的引领性，以及产业面向现实和潜在的市场需求规模巨大。[①] 战略性新兴产业的"战略性"，更多表现在对其"外部性"和"不确定性"的把握。这种"外部性"在研发、市场化的聚集效应，会促进城市和区域对创新、高端资源的整合，有利于形成有机化的新产业体系，并培育出创新的环境，提升整体的发展水平。

---

① 贺俊、吕铁:《战略性新兴产业:从政策概念到理论问题》,《财贸经济》2012 年第 5 期。

这也是地方政府不惜大投入发展战略性新兴产业的驱动力所在。另一方面，其在技术运用、市场推广以及产业组织上的不确定性，涉及政府、企业以及市场等多个方面的利益博弈，它们追求目标不同，会在新产业"成熟"之前的长时间投入中出现分歧，难以保障其健康生长。目前，地方政府指导下的产业升级行动，对新产业的支持已经非常系统化：财政资金投入、税收减免、土地优惠、协调风险投资和银行融资等。政府当"保姆"，固然有利于新产业规模上的迅速扩张，但政府的政策一旦代替了市场机制，最终必然是产业发展的失败，城市经济的倒退，以及各种社会发展矛盾的集中爆发。在这一方面，我国一些城市在光伏产业发展上出现的极端化案例，已经证明了这一点。从新产业培育对城市转型发展、创新发展的"外部性"影响上，不难看出其"双刃剑"的作用，如何通过政策支持体系与市场机制的有机融合，提高发展新兴产业的"瞄准效率"，对正在加速经济转型与功能提升的中国城市来说，更充满了新的挑战和智慧的考验。

那么，如何从加快我国城市经济转型、建设创新型城市的战略高度，来充分发掘新兴产业"好"的"外部性"、规避其"坏"的风险呢？尤其是政府在"战略性"方面的支持该如何把握呢？应该说，在全球科技研发透明度高、全球产业价值链高度开放和世界城市创新活动的联系度越来越高的多重背景下，对有重要技术突破、重大商业模式变革和巨大市场前景的新兴产业的价值认知，应该是基本一致的。以世界第三次工业革命催生的信息通信产业、计算机产业、新材料、新能源、生物技术应用、创意设计、绿色环保产业等新兴产业，成为各国构建战略性新兴产业的共同"产业目录"，只不过根据各自的需要有所侧重罢了。这些新兴产业的成长机理与运行规律，与传统的制造业明显不同，而发达国家在新产业政策配套上的做法可以直接为我们所借鉴。首先，要从国家创新战略的推进、城市转型升级的高度，树立新兴产业发展的长远价值理念，尤其是对确定为未来主导的支柱性产业的扶持，要进一步创新政策工具，更有效发挥扶持政策的杠杆撬动作用，强化对创新资源的整合功能，培育有利于其健康成长的城市生态环境。其次，在提高对具有发展潜力的新产业的"瞄准效率"

的前提下，要注重对原有产业领域集成创新而成的新兴产业，进行技术改造和升级，加强前沿技术、组织方式对其的深度渗透、融合，以有利于形成推进新产业体系运行的衔接机制。再者，把新兴产业的培育纳入城市产业结构调整、经济体系优化和城市能级提升的整体创新轨道上，通过有序的市场竞争，实现企业主体、社会机构、消费者和政府等各个体系的协作，使新兴产业的空间载体建设与企业主体培育形成互动。由此，在新兴产业发育生长的过程中，其"外部性"在城市空间的释放，就同步带动了创新环境的生成，造就一个个创新的"场域"，整体提升城市的创新、服务功能。

应当承认，培育和发展战略性新兴产业，就一个城市或区域来说，如何把国家确定的重点产业或产业门类，与自身的现实条件与潜在优势结合起来，培育出未来的主导性支柱产业，从而在比较稳定的增长轨道上实现经济结构性的转型升级，确实需要一个较长的周期，短期内不可能跨越完成。同时，世界城市网络体系中的各类地方城市的能级跃升，也是普遍性的难题。对于当前的中国城市来说，尽管处在国家的城市化加速期和转变经济发展方式的起步阶段，可以在国家现代化进程的上升通道中来推进经济转型与城市转型，但从全球经济增长与城市发展的长周期律来看，宏观的战略走势却明显不利。20 世纪 80 年代以后兴起的以 IT 产业为主导的信息经济支撑了全球经济的高速增长，进而支撑了世界经济的上行周期，也引领了发达国家的主要城市进入转型发展的新阶段，实现了经济体系从制造型向服务型转变。但在国际金融危机之后，全球经济迎来了"后信息经济时代"，整体上进入了弱势低速增长的长周期。[①] 在这样一个阶段，全球的城市尽管可以通过加快产业结构调整，国家的刺激新产业政策，在参与全球经济再平衡中走出衰退的阴影，但真正要培育出具有广泛带动性的支柱性新产业，还需要一定的时间等待。在这种弱势低速增长的长周期中，能带动未来城市转型的主导产业很难在短时期确定，对新产业的投入期更强，实际上增加了转型的风险性。也就是说，在与全球经济增长周期

---

① 参见《经济学家的全球视野与国家责任意识》，《南京社会科学》2013 年第 8 期。

对应的城市发展周期中，现阶段的中国城市转型不是搭顺风车，而是逆势而为，更具挑战性。另一方面，中国经济在经过 30 多年的高速增长后，进入结构调整、体系优化的新阶段，整体经济运行减速，主要城市在经济转型过程中，都面临着动力不足的难题，特别是北京、上海、广州和深圳等一大批率先启动转型发展的城市，在从"投资驱动"向"创新驱动"转变的过程中，同样都必须应对战略性新兴产业的成长性和规模不够的问题，转型的示范性弱化，大多数省会城市、区域中心城市仍在通过投资的拉动来保持经济增速。但是，我国传统的粗放型的经济增长与城市发展方式，已经不可能再持续下去，在国家层面转变经济发展方式的战略行动已经启动的情况之下，打造中国经济的"升级版"，只能靠大力发展新兴产业，构建具有自主创新含量和高附加值的新产业体系来实现，既通过培育发展战略性的新兴产业，来促进产业结构的高级化，打造出城市与区域的创新支持体系，引领未来中国城市的转型方向和路径。

在这样的严峻形势下，政府主导下的我国城市在培育和发展战略性新兴产业的过程中，一定要提高"瞄准效率"，不可再复制传统产业的发展模式。首先，要避免同类新兴产业的低水平重复问题。改革开放以来，我国的产业发展道路是以承接跨国公司的外包环节为主的，通过承接国外的生产制造、服务等外包环节，逐渐开拓国际市场，提高自身的产业规模和实力。但是这种发展方式承接的都是技术含量较低的产业环节，可替代程度较高，极易造成产业发展上的低水平重复。在加快城市转型的进程中，构建起以信息技术等为基础的新产业体系必然成为很多城市的共同选择。但是，新产业体系对产业的创新和服务能力要求更高，单纯依靠承接跨国公司的外包环节，容易导致高技术产业的低水平重复，而难以在创新和服务上形成自己的产业优势，无法推动中国城市在世界城市体系中地位的上升。因此，中国城市在转型的过程中，必须通过产业创新和服务能力的提升，加快自身产业优势的培育，改变过去长期的"加工组装"环节的技术定位，针对城市自身的资源禀赋和产业优势，发展用现代制造技术武装起来的高技术产业，同时用先进技术赋予传统产业以新的竞争优势，加快现代服务业与先进制造业的融合式发展，避免形成产业技术含量低、生产环节重复的发展状况。其次，要解决新旧产业体系之间的路径依赖问题。产业的发展具有较强的路径依赖性，旧的产业体系的发展可以为新的产业体系的发展提供技术、人力资本等方面的积累，以及中间产品、营销渠道等的支撑，促进新的产业体系快速发展。但是，在中国很多城市的产业发展往往人为地割裂了新旧产业体系之间的内在关联，通过简单的项目引进等方式，发展不具有前期技术、人力等积累的产业。这种产业发展方式，在城市经济发展的早期或许具有一定的优势，可以帮助城市在较短的时间内促进资金的快速积累和市场的开拓，但是长期采用这样的发展方式，则难以发挥城市产业在"干中学"过程中的学习积累效应，使产业长期处于全球产业价值链的低端环节，无法实现城市在工艺、产品、产业链功能上的升级，提升城市在全球的地位。尤其对于基于第三次工业革命基础上发展起来的新产业体系，此时创新成为产业发展的核心要素，旧产业体系所形成的技术积累和人力资本积累对新产业体系的发展有很大的关联性，人为地割裂新旧产业体系之间的内在联系，只会使城市延续粗放型的发展方式，最终导致城市的产业发展陷入"有产出增长，无产业升级"的困境之中。再者，创新政策支持工具应注重对创新主体的"互补性资产"的建设和投入。互补性资产是存在于企业中的，与企业的技术能力相适应，并能够促使企业将创新转化为企业利润的各种相关性资源。Teece（1986）认为，企业要想从技术创新中获得经济收益，就必须拥有能够将创新引入市场的额外资产，如分销渠道、服务能力、客户关系、产品供应商关系以及互补性产品。Mitchell（1989）也认为率先开发技术创新的企业要想获得成功，其中一个重要条件就是必须拥有不可模仿的专业化互补性资产。企业经过长期积累逐渐形成的特有的生产体系、销售网络、服务能力等专业化互补性资产，往往使新企业在短时期内处于竞争的劣势地位。新产业体系改变了传统的产业创新模式，使产业创新由"线性"创新变为一体化的"并行创新"过程（Pisano，Gary，Shih，Willy，2012）。在这一过程中，创新不再仅仅存在于研发这一环节，而是成为产业链各个环节共同作用的结果，与创新相配套的各种"互补性资产"的培育和发展显得尤为重要。同时信息技术在各产业中的发展和渗透，使整个产业体系的知识和技术含量大大提升，培育与之相适应的人力资本、服务能力、管理能力等"互补性资产"，可以使城市先进生产技术的作用得到更大程度的发挥，促进技术向现实生产力的有效转化。毕竟，从引进、模仿创新到消化再吸收的集成创新，再到自主创新，是新兴产业演进的基本路径，而城市作为新产业体系运行的空间载体，应该是集成创新的开放平台，自主创新的试验场，在发展新产业的过程中来实现创新、服务的功能升级。

从现代产业体系演进的历程来看，战略性新兴产业在从技术与市场的不确定性到确定的过程中，是最需要政策性扶持工具的。一旦进入成熟的商业化阶段，成长为主导性的支柱产业之后，则会呈现几何级的资源整合效应，急剧释放其"外部性"，有效消除与既有产业的政策冲突，加快产业间的渗透与融合。到了这一阶段，对其所在的城市或区域的整体带动作用就显现出来。因此，政府主导的新产业扶持政策，要能覆盖产业发育成长的全过程，从而获得更多的收益。当前的中国城市，政府对新产业的政策扶持，已经超越了产业的范畴，更多表现在对经济社会发展的整体带动性上。但要全面实现新产业的这种功能，还需要通过产业集群、产业链和新产业体系的建构，形成空间网络上的协同效应。基于这种认知，政府在培育战略性新兴产业的过程中，就应该逐步摆脱"保姆"的角色，更多发挥"红娘"的作用。由此，在我国城市转型升级的行动中，政府应从产业发展的内在规律入手，处理好与市场之间的关系，尽量弥补市场作用的缺失，将政策引导作用于产业发展最关键，而且市场作用不容易发挥的环节，战略性新兴产业的引领作用才能全面体现出来。首先，针对我国进入城市化的加速阶段、城市转型发展正进入创新驱动轨道的现实需求，全面促进以新型城镇化为内容的产业升级，才有可能把过剩的生产能力引导到以城市化为主体的软硬件基础设施建设上，而不是消极地毁坏其生产能力。[①] 同时，加大在大区域或大城市范围内进行城乡一体化的产业政策引导，充分发挥现代服务业、先进制造业、现代高效农业在整体产业布局上的均衡作用，通过有效的产业空间转移，找到诊治"大城市病"、"大

---

① 刘志彪：《推动基于城市化的转型升级》，《中国社会科学报》2010 年 7 月 20 日。

城市周边贫困带"的药方，促进区域一体化下的城乡产业的合理布局。其次，把战略性新兴产业的政策支持体系的落实，与知识型生产型服务业主导的现代服务经济体系的建构，统一纳入城市与区域创新的平台上，让产业的"外部性"转化为空间网络上的创新溢出。再者，针对战略性新兴产业具有的技术更新更快、市场规模小等特点，容易导致创新过程中的颠覆性破坏，造成投资的高沉淀性成本，政府、企业、社会机构等形成一体化的保障机制，最大限度地化解市场风险。总体来说，把握战略性新兴产业的规律，认清城市经济转型带动功能升级的路径，就能培育出创新的生态环境。

　　在推动产业升级下的城市转型过程中，地方政府的创新探索固然重要，特别是通过快速造产业新城、城市新区的"圈地"方式来维系政府的资源掌控，进而通过政府主导的融资平台来聚集金融资本、产业资本，以"会战"的方式来实现"空间再造"，从而达到短期见效的目标。而这种做法很容易忽视产业生长与城市发展的规律，表面上看"载体"建设起来了，但由于"企业"主体没有引来、培育起来，很容易陷入"空城"、"鬼城"的境地。以中国新崛起的内蒙古鄂尔多斯市为例，原来是一个以煤炭为主导的资源性城市。为了摆脱资源性城市的"魔咒"，近年该市大力度改变产业结构，提出到"十二五"末，以装备制造业为主的非煤产业占 GDP 的比重要超过 70%。为此，地方政府决定通过快速城市化来助力"转型"，仅仅用五年的时间就建起了具有中等城市规模的康巴什新城，配套的装备制造基地面积就超过 40 平方公里。[①] 而当持续 10 年的我国煤炭暴力期落潮之后，这种靠堆积财富的"造城"行动就难以为继，所谓打造装备制造业为战略性支柱产业的计划受挫。"鄂尔多斯模式"给国内急切转型升级的大多数中等城市提供了警示，那就是政府对新兴支柱产业的培育，一定要尊重产业生长的规律，一定要考虑城市空间扩张的产业支撑。同时，政府在进行大胆制度创新的同时，必须注意短期的"去功利化"，特别是不能作为利益的主体去驱动产业与城市的转型，否则，短期的"暴富"带来

① 《鄂尔多斯：资源魔咒与城市化冲动》，《三联生活周刊》2013 年第 22 期。

的是长远的伤害。应该说，在现行我国当前转变经济发展方式的大背景下，与传统的资源型城市的被动转型相比，"鄂尔多斯式"的做法，实际是在探索"主动转型"之路。但产业转型与城市转型不可能一蹴而就，是一个系统的变迁过程，对"硬件"的投入仅是一个方面，更重要的是"软件"建设，是对适应新产业生长的创新环境的持续打造。政府主导下的各地产业升级与城市转型，不能为追求政绩的冲动所左右，只有树立"功成不必在我任"的发展理念，才能理性推进主动转型的战略行动。发达国家的产业转型与城市转型，多数都经过长达 20 年、30 年的漫长进程，这再次警示国内的城市，转型升级需要政府、市场、企业与社会力量的协同推进，"被动转型"会丧失发展的机遇，但冒进式的"主动转型"也会带来更大的问题。尤其是通过发展战略性新兴产业来引领城市转型，必须在尊重产业发展与产业体系运转规律的前提下，理性选择主导性的支柱产业，更多地通过创新环境、创新网络的培育、建设，为新兴产业的生长、壮大提供生态化、系统性的支持。

在转变经济发展方式的主线之下，通过战略性新兴产业的培育，来构建新产业体系，打造中国经济的"升级版"，进而实现中国城市的产业转型与功能升级，在全球产业价值链和全球城市体系中建立起具有自主创新能力的国家产业价值链和多层级的全国城市体系，是我国全力推进现代化进程的战略路径。创新驱动下的转型发展和绿色发展，是中国城市的必然选择。在第三次工业革命的推动之下，产业与城市的空间融合性时代到来，产业升级与城市转型的联动协同，已重点体现在城市与区域空间对高端人力资本、产业资本、金融资本等创新资源的聚集与整合上，城市的服务经济体系、创新的土壤也将衍生出更多的高附加值的新兴产业。在向现代化的快速转型中，我国不同层级的城市承担的使命会有所不同。中小城市更多要解决的是产业结构调整、产业体系的可持续运行问题。大城市、特大城市则要在应对全球城市体系重组的过程中，着重发挥创新驱动、绿色发展的带动作用，快速形成高附加值的服务经济体系，同时也要正视很多国际城市转型中出现的错误和风险，如为眼前的利益对城市空间的过度开发，造成对城市生态环境的深度破坏，忽视长远的绿色、低碳发展。此外，还要通过制度性的创新，在更高层面上提升城市的开放性与包容性，吸引更多的创新型公司、领军型的创业人才来到中国城市创业、就业，形成全球性的创新主体集聚的平台，以创新主体的生生不息的创造活动，来持续引领中国城市的创新发展。

第三章

现代服务业推动城市转型的"中国路径"

　　通过发展服务业、构建服务经济体系来实现城市的经济与功能转型，是国际城市发展的共同规律。服务业发展与城市化进程具有一定的对应性，而随着新一轮全球化浪潮的推进，世界城市体系逐渐形成，城市竞争力、经济控制力的提升与城市自身服务业的发展呈现出一种互动的趋势。服务业尤其是现代服务业在城市中的地位越来越突出，并成为经济发展的支柱，其在引领城市的产业升级、结构调整、要素集聚、资源配置以及空间重组等方面的系统功能，系统促进了现代城市的转型发展、能级提升，并成为构建城市服务经济体系和向"服务型城市"转型的重要引擎。因此，探析现代服务业发展与城市转型升级互动的特征和过程，对于制定我国城市转型发展战略、调整空间布局以及不断优化产业结构，不仅有着重要的理论指导意义，而且对于转变经济增长方式、探索转型发展的路径有直接的实践启示。应对新一轮全球经济体系和世界城市网络体系的重构，国内的城市在转变经济发展方式的主线之下，应以制度的创新、多重倒逼机制的实施，来加快服务经济体系的建立，综合提升中国城市的能级水平和核心竞争力。

第一节　服务业发展与城市转型的对应关系

一、服务业发展与城市转型关系的理论探讨

城市总是处在动态的演化进程中，当其从一个生命周期进入下一个发展周期，就需要发展动力、模式、路径、形态等多方面的全面变革，由此进入转型发展的新轨道。城市转型的内涵是城市的规模、地位、功能以及发展模式和发展路径发生质的改变[①]，从作用机理来说，这种改变面临着产业结构、城市功能、城市建设等全方位的调整与转型，既包括了经济方面的转型，也包括了社会、生态、文化等方面的转型；既体现在制度方面，也体现在结构方面。城市转型的目的，是重建符合城市化要求和城市自身发展规律要求的新产业结构和经济发展模式，以保持城市经济的生命力。[②]

城市转型的本质是产业升级带动下的功能提升，产业结构调整作为一个主要的子系统，在城市转型的动力系统中起着主导性作用。自工业革命以来，工业的产业升级造就了现代城市的规模扩大和制造功能。当城市进入后工业社会后，尤其是随着知识经济的不断发展，专业化和社会分工的不断深化，服务业逐步代替制造业成为城市的主导产业。在信息化时代、网络社会来临之时，新型的现代服务业快速崛起，构建了城市的服务经济体系。现代服务业成为当今经济全球化、产业转移、结构调整的重要方向和内容，也成为衡量一个国家、一个地区或城市，生产社会化和经济市场化发展程度的重要标志之一。

关于现代服务业的内涵，美国学者倾向于使用"知识型服务业"（Knowledge-Based Service Industry），欧洲学者则倾向于使用"知识密集型服务业"（Knowledge-Intensive Business Service）。在中国，现代服务业的提法最早出现在 1997 年 9 月的中共十五大报告中，随后中共十六大报

---

①　周振华：《城市转型与服务业经济发展》，格致出版社 2009 年版，第 1—14 页。

②　赵弘：《国外典型城市经济转型对我国城市的借鉴》，《中国高新区》2009 年第 7 期。

告中进一步强调"加快发展现代服务业，提高第三产业在国民经济中的比重"，从而使现代服务业成为我国产业发展政策中的一个正式提法。此后，全国不少省市在制定地方"十一五"规划中，都把加快发展现代服务业放在一个突出的位置。由此，国内学者对现代服务业这一概念作了界定：是指那些依靠高新技术和现代管理方法、经营方式及组织形式发展起来的，主要为生产者提供中间投入的知识、技术、信息相对密集的服务业，以及一部分由传统服务业通过技术改造升级和经营模式更新而形成的现代服务业。[①] 另有学者认为，在传统服务业和现代服务业之间必须有一个基本的区分标准，或者有较大创新的服务业业态和方式才能称之为现代服务业。[②] 但总体来看，作为一个政策指导的产业概念，已经进入了学术话语体系，并得到了广泛认可。

现代服务业是基于工业化的产业升级和城市服务功能的优化而发展起来的，城市转型是城市化进程中高级阶段的战略行动，二者的对应关系是如何形成的呢？自 20 世纪下半叶开始，发达国家以及部分新兴市场国家的大都市在转型过程中都经历了制造业比重下降，服务业增速加快且超过 GDP 增速，并在产业结构中逐步占据主导地位，从而引起城市功能发生根本性的改变。[③] 如美国西海岸的新兴城市西雅图、旧金山、洛杉矶等，成功培育了发达的高新技术产业、服务业、旅游业和文化教育产业，在转型中实现了新发展；香港自二战后几度转换经济结构，先后以加工制造业崛起、现代服务业繁荣为代表，推进产业结构梯次演进，发展成为洲际级经济中心。因此，新型现代服务业可以成为城市现代化的载体和依托，其集聚和扩散效应的发挥，将会优化城市功能和结构。[④]

世界发达国家与地区的城市化与服务业发展的经验表明，随着经济发

①　刘志彪：《现代服务业的发展：决定因素与政策》，《江苏社会科学》2005 年第 6 期。

②　夏杰长、李勇坚、刘奕、霍景东：《迎接服务经济时代来临——中国服务业发展趋势、动力与路径研究》，经济管理出版社 2010 年版。

③　张颖熙：《城市转型与服务业发展：国际经验与启示》，《中国服务业发展报告》No.8《服务业：城市腾飞的新引擎》，社会科学文献出版社 2010 年版。

④　刘俊杰、王述英：《现代服务业的集聚——扩散效应与城市功能转型分析》，《太平洋学报》2007 年第 2 期。

展水平的提高，城市化进程与其第三产业的发展水平呈现出高度的正相
关，城市化与经济服务化这两股力量又成为推动经济增长的巨大动力。①
森格曼（Singlemann）②（1978）较早指出了城市化是第三产业发展的原因。
丹尼尔斯（Daniels）等③（1991），通过美国大中小城市区域的第三产业发
展的实证研究，得出城市是第三产业发展的基础，城市化的发展促进了第
三产业的扩张。

服务业的发展与城市发展存在着明显的线性关系，服务业发展与城市
转型的对应性，可以形成阶段性的互动之势。如果说在工业化时代，传统
服务业对城市的发展是一种"辅助"作用，那么现代服务业则可以直接改
变城市的产业结构、就业结构以及城市的空间特性。20世纪80年代之后，
全球城市化进程与服务业增长共同呈现出加速的趋势，已有学者用回归分
析法得到结果：世界上44个国家2006年服务业占GDP的比重以及相应
的城市化率每提高一个百分点，将使服务业占GDP的比重提高0.377个
百分点。④还有学者通过实证分析归结中国服务业结构演变，得出"传统
服务业占服务业比重与服务业占GDP比重负相关，现代服务业占服务业
比重与服务业占GDP比重正相关"的结论。⑤另有学者运用中国1995—
2005年的数据实证得出现代服务业与城市化水平之间呈现相互影响、相
互作用、共同发展的内在联系，存在着一种动态的互补互动机制，现代服
务业发展及其引起的产业结构升级是城市群形成与发展的内在动力。⑥由
此可见，现代服务业之所以有别于一般传统服务业的功能，是其强大的集
聚效应更有效地促进城市经济的发展，推动城市空间的拓展和优化，而城

---

① 张家俊：《城市化与服务业发展的互动机理研究》，《现代商业》2010年第36期。

② J.Singelmann, "From Agriculture to Services: The Transformation of Industrial Employment", Beverly Hills, *CA: Sage Publication*, 1978, pp.78-84.

③ P. W.Daniels, "The Planning Response to Urban Service Sector Growth: An International Comparison", *Growth and Change*, 1991, pp.3-26.

④ 李勇坚：《城市与服务业互动发展：趋势与对策》，《中国服务业发展报告》No.8《服务业：城市腾飞的新引擎》，社会科学文献出版社2010年版。

⑤ 李江帆、曾国军：《中国第三产业内部结构升级趋势分析》，《中国工业经济》2003年第3期。

⑥ 张树林：《基于现代服务业集群的城市化》，《商业经济》2007年第10期。

市功能的提升、空间结构的优化，又促进了现代服务业的集聚和发展。

工业化时代的城市化重点在农村人口向城市转移上，而服务经济时代的城市化是建立在城市功能基础上的更高水平的城市现代化，是人的生产生活方式的城市化，更强调以人为本，以生态化为前提，而只有服务业主导的产业体系才能将这种生产与生活一体化的追求变为现实。先进生产要素、现代服务业向城市集聚构成了城市化现代化的新内容，这是经济发展到一定阶段自然形成的趋势。森格曼（Singelmann）研究城市化与服务业关系，认为城市化是服务业增长的原因，因为服务产品的特点要求服务产品的供需双方直接面对面，而城市设施为此提供了条件。[①] 另外，城市化还促进了政府服务和其他非营利服务行业的发展。事实上，早在 1975 年，萨博罗（Sabolo）就从发展中国家的经验分析中发现了这一关系。[②] 丹尼尔斯（Daniels）等以美国大中小城市的服务业为例进行了实证研究，认为城市化过程所形成的区域市场是服务业发展的基础，城市化的发展促进了服务业的发展和扩张。[③] 德雷南（Drennan）通过对美国最大四个城市（纽约、芝加哥、洛杉矶和旧金山）的实证研究表明，伴随着城市转型，城市生产者服务业的专业化程度越来越深，大型生产者服务企业主要向这四个城市集聚，成为美国生产者服务业对外输出的主要场所。[④] 哈里斯(Harris)以印度为例，实证研究了城市在国民经济快速发展中起到了关键性作用，城市是商品流通的中心，发挥着巨大的网络效应，是服务业发展的重要载体。[⑤] 随着中国近年来城市化进程的加快，国内学者就城市化与服务业发展的研究也较多。江小涓和李辉发现城市化水平是影响城市服务业增加

---

① J.Singelmann,"From Agriculture to Services: The Transformation of Industrial Employment", Beverly Hills, *CA: Sage Publication*, 1978.

② Y.Sabolo, *The Service Industries*, International Labor Office, 1975.

③ P. W.Daniels, "The Planning Response to Urban Service Sector Growth: An International Comparison", *Growth and Change*, 1991（4）: 3-26.

④ M. P.Drenna, "Gateway Cities: The Metropolitan Sources of US Producer Service Exports",*Urban Studies*, 1992（2）: 217-235.

⑤ Harris N. Bombay," In a Global Economy-Structural Adjustment and the Role of Cities",*Cities*, 1995（3）:175-184.

值比重的重要因素。① 俞国琴认为城市化是产业结构高度化的前提，它与服务业发展存在着较为密切的关系，城市化的推进能够促进服务业的发展。② 有学者专门构造了城市化与第三产业发展的计量模型，研究结果表明城市化对第三产业发展影响较为显著。③ 刘志彪强调产业结构升级与转型必须基于城市化、城市和区域的空间载体。④

在城市发展的整体进程中，如果说工业化扩张了城市的规模，那么现代服务业则推动城市功能的优化和转型步伐的加快。传统经济理论曾长期将服务业看作是"边缘化的或奢侈的经济活动"。对此，福克斯（Fuchs）严厉批评了费希尔（Fisher）关于"服务业是非生产性的剩余部门和寄生行业"的错误观点，认为服务业非常重要，是产业升级和城市经济增长的主攻方向。⑤ 谢尔普（Shelp）从产业融合理论角度出发，认为农业、采掘业和制造业是城市经济发展的"砖头"，而服务业则是将其黏合在一起的"灰浆"。⑥ 税茨等⑦（Sheets）、斯坦邦柯（Stanback）等认为服务业的发展改造了美国城市经济⑧，他们对美国城市体系及其产业定位的研究发现，从 20 世纪 60 年代开始，美国多数大城市都经历了一场深刻的经济转型，这一转型带来了很长时期的经济痛苦、大规模的经济结构调整以及面向城市居民的就业和收入机会的巨大变化。服务业的发展使得大多数城市渡过了持续至 20 世纪 70 年代的经济难关。国内学者对服务业与城市化关

---

① 江小涓、李辉：《服务业与中国经济：相关性和加快增长的潜力》，《经济研究》2004 年第 1 期。

② 俞国琴：《城市现代服务业的发展》，《上海经济研究》2004 年第 12 期。

③ 马鹏、李文秀、方文超：《城市化、集聚效应与第三产业发展》，《财经科学》2010 年第 8 期。

④ 刘志彪：《以城市化推动产业转型升级——兼论"土地财政"在转型时期的历史作用》，《学术月刊》2010 年第 10 期。

⑤ V.Fuchs, *The Service Economy*, National Bureau of Economic Research, 1968.

⑥ R.Shelp, "The Role of Service Technology in Development", in *Service Industries and Economic Development Case Studies in Technology Transfer*, NY: Paper Publisher, 1984.

⑦ R. Sheets, S.Nord, J.Phelps, *The Impact of Service Industries on Underemployment in Metropolitan Economies*, D.C. Heath and Company, 1987.

⑧ T.Stanback, T. Noyelle, *Cities in Transition*, N. J.Totowa: Rowman and Allanheld, 1982.

系的系统研究，虽然起步较晚，但基于国际实践的现实观照性很强，张颖熙分析了国际上城市功能转型与服务经济发展中存在的一般规律和共同特征。① 陶纪明研究了那些转型不太成功、地位衰落城市的原因，同时也聚焦了发展中国家那些正处于转型期和转型前的大都市，力图从城市转型的路径和模式中探寻出一般性的规律和机理。② 吴晓隽和高汝熹则认为，就产业发展的功能而言，国际大都市在各个国家都扮演着关键角色，主要是靠高端服务业的引领与辐射。③

世界性的大城市如纽约、伦敦、东京、巴黎等，在 20 世纪七八十年代就率先完成了由制造型经济向服务型经济的转变过程，并使大批新的知识服务业在都市中心迅猛发展，培育出了基于信息和网络化的全球城市网络体系。大多数城市转型过程都比较顺利，服务业的增长基本上可以抵消制造业衰退带来的负面影响。同时，服务业的发展促进了城市基础设施的完善和人民生活水平的提高，为城市带来发达的教育、便捷的交通、顺畅的通讯和优雅的生活环境等，提升城市的品位，塑造良好的形象，扩大城市的知名度和影响力。尤其是现代服务业具有知识、技术密集等特点，不仅能够吸纳较多的劳动者就业，还能给城市向纵深跃进提供了后续的动力。

但是，在信息技术和现代管理理念被服务业广泛使用的背景下，鲍莫尔（Baumol）也在非均衡增长模型中提出服务业的快速发展，会给城市发展带来"成本病"、服务经济时代经济增长速度将渐进停滞。④ 不过，瑞斗（Riddle）也指出，服务业的发展因其"黏合剂"作用而提高了经济

① 张颖熙：《城市转型与服务业发展：国际经验与启示》，《中国服务业发展报告》No.8《服务业：城市腾飞的新引擎》，社会科学文献出版社 2010 年版。

② 陶纪明：《服务业的内涵及其经济学特征分析》，《经济文论集萃》，上海社科院经济研究所 2008 年。

③ 吴晓隽、高汝熹：《试析全球化时代都市圈中心城市极化效应的新模式及对中国的启示》，《世界经济研究》2006 年第 11 期。

④ W.Baumol, S.Blackman, E.Wolff, "Unbalanced Growth Revisited: Asymptotic Stagnancy and New Evidence", *American Economic Review*,1985,75（4）: 806-817.

总体生产率①，因此不能孤立地看待服务业生产率。另有一些经济学家认为，现代的统计方法大大低估了服务业的产出和生产率的增长。在奥尔特（Oulton）的模型中，服务业生产率的增长快于总需求中服务业份额的增加，最终提高了总体的生产率水平。②虽然崔普利特（Triplett）提出服务业很多部门的生产率增长率很低，甚至为负值③，秦④(Qin)、程大中⑤发现随着服务业的兴起，中国的大城市已呈现出"成本病"迹象，但这只是一种过渡性的现象，通过转型升级可以培育出新的竞争能力，而城市服务业供给方面的潜力则是促进城市发展与转型的"强心剂"⑥。因此，如何统筹兼顾服务需求与服务供给，有效促进服务业的发展，将成为有效促进城市转型升级、实现发展方式转变的重要着眼点。

通过以上的描述和分析，我们可以发现，无论从国际国内的理论与学术探讨的层面，还是从国际城市产业升级与功能升级的实践创新的层面，都可验证城市化、城市现代化与服务业的发展水平所呈现的对应关系。无论是发达国家，还是发展中国家和地区，均呈现相同的规律，城市化率越高，服务业就越发达。可见，对于中国等处在快速城市化发展阶段的国家，应该从战略层面来谋划协同推进城市化、城市现代化与构建服务经济体系的同步发展，从根本上告别快速工业化推动城市化进程的传统路径，探索集约、高效、绿色的服务经济来引领深度城市化、城市现代化的新路径，进而全面提升城市的创新与服务功能，促进整个国家的现代化进程。

---

① D.Riddle, *Service-led Growth : The Role of the Service Sector in the World Development*, Praeger Publishers,1986.

② N.Oulton, *Must the Growth Rate Decline? Baumol's Unbalanced Growth Revisited*, Mimeo Bank of England, 1999.

③ J.Tripplett,"Productivity in the Service Sector", *Brookings Institution Working Paper*, January 2000.

④ Qin Duo,"Is China's Rising Service Sector Leading to Cost Disease", December 2003.

⑤ 程大中:《中国服务业增长的特点、原因及影响——鲍莫尔—富克斯假说及其经验研究》,《中国社会科学》2004年第2期。

⑥ 程大中:《服务业发展与城市转型:理论及来自上海的经验分析》,《中国软科学》2009年第1期。

二、服务业推动城市转型的实践与动力机制

纵观世界现代城市发展的进程，如果将 20 世纪 50 年代作为西方发达国家城市转型的起步期，那么到当前为止的半个多世纪中，全球化视角下的城市经济转型发展，实际上可分为两个阶段：第一阶段为产业结构调整带动下的向服务经济体系的转变，重点表现为产业升级、产业结构调整的"倒逼型"转型，从制造型城市向服务型城市转型，如美国的纽约、芝加哥、匹兹堡，英国的伦敦、伯明翰等；第二阶段是 20 世纪 80 年代之后的"主动型"转型。全球信息技术革命，大大降低了城市、区域间的交通、物流成本，促进了新型的现代服务业大发展，这不仅能提升城市自身的能级，而且还逐步构成了全球城市体系，形成全球产业价值链，并控制价值链的高端环节，在产业垂直分工中占据高端位置。[①]

第一阶段的世界城市转型，主要表现为产业升级带动下的服务业大发展，由此带来城市功能的提升、城市空间的优化。工业革命带来了世界城市的大发展，使不少城市扩张到一定程度后，因资源、产业和功能的单一而遭遇发展的瓶颈，甚至进入长时间的衰退，引发诸多经济、社会和政治问题。因此，从 20 世纪下半叶起，美国的一批大城市如芝加哥、纽约、匹兹堡等，率先调整产业结构，从制造型城市向服务型城市转变，带动美国的城市进入"后工业时代"，这一战略行动帮助它们实现重生，并形成了服务经济体系。20 世纪 80 年代，有关学者对美国 140 个最大的大都市标准统计区的研究表明，尽管这些城市在转型的过程中表现出多样化的特征，但都呈现出一个规律性的现象，那就是城市内部的服务业得到了空前的发展，城市的专业化程度明显提高。[②] 与此对应的，是制造业比重大幅下降，大多数制造企业被转移出去，城市的空间价值得到提升，金融业、会展业、研发服务业、咨询服务业、文化创意产业成为主导性发展的产业。

第二阶段的世界城市转型则明显带有主动性，信息革命引发的这一波

[①] 李程骅：《服务业推动城市转型的"中国路径"》，《经济学动态》2012 年第 4 期。

[②] T.Noyelle and T.Stanback, *The Economic Transformation of American Cities*, N.J. Totowa: Rowman and Allanheld, 1984.

城市转型行动，从 80 年代开始，到 90 年代和本世纪初进入高潮，其最突出的特点是通过信息网络的建设，来打造"智能城市"、"智慧城市"、"创意城市"，从而使城市自身在全球城市体系中占据控制或节点的位置，进一步强化城市的竞争力。伦敦、新加坡、东京、首尔等城市通过大力发展现代服务业，特别是生产性服务业，如金融、物流、信息服务、创意设计等，不仅从制造型城市转型为服务型城市，并由此成为"世界城市"、"全球城市"、"国际化城市"。伦敦实施以银行业等服务业替代传统工业的产业结构调整战略，产业结构从制造业为主转向以金融、贸易、旅游等第三产业为主，伦敦成为全球第一大国际金融中心。进入 21 世纪，伦敦的文化创意产业彻底改变了传统商业模式，更强调创意、营销的精神产品的生产和营销，由此确定了"创意之都"的地位。

全球性的第二阶段的城市转型行动，是基于信息革命、知识经济时代到来的挑战而采取的自觉行为，更有计划性、系统性，并且体现了政府引导和市场力量的双重作用，其所培育、发展起来的信息网络、软件服务、金融服务、科技研发、物流运输等新兴产业，形成了新的服务业体系，即我们统称的现代服务业。这些现代服务业产业，与过去的传统服务业相比，在提升城市功能上，其"外部效应"更大、更强。金融中心、总部基地、研发总部的集聚功能，不仅直接提升了城市的空间价值、聚集了高层次人才，同时还可以在全球的信息网络一体的"平"的世界中，以自身的专业服务、特色服务，构建全球的产业和服务的价值链，在全球范围内进行发展要素、资源的配置，带动一批城市加快升级、转型的步伐。因此，自 20 世纪 90 年代起，世界性的城市转型风潮再起之时，多数城市转型发展的目标，已经不再止于产业升级，而是希望通过超常规的制度性的政策创新，使自身成为知识、技术交换的中心，形成价值创造中心，不断向国际化城市、全球性城市迈进，或争取进入全球产业价值链，成为这个价值链的节点城市。否则，在信息化、网络化、知识经济时代，城市如果不能参与全球产业分工，就会被边缘化，难以分享经济全球化、国际产业分工带来的应有"红利"。20 世纪 80 年代，弗里德曼提出了"世界城市"假说，认为经济全球化、信息技术驱动的世界城市正呈现为三个层级：全球城市——区域级国际化城市——国际性城市，这些城市的突出功能是对全球和大区域的经济控制能力，其控制力绝对不是靠制造业，而是金融、信息网络、研发、设计、中介、物流等现代服务业，这些新兴的生产性服务业形成的控制链或体系，在全球网络中实施垂直分工，跨国公司的生产和流通完全被分化为模块化的服务环节，从而降低要素整合成本，有利于在这个体系中实现快速扩张，由此，不仅促进了现代服务业快速集聚式的发展，还使跨国公司、大企业的管理、研发、设计、营销等分解出来的部门、机构，进一步向控制性强的高能级的城市集中，改变了服务业在一个区域体系内的空间布局。新生的现代服务业大发展，强化了大城市的服务功能，其所形成的区域"虹吸效应"，进一步验证了服务业发展与城市功能提升、转型升级的对应关系。认识到了这个严峻的现实之后，我们就不难理解，为何进入 21 世纪之后，发达国家把现代服务业的发展作为推动城市转型、提升国家竞争力的重要手段或方式了。2008 年后，国际金融危机引发了全球城市体系中的重构，美国、英国不惜花费高昂的代价，来维持纽约、伦敦的国际金融中心的地位，就是出于这种战略性的考虑。

审视持续了半个多世纪的发达国家的城市转型行动，无论是在"倒逼型"的还是在"主动型"阶段，服务业所发挥的多元动力都是不言而喻的，尤其是现代服务业带来的"乘数效应"更为明显。当然，城市转型成功的动力机制是系统的，服务业虽不是唯一的动力，却是最重要的力量，尤其是在经历了工业化的阶段之后，城市必须靠服务业的发展才能回复其本质特征，那就是再造以人为本的空间环境，以激发人的创造性、满足人的交往需求和发展需要的平台。基于这样的理念认知，来审视发达国家城市转型的实践经验，当给我们以更多新的启示：

一是现代城市转型发展的进程，在很大程度上是产业不断升级、构建服务经济体系的过程，从制造业向服务业，从生产中心向商务中心，从"在地化"向"在线化"服务转变，是一个基本的规律。

二是服务业在城市转型升级、功能提升的过程中发挥的综合效用巨大。在城市化进程和世界城市体系构建的过程中，服务业的范围不断扩大、业态不断多样化，同时城市为现代生产者提供的知识、技术、信息密集型服务，如金融服务、商务服务、政务服务、信息技术、网络通信、物流服务等，这些生产性服务业具有高度的空间集聚特性，并具有就业人口的绝对优势，可以充分调整城市功能，特别是增强城市的辐射功能。

三是城市转型与服务业发展的对应性，完全可以形成阶段性的互动之势。服务业的发展与城市发展存在着明显的线性关系，如果说传统服务业对城市的发展是一种"辅助"作用，那么现代服务业则直接改变城市的产业结构、就业结构以及城市的空间特性。

四是服务业的大发展及在城市转型中的效用发挥，必须是政府和市场形成的合力。无论是服务业的规划和发展，还是城市转型的目标和路径的设计，政府的引导作用和制度性的保障起到关键性的作用。实现二者的互动，必须靠政府和市场共同推进。

经济的全球化，服务贸易的大发展，促进了全球产业价值链与世界城市体系的同步形成。20 世纪 80 年代后，信息革命、知识经济对城市的发展产生了重大影响，新型的现代服务业构建起了全球产业价值链，使城市转型不仅仅是自身的问题，也是全球城市共同发展的新命题。基于此，现代城市的转型，在持续推动产业升级、不断深化与强化城市主要功能的同时，还必须创造城市经济发展的外部效益。一方面，现代城市的发展是靠工业革命综合推动的；但另一方面，工业化虽然加快了城市规模的扩张，却没有解决城市功能的提升、城市空间价值的提高、城市人生活质量的提优问题。世界城市转型发展的经验和教训都已表明，工业化造就的"城市病"，只有靠服务业才能有效解决，城市转型发展的新动力已经转换为服务业，特别是新兴的现代服务业。

与传统城市相比，现代城市最大的特点是从"在地化"变为"在线化"。在当今全球经济体系中，一个城市面对的不仅仅是自身的市场，而是一个遍及全球的市场网络，而单个的城市就成为这个网络中的一个重要节点和管理中心，集中统一管理和控制全球各地的生产活动和环节，越来越具有流动空间的属性。因而，城市能级水平的高低也越来越依赖于是否具有更大的流动性、集聚力以及辐射能力。现代城市的发展是要通过其流量（信息、知识、资本和人才等流动），而不是它们的存量凝结（如城市形态和功能）来实现的。现代城市转型和能级水平的提升，就必须转向经济体系的服务化，必须能够提供大量的现代服务活动，特别是生产者服务，努力创造生产性服务业新优势。现代信息技术推动了城市经济体系必须趋于服务化，借助现代信息技术，提高服务业生产部门的效率，提供新的信息服务产品和更好的服务质量。全球性的服务业的大发展，在为城市转型提供了很好的基础条件的同时，也给城市转型提出了更高的目标和要求。

首先，服务业在经济总量中的比重快速增长，为城市转型创造了新的产业基础和环境条件。1980—2000 年期间，全球服务业增加值占 GDP 比重由 56% 升至 63%，主要发达国家达到 71%，中等收入国家达到 61%，低收入国家达到 43%。全球服务业就业的比重，西方发达国家普遍达到 70% 左右，少数发达国家达到 80% 以上。1999 年，大部分发展中国家服务业就业劳动力占全部就业劳动力的比重平均达到 40% 以上。在发达国家的大都市，产业结构服务化的特征尤为明显，其 GDP 的 70%、就业人口的 70% 都集中在现代服务业。如纽约、伦敦的服务业占 GDP 的比重均超过 85%，服务业就业人数占总就业人数达到 70% 以上，服务贸易占到贸易总额的 1/4，服务消费占到所有消费的 1/2 左右。20 世纪 90 年代以来，全球服务业外商直接投资（FDI）在投资总额中一直占据一半以上的份额。[①]

其次，城市产业组织趋向服务化，加快了城市服务经济体系的形成。全球性的产业组织从"生产化"转向"服务化"，最显著的特征是服务型跨国公司的快速成长。联合国贸发组织发布的数据表明，20 世纪 90 年代以后，服务业成为全球产业转移的新兴领域，在全球服务业中增长最快的是国际服务贸易，1980—2000 年期间，世界服务贸易额增长了近 400%，年均增长率为 7.1%。服务型的跨国公司利用其在资金、技术、信息、品牌和网络上的巨大优势，在全球范围内配置资源，部分发展中家的区域中心城市因此逐步显现"总部经济"效应。随着服务业市场壁垒的进一步降低，全球掀起以服务业为主导的新一轮国际产业转移的浪

---

① 王建、任荣明:《国际服务贸易对输入国经济的影响》,《上海交通大学学报》(社会科学版) 1999 年第 1 期。

潮。项目外包则成为跨国公司广泛应用的经营形式，制造业生产企业的组织模式也发生了从大规模生产（Mass Production）向大规模客服化（Mass Customization）转变的趋势，产业组织的变化和产业结构的调整、产业体系的升级，构建了城市的服务经济体系。

再者，现代服务业的"空间落点"，促进了城市空间要素加速集约化。现代服务业所具备的产业特性，决定了其在城市空间落点的对应性，因此，新兴的现代服务业更加凸显出它的城市集聚效应，直接发挥了重组城市和区域空间的作用。第一个方面，国际产业分工垂直体系的形成以及全球城市层级差别化现象的凸显，促进了服务业向大型城市集聚，以大城市为核心、以城市群或城市圈为主体的新型城市体系得以形成，而中心城市集聚发展要素的功能和其他城市服务功能的不断加强，使得现代服务业不断向大城市集聚发展，在中心城市形成强大的服务能力和创新能力。而在现代开放性的城市发展体系中，这种服务能力和创新能力必然产生溢出效应，其结果是中心城市辐射、带动整个区域的经济发展，而大城市也成为了引领整个区域发展的强大引擎。（参见图 3-1）第二个方面，服务业企业多在城市内部或者是主城区发展和集中，成为了城市布局中的核心单元。现代经济的发展需要的是先进生产要素，如科技资源、高科技人才资源及资本资源等等，这些先进的生产要素首先流向大城市、中心城市，并

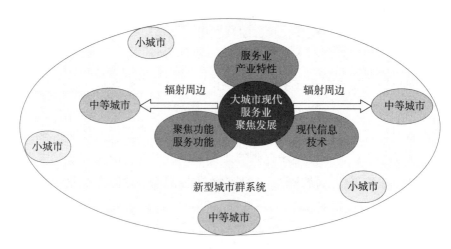

图3-1　大都市区现代服务业的载体和区域服务功能体系

通过这些城市集散，企业总部及其研发中心、营销中心聚集在城市中心区，城市中出现 CBD、金融区、商贸区等现代服务业产业集聚区和功能区，在加快城市空间的"腾笼换鸟"的同时，就强化了优质空间要素的集聚。

通过上述的实践验证与基本分析，可以发现，新兴的现代服务业对城市转型和城市的可持续发展，具有下列的系统促进作用：

首先，现代服务业的引领性、产业融合性，促进城市和区域内产业价值链的形成和完善。现代服务业具有很明显的产业融合性，它能与各行各业相互融合、渗透，这种融合性就把技术、科技、文化资源、制造和服务融为一体，有利于城市产业链的延伸，从而大大拓展了城市产业的发展空间，优化了城市的产业结构和经济结构。现代服务业集聚区的发展，催生城市内在布局优化的牵引力，使城市形成有各种特色的城区，城市的产业空间与整体的城市空间形成了融合、和谐的关系，产业对城市空间优化的贡献度明显加大。

其次，现代服务业的规模经济效应和资源整合效应，大大提高城市经济容积率和整体的服务功能。在现代城市经济发展中，现代服务业企业会在更高层次上寻找降低生产成本的方式，更多地会在"地域集中化经济"形式中寻找规模经济效益，更侧重于服务业产业"地域集中化"而产生的整体规模效应和整体产业链的形成，这就是外部的规模经济效应。现代服务业在产业结构体系中前向联系和后向联系的能力较高，能够带动城市中多种产业的发展，促进区域性产业结构的优化。同时，现代服务业依托交通枢纽，将城市空间资源如商务楼宇、商业设施等有效合理集中，又有利于现代服务业集聚区的形成，促进城市新一轮产业布局调整。

再者，现代服务业的外部性在城市转型中能产生巨大的社会效益。现代服务业的"服务产品"是非竞争的、互利的，"外溢"效应就可能对社会产生广泛的福利，使整个社会受益。尤其是现代服务业的发展在扩大城市就业、改善城市资源、美化城市环境、完善城市基础设施、建设生态环境、提高城市综合承载力方面，都发挥着巨大的作用。

再次，现代服务业的创新溢出效应推进城市创新力提升、创新文化的形成。城市转型必须依靠"创新"机制和能力来推动，即通过对城市产业结构及其他发展要素进行创新变革，从而实现城市的转型发展。新增长理论认为，一国或一个城市经济增长情况取决于其知识积累、技术进步和人力资本水平，而一个城市的现代服务业集聚区往往是知识中心、技术中心，集聚区的创新活动有利于带动城市整体社区活动的活跃。同时，集聚区内各企业的竞争压力大，迫使它们加快产品的开发、提高经营管理水平，从而推动科技创新与技术进步。现代服务业拥有实现创新的两个决定性要素——科学技术和人力资本。知识密集型、资本密集型的现代服务业，能够带动整个服务业的发展和升级，驱动城市竞争方式的创新和竞争力的持续提升。[1]

由此可见，现代服务业的发展，促进了城市流量经济扩展，优化了现代城市产业空间布局，也使传统的城市空间价值被重新发现，实现了城市的功能置换，同时在塑造城市整体形象、提升城市创新力和文化品位方面发挥了多重作用。而城市作为现代服务业的聚集地或新载体，为其发展提供了良好的环境。现代服务业则通过多元功能的发挥，影响并推动了城市的产业升级、空间集聚、资源配置、要素转移、结构调整，从而促进了城市转型。城市转型过程中来自于政府层面的制度性创新的力量、市场化的集聚优势，又直接促进了现代服务业的发展。（参见图3-2）二者由此形

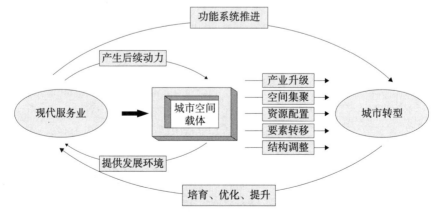

图3-2　现代服务业与城市转型关系示意图

---

① 张国平：《城市竞争方式的转变——现代服务业发展视角的分析》，《社会科学战线》2009年第9期。

成良性的互动，促进了城市的集约发展、可持续发展，系统提升城市的竞争力。

第二节 中国城市化与服务业发展的关系验证

一、中国城市化进程与服务业增长的对应分析

当代中国在经历了 30 多年的高速工业化和城市化进程之后，随着转变发展方式成为国家新战略，多数大中城市进入了转型发展的新阶段。中国"十二五"期间将加快"推动特大城市形成以服务经济为主的产业结构"[①]，顺应世界城市经济的发展规律，加速形成以服务经济引领的新的城市产业体系，让服务业的发展与城市转型发展形成一种良性的互动，推动整体发展方式的转变。但与发达国家的产业升级与城市转型的动力机制不同的是，我国当前和未来相当长的一段时间，无论是服务业的发展、产业升级，还是城市的转型发展，都是在政府主导下进行的，国家意志的"顶层设计"和地方的制度性创新，将形成合力甚至新的博弈。因此，如何告别对过去发展的"路径依赖"，将转变发展方式化为战略性的行动，并在尊重城市经济发展、城市转型规律的前提下，探索一条服务业系统推进城市转型的"中国路径"，无疑具有重要的价值导向作用。

从世界性城市转型发展的浪潮来看，只有充分发展服务业，尤其是大规模发展现代服务业，才能真正实现城市的转型目标。当代中国的城市化进程，是世界城市史上最辉煌的篇章之一，我国自 1978 年开始的工业化与城市化行动，在创造了令世界瞩目的经济奇迹的同时，也使城市化率从 1978 年的 17.8% 上升到"十一五"末的 47%，再到 2012 年的 52% 以上。

---

① 《中共中央关于制定国民经济和社会发展第十二个五年规划的建议》，2010 年 10 月 27 日，新华社发布。

经历了 30 多年的高速工业化和城市化进程之后，随着转变发展方式成为国家新战略，多数大中城市进入了转型发展的新阶段，这种转型最突出的特征是通过大力度的产业结构调整，从原来的"工业制造型"主导的经济体系，加快向服务型城市经济体系的升级、转变，从而促进"中国制造"向"中国创造"的升级，在全球产业价值链上逐步攀上高端，并带动更多的中国城市进入世界城市体系，以城市国际竞争力的提升来夯实国家竞争力的基础。

毋容否认，在经济全球化的浪潮中，当代中国的城市发展和经济发展一样，始终在不断地融入世界的城市体系和经济体系之中，从 20 世纪 80 年代后期主动参与国际大循环，到 90 年代中后期的全面对外开放，直至 21 世纪加入 WTO，国内的大城市尤其是东部沿海城市，在承接国际产业转移、大力推进工业化的进程中，在城市的空间拓展、产业布局的优化以及产业结构的升级等方面，始终以国际先进城市为标杆，不断探索城市发展的"赶超"路径，由此培育出与国际产业体系、城市发展体系对接的珠三角、长三角以及环渤海三大城市群（都市圈），使上海、北京、深圳、广州、天津、大连、南京、苏州、杭州、大连、青岛等一批城市，或者成为开放度高的国际性城市，或者成为跨国公司在中国战略布局中的重要城市。这些城市代表着国家参与国际产业分工、参与世界的经济竞争，实际上也是在率先启动探索中国城市的转型发展之路。"十一五"之后，面对新一轮科学发展，几乎所有大城市都提出了产业调轻、调高、调优的目标，通过先进制造业和现代服务业的双轮驱动，来提升城市的核心竞争优势，打造向国际城市看齐的产业结构、产业空间布局以及经济增长方式。① 其实，按照国际城市的发展规律，这些城市在服务业的比重达到或接近 50% 之后，已经进入了追求质量的内涵深化阶段，理应重点发展现代服务业，促使产业结构变轻、变高、变优，让城市的空间价值更高。但是，由于中国城市与发达国家的人均 GDP 差别仍然较大，国内城市的经

---

① 李程骅：《优化之道：城市新产业空间战略》，人民出版社 2008 年版，第 307—308 页。

济总量、三次产业结构的比重，与发达国家和地区的国际性城市相比，多数处于发展的中期阶段，特别是国内行政考核体系的重点仍在城市经济总量的增长和排位上，这就决定了"十一五"期间即推进的产业结构调整和大力发展服务业城市转型行动，难以达到预期的目标。从国际经验来看，经济发展水平越高，产业结构就越合理，服务业的比重就越高，城市的产业空间布局就越优化，但中国的很多大中城市，包括长三角地区原来以工业制造为主的城市，服务业在经济总量中的比重一直在40%上下徘徊，严重低于国际城市同期发展的指标，这一方面虽然表明中国的新型工业化进程尚未完成，未来的经济增长空间仍然较大，但从城市发展的水平和发展质量的内在要求来看，我国的城市转变经济增长方式，大力度地发展服务业，促进城市的产业转型和功能升级，已到了刻不容缓的地步。

由于我国的城市化进程主要以工业化推进为主，这就必然造成服务业发展水平难以提高，服务业发展与城市化进程无法形成良性的互动。改革开放以来的我国经济增速，主要是靠工业成长来推进的，作为第三产业的服务业，尽管增长速度也在加快，在国民经济中的比重逐年上升，对经济增长的贡献率也在不断提高，但总的来看，服务业发展始终未成为国民经济主体。国家层面到了20世纪90年代才认识到现代服务业的重要性。1997年9月，中共十五大报告引入了"现代服务业"的概念，认为社会主义初级阶段的产业结构转换特征，"是由农业人口占很大比重、主要依靠手工劳动的农业国，逐步转变为非农业人口占多数、包含现代农业和现代服务业的工业化国家的历史阶段"。随后，我国"十五"规划中，提出大力发展现代服务业。中国加入WTO后，服务贸易迅速发展，吸引了国际服务业向中国的转移，引发了我国服务业的快速发展。2005年，我国在"十一五"规划中明确提出，"大城市要把发展服务业放在优先地位，有条件的要逐步形成服务经济为主的产业结构"。"十一五"期间，国务院先后制定了《关于加快发展服务业的若干意见》（国发〔2007〕7号）、《国务院办公厅关于加快发展服务业若干政策措施的实施意见》（国办发〔2008〕11号），明确了服务业发展的方向、目标、主要任务和政策措施。2008年，我国服务业增加值占GDP的比重达到40%，初步具备了向服务经济升级的基础。2010

年，我国的"十二五"规划建议中，强调今后五年加快"推动特大城市形成以服务经济为主的产业结构"。不过，由于我国的城市化，户籍制度形成的城乡二元结构明显，地区之间的行政阻隔大，人口迁移难度大，消费内需无法充分释放，加上大多数城市规模过小，使城市化与服务业的发展无法形成良好的互动。有学者的实证研究表明，我国在1992—2008年的16年内，城市化率增加了18.24个百分点，平均每年增加1.14个百分点，但这期间的我国服务业占GDP的比重仅提高了5个百分点，平均每年只有0.32个百分点，这说明我国城市与服务业发展之间并没有形成良好的互动关系。[①] 从2003年之后，我国的城市化进程进一步加快，但服务业的发展速度却慢了下来，这更不利于二者之间的互动。之所以会出现这一新的变化，无疑和这一阶段我国各城市以投资拉动和大工业新项目，大规模扩展城市行政区域范围直接相关。（参见图3–3）

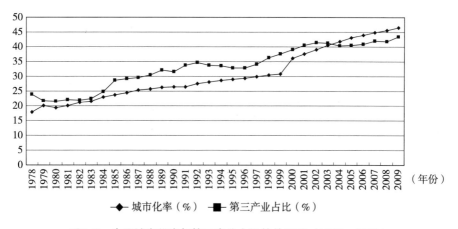

图3–3　中国城市化率与第三产业占比的关系图（1978—2009）

　　近年来，由于可用土地的"倒逼"、用地指标的限制，我国多数大城市在制定"十二五"规划中，开始自觉地在城乡空间一体化、区域空间一体化进行产业空间的重新分工，把核心的产业空间逐步变成城市的功能

---

　　① 李勇坚：《城市与服务业互动发展：趋势与对策》，《中国服务业发展报告》No.8《服务业：城市腾飞的新引擎》，社会科学文献出版社2010年版。

区，产业园区则逐步城市社区化，产业布局呈现出区域型集聚特征。到了这一阶段，服务业的发展与城市经济的发展才可能呈现对应性，一方面，由于产业结构由重变轻，服务业成为政策鼓励发展的主导产业，产业空间与城市空间开始有效融合；另一方面，基于新产业价值链的现代服务业，在超越城市自身空间的大区域、都市圈或城市群的空间内进行要素整合和资源配置，为经济的可持续发展、清洁发展提供了空间基础和要素整合条件，有助于加快形成服务经济体系。可以预见，随着我国转变发展方式成为未来主线，服务型经济体系的逐步构建，加上通过经济降速来提高发展质量，将彻底转变经济发展方式，我国的城市化进程和服务业增速、国内生产总值的增速将会呈现出较强的互动关系。

尽管我国在"十一五"期间服务业整体发展速度不算快，但国内主要大城市的服务业却进入了加速发展期，尤其是国际服务业转移的新趋势促进了大城市产业结构的调整，以"腾笼换鸟"来加快现代服务业集聚区的建设，着力发展金融业、房地产业、物流业、会展业、中介服务业以及服务外包业务等，使城市的服务业结构发生了大变化。（参见图3-4）现代服务业的比重大幅提升，城市的功能得到了提升，出现了服务业向城市，特别是大城市集聚的趋势，北京、上海和广州等城市，2009年的服务业增加值已经占到地区生产总值的60%左右，北京更是高达75.8%，实际

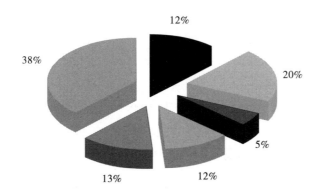

图3-4　2009年中国服务业构成图

上率先将中国城市引入服务经济的发展阶段，与国际城市的产业体系实现了对接。北京未来的"世界城市"的定位，上海把国际金融中心、航运中心作为建设目标，广州的"国际商都"的定位，都是要靠已经构建的服务经济体系的运行去实现的。从表 3-1 可以看出，按照 2005—2009 年的服务业发展增速，深圳、南京、杭州、武汉、成都、西安、厦门、济南等一批国内省会、副省级城市，服务业增速每年只要在 1 个百分点左右，也将在未来 5 到 10 年形成服务经济体系。图 3-5 更直观地表明，除了重庆、沈阳、长春之外，其他城市的服务业都是稳步增长的，说明国内城市经济发展，大多到了"三二一"产业体系的新阶段。

表 3-1　2005 年、2009 年国内主要城市服务业增加值比重及人均服务业增加值一览

城　市	2005 年服务业增加值占地区生产总值比重（%）	2009 年服务业增加值占地区生产总值比重（%）
北京	69.1	75.8
上海	50.5	59.4
天津	41.5	45.3
重庆	43.9	37.9
沈阳	50.4	45.3
大连	40.5	43.9
长春	42.3	41.5
哈尔滨	48.3	49.5
南京	46.3	51.3
杭州	36.5	48.5
宁波	39.77	42.3
厦门	42.4	50.3
济南	46.9	51.0
青岛	41.6	45.4
武汉	49.6	49.8
广州	57.8	60.9
深圳	47.4	53.2
成都	48.8	49.6
西安	52.5	53.7

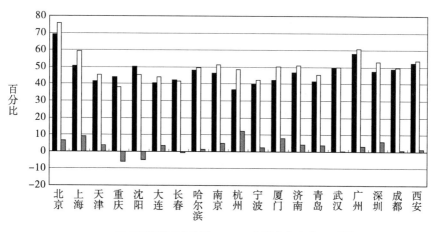

百分比

■ 2005年服务业比重 □ 2009年服务业比重 ■ 增幅

图3-5 2005年、2009年国内主要城市服务业比重比较图

从服务业与城市发展关系的角度来审视改革开放以来30多年的中国城市化、城市经济发展的进程，就可以看出明显分为两大阶段。第一阶段，是"十五"之前的20多年时间，这一时期由于我国重点推动的是工业化主导下的城市化，发展方式粗放，城市化与服务业的发展水平都比较低，二者不具备互动发展的条件。第二阶段，是"十一五"期间。2003年之后，伴随着科学发展观的提出，转变发展方式提上日程，东部地区产业结构调整步伐加快，加上中国加入WTO后的服务贸易业务大增，国际服务业加速向中国沿海城市转移，使我国的现代服务业在"十一五"期间进入了一个爆发增长期。2008年，国际金融危机发生，全球经济版图出现了新变化，中国的服务业投资迎来了历史性的机遇，中国城市在世界城市体系中的地位更加重要，加速了全球高端生产要素和人力、知识资本向中国集聚，为现代服务业的发展提供了新的人才资本、金融资本。这一阶段的现代服务业大发展，不仅促进了产业结构的调整，也明确了服务业推动我国城市转型发展的方向，这将加快整个国家转变发展方式的步伐，实现从要素驱动到创新驱动的发展路径转变。

不过，通过服务业的发展来调整城市产业结构，加快城市转型发展步伐，并实现转变发展方式的大战略，就我国现阶段的制度环境来看，还存在着明显的瓶颈制约，还有不少障碍要去克服。毕竟，我们过去都是政府主导下的城市化，又是政府主导下的产业升级，城市化主要靠土地城市化和人口户籍的城市化，并不是真正意义上的城市化，而产业升级在"先进制造业和现代服务业并重"的口号下，需要长期培育、短期很难见效的现代服务业，就会被放到次要的位置。在 GDP 仍作为行政区域考核、城市经济总量仍作为竞争排名的大环境下，面对房地产业具有持续的财富效应、政府出让土地的收入成为政府主要财源的现实，城市转型发展、建立现代服务经济体系，也很容易成为挂在墙上的"蓝图"。因为对于城市的政府来说，大规模的基础设施投资，大规模的工业项目，对于经济总量的提升是比较容易的，而发展现代服务业尽管对城市发展具有多重效应，属于"内涵式"发展，需要有一个时间的过程，还充满一定的风险。从这些方面来看，如果不实施强有力的"倒逼机制"，很多城市即使有转型的条件和能力，也可能继续走传统发展的老路。在"十一五"期间，尽管国家突出了产业结构调整、大力发展服务业的政策导向，但统计数据表明，服务业增加值比重增加 3 个百分点的预期目标没有实现，这其中固然有金融危机带来的国家 4 万亿投资的影响，但更重要的是产业结构调整的难度和阻力比原来想象的要大。同样，城市转型的动力主要来自于服务业，创新驱动转型的路径选择，更是一个巨大的考验。

二、城市化水平与服务业发展互动的实证研究

发达国家的现代化进程表明，城市化与服务业发展之间存在着较强的对应关系。对于发展中国家而言，城市化与第三产业的互动关系并不如发达国家表现得那么明显，它们的城市化水平落后于工业化进程，这种"滞后城市化"造成了服务业发展水平难以提高。国内学者李健英曾计算出 1952—1980 年第三产业与城市化的相关系数为 –0.63[①]，证明在 20 世纪 50

[①] 李健英：《第三产业与城市化相关性的中外差异分析》，《南方经济》2002 年第 8 期。

至 70 年代我国第三产业的发展与城市化之间的关系并不理想，呈现负相关。我国在 30 多年的高速工业化和城市化进程中，1980—2009 年的第三产业与城市化的相关系数为 0.9484[①]，呈现出高度正相关。这说明改革开放以来，我国的第三产业与城市化之间开始呈现良性循环关系。在城市化推进服务业发展方面，江小涓等在 2004 年的研究成果表明，城市化水平是第三产业发展的重要因素。[②] 郭文杰利用计量方法得出城市化刺激了服务业的需求，是服务业的重要原因。[③] 也有学者通过研究得出一些与一般规律相背离的发现，如有的学者就认为我国在计划体制下推行的重工业超前发展战略，人为地割断工业化与城市化、第三产业发展的内在联系，使城市化与第三产业发展形成了特有的负相关关系。倪鹏飞提出城市化对中国城市服务业的规模及其增长存在积极的贡献作用，对其比例及其增长却表现出此消彼长的关系。[④] 胡拥军等通过改革开放 30 年中国城市化进程与服务业发展的实证分析，认为城市化率对服务业就业比重的变化存在负贡献作用。[⑤] 更进一步地检索相关文献发现，有学者通过不同省市的实证分析也得出类似的结论，如有的学者利用浙江省 1982—2004 年的数据，实证分析得出现代服务业发展与城市化进程无显著因果关系。[⑥] 还有的学者通过对广东省第三产业与城市化协整关系的实证研究，得出第三产业不是城市化的 Granger 原因。[⑦] 之所以出现这种情况，是因为中国地域广阔，城市化进程呈现出明显的区域性特征，珠三角、长三角和环渤海等东部沿

---

①　此处采用李健英计算第三产业与城市化相关系数的方法，即运用 $Ptc = \dfrac{\mathrm{cov}(t \cdot c)}{\sqrt{Dt \cdot Dc}}$ 得出 1980—2009 年第三产业与城市化的相关系数。

②　江小涓、李辉：《服务业与中国经济：相关性和加快增长的潜力》，《经济研究》2004 年第 1 期。

③　郭文杰：《服务业增长、城市化与经济发展》，《当代经济科学》2006 年第 9 期。

④　倪鹏飞：《中国城市服务业发展：假设与验证》，《财贸经济》2004 年第 7 期。

⑤　胡拥军、李志阳、毛爽：《中国城市化进程对服务业影响的实证分析——事实、悖论与解释》，《当代经济管理》2010 年第 11 期。

⑥　方俊伟、刘根：《浙江省现代服务业与城市化的协整及 Granger 检验》，《工业技术经济》2007 年第 7 期。

⑦　刘汉辉、侯军：《广东省第三产业与城市化协整关系的实证研究》，《华东师范大学学报（社会科学版）》2009 年第 4 期。

海地区与中西部的城市群在产业结构、城市化进程的阶段性不同，工业化与后工业化具有的特征不同，从而造成了以上存在的差异判断。

那么，在当代中国的城市化、城市现代化的进程中，如何突破以往的工业化推进城市化的路径依赖，把服务业尤其是现代服务业的大发展作为城市功能提升的新引擎？因为这直接影响到转变发展方式的成效，直接影响到城市的转型和部分区域的现代化进程。对于中国的城市发展，城市化与服务业发展之间究竟存在怎样的关系？我们利用国家层面的面板数据做两者的实证分析，首先选取了包括直辖市、省会城市、副省级城市以及计划单列市等在内的 55 个城市作为研究样本，具体包括：北京、天津、石家庄、唐山、太原、呼和浩特、包头、沈阳、大连、长春、吉林、哈尔滨、齐齐哈尔、上海、南京、无锡、常州、苏州、南通、杭州、宁波、温州、合肥、芜湖、福州、厦门、南昌、九江、济南、青岛、郑州、开封、武汉、长沙、株洲、广州、深圳、珠海、汕头、南宁、柳州、海口、三亚、重庆、成都、贵阳、昆明、西安、咸阳、兰州、西宁、银川、乌鲁木齐、克拉玛依。由于中国城市统计年鉴对第三产业从业细分行业的统计口径从 2004 年开始发生变化（从 9 个变为 13 个），我们选择 2003 年为起点。所以本章选择的样本包含 55 个截面（个体），时间跨度为 2003—2010 年，观测值为 440 个。

数据来源方面，各城市的非农业人口数、人口总数、第三产业从业人员数以及交通运输等现代服务业从业人员数均来自于 2004—2011 年的中国城市统计年鉴，人均 GDP、第二产业占 GDP 的比重、GDP 总量、进出口总额、2009 年和 2010 年的非农业人口数据来源自中国统计年鉴数据库。变量的设定方面，以非农业人口数与年末总人口数的比值来衡量城市化水平。在现有文献中研究服务业与城市化的关系中，一般只利用服务业占比来表示现代服务业的发展水平，具有一定的局限性，笔者在本章根据原小能（2012）对现代服务业范围的界定，将交通运输业，信息传输、计算机服务业和软件业，金融业，房地产业，租赁和商务服务业，科学研究、技术服务和地质勘查业，文化、体育和娱乐业等七个行业的从业人员数加总，用现代服务业的就业人数占第三产业就业人数的比重来衡量现代服务业发展水平。[①] 此外，根据已有研究，本章还选取了理论上会对城市化水平产生影响的控制变量，主要包括经济发展水平、第二产业发展水平以及市场化程度。以人均 GDP 来衡量地区的经济发展水平，用第二产业占 GDP 的比值来反映第二产业的发展状况，以进出口总额与 GDP 的比值来体现该地区的市场化程度。变量的统计性描述参见表 3–2。

表 3–2　变量的统计性描述

变量名	符号	衡量方法	单位	均值	标准差
城市化水平	CITY	非农业人口占总人口的比重	%	52.41	19.99
现代服务业发展水平	SERVICE	现代服务业从业人员数占第三产业从业人员数的比重	%	35.56	7.89
经济发展水平	PGDP	人均 GDP	万元	787894	1580.92
第二产业发展水平	MANU	第二产业占 GDP 的比重	%	48.78	9.86
市场化程度	MARKET	进出口总额与 GDP 的比值	比值	457.92	621.02

由于面板回归模型存在混合效应、变截距固定效应以及随机效应等三种估计方法，且不同的估计方法会对结果产生较大的影响。同时面板数据可能存在的异方差和序列相关问题也会导致估计结果产生偏误，所以有必要选择正确的估计方法，并进行异方差和序列相关问题的检验。具体对于混合与固定效应模型间的选择，我们使用 F 检验；对于混合或随机效应的选择，使用 B-P 检验；而对于随机或固定效应的选择，使用 Hausman 检验。在固定效应的估计基础上，使用 Wald 检验来检验是否存在异方差问题。由于国家层面的样本数据在时间上的跨度较小，因而没有做序列相关问题的检验。使用的计量软件为 Stata11.0。表 3–3 和表 3–4 分别显示了东中西部和全国层面的现代服务业和城市化互动发展的计量结果。

从表 3–3 的计量结果看，东中西部的模型选择分别选择了混合效应和

---

① 大多文献在使用省级数据的时候使用城镇人口数占总人口的比重来衡量城市化水平，但由于中国统计年鉴没有提供城镇人口数，所以使用非农业人口数来代替。

固定效应，在控制了经济发展水平、第二产业发展水平以及市场化程度等控制变量基础上，东中西部都在 1% 的显著性上通过了显著性检验，两者的相关系数分别是 0.59、0.78、0.79。这个结果显示了自从"十五"期间以及"十五"以来，我国现代服务业城市化发展的互动关系，表现得非常明显，通过发展现代服务业带动城市转型升级起到了显著的效果，这个效果在东中西部表现得都十分明显。

表 3-3　东中西部的回归分析结果（CITY 为自变量）

	东部地区		中部地区		西部地区	
	模型（1）	模型（2）	模型（3）	模型（4）	模型（5）	模型（6）
SERVICE		0.59*** (0.188)		0.78*** (0.16)		0.79*** (0.20)
PGDP	−1.39e−08 (5.69e−08)	1.96e−08 (5.67e−08)	4.01e−04*** (6.43e−05)	3.12e−04*** (6.24e−05)	0.001*** (0.000)	8.78e−04*** (1.37e−04)
MANU	−0.43*** (0.13)	−0.21 (0.15)	−0.08 (0.14)	−0.004 (0.126)	−0.93*** (0.27)	−0.79*** (0.25)
MARKET	0.017*** (0.002)	0.014*** (0.002)	0.05*** (0.01)	0.027** (0.011)	0.018 (0.020)	−0.009 (0.019)
常数	64.81*** (6.44)	34.82*** (11.36)	6.37*** (6.37)	7.57 (7.65)	65.40*** (12.14)	38.35* (13.17)
F/Wald值	102.21***	116.65***	85.28***	122.77***	39.62***	38.58***
组内 R^2	0.33	0.35	0.42	0.50	0.61	0.67
N	215	215	136	136	88	88
模型选择	混合效应	混合效应	混合效应	混合效应	固定效应	固定效应
混合或固定	F=0.42 (P=0.89)	F=0.25 (P=0.98)	F=1.55 (P=0.15)	F=1.34 (P=0.24)	F=2.84 (P=0.01)	F=2.59 (P=0.02)
混合或随机	Chi2=1.58 (P=0.20)	Chi2=2.52 (P=0.11)	Chi2=0.12 (P=0.73)	Chi2=0.37 (P=0.54)	Chi2=1.27 (P=0.26)	Chi2=0.84 (P=0.36)
固定或随机	Chi2=0.33 (P=0.85)	Chi2=0.73 (P=0.86)	Chi2=7.01 (P=0.07)	Chi2=9.92 (P=0.04)	Chi2=20.4 (P=0.00)	Chi2=16.73 (P=0.00)
异方差检验	无	无	无	无	无	无

表 3-4，是利用 55 个样本城市、439 个观测值进行全国样本分析的实

证结果，STATA 计量的结果选择了混合效应模型，在控制了其他变量的基础上，现代服务业与城市化的回归分析结果在 1% 的水平上通过了显著性检验，相关系数为 1.04，Wald 检验的结果显示不存在异方差问题，整体水平反映良好。从全国数据的回归结果看，2003 年以来，我国在工业化的中后期阶段，各城市都十分重视现代服务业的发展，把推动现代服务业的发展和升级作为城市转型升级的重要推动力，并取得了显著的效果。

表 3-4 全国数据的回归分析结果（CITY 为自变量）

	全国	
	模型（7）	模型（8）
SERVICE		1.04*** (0.10)
PGDP	2.18e–08 (5.24e–08)	6.49e–08 (4.75e–08)
MANU	0.047 (0.084)	0.19** (0.08)
MARKET	0.016*** (0.001)	0.011*** (0.001)
常数	42.51*** (4.19)	0.53 (5.65)
F/Wald 值	158.15***	293.97***
组内 R^2	0.27	0.40
N	439	439
模型选择	混合效应	混合效应
混合或固定	F=0.65 (P=0.72)	F=0.23 (P=0.97)
混合或随机	Chi2=0.54 (P=0.46)	Chi2=2.59 (P=0.11)
固定或随机	Chi2=0.05 (P=0.97)	Chi2=0.65 (P=0.88)
异方差检验	无	无

为进一步从区域层面来验证服务业发展与城市化水平的关系，我们选择江苏省的样本数据来展开实证分析。江苏作为长三角地区的发达省

份，其城市化和服务业的发展水平一直较高。2010 年，江苏产业结构进一步优化，三次产业增加值比例调整为 6.1∶52.5∶41.4，城市化率已达60.6%，成为推动经济快速发展的主要动力之一。从图 3-6 中的江苏城市化率与第三产业的发展关系，可以发现 1999 年后，江苏城市化率超过第三产业比值，呈现稳步上升态势。图 3-7 则显现出 2010 年江苏省服务业发展与城市化进程的正相关关系，表明以现代服务业为引领的新型城市化，对促进区域现代化可以发挥多重作用。[①]

（单位：%）

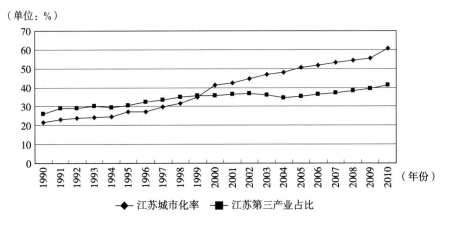

图3-6　江苏城市化与第三产业发展比较图

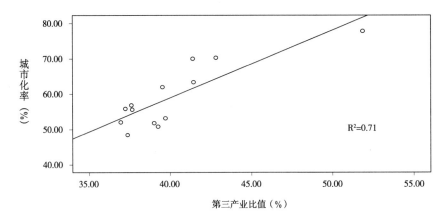

图3-7　2010年江苏城市化与服务业的关系图

　　①　李程骅、郑琼洁：《城市化进程与服务业发展的动态关系探讨——基于江苏省域的样本检验》，《南京社会科学》2012 年第 2 期。

　　江苏地处长三角开放前沿地带，是我国国际化程度较高的地区，假如作为一个独立的经济体，也可以排在全球前20位。但是从当前来看，无论是城市化率，还是服务业的发展水平，江苏与发达国家和地区存在较大的差距。我们从2000年与2009年的世界主要国家和地区的城市化率与服务业增加值占GDP比重看（参见表3–5），江苏城市化率虽然高于中国整体的城市化率，但是与其他国家和地区的数据相比，只是处于中下水平，尤其是服务业发展较为滞后，与其他国家和地区存在更大的差距。

表3–5　2000年和2009年世界主要国家和地区服务业比重与城市化率

国家和地区	服务业增加值占国内生产总值比重（%）		城市化率（%）	
	2000年	2009年	2000年	2009年
世界	67.2	69.4 ②	46.7	50.3
中国	39	43.4	35.8	44
中国江苏	35.9	39.6	41.5	55.6
中国香港	86.5	92.3 ②	100	100
中国澳门	90.3	85.9 ②	100	100
日本	65.8	69.3 ②	65.2	66.6
意大利	68.8	70.9 ①	67.2	68.2
俄罗斯联邦	55.6	57.8 ①	73.4	72.8
德国	68.5	69.0 ①	73.1	73.7
西班牙	66.4	68.1 ①	76.3	77.3
墨西哥	67.8	58.3	74.7	77.5
法国	74.3	77.5 ①	75.8	77.6
韩国	57.3	60.9 ①	79.6	81.7
美国	74.6	77.4 ②	79.1	82
荷兰	72.4	72.9 ①	76.8	82.4
巴西	66.7	66.2	81.2	86
澳大利亚	69.6	68.4 ①	87.2	88.9
英国	71.7	75.7 ①	89.4	90
阿根廷	67.4	57.9 ①	90.1	92.2
新加坡	64.3	74.0 ①	100	100

数据来源：《国际统计年鉴（2010）》。

注：其中①表示参照2008年数据，②表示参照2007年数据。

为了科学地分析江苏城市化与服务业发展的动态关系，我们尝试用 ARDL 方法，从一个相对中观的角度进行系统探讨。

在数据来源上，使用江苏城市化率（C）和服务业占比（S）两个指标。因为城市化的本质是人口的集聚，遂以城镇人口占总人口的比重作为城市化水平测量的通用指标。服务业发展指标，则使用服务业产值占 GDP 的比重来衡量。相关数据来源于《2011 江苏统计年鉴》。

在具体检验中，运用自回归分布滞后模型 ARDL（autoregressive distributed lag）方法。与传统的 EG 两步法和 Johansen 检验法相比，ARDL 对数据的平稳性要求不高，在小样本情况下也足够稳健，且无论变量间是否相互协整，都可用该方法进行检验。鉴于此，我们采用该方法对江苏城市化与服务业之间的协整及因果关系进行探讨。

1. 协整检验（边界检验）

协整关系也即长期动态关系，假设以 C 代表城市化率，S 为服务业占 GDP 的比值，则可以使用以下两个方程研究城市化与服务业之间的动态关系。

$$\Delta C_t = inpt + \sum_{i=1}^{k}\alpha_i\Delta C_{t-i} + \sum_{j=0}^{q}\beta_j\Delta S_{t-j} + \lambda C_{t-1} + \theta S_{t-1} + \varepsilon_t \qquad (1)$$

$$\Delta S_t = inpt + \sum_{i=1}^{k}\alpha_i\Delta C_{t-i} + \sum_{j=0}^{q}\beta_j\Delta S_{t-j} + \lambda S_{t-1} + \theta C_{t-1} + \varepsilon_t \qquad (2)$$

其中，λ 和 θ 代表了协整关系或长期动态关系，α 和 β 代表了短期动态关系，ε_t 为随机扰动项，假设为白噪声序列，k 和 q 分别代表最大的滞后阶数，inpt 代表常数项。存在长期动态关系的原假设和备择假设简写为：

$H_0 : \lambda = \theta = 0$

$H_1 : H_0$ 不成立

这里使用 F 统计量进行联合显著性检验，F 统计量服从一个非规则的渐进分布，如果计算得到的 F 统计量大于临界值，则拒绝原假设，表明服务业与城市化之间存在协整关系；假如计算得到的 F 统计量小于临界值，则接受原假设，表明不存在协整关系。

2. Granger 因果关系

当两变量存在协整关系时，ARDL 模型可以通过对变量水平值及其滞后项回归来确定长期因果关系，同时，还可构造 ECM 来检验变量间的短期 Granger 因果关系并反映修正机制对偏离长期均衡时的调整。在 ARDL 方法中，检验长期 Granger 因果关系主要是判断回归方程中回归因子的系数显著性，短期关系则可以根据 ECM 中差分项的系数显著性确定。具体而言，误差修正模型如下：

$$\Delta C_t = c + \sum_{i=1}^{m} \alpha_i \Delta C_{t-i} + \sum_{j=0}^{n} \beta_j \Delta S_{t-j} + \phi ecm_{t-1} + \varepsilon_t \qquad (3)$$

$$\Delta S_t = c + \sum_{i=1}^{m} \alpha_i \Delta S_{t-i} + \sum_{j=0}^{n} \beta_j \Delta C_{t-j} + \phi ecm_{t-1} + \varepsilon_t \qquad (4)$$

其中，ecm 代表误差修正项，m、n 代表最大的滞后阶数，Δ代表对变量取一阶差分。

而当变量之间不存在协整关系时，它们有可能存在短期因果关系，因此，要对它们之间的短期关系进行讨论，具体采用如下两个模型：

$$\Delta C_t = c + \sum_{i=1}^{m} \alpha_i \Delta C_{t-i} + \sum_{j=0}^{n} \beta_j \Delta S_{t-j} + \varepsilon_t \qquad (5)$$

$$\Delta S_t = c + \sum_{i=1}^{m} \alpha_i \Delta S_{t-i} + \sum_{j=0}^{n} \beta_j \Delta C_{t-j} + \varepsilon_t \qquad (6)$$

对该模型进行 F 联合检验，原假设是：$H_0 : \alpha = \beta = 0$，备择假设是：$H_1 : H_0$ 不成立。F 显著，则拒绝原假设，即它们之间存在该方向的短期关系；否则接受原假设，即两者之间不存在该方向的短期因果关系。

（一）单位根检验

ARDL 检验方法虽然对数据的平稳性要求不高，但是要求变量的单整阶数不能超过 1，否则可能出现虚假"伪"回归现象。因此，在建立计量模型之前要对所用的时间序列进行单位根检验，以确定各序列的平稳性及单整阶数。本章使用 Augmented Dickey-Fuller（ADF）和非参数的 Phillips-Perron test（PP）两种单位根检验法，分别对所有变量的水平值及其一阶差分进行检验，以判断其稳定性[1]，结果如表 3–6 所示。

---

[1] 具体原理可查阅 Maddala and Kim（1998）有关 ADF and PP 方法的介绍。

由表 3-6 可知，城市化和服务业这两个指标都为一阶单整，因此，可以进行边界检验，并且在检验时以上临界值为标准，对下临界值则不予考虑，即无法拒绝原假设。

表 3-6　江苏省城市化和服务业指标的单位根检验结果

变量	ADF 检验值		PP 检验值	
	(C,0,0)	(C,T,0)	(C,0,0)	(C,T,0)
LC	−0.6036	−1.3583	−0.6029	−1.5596
LS	−0.4061	−1.5422	−1.7937	−2.6986
DLC	−3.9393***	−3.7921**	−3.9432***	−3.7976**
DLS	−4.7563***	−4.3628**	−4.7126***	−4.3423**

注：ADF 检验与 PP 检验的原假设都是变量含有单位根，ADF 检验采用 SIC 准则自动选取滞后阶数，PP 检验采用的是 Default（Bartlett kernel）方法、Newey-West Bandwidth 准则。*、**、*** 分别代表在 10%、5% 和 1% 显著性水平上通过检验，以下表格规定与之相同。检验式中的 C、T 分别表示模型中的常数项、时间趋势项，(C,0,0) 表示含截距项不含趋势项，(C,T,0) 表示含截距项含趋势项。LC、LS 分别表示取对数后的城市化率和服务业比重，D 表示差分过程，下同。

（二）基于 ARDL 模型的边界检验

ARDL 检验是通过 Microfit 4.0 软件操作完成的，协整关系的证明基于方程（1）和（2）进行。在运用方程进行检验前，首先采用 SBC 准则确定滞后阶数 [①]，与此同时，在兼顾考虑自由度的影响下，最终选用了合适的滞后阶数 3 阶。时间序列中一般是要加入时间趋势项，若趋势项系数不显著，则可以直接运用不含趋势项的方程进行估计。估计结果为表 3-7 所示：

结果显示，服务业对城市化存在协整关系，而城市化对服务业不存在协整关系。

[①]　一般依据施瓦茨贝叶斯准则（SBC）或赤池信息准则（AIC）选择合适的滞后阶数。本章为简单模型，故均可。

表 3-7　江苏省服务业与城市化的协整关系

原假设	滞后阶数	时间趋势项	F 值
LS 到 LC 无协整关系	3	有	5.2380
LS 到 LC 无协整关系	3	无	4.3202***
LC 到 LS 无协整关系	3	有	16.9082
LC 到 LS 无协整关系	3	无	0.0981

从长期看，服务业发展对城市化有着较强的正向冲击，为 3.1595，并且非常显著；从短期看，服务业发展对城市化虽具有微弱的正向冲击，但并不显著。

误差修正模型描述了长期均衡对短期波动的影响，误差修正项 ecm (−1) 的系数反映了受到短期冲击后向长期均衡收敛的速度，系数的绝对值越大，说明对冲击的调整速度越快。表 3-8 中除了 DLS 的系数外，其他系数都是统计显著的。误差修正项 ECM 的系数为 −0.30033 (0.002)，是统计上高度显著，并且有正确的符号为负。当偏离长期均衡时，误差修正机制能将偏离部分以 30.033% 的速度向长期均衡调整。

表 3-8　ARDL (1.2) 估计长期关系系数及短期误差修正模型（SIC，因变量 LNC）

回　归	系　数	标准误	T 值
Long run			
LS	3.1595	.33224	9.5096 [.000]
INPT	−7.3439	1.1842	−6.2013 [.000]
Error Correction Representation for the Selected ARDL Model			
DLS	.40425	.32026	1.2623 [.229]
DLS1	−.87356	.38089	−2.2935 [.039]
DINPT	−2.2056	.71623	−3.0795 [.009]
ecm (−1)	−.30033	.080234	−3.7432 [.002]

注：表中 Long run 表示是长期系数检验，Error Correction Representation for the Selected ARDL Model 表明短期误差修正模型结果，主要考察短期关系以及误差调节机制。其中，Ecm=LNC−3.1595*LNS+7.3439*INPT

（三）ARDL 检验非协整变量之间的短期关系

协整检验只是论证了服务业与城市化之间是否存在着长期的均衡关系，但是否构成因果关系还需通过 Granger 检验方法来做进一步检验。通过方程（5）和（6）得到结果（表 3-9）如下：

表 3-9　江苏省服务业与城市化之间的格兰杰检验结果

	F 值	P 值
dLC → dLS	0.87538	0.48324
dLS → dLC	3.84301**	0.04186

注：本检验采用 AIC，滞后阶数为 3，且只含截距项不含趋势项。

结果显示，dLC → dLS 过程 F 值不显著，因此拒绝原假设，即城市化对服务业不存在短期因果关系。dLS → dLC 过程 F 值显著，因此接受原假设，即服务业对城市化存在着短期的因果关系。

通过上述的验证和分析，可以看出江苏的服务业发展与城市化进程中所存在的对应关系：

从较长周期看，江苏服务业发展对城市化有着较强的正向影响，并且非常显著；而城市化与服务业之间不存在协整关系。但从短期看，服务业发展成为城市化的原因，而城市化不是服务业的原因。这说明江苏在过去的城市化是以工业化为主导来推动的，服务业尚未显现重要作用。随着江苏城市化进程的深入，服务业逐渐发挥重要作用。服务业发展引起产业结构优化升级，提供更多的就业岗位吸纳大量劳动力，促进要素和资源流动，从而推动了城市化进程，是城市化水平的重要原因。而江苏城市化在过去的 20 年间不显著作用于服务业，这一轨迹表明带有较强的粗放性特征。因此，在当前江苏转型发展、构建服务经济结构过程中，要加快转变发展方式和产业结构调整步伐，尤其通过生产性服务业发展，引进国际服务业企业进入，大力发展研发经济、总部经济，即加快服务业的大发展来促进再城市化、城市现代化。

当然，对于服务业发展过程中出现的逆规律性问题，特别是江苏城市化进程与服务业发展的不协调性，也可以有以下解释：一是城市二元体制下统计口径的偏误。城市化指标主要采用城镇人口占总人口的比值，而改革开放以来在较长时期内城市人口主要是户籍意义上的非农业人口，从统计意义上人为压低了城市化率的比值，而从第五次全国人口普查开始，进城就业、居住半年以上的流动人口（主要是农民工）被计入城镇人口，从而导致了城市化率的偏高，因此对实证研究结果造成了偏误。二是城市化与工业化进程脱节。发达国家的经验表明，服务业与城市化的良性发展，是工业化进程中经济机体自发运行的产物。而江苏城市化和工业化带有深刻的制度转轨印记和政府主导色彩，市场要素的资源配置则退居其次。三是城市化中"结构性空洞"和"结构性功能失调"导致的偏误。张鸿雁等 ① （2011）指出"结构性空洞"和"结构性功能失调"是当代中国城市化社会问题发生和发展的根源之一。由于江苏城市化与发展结构本身存在着不合理的结构问题，如果一味强调部分大中城市结构的高级化、服务业的现代化而不匹配相应的高级化专业人才和就业群体，势必会造成结构性问题，将会导致城市化与服务业发展的更大的不协调。

正是基于以上的战略审视，江苏在"十二五"规划中提出，到 2015 年江苏城市化率达到 63%，服务业占比提高到 48%。要实现这一目标，必须协同推进产业空间与城市空间的布局和优化，促进城市化与服务业发展的良性互动，全方位推进现代服务业为主导的新型城市化。在长三角协同发展中，既要树立"全域江苏"的整体发展战略，又要注意苏南、苏中和苏北地区在现代服务业、先进制造业发展上的梯度分工。同时，进一步强化中心城市的辐射带动作用。区域性中心城市是服务业的集聚区，在服务业的发展上具有较强的辐射力和集聚力。在新一轮苏南率先实现基本现代化示范区的战略行动，应通过以南京为中心的宁镇扬大都市区的规划建设，形成服务经济的大空间载体，同时加强苏州、无锡和常州三市构成的大都市圈的内部资源整合，构建一个分工合理的高端化产业体系，大力提

---

① 张鸿雁、谢静等：《城市进化论——中国城市化进程中的社会问题与治理创新》，东南大学出版社 2011 年版，第 85 页。

升服务经济的比重。由此，在省内形成多个服务业的集聚发展区，促进江苏省服务业规模的提升以及集聚能力的提高。这种以城市为核心、以城市群或城市圈为主体的新型城市体系的加快建立，能更好地推动服务业与城市化形成良好的互动关系。此外，要通过科学发展考核体系的落实，来推进江苏区域协同发展。目前，苏中、苏北、苏南地区的城市化差异虽在缩小，但是仍然处在不同的发展阶段。根据城市化三阶段论，只有苏南地区已经步入成熟的城市化社会，而苏中、苏北仍然处于城市化的快速发展阶段，城市化程度相对偏低在一定程度上从需求方面限制了第三产业的发展。城市化发展进程的差异容易导致鲜明的城市空间落差，加之各地区缺乏实际的协同动作，从而容易导致结构性问题的出现和城市病的蔓延。江苏应通过全球城市体系、国际产业价值链来整合国际、国内的相关发展要素，形成城市、区域协同发展现代服务业的机制，来推进创新驱动主导的区域现代化进程，为国家的现代化进程提供示范性的区域样本。

第三节　探索服务业推动城市转型的"中国路径"

一、国内主要城市服务业发展水平比较及检验

从发达国家城市转型的规律到现阶段中国城市转型的实践动向，我们都可以看出，经济全球化下的现代城市转型升级，只有进入全球生产网络，参与全球产业分工，通过创新不断攀向价值链的高端，促进经济结构服务化、产业活动服务化、产业组织服务化、空间要素集约化，从而使城市服务功能不断强化，保持在全球经济体系、城市体系的核心竞争优势。中国的城市虽然在转型发展上刚起步，但由于中国成为世界第二大经济体后，在世界经济版图中重要地位更加突出，中国城市通过产业结构调整、大力发展现代服务业，构建服务经济主导的现代经济体系，就会比较容易地参与国际产业分工，提升在国际产业价值链的地位，成为全球城市体系中的节点城市，让城市转型和产业升级形成良性的互动。

当然，尽管发达国家的现代服务业推动城市转型方面有经验值得借鉴，但是由于我国的城市化、工业化的进程较快，加上当前处在一个转变发展方式的关键阶段，所设计的城市转型、产业升级的战略路径必然具有"中国特色"。根据我国"十二五"规划建议和纲要的内容，"十二五"期间，我国将加快"推动特大城市形成以服务经济为主的产业结构"，把推动服务业大发展作为产业结构优化升级的战略重点，拓展新领域，培育新热点，发展新业态，推进服务业规模化、品牌化、网络化经营，不断提高服务业比重和水平。发展提速、比重提高、水平提升将是"十二五"服务业发展的重要特征。按照服务业优先发展的原则和 GDP 增长的预期目标，我国"十二五"期间的服务业增加值将上升约 4 个百分点，占 GDP 比重达到 47%。与此同时，我国的城市化率已超过 50%，区域一体化的新型城镇体系加速形成，大城市的功能升级提上日程。因此，面向"十二五"及未来相当长的一个时期，国内城市如何把现代服务业的发展，与城市化进程、城市功能的提升、城市空间的重组以及城市的转型战略进行有机结合，让先进生产要素在城市和区域空间内发挥"乘数效应"，促进服务业发展与城市转型升级的互动，成为政府、企业和相关组织共同应对的一个重大的现实课题。

城市转型不仅仅是产业的升级转型，也是经济、社会协调发展和制度整体转型的过程，当前国内城市的服务业发展存在的观念误区和路径依赖问题：以抓制造业的粗放式手段来抓现代服务业，创新驱动的动力机制有待加强；现代服务业的主体培育和企业制度建设滞后；政府为服务业发展提供的公共服务缺位。现代服务业的空间集聚效应、要素整合功能在城市功能的提升、城市空间的布局规划上尚未得到体现，服务经济的带动性不够。我国的城市，即使是东部沿海地区国际化程度比较高的城市，与国际上的"服务型城市"的差距仍然很大。国内城市转型能否成功，直接取决于从制造型经济向服务型经济迈进的关键节点的把握，取决于整体的转型环境和创新的动力机制。而国内城市转型发展，要想突破对过去的"路径依赖"，必须通过政府与市场力量的共同推进，来解决城市的经济结构调整与空间扩展的矛盾，提高经济容积率与培育新产业价值链的矛盾，经济发展与社会建设不适应的矛盾等等。而这一切，除了大力发展现代服务业，以现代服务业的多重功能来推进城市转型升级，别无选择。

与"十一五"明显不同的是，国内主要城市在制定"十二五"发展规划中，都清醒地认识到了这一阶段是城市转型发展，以现代服务经济体系的构建来强化城市核心竞争优势的关键期，目标定位更高，而且结合自身的区位、产业基础和未来战略性新兴产业体系的构建以及"和谐城市"、"幸福城市"的愿景，来谋划具体的行动路径。如北京结合 2050 年建成"世界城市"的目标，将着力建设"辐射世界的生产性服务业中心城市"，重庆提出打造"西部地区现代服务业高地"的目标，广州则"全面增强国际商贸中心"的功能，深圳明确提出要建设全国性的金融中心，青岛的目标是"构建面向世界、影响北方地区的总部基地城市"，等等。（详见表 3-10）在"十二五"期间，这些城市将基本形成"三、二、一"的产业结构体系。

国内城市把优先、重点发展服务业，作为"十二五"推进城市产业高端化、加快城市转型的重要路径，不仅仅是扩大内需、内生发展的需要，也是为了更好地迎接全球经济格局、城市体系变化所带来的新挑战。国际金融危机的发生，使得整个世界产业结构和经济结构面临新的大调整。漫长的"后危机阶段"，世界经济再平衡，不仅是国际金融秩序重建问题，还有低碳经济、新能源经济等主导下的国家、城市之间的新一轮利益大博弈。包括中国在内的发展中国家，必须充分认识到经济增长和可持续发展所遇到的新挑战，即在受到碳排放约束的条件下，着力调整产业结构、发展创新型经济，以从根本上转变经济增长方式，并推进城市从"制造型"向"服务型"、从"高碳城市"向"低碳城市"的整体转型发展。

国际金融危机使得全球经济环境发生了重大变化，全球有诸多国家和城市的经济发展出现停滞甚至倒退，而中国的经济、政治地位都得到大大提升，国际影响力大大增强，这给中国的城市在全球生产的网络或价值链上站在高端位置发展提供了新机遇。从 20 世纪 90 年代开始，全球经济生产空间就已经通过跨国公司向多国延伸，形成全球生产网络。在这个网络中，由于受自身发展水平的局限和发达国家的控制等多方面原因，中国的城市长期在低端的生产环节徘徊，在向全球产业价值链的高端环节延伸中

表3–10　国内主要城市"十二五"现代服务业发展定位与战略目标概览 ①

城　　市	发展定位与战略目标
北京	促进经济结构由服务业主导向生产性服务业主导升级，打造服务区域、服务全国、辐射世界的生产性服务业中心城市。
上海	聚焦建设"四个中心"的国家战略，加快形成服务经济为主的产业结构，构建以现代服务业为主、战略性新兴产业引领、先进制造业支撑的新型产业体系。
天津	坚持市场化、产业化、社会化、国际化方向，优化服务业空间布局，推进服务业规模化、品牌化、网络化发展，重点发展生产性服务业，大力发展新兴服务业。
重庆	建设西部地区现代服务业高地。把大力发展服务业作为产业结构优化升级的战略重点，推进服务业规模化、品牌化、网络化发展。
广州	大力发展现代服务业。以聚焦高端、优化结构、增强功能为导向，以功能区建设和项目带动为抓手，积极推进服务业综合改革试点，擦亮"广州服务"品牌，全面增强国际商贸中心功能。
深圳	加快发展现代服务业。建设全国金融中心，构建全国性物流枢纽城市，建设国家服务外包示范城市，发展商贸会展业，建设国际知名旅游目的地城市，培育发展专业服务业。
杭州	实施"服务业优先"战略，加快服务业结构调整和布局优化，推进服务业创新，扩大总量、提升层次，加快建设服务业强市。
宁波	把加快推进产业升级作为加快转变经济发展方式的重要任务，加快发展现代服务业，努力构建现代产业体系。
厦门	加快发展第三产业，推动信息化与工业化、制造业与服务业互相融合，推动"厦门制造"向"厦门创造"提升，打造海峡西岸强大的先进制造业基地和最具竞争力的现代服务业集聚区。
济南	经济结构不断优化。服务业比重有较大提升，三次产业比例更加协调。
青岛	全面提高服务业发展水平。以国家服务业综合改革试点为抓手，优先发展现代服务业。集聚发展生产性服务业，提升发展生活性服务业，壮大发展新兴服务业，努力构建面向世界、影响北方地区的总部基地城市。
武汉	着力打造全国重要的先进制造业中心、现代服务业中心和综合国家高技术产业基地、全国性综合交通枢纽基地。促进先进制造业和现代服务业互动发展，构建现代产业体系。
成都	优先发展现代服务业。加快发展现代物流业、商务服务业、文化创意产业、会展产业等先导服务业，加快提升金融业、商贸业、旅游业等支柱服务业，建成服务西部、面向全国、走向世界的现代服务业基地。

①　根据相关城市的"十二五规划建议"、"十二五规划纲要"中的内容整理。

（续表 3–10）

城　　市	发展定位与战略目标
西安	加快发展现代服务业。推进国家服务业综合改革试点工作，大力发展新型服务业，拓展服务业新领域，推进服务业聚集发展的规模化、品牌化、网络化，把西安建设成为区域性的商贸物流中心、金融中心和会展中心。
沈阳	以发展现代服务业为重点，全面提升中心城市功能。大力发展金融业。加快发展信息软件业，积极发展旅游、会展，进一步发展商贸服务业，加快发展社区服务业，发展壮大物流业。
大连	优先发展现代服务业。重点发展生产性服务业。以打造区域性现代服务业中心城市为目标，着力发展对提升城市功能和现代产业发展起基础性作用，对转变经济发展方式贡献度大的港航物流业、金融业、软件及信息服务业、商务会展、文化创意产业和研发设计产业。
长春	坚持工业和服务业发展并举。围绕服务全省、辐射东北、面向东北亚的目标，着力发展面向工业的生产性服务业，积极发展与消费结构快速升级相适应的生活性服务业，推动服务业增量升级。
哈尔滨	加快推进国家级服务业综合改革试点工作，以构建先进制造业和现代农业综合服务体系"两轮驱动"的服务业发展模式为核心，推动三次产业相互融合、共同发展。成为立足黑龙江、服务东北北部、辐射东北亚的综合性现代服务业中心城市。
苏州	加快发展现代服务业。抓住国际服务业加快转移和国内消费结构升级的机遇，以现代服务业为重点，推进服务业发展提速、比重提高、结构提升。
无锡	优先发展服务业。全力实施服务业"超越计划"，大力发展现代服务业，重点推进软件与服务外包、工业设计与文化创意、研发服务、科技金融等跨越提升，做大产业规模，做强企业实力。
南京	把发展服务业作为产业结构优化升级的战略重点，全面实施"服务业倍增计划"，在江苏省率先形成以服务经济为主的产业结构，成为具有较强影响力和辐射力的区域性现代服务业中心。

经常遭到"围堵"。面对新的形势，国内的城市完全可以利用发达国家经济危机的迟滞发展，通过大力发展现代服务业，加快构建国内价值链来强化自主创新能力和对全球市场的控制能力。因此，国内城市，尤其是人均GDP 已经超过 1 万美元的沿海发达城市，无论从自身的发展阶段还是从外部的发展条件来看，在"十二五"期间，都会迎来转型升级、建设服务型经济体系的战略机遇期。

那么，国内城市在大力发展现代服务业、加快构建服务经济体系的战略转型行动中，所取得的效果如何？上海交通大学中国服务经济与管理研究中心的研究成果表明，从 2007 年到 2010 年四年间，北京、上海、广州和深圳四个城市，以其服务业的规模和在地区生产总值中的高比重，其服务经济的竞争力处在第一方阵，而沿海的副省级城市、处在区域中心的省会城市，在争先进位上则呈现胶着化的状态。（参见表 3-11）这种状态，无疑表明它们在发展服务经济方面的紧迫感和付出的巨大努力。

表 3-11　2007-2010 年中国主要城市服务经济竞争力排名表

2007 年度	排名	2008 年度	排名	2009 年度	排名	2010 年度	排名
北京	1	北京	1	深圳	1	深圳	1
上海	2	上海	2	北京	2	北京	2
深圳	3	深圳	3	上海	3	上海	3
广州	4	广州	4	广州	4	广州	4
厦门	5	厦门	5	厦门	5	厦门	5
天津	6	沈阳	6	南京	6	南京	6
沈阳	7	天津	7	杭州	7	杭州	7
南京	8	大连	8	大连	8	大连	8
青岛	9	南京	9	天津	9	宁波	9
杭州	10	杭州	10	青岛	10	济南	10
武汉	11	武汉	11	济南	11	青岛	11
大连	12	青岛	12	宁波	12	武汉	12
西安	13	宁波	13	沈阳	13	天津	13
成都	14	济南	14	武汉	14	沈阳	14
济南	15	西安	15	成都	15	成都	15
宁波	16	成都	16	西安	16	西安	16
哈尔滨	17	哈尔滨	17	哈尔滨	17	哈尔滨	17
长春	18	长春	18	重庆	18	长春	18
重庆	19	重庆	19	长春	19	重庆	19

资料来源：康艺凡、陈宪：《中国城市服务经济指数·2010》，《科学发展》2011 年第 1 期。

从该成果对 2010 年中国主要城市服务经济指数的测度（表 3-12），也可以看出，创新驱动战略的实施成效，会直接影响服务经济的发展水平和质量。进一步将其转变为折线图（图 3-8），依据折线图的排列趋势，我们大致可把中国主要城市的服务经济发展水平和能力分为三个层次。第一层次为深圳、北京、上海和广州等四个城市，得分在 2.000—1.000 之间；第二层次包括厦门、南京、杭州、大连、宁波、济南、青岛等七个城市，得分在 0.9999—0 之间；第三层次包括武汉、天津、沈阳、成都、西安、哈尔滨、长春、重庆等八个城市。

表 3-12　2010 年中国主要城市服务经济指数

城　市	城市服务经济指数	排序
深圳	1.9941	1
北京	1.5926	2
上海	1.4739	3
广州	1.138	4
厦门	0.4013	5
南京	0.2399	6
杭州	0.112	7
大连	0.101	8
宁波	0.0832	9
济南	0.0631	10
青岛	0.0398	11
武汉	−0.0584	12
天津	−0.0595	13
沈阳	−0.0726	14
成都	−0.2187	15
西安	−0.2829	16
哈尔滨	−0.3362	17
长春	−0.4977	18
重庆	−0.5068	19

资料来源：康艺凡、陈宪：《中国城市服务经济指数·2010》，《科学发展》2011 年第 1 期。

　　从目前来看，这三个层次划分，与其经济总量的等级基本相当，第一层次的城市将持续保持竞争优势。但从未来 10 到 20 年的长周期来看，第二层次中的部分城市将会进入第一层次，而第三层次的多数城市，在经过

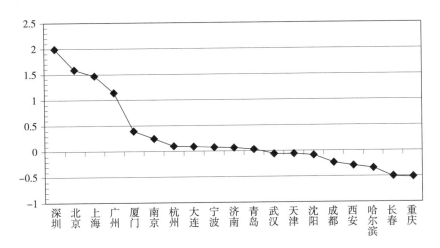

图3-8　2010年中国主要城市服务经济指数折线图

工业化和基础设施的大投资后，也会逐步形成服务业主导的城市服务经济体系，它们将共同托起一个由服务型城市网络支撑的"服务中国"。

　　为此，国内城市的转型行动，应实施先进制造业与现代服务业的双轮驱动战略，并进一步加大调整和优化服务业内部结构，扩大现代服务业的规模，大力发展生产性服务业，为服务产业的高端化发展提供系统的政策支持和制度保障。政府要从制度体系、行业规范、市场培育、人才高地、政府服务、组织管理、资金支持和财税优惠等层面构建促进高端产业发展的政策环境。

二、现代服务业推动中国城市转型的实践路径

　　从服务业与城市发展的互动性的角度，来审视改革开放30多年以来的中国城市化、城市现代化的进程，我们已经发现二者的对应关系具有明显的阶段性特征。第一阶段，是"十五"之前的20多年时间，这一时期由于我国重点推动的是工业化主导下的城市化，发展方式粗放，城市化与服务业的发展水平都比较低，二者不具备互动发展的条件。第二阶段，是"十一五"时期。2003年之后，伴随着科学发展观的提出，转变发展方式提上日程，东部地区产业结构调整步伐加快，加上中国加入WTO后

的服务贸易业务大增，国际服务业加速向中国沿海城市转移，使我国的现代服务业在"十一五"期间进入了一个爆发增长期。2008 年，国际金融危机发生，全球经济版图出现了新变化，中国的服务业投资迎来了历史性机遇，中国城市在世界城市体系中的地位更加重要，加速了全球高端生产要素和人力、知识资本向中国集聚，为现代服务业的发展提供了新的人才资本、金融资本。这一阶段的现代服务业大发展，不仅促进了产业结构的调整，也明确了服务业推动我国城市转型发展的方向，这将加快整个国家转变发展方式的步伐，实现从要素驱动到创新驱动的发展路径转变。进入"十二五"，我国的发展正处于经济社会转型的关键时期，城市也处在快速发展转型之中。在此背景下，我国在"十二五"规划中提出要加快形成专业化、市场化的中国服务业，推动特大城市形成以服务经济为主的产业结构。但与发达国家相比，目前我国服务业的发展水平还比较低，服务业发展落后的短腿现象仍旧没有改变。2012 年 12 月，我国的《服务业发展"十二五"规划》由国务院发布[①]，在该《规划》中，现代服务业的发展被确定为重头戏，其中金融服务、交通运输等 12 类生产性服务业，文化产业、旅游等 9 类生活性服务业以及农村服务业和海洋服务业共同构成了未来服务业的四大发展重点。《规划》还明确指出，到 2015 年，我国要实现服务业增加值占 GDP 的比重比 2010 年提高 4 个百分点的目标。而根据国家统计局数据，2010 年这一比重是 43.2%，这就意味着到 2015 年服务业增加值占 GDP 的比重将超过 47%。毫无疑问，未来几年，将是我国现代服务业的快速发展期，尤其是生产性服务业的需求将得到充分的释放。中国服务业的发展任重道远，而且只有通过现代服务业的大发展，加速形成服务经济体系，才有助于大城市、中心城市的功能升级，并依此来带动区域发展的一体化与现代化进程。那么，如何通过城市化的推进来实现现阶段服务业的快速发展？国内专家的研究成果表明，城市经济的转型升级，是有一定规律可循的，当前我国应大力发展创新型经济主导下的先进制造业和现代服务业，强化以知识、智力资源为依托的现代服务业，这应成为

---

① 中国政府网 2012 年 12 月 12 日，www.gov.cn。

城市经济的新方向。① 中国的城市化是在欧美完成两次城市化之后的第三次城市化，理应借鉴和吸收发达国家城市发展中的经验和教训，走出产业升级与城市转型的新路径。但从总体来看，国内外关于现代服务业发展与城市转型方面的研究还处于起步阶段，在现代服务业统计口径方面，国内外还没有统一的定义和界定，导致了在研究不同城市维度上缺乏可比性。此外，有关现代服务业与城市转型的理论研究、作用机制和实证研究还非常有限，尚缺乏一定的研究深度和广度。而现代服务业的研究在我国更是处于起步阶段，更确切地说，其理论注释远远不能满足实践发展的需要。大部分研究只是满足地方发展服务业的政策要求，属于应用性对策研究，其中针对北京、上海等大城市和经济发达地区如何发展现代服务业的研究较多②，这也反映了现代服务业是在工业高度发展的阶段发展起来的。向俊波、陈雯等分析了苏州、无锡等二级城市的现代服务业发展现状，并通过与国外二级城市的经验进行比较分析，提出了特大二级城市发展现代服务业的目标和路径。③ 随着我国现代服务业的发展中出现的新动向和新趋势，雷小清探讨了服务经济理论和实践中所面临的几个容易被人们忽视的经济伦理问题。④ 常修泽指出了中国现代服务业发展中的体制创新问题。⑤ 康艺凡、陈宪等编制了"中国城市服务业经济指数"，首次引入了脸谱分析，建立了与脸谱图多元统计模型的变量转换关系。⑥

　　尽管国外发达城市的现代服务业推动城市转型方面的研究成果值得借鉴，但其在外延与内涵上都与现实的"中国路径"存在着一定差异。中国新一轮的城市化进程，如何结合国情和现实，借助现代服务业大发展的系

---

①　裴长洪、李程骅：《论我国城市经济转型与服务业结构升级的方向》，《南京社会科学》2010 年第 1 期。

②　代表著作有：朱晓青、寇静：《北京现代服务业的现状与发展路径研究》，经济管理出版社 2011 年版；王志平、陈辉等：《上海发展现代服务业的途径与策略》，上海人民出版社 2011 年版。

③　向俊波、陈雯：《二级城市发展现代服务业的困境和解决途径——以苏州、无锡、杭州为例》，《城市问题》2003 年第 1 期。

④　雷小清：《关于服务经济的伦理思考》，《经济理论问题》2006 年第 1 期。

⑤　常修泽：《论中国现代服务业发展中的体制创新》，《理论与现代化》2005 年第 4 期。

⑥　康艺凡、陈宪：《中国城市服务经济指数·2010》，《科学发展》2011 年第 1 期。

统推力，在都市圈与城市群的空间范围内，在城乡一体化的新要求下，走出"精明增长"的新路径，从而让服务业的产业要素与城市的空间要素得到最佳配置，则需要有创新型的思维和大胆的实践探索。因此，基于国际战略机遇期、强化"内涵式"发展以及彻底转变发展方式的综合考量，"十二五"及未来一个时期，国内城市应该通过大力发展现代服务业，来推动城市的创新和转型发展，进而探索出服务业推动城市转型的"中国路径"：以制度创新为突破，有效运用政府和市场的合力，通过现代服务业企业的主体培育和集聚区的载体建设来调整产业结构，加快构建服务业主导的产业体系，进而优化城市产业空间，提升城市创新功能和服务功能，扩展服务经济的外部效应，促进城市经济系统、社会系统和生态系统，从而以经济的转型带动整体的功能转型，促进城市的不断升级和包容性增长、和谐发展。而实践服务业推动城市转型的"中国路径"，既要遵循国际城市发展的阶段性规律，更需根据我国城市化和服务业发展的现实基础，按照转变发展方式这条主线，设计好未来 10 年的重点任务，并体现在具体行动上：

首先，要把国家层面的"顶层设计"与地方的制度创新进行有机结合，形成城市、区域发展现代服务业的协同力量，推进创新型城市建设和集约化主导的新型城市化。

我国目前的城市总量 650 多个，其中 4 个直辖市、15 个副省级城市、268 个地级市、368 个县级市。大城市与中小城市发展阶段不同、沿海城市与内地城市不同，各自的城市化水平、制造业发达程度、资源禀赋、产业结构和特色都不尽相同，这就决定了城市产业升级、转变发展方式的途径不可能完全相同，也不可能选择一种转型模式。但总的来看，我国"十二五"期间，服务业的增长率、增加值必须超过同期 GDP 增速，特大城市、沿海大城市，包括中西部的大区域城市，要率先实现转型，形成服务经济的主导结构，从而在转变发展方式上起到引领作用、示范作用。转变发展方式、实现城市转型发展，是我国实现建设创新型国家目标的持续攻坚战，必须有国家层面的"顶层设计"。我国在"十一五"期间，密集出台了多项加快服务业发展的政策，对长三角、珠三角城市群的总体定位

是重点发展现代服务业，成为全球重要的现代服务业中心。国家发改委
2010年8月下发了《关于开展服务业综合改革试点的通知》，第一批有37
个城市为国家服务业综合改革试点区，进行政策扶持、产业引导资金等方
面的综合配套支持，目的在于着力解决制约服务业发展的主要矛盾和突出
问题，破除阻碍服务业发展的体制机制约束和政策障碍，重在突出示范效
应。这些战略规划、制度政策和行动计划，无疑在"十二五"期间将发挥
导向型的作用。但同时要注意的是，国家应进一步鼓励地方在现代服务业
发展、提升城市功能方面的创新举措，并把具有"样本"意义的地方创新，
在全国范围进行推广，从而形成创新驱动城市发展、产业升级的"集体行
动"，促进城市产业高端化、空间集约化、功能服务化。

其次，要抓住"中国崛起"的战略性机遇，放大中国城市的"大事件
经济"效应，推进城市服务经济体系建设，加快城市转型步伐，促使一批
国内城市真正融入全球城市体系。

中国已经成为世界第二大经济体，按照"十二五"的经济增速，在未
来20年间将有可能超过美国上升为世界第一大经济体，在这个过程中，
中国经济对全球经济的贡献度、影响力和话语权，必然更多体现在城市这
一竞争主体上，国内的一批大城市将成为全球城市体系中的节点或制高
点。这些城市通过承办全球性的赛事、会展，以"事件经济"来提升功能，
为服务业的阶段性发展提供了新的"发动机"和"放大器"，从而加快形
成了服务经济体系。北京通过承办2008年的奥运会，将重工业全面转移
出去的同时，实施了产业全面升级计划，现代服务业集聚区密布城市空
间，成为具备国际性服务功能、辐射全球的中国城市。上海则进一步放大
了"世博会"的效应，全面整合优质要素资源，基本完成已启动20多年
的产业空间重整计划，向"世界城市"的建设前进了一大步。广州、深圳
通过承办亚运会、世界大学生运动会，不仅完善了城市硬件功能，还促进
了服务业提速，整体的城市环境"脱胎换骨"。实际上，国际知名城市在
向世界城市、国际化大都市崛起的过程中，借助"大事件经济"来促进能
级提升，或全面"检验"自身的综合服务能力，几乎成为共同的选择。像
纽约、芝加哥、伦敦、巴黎、东京、大阪、首尔等，无不是"奥运城市"

或"世博城市"。可以预见，当一大批中国城市成为全球城市体系中的"枢纽"和重要节点之后，服务经济体系的建设就达到了预期的目标，中国经济发展方式的转变就见了实效。

再者，要把握我国新一轮现代化交通网络、城市基础建设的大机遇，在区域一体化的进程中重组城市产业空间，扩大现代服务业集聚效应，提升城市的经济容积率。

根据我国区域协调发展战略、城乡一体化战略，新一轮城市化的重点应该是区域协调发展、城乡一体化发展，让中心城市与城市群、都市圈形成互动、融合发展之势，从而实现空间资源效益的最大化。"十一五"期间，特别是国际金融危机之后，我国大规模开展新一轮的现代化交通网络建设，高速铁路、城市轨道交通、航空航运交通的大项目建设，为区域发展、城市功能提升注入了新动力。伴随着区域一体化、同城化时代的到来，国内城市迎来了发展现代服务业和功能升级的新机遇。一方面，快速的交通网络，使知识、资本、技术等现代服务业的发展要素集聚的程度更高，中心城市、大城市的"虹吸效应"加剧。另一方面，高铁站、空港带动的新产业区，又成为现代服务业的新载体。如京沪高铁开通后，围绕上海虹桥站的面积达80多平方公里的"大虹桥商务区"就明确了功能定位：上海现代服务业的集聚区，上海国际贸易中心建设的新平台，面向国内外企业总部和贸易机构的汇集地，服务长三角地区、服务长江流域、服务全国的高端商务中心。因此，目前和未来进入高铁网络的中心城市、枢纽站点，理应谋划好服务业集聚区的建设，并以此为抓手来优化产业的空间布局，提升城市服务业发展水平。另一方面，国内城市的轨道交通建设热，将直接重组城市的产业空间、生活空间，在一个城市的范围内造就新的中心，这将有利于城市重新规划、布局现代服务业的"空间落点"，促进服务业结构升级，提升经济容积率。因此，在未来的城市转型进程中，高铁是大区域范围整合高端资源要素的"通道"，地铁是促进城市机体内部循环的"血管"。对外"通道"与内在"血管"的有机结合，就能高速、高效整合发展的资源要素，培育和壮大高端产业，持续强化城市的核心竞争优势，优化服务业的发展环境。

　　此外，还应在新一轮城镇化战略和城市转型升级行动中，大力培育服务型领军企业，鼓励其参与国际竞争，着力培育服务外包企业，把服务业的国际化经营与城市国际化战略的实施结合起来。服务全球化是当今世界经济发展最鲜明的阶段性特征。进入 21 世纪以来，各国家之间的服务业渗透性、融合性越来越强。一方面，服务业跨国公司的"跨国程度"明显上升，从 1995 年的 32% 上升到 2006 年的 54%，国内城市承接服务业转移有明显的比较优势①；另一方面，全球产业分工带来的服务外包市场目前正以每年 30%—40% 的速度增长，我国的服务外包收入自 2001 年以来，平均每年增长达 20% 以上，2008 年接近 80 亿美元，未来占据国际市场的份额会更大。② 国家应该鼓励更多企业"走出去"参与全球服务业竞争。国内城市应该利用比较优势，大力推进服务外包园区的建设，并形成叫响全球的服务外包城市品牌。由此，建议从以下三个方面来协同推进：一是要大力培育服务业领军型企业和现代服务业的样板集聚区，带动城市服务业水平的整体提升。国内很多城市的"名片"型企业仍是制造业，在服务业领域难以找到上规模的、前沿性的企业，或者没有形成领军企业梯队，直接导致了企业竞争水平低。政府对服务业企业政策激励的重点应该放在"创新的产出能力"上，激励的重点不仅仅停留在企业经济意义上的规模产出能力，还应该在"品牌、专利、技术标准、技术先进性"等自主创新方面的产出能力上。无论新增项目投资、企业技术改造投资，还是科技项目投入、公共服务平台建设，还是对企业的各项奖励等方面的政策，都要突出提升"创新能力"的核心价值导向。二是要大力培育和引入生产者服务业，加快制造企业向服务企业转型，把现代产业体系的构建与城市核心竞争力的提升结合起来。"制造业是服务业的生身父母"，生产性服务业的发展更是制造业升级、分化的结果。国内很多城市在加工制造业和重化工业方面有很强的国际比较优势，而较强的制造业优势是我国发展生产性服

---

　　①　江小涓：《服务业增长：真实含义、多重影响和发展趋势》，《经济研究》2001 年第 4 期。

　　②　任兴洲：《我国服务经济发展的总体特征与制度障碍》，《科学发展》2010 年第 10 期。

务业的基础，制造业特别是先进制造业的繁荣本身就会扩大现代服务业的需求空间。随着我国先进制造业的发展，生产性服务业已经开始吸引越来越多的投资，国内城市应该通过产业引导来促进大型制造企业集团向服务型企业转型，并通过建立生产性服务业集聚区，集研发、设计、采购、物流和营销等多种生产性服务功能于一体，做大服务业规模、提升服务业水平。三是以政府的制度创新和政策引导为突破，大力培育中小服务企业，把服务企业主体培育与营造宽容、包容的城市创业创新的发展环境结合起来。现代企业在决定选址时更趋向于到制度相对完善、政策透明度高、政府办事效率高、法律和市场环境规范有序的低交易成本地区寻求发展空间。良好的城市形象和投资经营环境等低交易成本优势可以弥补生产成本相对偏高的劣势，使得现代服务业在城市不断集聚发展。

探索服务业推动城市转型的"中国路径"，既要把握外在的和内生的大机遇，更要通过对应的政策落实，将战略谋划转化为具体的措施、行动。国内外的大量事实证明，城市化与服务业的发展密切相关，在现代社会，城市是服务业发展的主要平台，服务业的规模和结构很大程度上取决于城市化水平和城市规模。城市化是一个系统工程，只有通过包括户籍制度、就业制度、社会保障等方面进行系统的改革和创新，才能推进现代服务业的快速发展和结构转换。我国当前整体上仍处于工业化中期发展阶段，这一阶段既是经济发展的"战略机遇期"，又是"矛盾凸显期"，经济的结构性变化和矛盾更为显著，资源和环境的制约、发展不平衡、社会转型期的矛盾及国内体制、外部环境的新问题开始集中显露出来。因此，要善于利用现代服务业推动城市发展，并且依据城市发展的规律摆脱世界产业周期和经济周期的被动影响，及早实现战略转型。尤其要强调的是，我国当前和未来相当长的一段时间，无论是服务业的发展、产业升级，还是城市的转型发展，都是在政府主导下进行的，国家意志的"顶层设计"和地方的制度性创新，将形成合力甚至新的博弈。目前，我国不少服务业如金融保险、电信、邮政等领域政府干预过度，垄断色彩强烈。多数服务产品的价格还是由政府制定和管理，市场竞争很不充分，也影响了服务企业的经营和机制创新，不利于服务业的成长。因此，必须坚持市场取向的改革方向，不断推进服务业体制改革与创新。特别是在国家的新一轮城镇化战略的实施中，要通过大力度的改革，把握好新型城镇化带来的服务业大商机，构建大城市、中心城市主导，中小城市和城镇联动的新型服务经济体系。同时，通过政府的制度创新，加强城市制度环境等软件要素的建设，提高政府的公共管理水平和效率，建设包括公共技术服务平台、公共人才服务平台、公共融资服务平台、公共管理服务平台等形式的服务业产业集聚公共服务平台，创造一个宽松自由、尊重知识、尊重人才、讲究信誉、等价公平、鼓励创新的制度环境，对于人才资本、知识资本为主导的现代服务业企业，就变得尤为重要。没有服务型政府，就不可能有服务型城市，政府改变对城市的治理方式，以系统性的制度创新、政策创新来强化高端要素的集聚，不仅有利于中小企业的成长，还有助于形成"包容性增长"价值共识，避免城市转型在发展中形成阶层分化和对立，强化高端人才、创新型企业的归属感。①

以现代服务业的大发展来构建服务经济体系，是我国"十二五"期间转变经济发展方式的重要内容，能否形成服务业主导的"三二一"经济体系，也是国内城市阶段性转型行动是否见效的重要标志。从"中国制造"到"中国创造"、"中国服务"，是一条不可改变的产业升级之路；从"生产型城市"向世界城市体系中"服务型城市"的功能转型，也是一种不可改变的大趋势。但是，我们也必须清醒地认识到，服务业发展不可能像工业那样很快见到效果，城市转型过程中遇到的各种新问题更是难以预料，这就使政府主导下的"服务业提速"和城市转型发展之路，在现行的政绩考核体系之下，充满了挑战，甚至会受到阻滞。毕竟，传统的工业化推进的城市经济发展方式、政府获利甚多的"土地城市化"所形成的路径依赖，很难在短时间内扭转过来。因此，面向新一轮城镇化和城市转型的国家战略行动，只有真正优先发展现代服务业、实现服务业增长的预期指标，切实提高城市的"经济容积率"，才有可能体现转变发展方式的实效。鉴于

---

① 李程骅：《现代服务业推动车城市转型：战略引领与路径突破》，《江海学刊》2012年第 2 期。

此，必须改变当前的政绩考核方式，用科学的指标体系形成"倒逼机制"，才能转变发展的理念，让城市之间告别 GDP 的规模、增速之争。比如用节能减排的硬指标来倒逼城市产业升级，发展能耗较低、附加值高的现代服务业，用单位土地的"经济容积率"来倒逼园区的"精明增长"，用"营改增"等税收调节的杠杆作用，促进制造企业向服务企业转型，用服务业增加值占 GDP 比重、现代服务业增加值占服务业比重、服务业对经济增长贡献率等更细化的考核指标来倒逼城市产业园区、科技园区产业的高端化提升，等等，从而为转变发展方式、城市的转型行动，提供系统的保障、可持续的动力机制。国内城市在产业升级、功能优化、空间重组、区域带动等方面的集体创新行动，定会探索出一条服务业引领下的城市转型更加优化的"中国路径"。

第四章

文化创意产业
与中国"创意城市"崛起

文化创意产业是在信息社会时代以创造力为核心、融合文化因素和文化价值追求的新兴产业门类，在全球价值链和世界城市体系的演进中，发挥着越来越重要的作用。一方面，文化创意产业的新业态高速成长，站在国际产业分工和价值链的高端位置，将经济、文化、技艺和艺术有机结合，对创新型经济的发展起到了战略引领作用；另一方面，文化创意产业对城市空间的响应特征，在对城市发展方式转换、空间功能转换、空间布局规划以及培育城市创新体系等方面，可以直接发挥多元、系统的作用，与城市整体的转型升级关系密切。因此，在当前我国城市加快推进以转变经济发展方式、提高文化软实力为主线的转型升级战略行动中，把文化创意产业的发展，与城市经济体系的重构、城市文化生态的建设有机结合起来，作为一个统筹的战略来实施推进，从而营造出城市空间的"创意场域"，促进文化创意阶层崛起，保障文化创意产业的健康生长，加快打造国际化的"创意城市"、"文化都市"，探索出文化创意产业引领城市转型的新路径。

第一节　文化创意产业引领城市转型发展

一、文化创意产业的崛起及功能认知

20 世纪 80 年代末期以来，伴随知识经济、创意经济的崛起，驱动城市发展的核心要素从资本、劳动力、资源禀赋等资源型要素，逐步向人才、文化、创新等知识型要素转变，创新型、服务型经济开始主导着城市的发展方向。文化创意产业作为创新型、服务型经济的重要产业门类和业态，迅速形成全球生产网络，促进产业创新和结构优化，为发达国家与国际大都市带来了高附加值。特别是在信息技术与数字经济的快速发展与推动下，文化创意产业不断成长和衍生出新的产品，将制造更加巨大而广阔的市场新空间，引导市场新需求，创造新的财富。从 1987 年到 1993 年，美国以文化产业为核心的版权产业就业人数年增长率达 2.7%，3 倍于同期其他产业 0.9% 的增长率；从 1994 年到 1997 年，纽约电影业的从业人员上升了 47.5%；而由城市文化产业作为参与主体的各类艺术节，则为成千上万的居民提供了临时性或永久性的工作。在 1998 年一年内，新经济已为美国的 1 540 万"知识工人"创造了就业机会。[①] 由此，进入 21 世纪后，美国率先完成了从"后工业化"向"创意经济"的重大转型，文化创意产业占美国整个 GDP 目前已经到了 1/3。谷歌、苹果取代波音、福特成为新的美国符号，仅消费类视听技术文化产品的出口额就取代航空航天产业成为美国目前的第一大出口商品。国际金融危机之后，发达国家重新重视先进制造领域以及构筑新贸易壁垒，后发国家加速经济转型与结构升级推动世界经济再平衡，全球生产网络在深化发展的同时，向更广泛和更高级的产业领域扩展，而文化创意产业的全球生产网络进一步深入扩张。特别是新媒体技术作为重要的载体，给文化创意产业总体带来的规模扩大、技术升级、消费群体增加等效应更加显著，培育出了更加丰富多元的文化创意

---

① 杨英法：《文化图强正相宜》，中国戏剧出版社 2007 年版，第 67 页。

产业新业态。

对于处在经济转型期的中国城市来说，大力发展文化创意产业，实际上成为转变经济发展方式、调整产业结构的一个重要途径，是打造中国经济"升级版"的重要手段。尤其是在转变经济发展方式、构建服务经济体系的目标追求下，低能耗、污染小的高附加值制造业和现代服务业已成为城市转型发展的主要方向，文化创意产业恰好可以与城市产业转型有机结合，特别是和现代服务业的融合发展，有利于城市的创新驱动和转型发展。从内生的动力机制来看，随着中国经济步入结构转型的关键阶段，近年来我国中央政府和各地关于文化大繁荣、大发展的政策红利逐步显现，文化创意产业的发展不仅在规模上增长迅速，在业态类型上也呈现出更多的新样态和新形式，显现出越来越强的经济活力与社会服务功能。2008 年 4 月 20 日，在阿克拉举办的联合国贸发会议第十二届大会上，创意经济和产业项目主任埃德娜·杜伊森伯格认为，中国正在从"中国制造"向"中国创造"转变，创意产业已经是中国优先发展的领域，中国在出版业，包括软件和电脑游戏在内的新产品、视听以及设计等领域表现突出。在会议开幕日发布的《2008 创意经济报告》，是联合国第一份关于这一新兴领域的研究报告，该报告中提到的创意产业涉及的领域包括文化遗产、视觉和表演艺术、出版业、纸质媒体、新媒体、设计等，报告对中国设立创意园区，使创意业者能够聚集在一起分享技术、设备和经验的做法表示肯定，并称从 1996 年到 2005 年，中国内地创意产品出口表现引人注目，已经从 184 亿美元上升到 613 亿美元，在发展创意经济方面取得显著的成就。[①] 文化创意产业在中国取得的成绩以及在产业升级中的引领作用，已经得到了世界的认可。根据《中国文化产业年度发展报告（2013）》显示，2012 年中国文化产业总产值突破 4 万亿元，文化产业在 GDP 中所占比重加速提升，已成为一批大城市的支柱产业。[②]2012 年深圳市文化

---

① 欧飒、邱俊：《联合国贸发会议官员说中国创意经济成就显著》，新华网 2008 年 4 月 25 日。

② 超过 5%即是支柱产业。统计数据表明，2012 年，北京、上海、深圳、南京、杭州等城市的文化产业增加值占 GDP 总量均超过 5%。

创意产业增加值 1 150 亿元，同比增长 25%，占 GDP 9%。^① 文化创意产业成为深圳市最活跃、最具竞争力的支柱产业之一，崛起了以腾讯、华强文化科技、A8 音乐、嘉兰图、劲嘉、雅图、华视传媒为代表的一批创意设计、动漫游戏、新媒体、高端印刷等文化科技型企业。2010 年北京的 GDP 总量中，12.6% 是由文化创意产业构成的，文化创意产业的蓬勃发展使得北京的具体经济结构更加趋于合理。^② 上海的文化创意产业在 GDP 中的比重，由 2008 年的 9.07% 提升至 2010 年的 9.75%，再到 2011 年的 10.02%，已经成为引领和支撑上海新一轮发展的重要支柱性产业。而根据上海"十二五"规划，到 2015 年，上海文化创意产业增加值力争占全市生产总值的比重达到 12% 左右。

全球文化创意产业在规模增长的同时，与科技融合发展逐渐成为新的结构特征。文化创意产业作为一种内涵非常丰富同时边界虚拟的产业形态，它的核心在于文化创意的知识产权属性，从本质上属于知识经济的范畴。文化创意产业的知识产权属性以及边界虚拟化特征，非常适合在知识经济中发展。以信息技术为主导、网络通信为基础、全球化为支撑的新知识型经济形态正在快速演进，从互联网到物联网再到移动互联网、从大数据到云计算再到智慧地球，科技与文化的融合也在不断促进着新型的文化创意产业形态出现。基于互联网、移动互联网以及大数据支撑的网络平台，正在持续并强化生产网络、社会网络、市场网络与消费网络的通达性、及时性和同步性，这对早期文化创意产业以生产者（手工艺领域）特别是创意者为核心、信息不对称的商业化模式产生颠覆性冲击，封闭化、集中化、等级化、权威化将被开放、分享、平等、共赢、共生的理念和运行方式所取代。这就意味着文化创意产业的发展，并不依赖于某个地区是否有充分的文化资源以及在此种所谓资源优势基础上的产品开发，相反更有赖于是否在以用户为核心、有效整合网络资源形成用户增值服务并快速传播。与此同时，数字内容经济的大发展，不仅为文化创意产业的各个环

---

① 《深圳文化创意产业上半年增加值增长 18.5%》，证券时报网 2013 年 8 月 7 日。
② 赵涛：《文化产业渐成新的经济增长点》，《人民论坛》2011 年第 32 期。

节融入科技因素使其产业链更具科技创新能力，更使得文化创意产业在一个更为开放的网络平台上与其他产业形态交织互融。无论是传统的汽车产业、房地产业还是百货商业、餐饮服务、旅游服务等服务业领域，文化创意的创造性可以在各领域激活产生创新行为与创新组织，新创意、新概念、新组合、新呈现、新商业模式将会使得城市的各个产业领域充满生机活力。当代中国的文化创意产业虽然起步晚，但与信息科技、互联网的快速融合，使其在崛起的过程中得以不断丰富内涵和创新业态。深圳的华强集团，已成为文化+科技的示范型企业。百度、腾讯、网易等一批基于互联网成长起来的中国企业，其在技术整合与商业模式上的大胆探索，大大提升了我国新兴文化创意产业的核心竞争力。

在城市经济结构调整的过程中，文化创意产业已成为城市多元产业体系形成过程中最主要的创造源。金融危机的冲击，使得像纽约、东京等以全球高端生产者服务业集聚为特征的全球城市陷入困境，相反倚赖多元化经济体系的部分国际城市则表现出众，显示出强劲的持续繁荣能力。这也为城市经济发展带来新的反思：如何避免单一经济形态的线性发展路径，而产业融合与多样化产业形态的谋划成为破题的关键所在。自20世纪90年代以来，文化创意产业作为内涵与形态最具多样性、开放性的产业，正在城市多样化经济体系形成中发挥着越来越重要的作用。文化创意产业与高科技产业的融合，产生新设计、新产品，与服务产业的碰撞，产生新的营销模式和商业模式。在产业的融合与演化上，文化创意产业侧重于创意与概念的引领，帮助其他产业寻找新兴市场和形成新的商业模式，这种跨界的融合互动极易延伸出新的产业形态和新型产业组织体系。在制造业领域，以新型"弹性生产"、"个性定制"为特征的新兴文化创意工业业态，正在重返城市的核心空间，特别是3D打印技术的飞速发展，"轻型生产"将成为城区经济可持续发展的重要动力。在生产性服务业领域，文化创意产业同生产性服务业的融合将有效提高生产性服务业的效率，增加中间生产性服务投入的附加价值，延长产品服务过程的价值链。特别是在金融产业领域，文化创意产业的介入将扩展金融产品和金融工具的功能。在生活性服务业领域，两者融合使得生活性服务业空间越来越向个性化、体验式、文化分众型消费方式靠拢。文化创意产业发展正在呈现出一种无孔不入、无处不在的业态扩展，未来这种基于文化创意内涵的知识溢出、无边界的产权交易创造的可能性不仅仅是新的产业形态，还将造就新的组织形式和新的共生网络。

从我国整体的经济发展阶段和社会演进的时序来看，近 10 年来中国通过成为全球制造业中心而进入工业化中期，还处于经济结构转型的关键阶段，尚未实现向工业化后期的过渡。虽然中国的一些大都市如北京、上海、深圳等在经济转型上获得较大跨越，但总体而言，中国城市的产业结构和经济体系与发达国家相比，还存在明显的代差。在城市发展转型的战略层面，文化创意产业与中国城市转型发展的关系变得越来越紧密。尤其在新型城镇化战略和打造经济"升级版"的要求下，低能耗、污染小的高附加值制造业和现代服务业已成为城市发展的主要方向，文化创意产业恰好可以与城市产业转型有机结合，特别是与现代服务业的融合发展，有助于加快城市的创新驱动和转型发展。文化创意产业将不断成长和衍生出新的产品，特别是在信息技术和数字经济的快速发展与推动下，文化创意产业将制造更加巨大而广阔的市场新空间，引导市场新需求，创造新的财富。因此，进入 21 世纪以来，我国的一批大城市，如北京、上海、深圳、广州、杭州、南京等，在实施产业升级的战略行动中，都把文化创意产业作为新兴的大门类产业作为发展重点，使其在引领产业结构升级的过程中，带动工业设计、软件以及国际服务外包等相关产业的发展，文化创意产业的比重在经济总量中的比重不断加大。进入"十二五"之后，我国文化创意产业的内部结构发生深刻变化，政府主导的文化产业基金扶持力度加大，多数省市都成立了文化产业投资集团、文化产权交易所，搭建新的国资平台，原来的文化事业单位转企改制步伐加快，文化创意产业上市规模化，企业资源整合与并购加速，数字文化产业的比重大幅提高，基本形成了完整的文化创意产业体系。

正因为文化创意产业对城市与区域发展具有引领性，尤其是所表现出来的现代服务业的空间响应特征，使其在现代城市的转型发展中发挥了系统的引导功能。从本质上看，城市既是文化创意产业的发源地，也是文化创意产业的集聚地。文化创意产业与城市发展的互动、互融与互促成为当今城市转型发展的一个重要特征。可以说，在知识经济社会中，没有任何一个产业像文化创意产业这样依赖城市的空间和资源，也没有任何一个产业像文化创意产业这样能够为城市经济的发展带来如此强大的推动力。实际上，基于人的知识创造、创新资本的文化创意产业，与传统产业最大的区别是其高度的集群性，这种集群不是以产品设计、制造、配套等产业链维系下的产业集聚，而是以创新的氛围、共同的追求以及思想的交流、创意的碰撞等为代表的新的价值体系主导下的群体有机融合，形成了一个相对稳定的"创意社会结构"，并汇聚在一个相对区隔的城市空间里，从而造就出城市中的文化创意产业园／集聚区。[①] 文化创意产业集聚区是集不同行业高端价值部分(研发、设计和营销等）于一体的新型经济发展模式。文化创意产业的发展及产业园（集聚）区的形成和发展对城市发展方式转换、空间功能转换、空间布局调整、产业区价值链升级和经济发展创新都有积极的贡献（图 4-1），它不但可以促进城市综合竞争力的提升，而且还带动了区域创新网络和区域创新体系的形成。区域创新体系的形成又对全社会创新力的培育和提升大有裨益，促进经济、社会与生态协同发展和交互推动的良性循环。

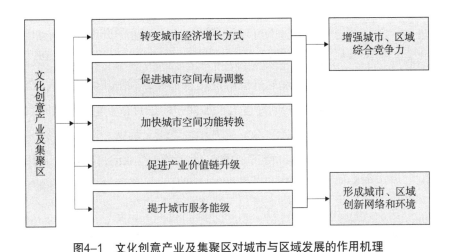

图4-1 文化创意产业及集聚区对城市与区域发展的作用机理

---

① 李程骅：《优化之道：城市新产业空间战略》，人民出版社 2008 年版，第 239 页。

在现代城市从"工业制造"向"服务经济"转型升级的过程中，文化创意产业的快速生长，对城市空间结构的重组，最突出的特征是容易形成主题性的产业集聚区，这些集聚区一方面是产业发展的载体，另一方面则成为城市的功能区，从而为文化创意产业与城市转型提供了互动互促的空间平台，使文化创意产业对城市转型发展形成多重的动力。具体说来，主要体现在以下几个层面：

首先，文化创意产业能加快转变城市经济增长方式。按照波特的理论，现代经济的早期增长是要素驱动，之后转向投资驱动，当投资边际效益逐步下降的时候又会转向创新驱动。创新驱动则主要指科技创新和文化创意两大领域，而文化创意产业作为知识经济时代的高附加值的产业形态，具有无污染的特点，与对土地、资源有巨大需求的传统制造业相比，能够不受土地、资源相对稀缺的限制，以较低的投入获得较高的回报，在发展过程中不仅不破坏越来越珍贵的城市资源，而且还能够保护现存的城市遗产、文化资源。特别是文化创意产业作为新兴业态，创业者大多年纪较轻，他们往往把城市中逐渐被废弃的旧区作为创业的基地，将其改造成充满性格的文化创意园区，进而形成文化创意产业的集聚地，为城市的旧区带来了新的生命力。

其次，文化创意产业优化城市产业结构。文化创意产业具有高增值、强辐射、广融合的特性，因此可以促进城市整个产业的升级。文化创意产业具有高增值力，这主要表现为创意赋予商品观念价值，新经济的演进规律表明，商品市场价值中观念价值所占比重越大，其附加值就越高。知识经济时代，技术交流与扩散的速度大大加快，商品日益丰富并趋向同质化，于是商品中"精神性"的观念价值所占比重就越来越大。因此，当创意产业向传统的制造业渗透时，便有利于推动传统制造业向高增值产业升级。同时，文化创意产业具有的文化底蕴，使其具有较强的辐射性，即通过产品所倡导或体现的文化来影响或迎合公众的意识形态、价值观念、生活习惯等，从而使公众乐于接受某种产品，扩大并稳定特有的消费群。经济发展水平提高以后，收入的大幅增长，引导了消费结构的变化。当人们的物质需求被满足时，就会有更高的精神文化层面的需求。美国著名未来学家约翰·奈斯比特曾说，在现代社会中，人除了温饱和安全之外，更迫切地要寻找人生的意义，要追求更高、更深、更远的东西。而文化创意产业正是通过提供丰富的文化产品，来满足人们日益增多、日益迫切的文化需求和精神需求，来扩大高端的文化消费，优化城市的产业结构，并以产品创新促进城市人的价值创新。

再次，文化创意产业提升城市的空间价值与服务能级。文化创意产业的核心是人的创新力及所表现出来的系统化的价值引领，但文化创意产业的无边界性，又会对所有的产业、产业空间、城市空间进行渗透和融合。在西方，文化创意产业的概念提出，就是由城市空间更新、城市功能复兴的转型升级行动所衍生的，是与城市为突破资源环境的约束、实现可持续发展的理念直接对应的。随着城市经济的快速发展与城市空间的快速扩张，整体商务成本的不断提高，产业结构与经济体系不断调整，导致城市产业空间的层级化特征越来越明显：高附加值、无污染的高端产业占据空间价值高的城市中心或核心地区，低附加值的传统制造业被不断外推转移，持续的"退二进三"，成为中外大城市空间结构优化的基本路径。文化创意产业的智慧属性，与现代服务业的空间表现特征，决定了它必须依附在高附加值的城市空间，才能得到可持续的发展。同时，现代信息技术的广泛运用，为文化创意产业开拓了更多的领域，互联网和数字化的发展拓展了创意产业的外延，促进了产业融合，不同行业的界限开始模糊起来，它们在信息化的平台上互相交融，从而延长了文化创意产业的产业链。此外，从城市空间发展的经济性来看，利用老街区、旧厂房、废弃仓库发展文化创意产业，改造成本低，产生的附加值高，创造浓郁的城市文化氛围，提升城市的文化内涵，还可以对知识型、学习型和创造性人才产生吸引力，促进创新型、服务型的城市功能的完善。发达的文化创意产业集群，通过内部关系的有机整合，可以为中小企业提供克服竞争壁垒的机会，促进文化创意人才、企业在城市空间的集聚，进一步推动文化创意产业的多元发展。

现代城市在向知识型、智能化和绿色低碳的转型发展过程中，已经被赋予了数字内容的文化创意产业，也正在显现其在技术路径上的创新引领作用。文化创意产业的知识产权属性，从本质上属于知识经济的范畴，故而在美国很长一段时间文化创意产业被称为版权产业。文化创意产业的知识产权属性以及边界虚拟化特征，非常适合在当前知识经济时代特别是以信息技术、网络通信不断跨代发展为基础的数字内容经济中发展。在后信息技术时代，从互联网到物联网再到移动互联网、从大数据到云计算再到智慧地球，科技与文化的融合正在不断促进着新型的文化创意产业形态出现。正如乔尔·科特金指出的，"当今的信息产业已不再是单纯的信息技术产业，而是信息技术与文化内容的交融、汇合，数字内容产业打破了原有文化艺术固有的边界，横跨通讯、网络、媒体、娱乐等各行各业，实现了'跨界域'的融合重铸"[1]。中国的一些先锋城市依托于高新技术的动漫、网络游戏、数字内容产品等方面显示出强劲的发展势头，崛起了一批具有国际竞争力的文化科技型企业。与此同时，数字内容经济的大发展，不仅为文化创意产业的各个环节融入科技因素使其产业链更具科技创新能力，更使得文化创意产业在一个更为开放的网络平台上与其他产业形态交织互融，无论是传统的汽车产业、房地产业还是百货商业、餐饮服务、旅游服务等服务业领域，在与文化创意产业的跨界融合互动后均延伸出新的产业形态，甚至在特定的城市空间形成特定的大范围的文化创意产业生态。未来这种基于文化创意内涵的知识溢出、无边界的产权交易创造的可能不仅仅是新的产业形态，甚至将催生新的经济形态、社会形态和更加智慧化、生态化的未来城市形态。

二、文化创意产业引领城市转型路径

文化创意产业的兴起与兴盛，是经济社会发展到一定阶段的选择。[2]现代城市转型发展的历程表明，文化创意产业已成为改变全球生产网络和城市体系的重要力量。在从工业化社会向后工业社会的演变中，城市的经

---

① [美]乔尔·科特金：《新地理——数字经济如何重塑美国地貌》，王玉平等译，社会科学文献出版社2010年版，第8页。

② 厉无畏：《创意改变中国》，新华出版社2009年版，第7页。

济结构逐步从生产制造中心向服务和创新中心的转型，不仅为文化创意产业的生长提供了适宜的土壤，也为其快速的发展壮大提供了多元的政策、资金和环境支持条件。同样，文化创意产业在生长的过程中，对城市的经济结构、社会结构和空间结构的多重影响，又直接促进了城市的空间价值和服务能级的提升。文化创意产业作为一个概念或新兴业态，本身就是现代城市转型实践的产物，从发达国家到发展中国家，从欧洲到北美，再到东亚地区，半个多世纪以来城市转型的实践探索，在不断丰富和深化世界城市转型的理论，而文化创意产业对城市转型升级的战略引领，也在实践创新中形成了基本的路径，显现出多重作用。

　　欧美发达国家的城市在进入 20 世纪 80 年代之后，伴随着制造业大规模的外迁，许多大城市出现了"空心化"的现象。如何使废弃的旧厂房、旧居住区所占据的城市空间重展功能、快速"复兴"，成为政府关注的现实问题，而在经济全球化、信息网络化、社会知识化的新背景下，以创造性、创新性为主导来整合产业资源、文化资源以及国家精神的创意产业的迅猛发展，又在城市中造就了一个个文化创意街区和产业园区。进而形成文化创意产业的集聚地，为城市的旧区带来了新的生命力。纽约的苏荷（SOHO）区因艺术家的集聚被列为历史文化保护区；伦敦泰晤士河畔的火力发电厂被改造成为著名的泰德现代艺术馆，带动了泰晤士河南岸地区从贫困衰退的旧工厂区走向兴盛的文化繁荣地区。[1]北美的巴尔的摩、蒙特利尔与多伦多等滨水城市，也都从港口工业区的改造过程中，发展起了文化创意产业。从全球文化创意产业崛起的历程来看，创意产业的高度集聚性，决定了其必须立足于产业资源、文化资源以及科教高度发达的大城市空间，并依托大城市的辐射功能来构建产业链和产业带。因此，大伦敦地区、东京地区、纽约地区、大洛杉矶地区、大蒙特利尔地区等，在成为世界文化创意产业的前沿区域和制高点的同时，老城空间中的老厂房、老街区也同步得到"复兴"，实现了产业空间优化与城市功能提升的双重目标。由于创意产业园与城市更新的互动作用非常明显，这种通过创意产业带动

---

① 厉无畏:《创意改变中国》，新华出版社 2009 年版，第 60 页。

经济发展，以创意经济重塑城市形象的发展模式适应了后工业社会对城市转型的要求，因此得到了许多国家政府的大力支持与推动。如何利用文化创意产业园推动城市更新成为研究与实践的重点，并迅速风靡全球——构建"创意城市"，由此成为各个国家去工业化背景下催生出的一种城市发展新范式。

在世界文化创意产业发展的进程中，英国伦敦被公认为是全球创意中心。伦敦依靠各种创新理念以及在人才、语言、文化、金融、商业服务等方面的优势，在"创意城市"发展方面始终站在时代最前沿，成为全球创意产品与服务的开发、生产、融资与贸易的中心。根据大伦敦政府经济委员会的调查显示，1995—2000 年五年间，伦敦创意产业产出年均增速达 8.5%，超过了其他各个产业。伦敦的创意产业的艺术基础设施占了全国的 40%，由此集中了全国 90% 的音乐商业活动、70% 的影视活动。高度多样性的创意产业还取得了生产率年增 4%、就业量年增 5% 的优异表现。同时创意产业还为伦敦提供各种创意机会，增强社会效益，推进多元劳动力的培养，消除贫穷社区，允许个人彰显才智和创新意识，并对现有的经济与社会壁垒构成挑战。2012 年，伦敦借力举办奥运会，使文化创意产业的产值达到 300 亿英镑，超过金融服务业成为该市最大的产业部门。德国的鲁尔地区，在工业化的进程中是重要的煤炭与钢铁之都。在产业结构转型的过程中，这里的城市"擦去脸上的煤灰"，大力发展文化创意产业，废弃的厂区被改造成工业博物馆、设计与技术中心、小剧场与咖啡馆等，经过长达 30 年的改造更新，鲁尔地区向世人展示出一道道亮丽的文化风景线：该地区拥有 200 座博物馆、120 家剧院、250 个文化节和 100 多座音乐厅，从而于 2006 年被欧盟定为"欧洲文化之都"。正是在"文化推动转型，转型带动文化"的口号引领下，以埃森为核心的鲁尔都市区希望为欧洲大都市区的未来发展树立榜样。①

20 世纪 50 年代起，北美地区的城市启动了从制造业向服务业转型之

① 德国鲁尔工业区变身"欧洲文化首都"，新华网 2007 年 11 月 28 日。

路，从纽约、巴尔的摩、芝加哥、波士顿到蒙特利尔等城市，它们在对老工业区、港口滨水地区进行改造，促进城市核心功能区复兴的同时，也推动了文化创意产业与人们日常商业消费和休闲娱乐体验的融合，突出了文化创意产业以人为本的价值导向。其中，巴尔的摩内港长达30多年改造成功的范例，使其被誉为“城市娱乐之祖”。巴尔的摩是美国马里兰州的最大城市，美国东海岸的重要海港。20世纪50年代后，伴随着全美重工业衰退，巴尔的摩港区日益萧条，码头仓库空闲，城区的楼宇空置，街道颓败。为此，巴尔的摩城市规划委员会开始策划城市更新的开发项目，着手组织编制市中心的总体规划。1964年，巴尔的摩内港区更新开发概念规划完成，计划用30年的时间，实现内港的全面复兴。在改造的过程中，政府只在重点地段项目的城市设计进行指引，允许建筑师和开发商充分表达自己的创作意愿，使开发项目的设计具有个性和创造性。到了20世纪70年代后期，巴尔的摩科学中心、巴尔的摩世界贸易中心和巴尔的摩会展中心陆续投入使用，随后围绕会展中心建起了休闲广场、音乐厅和海洋馆等文化旅游设施，突出文化旅游和商业消费的功能，使内港区域再展城市中心功能区的风采，吸引了全美乃至世界各地的游客前来游览。到

1990年，年吸引的游客就达700万人，创造了3万个就业岗位。[1] 到2005年，内港区的改造基本完成，形成了文化娱乐设施、商业中心、世界贸易中心、国家水族馆、内港广场、展览馆馆群等主要功能区。（参见图4-2）

图4-2 巴尔的摩港区内老发电厂改造成的展览馆

---

[1] 张庭伟、冯晖、彭治权：《城市滨水区设计与开发》，同济大学出版社2002年版，第3页。

巴尔的摩内港改造的成功实践，为北美诸多城市的空间改造，尤其是滨水的老港口、老厂区的更新提供了重要示范。这些在工业化时代建造的工厂、仓库、码头或铁路站场曾经占据城市核心位置，往往具有宽裕的空间功能转换可能性，而且不需要拆迁就可完成。在城市人口急剧增长、可利用的开发空间越来越小的形势下，它们的空间价值被重新发现。加拿大的蒙特利尔市，是多种文化的聚集地，有北美"浪漫之都"的美誉。这里聚集了 2 万多名设计师，2006 年被联合国教科文组织授予"设计之都"称号。政府为发挥他们设计创新的带动作用，出台了一系列的奖励政策，其中为零售商们设置的"橱窗设计奖"，对设计师们产生了普遍的鼓励作用。蒙特利尔市对已有 350 多年历史的老港的改造，是先借助 1967 年举办世界博览会获取整体的人文、建筑和空间发展的结构平衡，到了 20 世纪 80 年代后对滨水老港地区进行整体改造，使传统的码头区变身为现代科学博览中心、创意门店的集聚区、新兴多媒体公司的集中地和休闲娱乐的空间载体。（参见图 4–3、4–4）

图4–3   在老港码头区改建的蒙特利尔科学中心

图4–4   建在科学中心背后的"集装箱"创意门店，对应老港积蕴的"码头文化"

与蒙特利尔老港地区改造重点为"城市填充"不同，加拿大多伦多的水岸改造则是把原来建在安大略湖的废弃的工厂区变身为文化创意主导的城市公共空间,并融入城市的中心城区。2001 年,多伦多市、安大略省和加拿大三级政府联手出资组建 Waterfront Toronto 开发公司,全面启动"湖滨复兴计划"城市改造项目,将原来多伦多市区南部濒临安大略湖的废弃工业用地以及破败老区,重新规划和建设为人与自然和谐一体的可持续发展的绿色社区。该项目占地 800 公顷,堪称北美最大的城市改造项目。经过数年的努力,原来的废弃发电厂、老厂区、厂房变身为公共美术馆、艺术表演区,与多伦多的城市地标 CN 塔相应成景,为城市注入了更深的文化内涵。而重建的滨水步行道、阳光沙滩和新媒体公司的集中办公区,彻底拆除了城市与湖岸之间的藩篱,将多伦多变成一座真正的水岸城市。[①](参见图 4–5、4–6)

图4–5 安大略湖岸废弃发电厂变身为美术馆,与多伦多CN塔相映成景

北美城市对滨水老港口、老厂区的改造实践,让曾经辉煌的城市空间,再度焕发出更大的魅力,与文化创意元素对城市空间的渗入,人们对文化创意活动的直接参与、体验有直接的关系。原来生硬的工

图4–6 多伦多Waterfront Toronto的水岸表演舞台

---

① Ully:《多伦多:回归水性》,《商务旅行》2011 年 10 月号。

业化车间、码头仓库转变为富有人情味、艺术化和充满互动性的公共空间,激发了艺术家、设计师和企业家们的创造创意能力,也给公众以强烈的文化归属感,提升整个城市的文化品位和服务功能。同时,在一定程度上颠覆了美国自二战以来的蔓延式的城市空间扩张方式,为 20 世纪 90 年代"新城市主义"的风行提供了鲜活的实践例证。①"新城市主义"强调创造适合步行的紧凑的社区,突出邻里、街道和建筑的功能混合,保护好城市的文脉,改变现代都市过分注重建设外观美化的纪念性的标志性建筑,如市政中心、文化中心、大型纪念碑、城市广场等,使它们分离成一个个孤立物体的做法,让城市的空间以人为本而不是以汽车为本。把街道、社区释放出来的经济与社会作用,作为城市的活力与魅力之源。应该说,"新城市主义"城市开发理念营造的新型城市社区空间,满足了创意阶层生长发育的空间条件,促进了文化创意人才以及相关要素的集聚,为更多的工业制造型城市向"创意城市"转身,提供了切实可行的路径引导。

文化创意产业的集聚性及其对经济社会的多元影响与渗透,为"创意城市"提供了长效的动力机制,也为工业化向后工业化转型的城市培育出了一个新的"创意阶层",使发达国家的城市、大都市区从原来的制造中心、经济中心变身为创意中心、信息服务中心,从而孵化和集聚更多的创意企业。根据"艺术美国人"发布的美国创意产业报告,2005 年全美的创意企业达到 57.8 万家,占美国企业总数的 4.4%。2004 年,自美国 20 个最大的标准大都市统计区中,有 11 个大都市区的创意企业、机构与组织超过 10 000 家,就业人数接近 300 万人。(参见表 4-1)可见,创意企业的高度集聚性,一方面使这些城市的文化创意产业能迅速成长为重要的支柱产业,另一方面又培育出了充满活力与特色的城市创新环境与创新体系。

---

① 林广:《新城市主义与美国城市规划》,《美国研究》2007 年第 4 期。

表 4-1　2004 年美国 20 个最大标准大都市统计区中的创意企业数统计 ①

排名	标准大都市统计区	创意企业数
1	纽约 New York-Northern New Jersey-Long Island, NY-NJ-CT-PA	54 895
2	洛杉矶 Los Angeles-Riverside-Orange County, CA	48 862
3	旧金山 San Francisco-Oakland-San Jose, CA	21 232
4	华盛顿特区 Washington-Baltimore, DC-MD-VA-WV	16 360
5	芝加哥 Chicago-Gary-Kenosha, IL-IN-WI	16 261
6	达拉斯 Dallas-Fort Worth, TX	14 202
7	波士顿 Boston-Worcester-Lawrence, MA-NH-ME-CT	13 060
8	西雅图 Seattle-Tacoma-Bremerton, WA	12 138
9	宾夕法尼亚 Philadelphia-Wilmington-Atlantic City, PA-NJ-DE-MD	11 328
10	休斯敦 Houston-Galveston-Brazoria, TX	10 834
11	亚特兰大 Atlanta	10 567
12	底特律 Detroit-Ann Arbor-Flint, MI	9 209
13	迈阿密 Miami-Fort Lauderdale, FL	9 166
14	丹佛 Denver-Boulder-Greeley, CO	7 221
15	圣迭哥 San Diego	6 886
16	明尼阿波利斯 Minneapolis-St. Paul, MN-WI	6 791
17	凤凰城 Phoenix-Mesa, AZ	6 007
18	克里夫兰 Cleveland-Akron, OH	4 870
19	坦帕 St. Petersburg-Clearwater, FL	4 406
20	圣路易斯 St. Louis, MO-IL	4 294

　　中国文化创意产业的起步与发展，也是得益于城市产业升级所带来的城市空间改造行动，并在借鉴发达国家城市空间复兴的实践中，探索出了政府意志与市场机制结合的更高效的路径和方式。1998 年年底，台湾设计师登琨艳来到上海苏州河畔，将一间 2 000 平方米的旧仓库改造成设计工作室，由此吸引了境内外知名设计公司纷至沓来，并很快使苏州河两岸聚集了建筑、广告、艺术等主题概念的工作室 100 多个，这基本被认定是

---

　　①　资料来源:《艺术美国人》(*Americans for the Arts*)，2004 年。

上海也是当代中国的文化创意产业的最早形态。到 2010 年，上海的文化
创意产业已形成研发设计、建筑设计、文化传媒、咨询策划和时尚消费五
大门类，形成建筑面积达 260 多万平方米的 80 家创意产业集聚区，入驻
企业超过 6 110 家，来自世界 30 多个国家和地区的从业人员 11.74 万人，
累计吸引了近百亿元设计资本参与。初步形成"一轴（延安高架主轴）、
两河（黄浦江、苏州河）、多圈"的布局。而这其中有 2/3 以上的文化创
意园区都是按照土地性质、产权关系、建筑结构"三个不变"的操作办法
对老厂房、老大楼、老仓库进行改造而来。如位于莫干山路的 M50 艺术
品创意基地是在民族工业建筑遗存上改成的；田子坊则盘活了 6 家旧工厂、
旧仓库，不仅成为了具有上海地标意义的"人文景观"，在全国范围内也
颇有知名度和"样板"意义。① 一些知名的创意产业园区正利用集聚效应
所形成的辐射功能，逐渐向街区和社区发展转型。典型的如田子坊，它将
创意产业与商业、旅游业、文化、居民生活等有机结合，为消费者提供了
良好的休闲环境，也为改善居住环境、探索城市旧区改造新模式创造了范
例。2010 年 2 月，继深圳之后，上海成为中国第二个加入联合国教科文
组织"创意城市网络"的城市，并获颁"设计之都"的称号，创新和创意
已成为上海综合竞争力的重要资源。

从 2002 年起，北京、杭州、南京和无锡等地仿照纽约、伦敦等西方
城市，在旧工厂空间中建起的"文化创意园"、"创意产业园"，表明了
国内文化创意产业载体建设的全面起步。北京的"798"艺术区，杭州的
"LOFT49"，南京的"晨光 1865"、"创意中央"，成都的"红星路 35 号"
等较有代表性。"798"艺术区位于北京市朝阳区酒仙桥大山子地区，这里
曾是"中国电子工业的摇篮"。朝阳区利用原有厂房的德国包豪斯建筑风
格，将其改造成为富有特色的艺术展示和创作空间，对海内外的艺术家、
设计师们产生了强大的吸引力。经过 10 年的快速发展，如今已成为了北
京都市文化的新地标、中外文化交流的重要窗口、当代文化艺术的展示和

---

① 何秀芳、刘宇：《大力发展文化创意产业　加快建设国际文化大都市——专访中共
上海市委宣传部副部长、上海市文化创意产业推进领导小组办公室副主任宗明》，《中国贸
易报》2012 年 9 月 11 日。

交易中心。杭州的"LOFT49"地处杭州市拱墅区杭印路 49 号，原为杭州蓝孔雀化纤厂的旧厂房，周围集中了杭州一棉、杭州第一毛纺厂等 10 多家国有工厂。该区域距离古运河仅 500 米，保留了大量清朝末年以来的民居街巷，是杭州市现存具有一定规模的历史街区之一，目前已出新为集广告设计、产品设计、时装设计为主体的创意产业集聚区。LOFT 创业者中大多来自中国美术学院、浙江大学艺术学院、浙江工商大学艺术设计学院、浙江传媒学院等高校，这些高校自然就成为创意企业发展的人才输出基地。随着杭州城市品牌的影响力不断增强，越来越多的文化创意人才来杭州安家创业，为杭州文化创意产业的发展提供了源源不断的生命力。在长三角和整个华东地区，南京的创意产业园区建设具有很强的示范效用。南京在 2006 年集中推出了一批文化产业园、创意产业园的建设规划。2007 年 1 月，国内大城市中的第一家文化创意产业行业协会组织"南京文化创意产业协会"正式亮相。南京通过政府的产业导向和政策调节，来推进主题性的创意产业园的建设，从而达到了"孵化"优秀创意企业、做大做长产业链、做出品牌的目的。在这些创意产业园中，"创意中央"、"晨光 1865"等，在主题定位、运作模式等方面具有创新的特色，已在国内产生了较大的影响。文化创意园区的集聚效应和新兴文化科技企业的快速孵化，使南京的文化产业增加值在 GDP 中的比重不断提高，2010 年达到 4%，2012 年超过了 5.1%，上升为支柱产业，进一步优化了南京的产业结构。①

　　在国内文化创意产业发展的实践中，深圳作为一个新兴的城市，在文化资源短缺、文化底蕴不足、文化人才稀缺的情况下，深圳文化产业却迅速崛起，在较短时期内建立起较为完备的产业体系，成功探索出"文化+科技"、"文化+创意"、"文化+旅游"、"文化+金融"等发展模式，走出了一条不同于北京、上海的文化产业发展新路径。自 2003 年以来，深圳文化创意产业以年均近 25% 的速度发展，位居全国大中城市前列：2003

<hr>

① 《南京文化产业增加值占 GDP 达 5.1%，位居江苏第一》，《南京日报》2013 年 7 月 18 日。

年仅为 135 亿元，2008 年突破 500 亿元，2012 年突破 1 100 亿元，占 GDP 比重达 9%。文化创意产业成为全市支柱产业、战略性新兴产业和带动经济快速健康发展的重要引擎，创意设计、动漫游戏、网络内容、数字电视、数字音乐、文化旅游、高端印刷等均占全国较大份额。腾讯、华强文化科技、华侨城、华视传媒、A8 音乐等一大批文化领军企业，都来自于深圳、成长于深圳。作为"中国文化产业第一展"，深圳文博会总成交额从 2004 年首届的 356 亿元，到 2010 年第六届突破 1 000 亿元，再到 2012 年第九届的 1 665 亿元。不仅是拉动中国文化产业发展的大平台，而且还是推动中华文化"走出去"的大舞台。深圳的文化企业总体规模庞大，总数量达 4 万多家，从业人员 90 万人。2012 年的核心文化产品出口总额 43.3 亿美元，超过全国的 1/6。从"文博会"到文化产权交易所，再到百亿级的文化产业投资基金，三个国家级文化平台在深圳的落户运营，形成了文化产业博览、交易和投融资服务的一体化平台，为在全球文化产品生产体系中占据高端位置，提供了可持续的系统保障。①

文化创意产业的生长规律与传统产业明显不同，在现实的城市空间中，往往表现出较强的集聚性和爆发性增长的态势。近 10 年来，文化创意园区的快速发展和文化创意产业的高成长性，成为我国转变经济增长方式和城市发展方式的重要特征，发达地区和城市的文化产业的增长速度，普遍高于同期 GDP 增速，凸显出成为支柱性产业的巨大潜力。进入"十二五"，我国文化体制改革走向深入，加速政企分开、政资分开、政事分开、政府与市场中介组织分开，推动形成行为规范、运转协调、充满活力的管理体制，转企改制步伐加快，为各类文化创意产业主体创造良好的政策，文化创意产业的内部结构发生深刻变化。文化创意产业上市规模化，企业资源整合与并购加速，数字文化产业的比重大幅提高。② 许多城市还成立了新兴的文化产业投资集团，搭建新的国资平台，引入风险资本，组建文化产业基金，促进文化创意产业的高科技化、主题化，这样一

---

① 王京生：《文化产业爆发式增长与深圳实践》，《中国文化报》2013 年 8 月 23 日。
② 陈少峰等：《中国文化企业报告 2012》，华文出版社 2012 年版。

方面有利于从整体上对城市的旧街区、老厂区进行机理更新，凸显其提供就业、服务创新、文化传承等方面的功能，提升城市的品质，促进整个城市空间发展的有机化、和谐化、人性化；另一方面，在城市的新城区、高技术园区新建主题性的文化创意园区，可以为新兴的文化科技、创意企业提供新的空间载体，促进文化创意与新兴产业的融合，加快产业结构升级。现代城市发展必须以高附加值的制造业和现代服务业为主要方向，而制造业的高附加值是由文化创意或科技创新来实现，现代服务业更与创意产业密切相关。通过加快发展文化创意产业，推动我国制造业的升级换代，将极大地改善制造业普遍存在的缺乏创意设计、品牌认知度和技术工艺水平低、效益差的问题，实现从"制造"向"创造"的升级，以在国际产业分工中处于高端的有利地位。

当前，在中国城市空间扩张中，不少高新技术开发区、科技园区也借助"文化创意"的概念，重新进行产业空间定位，来实现文化创意产业和高新技术产业的融合发展，同时强化产业的集聚效应，形成规模经济。国内城市的高新技术开发区、经济技术开发区以及科技创业园区等，几乎都新开辟了文化创意园或文创产业板块，即表明了这种新趋势，如北京中关村高科技园区内的中关村创意产业先导基地、上海浦东张江高科技园区内的张江文化科技创意产业基地和大连市高新技术产业园区的国家动画产业基地等，都迅速发展成为国内文化创意产业的新高地。不过，以新的产业园区模式来发展文化创意产业，尤其是依靠政府投融资平台来"圈定"文化创意园的做法，尽管短期内能实现一定的规模经济效应，促进经济文化的表面一体化，但要真正创造出一个有机的文化创意功能空间，培育出富有创新精神的文化创意阶层，却是要时间沉淀的。因此，当前政府主导下的文化创意产业园建设热潮，切莫转化为新型"圈地"运动的概念包装，以免造成新的土地及空间资源浪费。国际上创新型城市的生长规律表明，只有先行发展文化创意产业，带动空间创新和组织创新、制度创新，才有可能培育出创意城市、创新城市，在促进科技、文化与经济融合的前提下，更要注重人的创造力与城市创意环境的融合。对此，佛罗里达在《创意阶层的崛起》一书中也有强调，在知识经济时代企业是追逐着人才而选址，而人才则追逐有质量的城市地点（Florida 2002；Florida 2003）。可见政府对文化创意产业发展的引导，应更多体现在通过制度创新和环境优化，引进更多的创新型企业、创意人才，强化主体培育功能，构建新的商业模式，打造具有自主创新知识产权和高附加值的文化创意产品和服务，带动城市创新功能与服务功能的提升。

第二节 文化创意产业与城市新经济体系

一、文化创意产业与城市新产业体系重构

通过产业升级、打造新产业体系来推动城市转型升级，在现实实践中需要创新的动力机制。体现创新型经济特质的文化创意产业，对城市发展方式转换、空间功能转换、空间布局调整、产业区价值链升级和经济发展创新都有积极的贡献，它不但可以促进城市综合竞争力的提升，而且还有助于区域创新网络和区域创新体系的形成。国内文化创意产业发展起步虽然较晚，但在中国城市的空间优化更新、创新驱动转型过程中发挥了重要功能，特别是近年来文化创意产业的科技融合与全球化发展，在助力中国城市创新驱动发展的同时，还为城市新产业体系的构建、中国城市的全球网络跃升，开辟了新空间和新路径。在转变发展方式的主线之下，发展现代服务业、构建服务经济体系，是我国城市转型发展的主导方向。文化创意产业本身就属于现代服务业的范畴，其在发展过程中营造的空间创新氛围与土壤，对于知识、人才和资本具有聚集作用，更有利于新兴产业的培育和生长。而文化创意产业集聚区不仅可以造就一个个富有特色的新兴产业集群，还能培育出富有生机的城市功能社区，生成出创新的空间网络，促进城市产业升级与经济体系的优化、重构。

文化创意产业的多样性、跨界性，丰富了城市的经济形态。现代城市的发展，尤其是大城市的示范带动作用，必须保持勃勃的创新活力与生机，而产业的多样性、文化的包容性以及对高端人才的吸引力，是城市可

持续发展的前提。文化创意产业的跨界特性，对各个产业与空间的渗透与影响，可以培育出城市的创新生态，减少产业和经济危机的冲击。2008年的国际金融危机，使得像纽约、伦敦和东京等以全球高端生产者服务业集聚为特征的"全球城市"受到重创，而那些倚赖多元化经济的区域性城市受到的冲击则比较小。这就为当代中国城市的转型升级带来反思：如何避免单一经济形态的线性发展路径？特别是近年来曾经风靡一时的城市中央商务区（CBD）建设，多数都面临产业空心化与空间两极化的问题，主要是缺少产业融合与多样化产业形态的谋划。文化创意产业作为内涵与形态最具多样性、开放性的产业，可以在城市多样化经济体系中发挥极其重要的作用。特别是文化创意产业与信息技术、高科技产业的融合，产生新设计、新产品，与服务产业的碰撞，产生新的营销模式和商业模式，还能加速形成新产业、新业态和新型产业组织体系。

文化创意产业与科技创新创业之间非常容易形成共生成长机理，在产业发展层面，形成融合生长、集群扩展的新态势。在制造业领域，由于"退二进三"运动，大城市城区的制造业几乎全部撤离。然而随着文化创意产业与制造业在多个环节的结合，以新型"弹性生产"、"个性定制"为特征的新兴文化创意工业业态将重返城区，特别是3D打印技术的飞速发展，"轻型生产"将成为城区经济可持续发展的重要动力。在生产性服务业领域，生产性服务业的产出是中间服务，文化创意产业同生产性服务业的融合将有效提高生产性服务业的效率，增加中间生产性服务投入的附加价值，延长产品服务过程的价值链。在金融产业领域，文化创意产业的介入将扩展金融产品和金融工具的功能。以北京为例，其金融产业与文化产业融合走在全国前列。2007年，北京市建立了贷款贴息工作机制和文化创意产业投融资信息平台，促进金融资本与文化产业的对接；国家开发银行北京分行推出"版权信托＋收益权质押担保"的文化企业贷款融资模式，并积极与北京首创投资担保等担保机构合作。相对于北京，上海则注重文化与高新技术融合，在网络视听服务、网络阅读服务、网络财经服务、网络电子商务、网络游戏服务、网络休闲娱乐服务、网络远程教育服务、有线电视"三网合一"等领域保持着全国领先地位。全国第一家"国家数字出版基地"集聚了上海方正、世纪创荣、中文在线等 330 多家数字出版及相关企业，基本形成网络文学、互动教育、网络游戏、艺术典藏、手机出版等特色产业聚集的数字出版产业链，等等。

在生活性服务业领域，无论在实体空间还是在虚拟空间，与文化创意产业的融合都对生活性服务业的发展带来颠覆性的价值。电子商务对实体商业空间的冲击，以及消费领域的多元化、个性化需求对生活性服务业既带来极大的挑战，又带来极大的刺激。生活性服务业空间越来越向个性化、体验式、文化分众型消费文化靠拢，同时移动互联等虚拟空间功能应用的叠加，使得文化创意产业对生活性服务业的引导、整合、分化功能被越来越放大。随着文化创意产业与各类产业的融合碰撞，城市经济形态将不再单一、不再割裂、不再对立，在有助于形成城市经济优化连续生态的同时，文化创意产业还带来新的组织形式和新的共生网络，从而使得城市经济在获得丰富性的同时，形成持续繁荣和共赢分享的能力。

文化创意产业在与新兴技术的市场应用、产品化、产业化结合过程中，更注重文化的资本化运作，容易创新创造文化产业新业态。从"功能城市"向"文化城市"转型，是国际大都市发展的战略性路径。在这个转型的过程中，要注重发掘、运用好这些城市已经积蕴的"文化资本"。"文化资本"哪里来？不仅仅是原来的"城市记忆"和文化资源，更重要的是文化产业、文化消费市场的资本化运营机制及营造的创新文化的氛围。以我国的深圳为例，城市的历史非常短，曾经被称为"文化沙漠"。但依托于高新技术的动漫、网络游戏、数字内容产品等方面的强劲发展，崛起了一批创意设计、动漫游戏、新媒体、高端印刷等文化科技型企业，走出了新型的"建构型"的文化产业发展之路。高新技术企业为文化产业的发展提供了技术支持，也创造了文化产业领域诸多的新业态。此外，文化产业的资本化运营是深圳文化产业的一大特色。深圳文化产权交易所，作为一个交易服务平台类企业，打造包括文化产权交易平台、文化产业投融资平台、文化企业孵化平台、文化产权登记托管平台四类平台。这样的专业化资本运作平台上，再辅以新兴技术的应用与集成，文化产业的新业态和新商业模式就会层出不穷地生长起来。

　　文化创意产业与科技的融合，助力城市创新体系构建。在改革开放30多年以来的中国城市化进程中，城市化发展主要依赖要素驱动，即通过土地、劳动、资本投入的增加来扩大城市规模驱动经济增长，但随着土地约束、资源紧缺，特别是知识经济的来临，技术、知识和文化将取代传统要素成为城市发展中最为重要的因素，通过这些新要素为城市成长提供高能级的"负熵流"，将城市发展的动力转变为"创新驱动"。

　　文化创意产业是知识经济中对知识、技术、文化集成度最高的产业形态，是城市转型发展的重要创新驱动力。尤其是在当前数字技术狂飙突进、数字内容经济蓬勃发展的背景下，文化创意产业通过与科技、服务等各种领域的融合与渗透，使得文化创意的创造性在各领域激活产生创新行为与创新组织，新创意、新概念、新组合、新商业模式将会使得城市的各个产业领域充满生机活力。城市的经济发展不仅可以获得持续创新和持续繁荣发展的动力，更重要的在于帮助城市在更广泛的领域中创造具有累积性、持续性、创新性的文化、经济和社会价值。文化创意产业的科技融合表现出越来越明显的网络化趋势，对当前的创新型城市建设最为重要，因为创新型城市的建设、城市创新体系的建设，关键在于创新社会网络的搭建。

　　文化创意产业的生产型和消费型双重社会网络，非常有助于知识和技术溢出、扩散过程，区域创新体系建设中最难实现的中介网络构筑，恰恰是文化创意产业最直观的特征。特别是数字技术、网络技术、信息技术的迅猛发展，推动了一大批全局性、战略性、关键性基础技术突破，这既是文化与科技创新融合的重要推动力，也为城市传统产业改造提升、新型业态不断涌现指明了基本发展方向。综合运用数字、网络和信息技术，改造传统产业，催生新兴产业业态，探索和发掘文化科技融合相关产业的新型商业模式，无疑是文化创意产业在助力城市创新体系建设中的重要功能。对此，Aleksander Panfilo（2011）在"The Role of Creative Industries in National Innovation System"中认为，文化创意产业及其集聚区，在国家和区域创新体系中的角色非常关键。他在对国家创新体系模式（National Innovation System Model，OECD，1999）与钻石模式（The Diamond Model，Porter，1998）深入分析后指出，进入 21 世纪以来，随着世界经济增长方式的不断变化，国家创新体系正发生着重要的转型，主要表现为文化创意产业的空间创新作用变得越来越重要。因此，Aleksander Panfilo 提出了不同于国家创新体系模式与钻石模式的"星模式"（The Star Model）。（参见图 4-7）"星模式"将文化创意产业园区 / 集聚区置于整个创新体系的核心位置，并在此基础上强化了非技术元素 / 因素（non- technological sectors）在整个创新体系中的潜在力量或作用，以及政府（the state）在创新体系中的建设性作用。根据"星模式"的功能布局，文化创意产业（集聚区）位于创新体系的核心位置，与其密切相连的 7 个分支为：（1）教育与培训（Education 和 Training）；（2）科学与研究（Science 和 Research）；（3）国际网络（International network）；（4）金融与相关支撑机构（Financial 和 Supporting organizations）；（5）创新周期 / 循环（Innovation cycle）；（6）创意环境 / 氛围（Creative milieu）；（7）市场境况 / 环境（Market conditions）。[1] 由此可见，创新的空间网络是造就创新环境、培育创新主体的主导性因素。

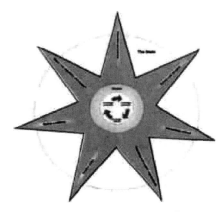

图4-7　The Star Model[2]

---

　　① 李翔：《文化创意产业园区 / 集聚区与创新型城市建设》，《生产力研究》2012 年第 6 期。

　　② Aleksander Panfilo，"The Role of Creative Industries in National Innovation System：the Creative Clusters in Moscow"，*Center for Markets in Transition(CEMAT)*，2011（2）.

文化创意企业产品的"原创"性,在全球产业链或服务贸易中呈现出的高附加值,带动新产业价值链的增值。世界主要国家和地区对文化创意产业的概念界定,主要分为三种:以美国为代表的"版权型",美国的文化产业集中表现为知识产权的特性;以英国为代表的"创意型",英国的文化创意产业集中表现在产品的创意设计领域;以东亚地区中国、韩国为代表的"文化型",突出文化资本的主流统领作用。但无论哪种类型,都必须依靠面向全球市场的产品,以具有知识产权、高附加值的文化创意产品的研发、制作、营销和服务等环节,来串起一个有机的产业链,实现在各个环节的增值。文化创意产业的本质是创新经济,其浮现和产生的同时也在改变着网络的全球结构。Flew 则早在 2002 年就指出,创意经济乃是全球化的经济,更易于搭建起一个基于全球化的网络与平台。文化创意产业的全球生产网络从一开始还暗含着全球创新与创意网络的成分。① 国际金融危机之后,发达国家重新重视先进制造领域以及构筑新贸易壁垒,后发国家加速经济转型与结构升级推动世界经济再平衡,全球生产网络在深化发展的同时,向更广泛和更高级的产业领域扩展,文化创意产业的全球生产网络正在浮现并深入扩张。

在这种背景下来观照全球生产网络中的我国文化创意产业的演进,也有助于认识从"中国制造"到"中国创造"实现路径的可行性。经过 21世纪前 10 年大规模承接国际产业转移,中国的主要城市实现了对全球生产网络的"镶嵌",并谋求在"网络镶嵌"基础上的"能级跃升"。然而,基于跨国分工的生产国际化与全球商品链的国际贸易基础上的"网络镶嵌"有很强的"锁定效应",无论在技术研发还是在商业模式方面,由于先发国家对核心技术溢出的壁垒和对商业网络的规则制定,都让后发国家距离微笑曲线两端的落差很大。要俘获全球价值链的高端环节,实现"能级跃升",必须寻找新的路径和新的动力来源。从这个意义上来说,文化创意产业相对于其他传统产业,在带动新产业价值链的快速形成上,有着更大

---

① 全球生产网络分析框架的创始人之一,夏威夷大学的 Ernst 教授根据金融危机之后全球生产网络的新发展变化,不断修正全球生产网络的框架,于 2012 年提出了全球创新 /创意网络的新模型。

的施展空间和跃升的可能。这是因为，在产品技术研发的跨度上，文化创意产业的关键在于原始创新或称"元创意"，"元创意"的来源并不完全依赖于前期的技术储备与研发，相反更有赖于对未来的天才般想象，起决定性的不是依靠过去而是掌握未来。以体现创意性的智能手机市场为例，撼动诺基亚近乎统治性的市场控制与技术研发并最终取而代之的苹果，依靠的更多的是乔布斯天才般的想象力和设计感，以及另辟蹊径的商业模式。苹果没有在技术研发上去追赶诺基亚，而是通过把握未来，真正以用户为中心，更便捷、更精准地把握用户需求，走出了另一条道路。同时，在商业模式的进入路径上，文化创意产业从来都是"蓝海市场"逻辑，也正因此，文化创意产业最符合知识经济的本质属性。绝大多数基于"元创意"或者是新知识创造而形成的产品，是不可能沿用既有的商业模式而一定会创造新的商业模式，尤其是在全球网络同步性的时代，既有的商业模式很难实现网络锁定，不停地自我颠覆或被颠覆是一个常态。文化创意产业本身的全球化生产、消费和传播属性是其他传统产业所不具备的。同时，由于文化创意产业的生产与消费双重网络属性，生产者与消费者的身份随机变换，具有极大复杂性的生产能力和极大复杂性的消费需求，对于中国的文化创意产业而言是重要的战略资源，特别是数字内容经济领域的新生产、新需求将会不停造就新业态和新商业模式。因而，依托快速全球化的文化创意产业，后发国家和城市能够在全球生产网络中寻找到新的升级空间和节点。

　　文化创意产业是全球生产网络与平台中至关重要的一个环节，也是高端价值链的领导者，能够成为城市创新体系与国际融通的重要桥梁。正如Aleksander Panfilo 特别指出的，国际网络是文化创意产业有益于城市网络升级的重要体现。[①] 由此，联合国教科文组织（UNESCO）为鼓励成员国家将本国城市在社会、经济和文化发展中的成功经验、创意理念和创新实践，向世界各国城市的管理者和市民开放，促进全球的城市之间能够建立

---

① 　Aleksander Panfilo, "The Role of Creative Industries in National Innovation System：the Creative Clusters in Moscow", *Center for Markets in Transition (CEMAT)*, 2011 (2).

起一种学习和交流的关系，推动发达国家和发展中国家城市社会、经济和文化的发展，在 2004 年 10 月召开的第 170 届执行理事会上，特意设立"创意城市"网络的评选项目，经批准加入该网络的城市被称为"创意城市"。截至 2010 年 3 月底，创意城市网络共分为文学之都、电影之都、音乐之都、民间手工艺之都、设计之都、媒体艺术之都、美食之都。到 2012 年，已有德国柏林，英国爱丁堡，法国里昂，日本名古屋、神户和中国北京、上海、深圳、成都、杭州等 34 个城市加入了该网络。一批中国城市加入"创意城市网络"，不仅有利于提升文化创意产业的国际化水平，促进经济发展方式转变和产业结构调整，还可促进创意设计改善城市的生活品质，提升城市的"软实力"。以影视产业为例，国内像怀柔影视基地、横店等为代表的电影制作产业集聚区，正在以其设备、技术、人才、成本、政策支持等积极参与到全球电影离岸制作业务中，加速全球电影产业的国际分工与网络搭建。在电影发行与衍生商品消费市场领域，近年以万达 IMAX 影城为代表的院线市场的快速成长，既是对中国电影市场爆发式增长的回应，也是全球电影市场和电影商业网络持续织网与深化的过程。在电影产业的资本市场领域，整合全球资本越来越成为电影产业重要的融资环节，特别是新兴国家资本的介入，将对全球电影产业的价值链、产业链、商品链布局影响深刻。无论是以大投资、大制作和大营销为基础的高概念电影，还是以小投资、小制作和小众营销为分众电影，或是以微 / 零投资、个性化制作和网络营销基础的微电影，都在不同程度、不同层次、不同维度上需要通过全球性的、专业化的制作团队、发行营销、投资、院线市场和后期衍生产品开发，才能有效降低投资风险并实现充分盈利。上海国际电影节作为中国第一个国际 A 类电影节，通过设立中国电影项目创投、亚洲新人奖、国际学生短片大赛、手机电影节、中国新片传媒大奖、电影交易市场、电影产业论坛等板块，搭建了一个中国电影走向亚洲乃至世界的坚实平台。

在经济全球化和世界城市体系演进的过程中，我国的文化发展坚持"两条腿"走路，在继续推动政府主导文化交流的同时，积极探索市场化、商业化、产业化运作方式，着力发展一批具有国际竞争力的外向型文化企业，推动建设国家对外文化贸易基地，打造国际文化交易平台，以企业为主体，以文化贸易为主要方式，加快产品和服务"走出去"，鼓励文化创意企业通过投资、合资、参股等多种方式，在境外兴办文化实体，更直接参与国际文化市场竞争，扩大了文化产品和服务在国际市场上的份额。[①]但是，文化创意产业的组织形式不同于传统产业，主导是中小企业、唯一贸易商和微型企业的网络化集群，这种交叉性和多学科性的本质，决定了产业的政策发展必须基于各行业的协同来形成，以反映投资、技术、创业和贸易之间的联系。而以文化创意产业集聚作为地域品牌的城市营销，可以提升所在地域的知名度，例如伦敦的歌剧、巴黎的时装、意大利的家具都带有声誉效应，类似于时装设计师的标记所具有的慢慢集聚起来的符号价值，将加速城市地方产业的创新化及全球化；也可以刺激地方政府不断完善文化创意产业发展的空间规划和软硬件环境。2010 年上海世博会上的"城市最佳实践区"，是公认的一个创新亮点。它不仅集中展示全球有代表性的城市为提高城市生活质量所做的有创新价值的各种实践方案和实物，还为城市间提供一个交流城市建设、发展经验的平台。如蒙特利尔案例展区的主题是"包容的城市、文化的城市和创造的城市"，就系统诠释了作为北美"浪漫之都"和"设计之都"的内涵特质。

现代社会的创新型城市不仅是科技与信息中心，也应是文化创意中心。对此，城市地区经济学家帕斯卡尔·马拉加尔认为："将来对世界大多数来说，区别他们的是城市而不是国家。城市主题文化已作为全球一体化经济和全球文化一体化参加竞争的重要手段。"[②]实际上，国际大都市在从"功能城市"向"文化城市"的转型中，基本都实施以城市文化品牌为召唤，组织城市经济活动、社会网络与空间形态，满足城市人对文化多样性的需求。在这个过程中，城市的文化资源、文化创意产业、文化氛围、文化场所和文化制度与政策，被有机地组织在一起，就生成出充满勃勃生机的城市创新文化，进而实现以文化的手段促进城市经济可持续增长的目

---

① 王京生：《文化产业爆发式增长与深圳实践》，《中国文化报》2013 年 8 月 23 日。
② 黄琪晨：《用历史之笔书写大未来》，《南方日报》2012 年 9 月 3 日。

标。因此，当今的世界级大都市，在进入 21 世纪后，都制订了文化创新计划：如纽约要打造世界新媒体中心，新加坡推行文艺复兴计划，首尔建设国际文化大都市计划等。在全球城市体系的运行中，高端的人才、知识资本会理性地选择适合自身的节点城市、特色城市，城市的文化创新，有利于集聚创新型人才、发展文化创意产业，并构建城市的新产业体系。文化和创意，优化了生产力的结构，特别是创造出的以媒介与信息为主的非物质形态的文化产品，在市场创新与产业创新、文化创新的组合中，有利于持续实现财富增值与拓展，培育出新的社会财富形态。产业、产品的创新归根结底是文化的创新，现代社会的文化创新创意主要体现在知识产权，知识产权与资本的结合，就为新兴产业的孵化和生长提供了市场化的通道，并创造出巨大的增值空间。总的来看，文化创意产业成为全球性的浪潮，在发达国家和主要城市已经越来越成为重要的支柱产业，就是因为国民经济的发展必须以高附加值的现代服务业、战略性新兴产业为主要方向，文化创意产业的知识性、创新性和低能耗和高附加值，能加快产业融合，推动传统产业的升级换代，促进以物质产品为中心的产业结构逐步向以精神文化产品、服务业为中心的现代产业结构转变，系统打造出智慧、绿色、低碳化的城市新经济体系。

二、文化创意产业园与城市产业空间优化

　　英国创意产业之父、著名经济学家约翰·霍金斯，曾对未来文化创意产业的发展给出了一个新的理念——打造生态的"创意产业圈"：创意产业的人和机构对老百姓的教育和宣传更能有所作为。[①] 通过宣传进社区、请民众进园区等互动方式，一来可以让民众乐于参与"产业圈"的建设，提升他们的创意意识和审美能力；二来也可以让他们在其中发现商机，各尽所能地创业，完善"产业圈"配套服务的建设，从而使文化创意产业得到生态化发展。创意城市是创意产业与创意空间的有机聚合体，由于文化

---

　　① 李程骅等：《创意与传媒》，复旦大学出版社 2007 年版，第 86 页。

创意产业具有趋向于在特定地区集聚并形成专业化运行的特点，就会彰显出对城市的产业空间进行优化的"外部性"作用。文化创意企业起步时多为中小企业，这些企业的集聚生态，一方面有利于自身的生存与发展，因为以中小企业为主的城市企业集聚，由于地理邻近性与资讯便利性，可相互观摩与学习，促使中小企业也能享有规模经济或范畴经济的利益并持续进行研发创新。另一方面也造就出充满生机的"创意场域"。Scott（1997）界定的"创意场域"，是由三种层次的力量与效益所构成：一为文化产业的空间群聚降低企业间经济互动所产生的交易成本；二为文化社群及网络协力合作所产生的非交易性互赖关系；三为城市内部集体制度环境在产业集聚区内企业之间形成一个小型的工作团队，在此环境中能解决中小企业为主的文化产业所面临集体行动的难题，包括公共基础设施供给、知识产权执行、企业协调问题等。这实际上也验证了约翰·霍金斯的"创意产业圈"的多重功能，文化创意产业的集聚与对应的城市空间，在好的制度设计与政策引领之下，完全可以实现有机的互动、融合，协同提升城市的空间价值与文化魅力。

当代中国的城市转型，也体现在对文化创意产业的培育和发展上，而对于其生长的载体——文化创意园区的规划建设，尤其是在老的厂区、街区改造而成的园区，因为在空间位置上的优势，很快就显现出"创意产业圈"的功能。新"包装"或改造的园区，一方面对原来的城市空间环境进行了最大限度的保留和再利用，同时又通过大胆的创意，把原来的旧厂区、院落、车间"出新"为城市的新文化载体，使其成为全新的创意功能空间。从而优化了城市的传统产业空间，完善了城市在提供就业、服务创新、文化传承等方面的功能，提升了城市的品质。可以说，近年来中国城市加速推进产业升级驱动下的空间重组，尤其是"退二进三"后带来的城区产业发展滞后等遗留问题，通过文化创意产业园区的建设，寻求到了一条比较可行的路径，并且推进了城市产业空间价值的重新发现，促进了整个城市空间发展的有机化、和谐化、人性化。与此同时，由于中国的城市化、工业化推进是政府主导的"追赶型"路径，速度与效率为先，在推进产业升级与城市发展的过程中，必须边增长边升级，边发展边转型，以破解在增长中实现产业转型与城市转型的现实命题。这样，在以经济技术开发区、高新技术产业园区和新城、新区为主导的空间扩张中，就把原来植根于老城区的"文化创意园"的概念，直接运用到开发区和新区的规划"包装"中，如同步规划具有高新技术园区特征的文化创意产业园、为先进制造业服务的工业设计园等。同时，针对新兴产业与文化、创意、信息技术和科技融合，更多接近于新经济企业的特性，超前规划和建设新的科技型文化产业园、多媒体动漫园等，为这些新的园区、街区注入更多的文化创意元素，促进产业渗透与空间融合。在城市空间的扩张中，文化创意产业园区从老厂区、老街区到高新技术园区、城市新区的扩展布局，有利于在城市的整体空间中建立起创新的网络，实施更科学的产业空间重组。在后工业社会到来之后，基于发达工业化阶段产物的"福特主义城市"，已经难以适应服务产业、新经济企业和高端的创新型人才的个性化需要，以信息化、网络化等先进技术和新商业模式共同支撑的"后福特主义城市"的崛起，在城市空间内按个性需求来组织生产，重新打造柔性化的产业链就成为一种必然的选择。[1] 国内城市目前新建的文化创意产业园区、基地，多数是通过设计、展演、市集和办公功能的发挥，打造集创意设计、影音娱乐、动漫游戏和传媒艺术为一体的空间形态，让创新主体企业和人才的活动，能有效"软化"同区域或相邻地界的工业制造厂区的"硬度"，为"后福特主义城市"注入更多的创新元素，营造具有包容性的人文空间，从而促进城市形成网络化的创新平台，满足更多的个性化生产与消费的需求，强化城市对先进要素的集聚力、整合力。

国内城市近年兴起了新建文化创意产业园的热潮，与我国把文化产业的发展上升到国家文化安全和促进文化繁荣的战略高度直接相关。2009 年 7 月，国务院常务会议通过的《文化产业振兴规划》，首次将文化体制改革和大力发展文化产业上升到了国家战略；2010 年 10 月通过的我国"十二五"规划建议和 2011 年 3 月发布的国家"十二五"规划纲要，进一步提出"推动文化产业成为国民经济支柱性产业"。2011 年 10 月，中国共产党十七

---

① 谢富胜：《福特主义与后福特主义》，城市经济网 2012 年 12 月 28 日。

届六中全会发布的《中共中央关于深化文化体制改革推动社会主义文化大发展大繁荣若干重大问题的决定》，对我国文化产业的发展作了系统的规划指导，明确提出要"推动文化产业跨越式发展，使之成为新的经济增长点、经济结构战略性调整的重要支点、转变经济发展方式的重要着力点，为推动科学发展提供重要支撑"，"构建结构合理、门类齐全、科技含量高、富有创意、竞争力强的现代文化产业体系"。2012 年 2 月 28 日，文化部在京召开新闻发布会，正式向社会发布《文化部"十二五"时期文化产业倍增计划》，提出了"十二五"期间文化部门管理的文化产业增加值年平均现价增长速度高于 20%，2015 年比 2010 年至少翻一番，实现倍增的奋斗目标。2012 年 11 月，中国共产党的十八大报告更是描绘出文化产业新的发展蓝图：到 2020 年全面建成小康社会，文化产业成为国民经济支柱性产业。在文化产业被纳入区域发展规划，同时得到政府强力扶持的新背景下，地方发展文化创意产业的热情得到了集中的迸发，文化体制改革释放出重大的产业发展红利，文化创意产业的扶持资金规模扩大，文化产业基金迅速扩容，文化创意产业由此规模增长迅速，并在业态类型上呈现出更多的新样态和新形式。文化 + 科技、文化 + 品牌、文化 + 总部和文化 + 金融等多种产业组合方式，在新建的文化创意产业园，得到了更好的空间支持。那些大批量引入文化创意企业的科技产业园区，有效延长了产业链，提高了产品的附加值，赋予了"文化 + 科技"产业模式更多的内涵，促进了在爆发式增长中的领先优势。尽管新兴的文化创意园区在建设中存在定位不准、集聚率不高、同质化严重等问题，往往和政府主导的"造城"运动联系密切，但毕竟在一定程度上优化了城市整体的产业空间，促进了"制造型"经济向"服务型"经济的转变。同时，对于文化创意产业园区的产出与效益，不能用传统的工业园区的标准，要从对整个功能区、城市新区的"溢出效应"，特别是在创新文化、人文环境打造上带来的整体空间价值的提升与可持续增长，来算"大账"，树立起文化引领园区、城市空间功能升级的新理念和发展思路。

　　无论是在传统的城市空间"出新"的文化创意园，还是在新城、新区规划布局的文化创意产业园，都因其集聚性、协作性和内部的互动渗透性而呈现出强烈的空间响应特征，并发挥创新、服务的功能引领作用。就前者而言，"文化创意产业和城市旧区改造有机结合，可以避免城市文脉的中断，不仅能保留具有历史文化价值的建筑，而且通过历史与未来、传统与现代、东方与西洋、经典与流行的交叉融合，为城市增添了历史与现代交融的文化景观，不仅对城市经济发展产生巨大推动作用，而且使城市更具魅力"[①]。就后者而言，由于更多赋予了创新技术研发的带动作用，对创新型的中小企业"孵化"的功能则较为突出，在规模聚集、协作网络上更多依靠现代科技的手段。当然，这两种主要类型的文化创意产业园，在不断的演化进程中，还会衍生出更有效率、更有内涵的产业空间组织方式。特别是作为研究中心、人才培养地的大学、研究机构，在城市与区域经济社会发展中的角色转变，对自身周边地区的创新渗透性越来越强，在政府力量和市场机制的作用下，会培育出新型的创意社区或街区，同样能提升城市的创新和服务功能。在我国经济和文化科教发达、国际化程度高的长三角地区，龙头城市与核心城市的上海、南京和杭州等，近年来文化创意园区加速进行业态提升和空间整合，更有效地促进了园区的功能优化与升级。依据产业集聚的特性、空间形态以及对不同专业人才的吸引程度，这些园区则可以分为"旧城区改造型"、"新建型"和"大学依托型"三大类。"旧城区改造型"是以城市旧区或老建筑改造和功能空间转换为目的，将城市中有文化底蕴的老建筑顺势或有意识地改造，使其符合创意产业集聚区发展的要求，如上海的"田子坊"、杭州的"LOFT49"、南京的"晨光1865"等。这种类型园区的优势首先在于其低廉的租金，其次是激发人遐想的空间，更重要的是超越了旧时期对老建筑只注重保护的单一做法，形成城市功能空间的多样性，使保护和生产功能实现统一，培育出城市新的经济增长点和就业载体。"新建型"园区是在已经规划的经济技术开发区内创建创意产业集聚区，或在市中心区、城市综合体内创建时尚展览和消费型的创意产业集聚区。如上海张江文化创意产业基地，就是发展对多媒

[①] 厉无畏:《文化创意产业推进城市实现创新驱动和转型发展》,《上海城市规划》2012 年第 4 期。

体、动漫、网络游戏、电脑软件、影视后期制作等高科技依赖性很强的科技创意产业。"大学依托型"的经济空间模式利用了大学丰富的人才资源，良好的校园教育、研究和培训基础设施，有促进创意产业集聚区"产—学—研"一体化。如依托同济大学形成的建筑设计类创意产业集聚区圈层，依托上海交通大学形成的软件开发和动漫游戏类创意产业集聚区圈层，依托上海师范大学美术学院形成的美术设计类创意产业集聚区，依托上海市服装研究所、东华大学和上海工程技术大学服装学院而形成的长宁区天山路以时尚艺术、服装设计和品牌发布为主要特色的时尚产业园等。这一模式在内涵和空间上都改变了城市功能单一而联系少的局面，对于城市空间功能转换有重大促进作用。

从上述对文化创意产业园区的功能分析以及我国城市的文化创意园的演进历程来看，伴随着城市传统空间加快"退二进三"以及新空间的快速拓展，文化创意产业的业态快速升级，作为其生长的载体园区也在趋向多样化，并形成了内涵质态的代际发展特征。到目前为止，国内城市已经发展出三代文化创意产业集聚区、园区形态。（参见表 4-2）对城市空间价值的发掘和服务功能的提升，呈现出梯次强化的趋势。

表 4-2　文化创意产业园区（集聚区）的代际特征

	第一代文化创意园区	第二代文化创意园区	第三代文化创意园区
空间特征	厂房 / 区改造。	厂 / 街区改造，楼宇置换。	城市新型混合空间开发。
产业形态	艺术家自然聚集，产业门类多杂。	动漫、设计等主题性 / 主导性产业聚集。	共生性、融合性的产业聚集，新型科创社区。
功能服务	物业服务，租金管理，轻产业功能，二房东。	产业招商运营，主题活动策划组办，产业生态初期营造。	产业技术联盟、产学研合作平台，专业化服务，创意 / 创新网络搭建。

从最早的艺术家、创意要素自然聚集开始，第一代文化创意园区带有着较为典型的美学特征，无论是北京的"798"，还是上海的"田子坊"，都是艺术家们通过独特的设计开发，改造了原本已经废弃、破旧的城区厂房、仓库等工业建筑，生产车间变成了工作室、展厅和写字楼等等，使得

工业化的城市空间无论是在使用性质上还是在视觉呈现上都发生了巨大的转型，在一大批城市历史建筑得到保护和利用的同时，也为盘活城区国有存量物业创造了新的思路。随着第一代文化创意产业园区的风靡，老工业城市开始迅速复制相类似的城市空间更新路径，城市政府开始出台相应的政策和规划，大量的社会资本开始进入文化创意产业园区的开发与运营领域，并出现和产生了一批文化创意产业园区运营商。这些运营商与主导的园区规划与改造，与原来创意要素自然聚集有所不同的是，更注重其功能性的发挥，由此生成了带有明确规划目标和开发引导性的第二代园区。在空间载体的选择上，不仅进一步在厂房、仓库等工业建筑挖掘，强调主题产业和主题文化，试图以主题性开发聚集形成有效的文化创意网络，与此同时，还注重老大楼、老街区等楼宇、临街商业的重新包装与深入开发，突破了封闭性的生产性空间布局，将原先仅仅作为创意者的工作空间转变为工作、消费、休闲功能兼备的开放式园区、街区，进而形成具有创意生产、商业消费、文化休闲、产品体验等功能的个性化生产消费休闲文化生态空间。

如果说前两代的园区比较注重的是空间改造与开发，那么第三代文化创意产业园区则更加注重运用科技手段、信息网络来促进创意社群与创意生态的营造，使园区不仅仅是工作、生活、消费、休闲的空间，还要在相应领域创意生态体的形成和创意社群集聚的过程中，提供系统的功能性服务，实现从园区化、街区化到"社区化"的演进，进而培育出创新性城区、创意城市。从第一代园区到第三代园区演化升级的进程，无论是产业演进还是空间演进的路径，都与创意城市的生成机理相同，也印证了二者的对应关系。（参见图4-8）可见，文化创意产业是"创意城市"的产业支撑，而不断升级的文化创意产业园区则是"创意城市"的空间表现形态。尤其是新建的文化科技园区，突出空间的有机性、融合性，淡化产业的主题性、专业性，更有利于实现主导功能的转变。在上海，"杨浦模式"的"三区融合、联动发展"之路也较有代表性，那就是通过创意空间一体化的培育，把大学校区、科技创意园区和公共社区有机地"叠加"在一起，形成了网状的创新环境，为创新型城区的生成提供了重要的空间保障。

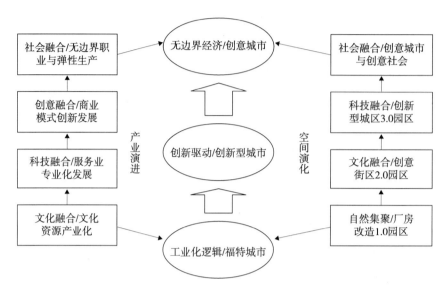

图4-8　文化创意产业园区促进"创意城市"生成演进图

城市的空间是有价值的，城市产业空间优化、重组的过程就是追求整体空间价值最大化的过程，土地的价格、房产的价格、收入和消费水平等都是空间价值的直接体现。在传统的产业空间，"经济密度"直接决定于以制造业、加工业为主导的产业空间。现代的产业空间，则包括产业密度、投资密度、消费密度，必须追求有机的多层次的产业空间，以市场的力量来推进产业空间层次的演化，从而形成或再造一个个具有价值引领作用的新空间载体。文化创意产业园区的发展和集聚，提升了现代城市的创新与服务功能，从"基础层"到"核心层"再到"衍生层"，创造出大量各具形态的文化创意产品和服务。信息技术的广泛应用及其生产方式的根本转变，传统的产业部门之间的界限被逐渐打破，导致了文化创意产业各部门之间更多的渗透和融合，并很容易使与买卖双方密切相关的市场区域概念转变为市场空间概念，从而提升城市与区域空间的整体价值。不同形态的文化创意园区的扩张与升级，也在重绘城市产业及经济地图，使城市形成有各种特色的城区。进入后工业社会、信息社会之后，制造业的外迁，服务业的高度集聚，包括创意产业在内的新产业的崛起，使城市充满生机。城市人"消费即生产"，使城市的产业空间与整体的城市空间形成了融合、和谐的关系，产业对城市空间的贡献度明显加大。文化创意产业是繁衍于知识经济体系的经济部门，是开放性与兼容性的共同体。文化创意产业的发展将可能迅速地带动相关产业的发展，通过将创意产品融合到其他产业产品中去的方式可以有效地延长产品生命周期，也因此改变相关产业的生命周期。因此，文化创意产业园区的升级，能持续促进城市"中心—边缘"空间结构布局的优化。一方面，城市中心区的文化地位更趋凸显，城市中心区成为文化和艺术创造力的焦点和中心；另一方面，不同类型的文化创意产业又在不同城市区位中集聚，形成了特定的文化氛围。尽管城市空间布局中"中心—边缘"的区位差别，在地价杠杆作用下产生具有高低之别的空间层级性差异，但文化创意产业巨大的附加值可以为不同区位的土地增值，并不断调整地价杠杆的作用，使整个城市社会空间形成类型之异，而非层级之别，从而以其独特的空间形态保护了城市的文化环境，赋予了城市空间多重的创造功能，成为城市经济可持续发展的重要载体。

现代城市功能体现为城市对资源要素的集聚和扩散作用以及城市对生产、生活的综合服务能力。文化创意产业园区对原有老工业基地进行更新改造和再利用，将原工业企业进行置换搬迁，对于地区活力的营造、人气的集聚以及经济的发展都具有十分重要的意义。发展文化创意产业，打造具有时代气息的新型都市创意产业园，可以营造更好的城市环境。同时，城市的文化创意产业还承载着城市文化传承功能，文化创意产业园的不同定位，既是从注重产业的"园区化"到注重文化休闲的"街区化"、"社区化"，其所具备的要素集聚能力，提升了城市的文化品格、软实力，在提升城市品质的同时，更加速了城市传统空间的复兴。在这一点上，蒙特利尔老港区新兴的"多媒体城"的崛起就很有代表性。1990 年，蒙特利尔发展协会盘下了老港地区的发电厂片区的一批旧厂房。1996 年，在这个区域启动了以"艺术与多媒体"为发展方向的城市新生计划，"多媒体城"没有搞成片的"拆迁"与重建，只是对内部空间实施集中供热、制冷系统以及先进的网络接入设施，使其具有现代办公的功能。为了尽快形成集聚效应，协会设立了企业创新中心作为孵化器，为小微公司的创业提供金融、咨询等辅导服务，同时为入驻的公司提供雇员的税收抵免，但前提是公司必须从事 IT 产业或多媒体产品与服务业。结果在不长的时间内，就使一个由八座老厂房改造而来的"多媒体城"迅速崛起，不仅小公司扎堆而来，连一些国际大公司也进驻其中。① 可见，文化创意园区的"旧瓶装新酒"，内涵的持续深化，关键在于通过先进的理念引领、创新机制的运用，让高附加值的经济活动成为城市空间自我生长的核心动力。由此，以先进的技术和商业模式来促进文化创意产业园区的升级，是有效提升城市空间价值的重要途径。

综上所论，我们可以系统认知到文化创意产业及聚集园区的发展，对城市产业升级、"腾笼换鸟"以及再造城市新功能空间的重要作用。在从工业化到后工业化社会的转型中，无论是从"福特主义城市"向"后福特主义城市"的演进，还是全球"创意城市"网络主导下的新生产体系的重构以及当代中国城市的快速转型升级，文化创意产业的渗透性、融合性，对产业和空间的多元作用机制，都得到了全面的体现。文化创意产业以新兴的业态、组织方式与科技、金融和消费体验的结合，培育出城市新的经济增长点和支柱型的新产业，促进城市服务经济体系的形成与创新、服务功能的系统提升，为现代城市的转型发展、可持续发展，提供产业引领与空间重组的复合动力机制。

第三节　文化创意产业促进中国"创意城市"崛起

一、文化创意产业促进中国城市经济转型

中国城市的转型发展是建立在产业升级、新产业体系日益完善的基础之上的，只有真正转变了经济发展方式，才会有城市发展方式的转变。当代中国在经历了 30 多年的高速经济增长和城市化进程之后，资源环境的

---

① "多媒体城"：《绿色蒙特利尔：幸福可以设计》，《商务旅行》2011 年 3 月 3 日。

约束、自主创新的压力以及经济与社会、文化、政治和生态之间的不协调，倒逼经济增长方式和整体发展方式的转变。在中国的城市化率超过50%之后，一批中国城市进入世界城市体系，在全球生产网络和价值链的地位不断攀升，国内城市群、都市圈的空间一体化，正在托起一个不同于过去的"城市中国"。在这样的形势下，中国的城市，特别是一批中心城市、大城市，在转变发展方式的战略行动中，必然发挥主导性和龙头的作用。新兴的文化创意产业，既是城市转型进程中崛起的主导性支柱产业，也是优化传统的产业结构、构建新产业体系的重要力量，在城市转变发展方式的战略行动中将起到重要的引领作用。这是因为在全球生产网络的重构中，文化创意产业站在国际产业分工价值链的高端，不仅在内容和业态等方面对创新型经济发展起到引领作用，而且可以直接促进城市经济转型和服务能级的提升。对当前的中国来说，发展文化创意产业已成为产业转型、经济转型和城市功能转型的重要抓手。

信息革命以来的经济全球化带来了生产体系与价值链环节的变化，"文化经济化"与"经济文化化"成为共识，文化成为促进经济增长和构造现代生产力的重要推动力，也是推动社会变革和经济发展的重大力量。现代城市的经济重心逐步由物质领域拓展到精神与服务领域，文化、文化产业和现代科技的结合，催生了建立在物质原材料基础之上的旧产业模式转变到创意经济模式。这种模式不仅仅局限于文化产业本身，而是结合文化资源、创意资本、现代科技，并通过一定的社会环境与先进的法律制度，最终形成由文化创意、科技创新为核心的新的经济形态。中国的经济增长与城市转型，必须充分借助文化创意产业的模式创新的动力，加快实现从资源驱动、投资驱动转变为创新驱动、创意驱动，走集约、智能、绿色、低碳的转型发展道路，文化创意产业作为智力密集、技术密集的产业类型，以文化创意资源为依托，一方面有助于降低能耗、减轻资源短缺和环境的压力，助推生态文明建设，促进城市转型升级；另一方面，文化创意产业本身就是转变经济发展方式、调整产业结构和构建新产业体系的重要支撑，是打造中国经济"升级版"的重要内容。因此，中国城市在转型升级的过程中，应把文化创意产业的发展，与城市经济体系的重构、城市文化生态的建设有机结合起来，保障文化创意产业的健康生长，加快建设国际化的"创意城市"、"文化都市"，探索出文化创意产业引领城市转型的"中国路径"。

依据世界城市化进程的基本规律，我国仍处在城市化的加速期，到2030年的城市化率达到70%。① 在这一阶段，我国的主要城市要实现从产业结构到城市治理方式的转型，建立起创新型、服务型的现代经济体系，整个国家在实现建设更高水平的小康社会的前提下，将加快形成自主创新主导的创新型国家。对于文化创意产业来说，由于承载了促进产业升级、优化城市空间和提升城市与国家文化软实力等多重使命，围绕转变发展方式的时代主题和打造经济升级版的阶段性要求，既面临前所未有的巨大挑战，也迎来了重大的战略性机遇。首先，我国经济发展进入了产业结构的战略调整期，先进制造业与现代服务业的双轮驱动，尤其是生产性服务业的大发展，为文化创意产业的多向拓展，提供了新空间、新领域。尤其是文化创意与科技融合过程中，会不断衍生出新兴产业门类和产业业态，促进与之相关的产业不断升级换代。而文化创意产业本身就是现代服务业的重要组成部分，既可以为生产服务又能为生活服务，属于朝阳产业、绿色产业，一旦成长为支柱性产业，将全面引领绿色、低碳、智慧和生态化的城市转型方向。其次，在中国经济进入了中速"稳增长"的阶段后，打造中国经济的"升级版"，就必须全面提高自主创新能力，加速推进创新型国家的建设，让经济增长从资源要素驱动真正转变为创新驱动，着力提高发展质量和效益。文化创意产业具有天然性的创新驱动特点和功能，其创新的原动力所传递的新观念和价值观，可以为整个社会营造自主创新的氛围。同时，文化创意产业是内容主导、平台为王，会促使企业主体的发明创造，以具有核心知识产权、先进技术和新商业模式的产品与服务走向市场，建立起以企业为主体、市场为导向、产学研相结合的文化技术创新体系。再次，文化创意

---

① 2013年8月27日，联合国开发计划署在北京发布的《2013中国人类发展报告》，其中内容有：到2030年，中国将新增3.1亿城市居民，城镇化水平将达到70%。届时，中国城市人口总数将超过10亿。

产业具有生产和消费的双重功能，在我国城市迎来文化消费快速增长的新阶段，会培育出巨大的精神文化产品消费市场。后信息时代技术应用的深化，移动互联网的普及，媒介传播的平台化，引发了文化产业领域的革命，新型的文化创意产品与日常消费的关联度更高，由此获得了不断增长的利润空间和消费群体，也将带动整体领域创新能力的提高。经济发展与消费增长的国际经验表明，当一个国家或地区的人均 GDP 达到 3 000 美元时，居民消费进入物质和精神文化需求并重期；超过 5 000 美元时，则全面迎来精神文化需求旺盛期，并在出现"井喷"的态势之后持续保持增长势头。2012 年，我国人均 GDP 超 6 000 美元，具备了居民精神文化消费高速增长的经济条件。① 而我国的主要城市，特别是东部地区的大城市，到 2012 年的人均 GDP 已经超过 10 000 美元，有的甚至接近 20 000 美元，而且在未来的 5—10 年间，将冲刺人均 GDP30 000 美元的目标。由此带来的文化产品的消费、文化创意产业的规模增长，将呈现出几何级的增长。可见，随着我国经济增长方式的彻底改变，城市的产业结构变轻、变净、变优，文化创意产业在现代服务业的份额、在 GDP 中的比重会快速提高，对城市和区域发展的整体贡献将越来越大。大力发展文化创意产业，是打造中国经济"升级版"，创新驱动我国的现代化发展之路，实现中华民族伟大复兴的"中国梦"的战略性选择。

　　我国对文化创意产业发展规划和阶段性目标的"顶层设计"，特别是近年来密集出台的促进文化产业发展的政策与措施，把文化产业上升到国家战略性支柱产业的导向作用，催发了地方发展文化创意产业的热情，各省和主要城市纷纷出台产业政策和配套的扶持政策。因为对于处在转型发展关键阶段的中国城市来说，多数都被增长与转型的矛盾所困扰，借助国家深化文化体制改革、推动社会主义文化大发展大繁荣的政策，大力发展文化创意产业，不仅是转变经济发展方式、调整产业结构的一个重要途径，也是推进新型城镇化、走集约发展之路的重要手段。尤其在转变经济

---

① 国家统计局的统计数据表明，2011 年我国城乡居民人均文化消费分别达到 1 102 元和 165 元，比 2002 年分别增长 170.7%和 253.8%，年均增速分别高达 11.7%和 15.1%。

发展方式、构建服务经济体系的目标追求下，低能耗、污染小的高附加值制造业和现代服务业已成为城市转型发展的主要方向，文化创意产业恰好可以与城市产业转型有机结合，特别是和现代服务业的融合发展，可以加快城市的创新驱动和转型发展，实现增长与转型的双重目标。因此，进入"十二五"以来，国内主要城市根据自身的文化资源、地理区位和产业基础，纷纷制定文化创意产业的专门规划，提出将其培育成战略性支柱产业的具体对策和时间表。（参见表4-3）此举显现出各地政府在发展文化创意产业上的紧迫感和责任心。毕竟，文化创意产业不同于传统的制造业，虽然离不开政府的扶持，但要真正成为一个城市与区域的支柱产业，必须在系统的政策支持下，吸引源源不断的社会资本进入，以重塑市场主体，完善市场体系，助推文化创意企业的发展与集聚。

我国转变经济发展方式所带来的文化创意产业的光明前景，不仅促进了各地纷纷设立国有资本主导的文化产业投资集团，还带来了文化产业基金的设立热潮。2011年7月，我国第一支国家级的文化产业基金——中国文化产业投资基金亮相，该基金总规模为200亿，由国家财政部、中银国际控股有限公司、中国国际电视总公司和深圳国际文化产业博览交易会有限公司等四家共同发起设立，主要投资新闻出版发行、广播电影电视、文化艺术、网络文化、文化休闲及其细分文化及相关行业等领域，引导示范和带动社会资金投资文化产业，推动文化企业跨地域、跨行业改制重组和并购以及文化资源的整合和结构调整。据不完全统计，到2012年5月，我国共有文化产业投资基金111只，资金总规模超过1 330亿元人民币。[①] 正是因为有更多的投资基金进入文化创意产业，促进了投融资体系的日益完善，创新了内在的发展机制，才使各地有实力建设重点文化产业园区，培育扶持有潜力的文化企业上市，涌现出"文化+科技"、"文化+创意"、"文化+旅游"、"文化+金融"等特色化的文化创意园区发展模式，形成高附加值的产业链与产业集群，从而带来了文化创意产业的爆发式增长。

---

① 《中国已有文化产业基金111只》，中国新闻网2012年5月30日。

表 4–3 我国主要城市"十二五"文化产业发展目标一览 [1]

城市名城	主 旨	发展目标（2015）
北京	提升文化创意产业竞争力	文化创意产业增加值继续保持两位数增长，占 GDP 的比重达 15%，成为首都的战略性支柱产业；把北京建设成为具有重大国际影响力的文化中心。
上海	建设国际文化大都市和"设计之都"	文化创意产业增加值增幅快于服务业平均值，占全市生产总值的比重达到 12% 左右，战略性支柱产业的作用更加明显。成为联合国教科文组织"创意城市网络"的重要节点。
天津	打造北方创意之都	文化产业发展的主要指标位居全国前列。文化产业增加值年均增长 30%，2015 年占全市生产总值的比重达到 5%，成为支柱产业。
重庆	打造文化强市和长江上游地区文化中心	优化文化产业布局，加快核心产业基地和文化功能区建设，文化产业增加值占地区生产总值的比重达到 5% 以上。
哈尔滨	建设文化强市	文化产业年均递增 25%，成为东北地区文化资源集聚中心、文化产业创意设计中心和文化产品生产流通中心。
青岛	加强建设文化青岛	实施"创意青岛"计划，形成十大文化龙头企业（集团）和 100 家重点文化企业。
济南	提升城市文化实力	文化强市战略，打造"齐鲁创意设计之都"，打造国家级动漫游戏产业基地等。
南京	全国文化创意中心城市	文化产业占 GDP 8%，从业人员占全社会从业人员比重达 8%，城镇居民人均文化消费占总消费支出 25% 以上，出口总额年增 15%。
成都	中西部文化之都	构建成都文化品牌发展体系，塑造具有国际知名度和影响力的成都城市文化品牌。
西安	国际文化都市	根据不同的旅游线路和形式，形成多核心的旅游业发展布局；形成以曲江新区、黄城区、临潼区为主体的文化产业布局。
宁波	从"文化大市"到"文化强市"	打造 10 个文化发展集聚区，培育 20 个重点文化品牌，扶持 50 家重点文化企业并推动 6—8 个企业上市，重点构建文化项目 30 个。
杭州	全国文化创意产业中心	文化创意产业占 GDP 17%，打造以文化、创业、环境高度融合为特色的"国内领先、世界一流"全国文化创意产业中心。

---

[1] 根据各城市"十二五"发展规划和文化产业发展规划的文件整理。

（续表 4-3）

城市名城	主　旨	发展目标（2015）
沈阳	建设文化强市	文化产业年均增速 20%，形成"一轴、两翼、三中心、四大集聚区、五大交易市场"的空间格局，使沈阳成为东北亚地区文化产业研发与交流中心、文化产品生产与流通中心、文化娱乐休闲与消费中心。
广州	建设世界文化名城	深化文化体制机制改革创新，加快建设传统文化孕育现代文明交相辉映、文化与经济科技融合发展，具有高度包容性、多元性和竞争力的文化强市和世界文化名城，不断增强国家中心城市文化软实力。
武汉	建成中国"文谷"	积极推进文化发展方式转变，优化文化产业结构，培育文化市场主体，扩大文化消费；推进文化展示区建设，弘扬武汉特色文化，力争建成中国"文谷"。
厦门	增强城市文化软实力	重点发展影视动画、创意设计、文化旅游、数字内容与新媒体、工艺美术、演艺娱乐、古玩与艺术品、印刷出版等产业；对接台湾文化产业，加强厦台在动漫网游、影视、创意设计等方面的产业合作，建设两岸文化产业合作园区，培育两岸文化交流合作新品牌，打造海峡两岸文化产业合作示范。
大连	打造现代文化名城	积极推进国有文化企事业单位改革，合理整理文化资源，建立具有知名品牌的出版、传媒、演艺等大型文化集团；鼓励非公有制经济参与发展文化产业和文化使用；积极推进文化创新；培育城市文化，塑造城市精神，打造"现代文化名城"。
长春	建设东北亚现代文化名城	文化产业增加值达到 1 000 亿；培育 20 个国内知名品牌和 5 个国家知名品牌，培育 2—3 个大型文化企业集团；旅游会展相关收入达到 1 400 亿元；推动传统演艺产业和出版印刷业的发展。
深圳	建设国际影响力的创意之都	以"文化＋科技"、"文化＋时尚"为特色，重点发展创意设计、动漫游戏、数字试听、数字出版、新媒体等行业；加快建设华侨城创意文化产业等集聚区，打造特色优势文化创意产业集群。到 2015 年，文化创意产业规模超过 2 500 亿元。

　　尽管我国的文化创意产业近年呈现出快速增长的势头，在转变经济发展方式、提升城市的创新与服务功能等方面发挥了重要作用，但由于总体上起步较晚，具有自主知识产权的产品、服务仍然比较少，在全球创意产品的生产网络体系中不具备话语权和控制力。特别是政府主导下的文化产业园区建

设，往往只注重基础设施的投资以获得"文化地产"的高额回报，而不愿意在园区的"内容"上进行长远的规划投入，对企业主体和人才发展提供的支持相对较弱。这是因为，政府主导的园区开发商，直接从基础设施开发建设上获得的效益，要比从中小创意企业那里获得的收益要多得多、来得快。只要园区能进入一批与文化沾边的机构、企业、组织，贴上"文化创意"的标签，能体现政绩即可。至于如何通过制度的创新，培养、吸引具有原创能力的企业，构建高附加值的产业链，则是后面的事情。这也是我国各地大上文化创意园项目，低水平重复建设多，造成空间与政策资源浪费的重要原因。当然，在近年文化创意产业园的建设热中，各地也探索出了强化产业集聚、企业集群和产品集散的新商业模式。如北京的中关村创意产业先导基地，就形成了文化为内容、科技为载体、创意为核心的"总部经济"模式，培育和吸引了百度、新浪、搜狐、网易和亚信等一批知名的网络企业，这种模式在企业融资、辅导上市、公共平台建设、技术交易、成果转化和人力资源服务等方面能提供到位的服务。其他如成都东区音乐公园为代表的"产业集聚＋体验公园"模式、西安曲江的"文化＋旅游＋人居＋商业"模式，以及被称为中国文化演艺第一股的杭州宋城"主体公园＋旅游文化演艺"模式等，对国内文化创意产业园的内涵提升与商业模式创新，都有较强的示范作用和实践启示。可以说，地方政府在促进文化大发展大繁荣的新背景下，通过国资平台、资本市场与度身打造的用地政策的系统支持，带来了文化创意产业的载体建设高速扩张，但从转变经济发展方式的总体要求来看，依然具有很强的粗放式、运动式的特征，从提升经济容积率、培育富有竞争力的新产业体系以及孵化创新型企业的成功率等方面看，还需要更有力度的技术创新与制度创新。否则，对于大多数城市来说，文化创意产业的阶段性大跃进，带来的可能是有限的优质资源的大浪费，落入新的转型陷阱。

转变发展方式的重点是经济增长方式的转变，而优化产业结构、培育出战略性的支柱产业，进而形成现代产业体系，是我国打造经济升级版和城市转型发展的主导路径。在推进这一战略性的实践行动中，新技术的引进、创造和城市的制度创新是同等重要的。对于文化创意产业来说，文化、创意与科技的融合度越高，产品和服务的附加值就越大，就越能拉长生产和消费的产业链，从而带来商业模式的创新，获得更高的市场回报。但也要看到，尽管国内近年来文化创意产业大发展、文化创意企业快速崛起，文化产品的对外出口也呈现出高增长的势头，具有核心技术和新商业模式的却不多，仍以追随、复制国外尤其是欧美的技术为主，主要表现为内容原创与技术更新不足，贴牌生产（OEM）较多，自主品牌（OBM）不强，在全球文化产业的生产与贸易网络中，仍然处在低端或末梢。如《功夫熊猫》、《人猿泰山》在我国深圳制作完成，但深圳的企业只赚取了微薄的加工费。文化科技企业的这种运行模式，无疑又陷入以往的"中国制造"困境中，这与我国转变经济增长方式的新要求是不相符的。强化自主创新能力、研发生产出具有知识产权和高附加值的文化产品，成为我国文化创意产业的新挑战。好的文化创意没有科技支撑难以形成规模竞争力，只有生产出大批原创型的插上了科技翅膀的文化产品和融入文化内涵的高科技产品，如中国的"阿凡达"、"苹果"，中国的文化创意企业才能获得丰厚的回报，进而引领文化消费的时尚，提升自身的文化软实力。

不过，从目前我国整体的产业环境与政策支持体系来看，要实现文化创意产业从追随、模仿到引领、示范的转变，还需要一个较长的周期。毕竟，文化创意产业的发展水平与全球竞争力，是与一个国家、地区整体的创新能力密切相关的，伴随着我国建设创新型国家战略的深入推进，国家自主创新能力的提升将会带动文化创意产业原创能力的提高。同时，当前我国政府主导下的文化创意产业发展，政策的支持应尽快从"载体"建设上转到"主体"培育上，加大对公共文化科技平台的投入，加强对"共性技术"的研究，加快对文化技术标准的制定，特别要把对文化创意企业的知识产权保护放到首要地位。在此基础上，发现和培养具有开拓能力和社会责任的文化企业家，引进站在技术与市场前沿的国际文化创意人才，鼓励有条件的文化创意企业"走出去"，着力发展一批具有国际竞争力的外向型文化企业，以直接参与国际文化市场竞争，扩大文化产品和服务在国际市场上的份额。让文化创意产业在"两种资源"的运用中、在"两个市场"的拓展中壮大规模，提高核心竞争力，提升文化软实力，为转变发展方式，建设创新型国家、创新型城市，发挥更大的引导作用。

二、中国"创意城市"崛起战略与实现路径

如果说从"制造型城市"向"服务型城市"转变，是城市从工业化时代向后工业化时代转变的必然选择，重点体现为产业结构升级的经济体系的优化，那么在经济、社会和文化高度融合的现代城市变革中，从"功能城市"向"文化城市"转变，则成为转型升级的至高目标。特别是国际金融危机发生后，"系统性危机"对世界城市体系的冲击，在很大程度上改变了世界城市发展的单向度线性外推逻辑（即以单一追求发展高端金融产业为特征的"全球城市"目标逻辑），同时深化了世界城市转型发展的"文化取向"与"创意取向"，即更加注重文化多样性、多元创造性、多元经济体系的塑造，以建立起具有更强的发展弹性并能有效应对系统性风险的长效机制。由此，城市转型升级的最高目标不再都是具有高度金融控制力的"全球城市"，以文化创意、创造性活力为主要标志的全球创意城市网络，则成为全球生产网络中评判城市全球价值的新风向标。建设具有高度包容性、创新能力的"国际文化都市"、"全球创意城市"，成为各国城市转型升级的新战略选择。

中国城市的转型，在产业升级与经济转型的实践行动中，也必须及早顺应世界城市转型的文化取向，尤其是"北上广深"等国际化程度较高的城市，须将文化创意产业的发展、城市经济增长方式的转变，与中国的国际文化大都市建设目标叠加起来。由于全球生产网络中文化产品的生产与创造，往往来自于最顶级的策源端——创意城市，现阶段中国的国际文化大都市建设，关键是世界性的中国文化创意产业的崛起：只有打造面向世界的现代全球性的文化创意产业，探索文化创意产业推动城市转型与文化都市建设的"中国路径"，才能提升中国城市在全球创意/创新网络中的等级强度。在当前全球经济"再平衡"格局中，在中国新型城镇化和打造中国经济升级版的新背景下，文化创意产业还肩负对中国城市整体经济转型的战略引领作用。因此，面对新一轮战略机遇期，我国的城市转型要借鉴国际大都市的成功经验，将文化创意产业发展与城市转型的多元化、多层次联动起来，助推城市空间、产业空间与社会空间的转型发展，增强城

市的辐射能级，全力提升中国在世界城市网络中的地位和魅力。

（一）从"文化产业化"到"创意无边界"，促进生成"创意城市"的经济形态

从产业形态的演化过程看，处在工业化阶段的城市，秉承大工业制造的线性开发思路，文化创意产业来源于对文化资源的开发、产品化及产业化，更接近于一种"文化产业化"或"文化工业化"发展的路径，是附生性的城市经济类型。进入后工业社会之后，随着文化与科技的融合发展，现代服务业的专业化、精细化发展，促使传统产业门类的产业链和价值链部分环节成熟并分离发展，在一定阶段上呈现出"产业文化化"、"产业创意化"的发展态势，开始形成一定的规模并成为城市经济中明确的产业门类。然而，近年来由于数字通讯技术的进一步升级发展，以大数据、移动互联等为代表的数字内容产业的网络化、社会化发展，又进一步对各个产业的商业模式产生了新的颠覆性影响，传统意义上的"厂商（生产）——顾客（消费）"关系变得更加辩证和多维，从产业发展根本逻辑上进一步加剧了"产业创意化"与"创意产业化"的混沌化，多元性、混合性、互融性产品生产与产业形态开始层出不穷。文化创意产业在城市产业经济结构中开始呈现出主导影响，并越来越成为城市经济结构的核心支柱。同时，文化创意产业还越来越呈现出一种"无边界"的发展趋势，从早期一种依赖文化资源开发的产业形态转变为凭借元创意可以融合任何产业类型并形成全新产业业态的经济类型。这种混沌和融合同时表现在生产与生活、职业与阶层、文化与空间的交叉，文化创意产业的勃兴则催生创意阶层的兴起与创意城市的形成。因此，要加快文化创意产业的发展与繁荣，有效促进中国城市经济的转型升级，就必须从文化的视角，制定和出台引导和升级各类产业发展的文化战略，扩展文化工业与文化服务业的内容范畴，培育和促进各产业领域中与文化相关的生产、技术、市场环节成熟化、产业化，加快创意产业——创意经济——创意阶层——创意城市的演进过程，加速生成更具弹性和活力、有效应对系统风险的"创意城市"经济形态。

首先，要从文化产业促进城市文化生长发育的角度，制定出台引导和

升级各类产业发展的文化战略，扩展文化工业与文化服务业的内容范畴，培育和促进各产业领域中与文化相关的生产、技术、市场环节成熟化、产业化，为城市现代服务业发展提供强劲动力，带动城市产业结构的升级转型。以城市文化与中国大陆接近的台北市为例，其在未来 10 年规划纲要中提出了八项重要战略措施，立志打造集水岸、人文、科技力高度发展特色为一体的世界一流都市。① 其中，立足多元文化元素和创意活力建设台北"文创之都"战略是上述战略的核心之一。这一战略包括：台北亚太地区文化创意产业的"领导品牌城市"建设、推动建立"台北市文化建设发展基金"、营造文化消费环境推动台北市文化观光发展、整合资源提升文化艺术节庆质量及影响力、动员民众共同参与等五个方面。

其次，强化文化与城市商业空间、消费空间的融合，强调城市文化资本的活化、体验，以文化塑造城市空间，增添城市商业与消费的文化元素，为城市服务经济增添更大的附加值和消费向心力。文化创意产业的大发展，必须投资与消费并重。没有消费、市场的文化创意产业，是不可能做大规模的，也不可能具有竞争力。因此，城市转型升级的水平和能力，往往直接体现在文化创意产业的规模、效益和影响力上。2003 年 6 月，伦敦颁布了《市长文化战略纲要》，此纲要提出五个方面的文化发展目标：多样性，满足各市民群体不同文化需求；卓越性：提升世界一流文化都市地位；创造性：以文化创新作为城市发展动力核心；参与性：市民人人有机会参与文化活动；价值性：从本市文化资源中获取最大价值。② 台北市规划在每一个行政区依据当地现有的街区历史特色，发展具有创意产业能级和文化观光产业功能的文化创意街区。如：台北的大稻埕古风区、故宫文化园区、中山北路婚纱街区、西门街电影及青少年创意文化街区、永康街美食及艺术文化特色街区、信义新天地街头艺人表演及文化创意产业街区、特色书店及原创音乐创意街区等。③

再次，要坚持文化与经济融合的创新战略，树立文化与经济互动共进

---

① 林钦荣：《城市空间治理的创新策略：台北 新竹 高雄》，新自然主义公司 2006 年版。
② 《伦敦、东京、新加坡、香港文化发展战略》，人民网 2008 年 12 月 12 日。
③ 林钦荣：《城市空间治理的创新策略：台北 新竹 高雄》，新自然主义公司 2006 年版。

的产业发展思路。文化本身就是城市发展的强大动力，"文化创意阶层"的发展更是带动城市整体进步的重要力量。文化发展战略成为大都市创造性发展的核心战略，并在创新都市的发展过程中，具有引发路径的作用。国际大都市的文化战略，并不再仅仅满足于将"文化"作为城市发展的"装饰品"，而是以"文化"以及创新来推动城市整体发展，让每个市民都有学习能力、创意欲求。在 2008 年度的《台北市文化创意产业指标调查成果报告》中，台北市每五家企业，就有两家从事与文创产业相关的事业；每十位工作者，有一位从事文创产业的工作。另外，在全台湾每十家文创产业，就有三家设立在台北市；且文创产业总营业额中，台北市约占全台湾的 60%；即使是在 2008 年的全球金融海啸冲击下，台北市的文创产业发展，仍优于总体产业成长率。可见，台北"文创之都"发展与抗风险的动力，就是来自于这些创意企业的创造力和由此生成的"文创阶层"。

（二）超前谋划"文化规划"，塑造适宜文化创意产业生长的城市空间

以文化创意产业来引领城市转型，要改变以往文化发展从属于城市规划的思路，而重新追问城市规划的逻辑、方向、目标与意义，使城市的空间具有价值和灵魂，避免城市规划的工程理性与市场原则通杀一切，将文化置于城市规划的先导地位。从"文化大都市"理念和视角，来制定城市的中长期发展战略和规划，让文化创意化产业的发展与智慧城市、知识经济体系的建设有机融合，培育生生不息的文化创新、科技创新和整体的城市创新精神。超前的"文化规划"是秉承尊重文化生态的思维来引导其他各个领域的规划建设，并不是对已有文化资源的整理、分类和发展轨迹设计，而是规划一个复杂的互动过程，即由政府／民间、学界／企业界、体制内／体制外等各种关系交织而成的网络，通过这些组织结构结合起来并发生作用，更加侧重经济、社会、文化的整体发展，从"文化都市"的理念和视角，来制定城市的中长期发展战略和规划，让文化的发展和文化创意产业的发展与城市规划建设、城市经济体系的建设有机融合，整体性构建文化都市。现代大都市的"文化规划"是对城市发展目标与意义的回归，强调"以人为本"和"文化生态"原则，注重"自上而下"与"自下而上"两种路径的结合，修正纯粹的市场理性和科技理性原则，通过硬环境（物

质层面）与软环境（精神层面）的并重建设和互补改造，将割裂的文脉机理和生态重新恢复和激活，促进"功能区"的"文化复兴"。同时，"文化规划"注重社区规划、社会网络的搭建与社会资本的营造，强调社区发展的公众参与，增强地区的文化凝聚力与文化认同感。

此外，"文化规划"也在特定的区域突出主题性，尤其是文化创意要素相对集聚和活跃的区域，强调城市文化资本的活化、体验，以文化塑造城市空间，增添城市商业与空间的文化元素，既为城市服务经济增添更大的附加值和消费向心力，又凝结新的文化创意要素。一个成功的文化功能区将给所在的城市带来繁荣与活力，例如北京奥林匹克场馆区及森林公园、西安大唐芙蓉园等，都促使文化创意要素跨越空间、行业的边界，带动空间的混合化、综合化，产业形态的互融化、跨界化，为城市营造无边界的产业和空间立体生态，催化混合空间与创意产业的生成。

（三）从"文化资源"、"文化生态"，把握战略性发展机遇，塑造包容多样性的"文化生态城市"

文化的生命力不仅在于历史过程的累积和积淀，还在于持续的成长和对话。一个国家和城市要促进文化的繁荣和发展，关键在于文化土壤的改善和文化生态的建设。文化创意产业的空间集聚、产业演化发展需要一个好的生态环境，如同自然界一样，这是一个复杂的立体生态系统，一个多样性丰富、包容性强的"文化生态"。因此，面对新的战略机遇期，围绕国家对社会主义文化大发展、大繁荣的总体部署，国内城市的转型升级行动，必须强化"文化生态"的建设。如果说传统意义上对既有文化资源的挖掘是文化发展的"物理变化"，那么塑造适合文化多样性成长的"文化生态"，则是文化发展"化学变化"的温床和催化剂，两者的根本区别在于，前者是形态、形式的变化，而后者是创造性、生长性的变化。这样的"文化生态"需要政府积极营造和民众的广泛参与，是文化土壤的"再整理"和"新播种"。在此基础上，才有可能推进外来文化本土化与本土文化外向化发展，在多元对话、认知沟通的基础上形成共识、理解差异。同时，要多维借鉴文化生产的商业化经验，积极培育本土文化的商业化能力，形成涵容内外部文化创意要素、包容文化多样性成长、适宜多形态文化创意产业发展的都市文化生态。以享誉欧洲的"欧洲文化之都"活动为例，该计划是欧盟发起，授予经过激烈竞争而被挑选的欧洲文化城市的一个荣誉称号。其目的是通过该计划将欧洲人通过文化紧密地凝聚在一起，使欧盟成员国交流与分享不同国家的文化，拉近欧洲民众的关系，形成具有多元文化特色的"欧洲共识"。"欧洲文化之都"自1985年实施以来，已经成功塑造了众多的欧洲明星城市，这些城市利用此契机彻底改造自己的文化基地和设施，通过举办文化之都活动扩大城市知名度，促进了文化旅游业的发展，同时吸引了新的投资，促进城市产业的升级和改造。2010年的"欧洲文化之都"德国鲁尔，之所以能实现从"煤都"到文化之都的转型，与生活在这里的来自全世界140个国家和民族的居民有很大的关系，特别是大批来自波兰、匈牙利的移民。移民的文化差异大，生活方式不同，但鲁尔区则把城市的多元文化特征作为资源要素加以开发利用，创造出了一个包容性的文化环境，让整个地区充满创意的活力。

联合国教科文组织主导的促进不同文化背景城市交流分享的"全球创意城市网络"，对经济全球化时代的城市文化多元性的导向性也非常明确。申报成为"全球创意城市网络"的会员城市，具有以下发展任务：在全球性平台上展示城市文化财富；使创意成为本地经济社会发展的重要影响因素；便于城市与各种世界文化组织分享创新知识；建立当地的文化承载力，培育本土文化的商业化能力；通过交流，掌握方法、经济与专业知识，培养创新能力。在全球城市体系重组的新阶段，中国应加大推广城市形象的国际传播力度，注意加入或策划此类文化发展计划或网络，通过建立双方或多方的合作关系，分享各国的创意文化发展方法和经验，帮助城市文化发展战略的制定与推广。同时，加强网络中国际机构和联盟国之间的对话，有助于共同建立合理的创意产业政策和相关的法律框架，拓展文化创意产业的国际平台与市场。

（四）注重在城市转型升级的过程中营造"创意场域"，促进国内文化创意阶层的崛起

作为高度推崇个体创造性的文化创意产业来说，创意人才以及相应的创意群体是文化创意产业的核心要素。佛罗里达在《创意阶层的崛起》一

书中，强调了创意阶层对于创意产业的极端重要性。他认为，从根本上看，文化创意产业的高速发展依靠的是文化创意人力资本的投入产出和文化创意阶层的崛起。对于后发国家而言，必须更加注重对文化创意阶层与创意社群的重新审视和培养，通过积极的都市文化政策，逐步构建"创意社群"，即一个能充分利用文化、艺术、商业和社区之间重要联系的社群，并在联系的过程之中能主动投入人力资源和财力，为中国城市做好能面对迅速发展的后工业时代和知识型经济社会所带来的巨大挑战的准备。

　　不同城市的创意环境其吸引、聚集创意人才的能力也不同。世界著名的巴黎、伦敦、纽约、佛罗伦萨等城市因其突出的包容性、多样性和创意氛围，成为创意者们聚集的城市。旧金山、纽约等创意经济发达的地区，"成为高科技区域之前，都是创新和怪癖的收容所和培养基地"[1]。因而，包容和产生多元文化群体的城市，更容易集聚和产生文化创意阶层的职业群体，这些人群青睐的往往是这座城市所营造出的文化场域。斯科特（Scott，2006）把一定区域内促进学习和创新效应的结构或者是引导创造性表达的互动关系称为"创意场域"（creative field）。他认为，"创意场域一般由基础设施和地方大学、研究机构、设计中心等社会间接资本组成，是任何生产和工作的集聚结构中的文化、惯例和制度的一种表达"。在理论上，它包括"创新情境（innovative milieu）、学习型区域（the learning region）、区域创新系统（regional innovation systems）"[2]。从目前国内一些发达城市的现状看，集聚创意阶层的主要约束并不在硬件基础和经济领域，而是在非经济领域的制度创新层面。因此，打造宽容、多元、开放的人文环境、社会环境，积极促进城市内外部各类社会群体在更广泛的范围和平台上分享文化、创新和知识，特别是包容和促进社会不同亚文化群体的跨界碰撞与融合，对于创意创新主体的成长起到决定性的作用。以创业中的辍学群体为例，根据西班牙电信巨头 Telefonica Digital 发布的最新《创业生态系统报告》，在全球排名前 20 位城市创业生态系统中，创业者中辍

---

　　① 王耀辉：《创意阶层在中国的崛起》，英国《金融时报》中文网 2010 年 11 月 30 日。
　　② Allen Scott，*On Hollywood: The Place The Industry*，Princeton University Press，2005.

学者的比例差异相对较大，特别是排名靠前的城市，辍学后创业的比例最高，如硅谷辍学者与研究生（硕士、博士）的比例为 1：2.5，特拉维夫为 1：2.33。从中不难看出，只有真正做到"以人为本，兼容并包"，才能形成更具广泛性的城市文化活力与创新氛围，带动社会整体性的文化复兴。同时，还要鼓励人们通过创造性工作去创造财富，努力保护创意人才的知识、思想等作为产品的价值，完善知识产权保护制度，在制度、机制、社会公共政策、文化传统、教育体系等多方面形成合力。

伴随着一批国内城市在全球城市网络体系的崛起，培育多元文化背景的创意阶层，吸引更多的文化创意人才、创业人才来国内城市搭建事业平台，已成为一种历史性的趋势。因此，国内城市的转型升级、提升国际化水平，必须要强化宽容、开放的精神，并将其细化为服务体系与政策机制，以应对全球化、市场经济以及国际人才流动竞争的新趋势。那些国际文化大都市之所以能保持持续的升级，与其文化包容性有直接的关系，活力（Dynamism）、多元（Diversity）和差异（Difference）是其三大指标性特征。而对于中国的一线大城市来说，这三大指标恰恰是软肋，具体表现为城市社区空间缺乏文化包容性，外侨人口占居民的比例较低，国际社区太少。① 在经济全球化过程中，国际大都市的城市形态、基础设施、经济运行、行为方式日趋雷同，只有城市文化还可以保持相对独特的面貌。因此，国内城市的转型升级，应当把文化发展战略作为城市创造性发展的核心战略，尤其是发挥文化创意产业在整个创新过程中的多元作用，以走出"千城一面"、"空间雷同"的怪圈。同时通过制度建设、环境建设、生态建设来营造"创意场域"，培育出开放、多元、时尚、冲突的城市社会文化生态，以充分吸引全球文化创意人才、创新创业团队。

---

① 2013 年 5 月，美国杜克大学与上海交大课题组联合发布的《国际文化大都市总体评价》，以"综合性"和"特色性"为目标选取了世界上 100 个城市，从文化资源、文化历史、文化市场和文化多样性等指标进行评价，结果上海除在文化资源方面稍显优势外，文化历史和文化多样性方面均未进入前二十强。该课题组负责人刘康教授认为，国内的大城市目前在文化的多样性方面确实与国际文化大都市存在大的差距。2012 年上海的人口总数为 2 300 万，而外国居民为 17 万，不到 1%，未来的上海应该向伦敦、首尔一样，更加开放，更加注重外来文化的多元发展。参考新华网 2013 年 5 月 30 日。

（五）从"为全球制造"到"为全球智造"，全面提升我国"文化大都市"的国际竞争力

基于现代信息网络技术与传播的文化创意产业，产品与服务本身就含有全球化的属性，世界范围的即时传播是产业链中的关键环节之一。不仅要"走出去"、"卖出去"，还要"走进去"，"留下来"。就目前而言，我国文化创意产业已经"走出去"，关键是要"走进去"。实质上，"走进去"的关键是文化认同，"大而不强，输出困难"的症结还是文化认同。文化创意产业的全球生产网络可以沿用"创异——创益——创艺——创义"的价值链层级来分析。创异，是指创造差异化产品，获得市场生存的可能，也是元创意的早期形态。创益，是指通过产品创造市场效益获得盈利。创艺，是指融合新技术创造新技艺或者创造新模式。创义，则是创意的最高层次，是指创造新知识、新认同、新价值，也是元创意的最终表现。只有在创义的层面上，国际性的软实力/巧实力才得到真正体现。如何实现从"为全球制造"到"为全球智造"的转变，关键在于如何创造引导或者满足全球化需求的文化创意产品和服务，从创异——创益——创艺——创义的过程，既要借助全球生产网络，也要在一个创意城市的空间里实现内涵的升级，完成文化创意产品的"智造"。国内的城市在文化创意产品的研发和"智造"上形成价值链和产业集聚、创意人才的集群，就能培育出新的经济增长点，持续优化城市的产业体系，促进产业结构优化与城市创新和服务能级的提升。

放眼全球文化市场、消费市场，能够获得成功并成为新知识和价值观载体的文化创意产品，在其设计理念上必须是基于用户需求核心。跨文化的全球性文化创意产品设计必须在充分挖掘自身文化资源的同时，更要深刻研究对方文化发展（需求）的时空感，甚至是全人类面对未来时空的共同想象和文化心理。苹果系列产品在全球范围内的成功，就在于其出色地把握了"未来"而不是"过去"，秉承的是"全体异外"的产品研发（创异）——全球生产与全球市场（创益）——iPod+iTunes·iPhone+App Store·iPad软硬服务的新商业模式（创艺）——新技术 + 新模式 = 技术、艺术、战略的新知识与新价值（创义）的发展逻辑。目前国内文化企业在"走出去"

的过程中，大多是沿用对自身文化资源开发（创异）——适应国际市场规则（创益）——融合新技术（创艺）——谋求成为国际文化消费主流产品（创义）的发展逻辑。（参见图4-9）这种思考逻辑在实践中走得很艰难，特别是在最后环节，大多情况是外国人看个新奇（没见过的差异性）、看个热闹，形成共鸣、共识、认同的文化输出很困难。相反，iPhone、iPad、iTune 却融入了我们的日常生产生活，让消费者在深入使用其带来的各种功能应用过程中，潜移默化地接受新知识和新价值的传播。由此，国内文化创意企业必须转变生产主导的理念，把生产与消费结合起来重塑商业模式，面向未来而不仅仅是挖掘过去，设计开发出真正符合当代审美、时代特色的原创产品。只有着眼于文化产品与服务在全球市场的成功，才能创造出具有引领性的中国风格、中国气派的新知识和新价值，全面提高文化创意产业的附加值，彰显国家和城市的文化软实力。

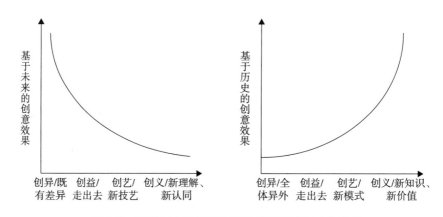

图4-9　基于历史/未来的创意生产实现过程及效果图

　　文化创意产业所呈现的新业态、新内容，与我国经济增长方式转变直接相关。中国城市正在进入转型升级的关键期，一批中国城市进入世界城市体系，并催生国际文化大都市。对此，我们必须有系统的谋划，把政府的规划与市场资源的配置有效结合起来，尤其是发挥市场的决定性作用。一方面，要以开放的姿态，文化的包容、多元性，打造全球文化创意的"中国平台"；另一方面，要在城市的转型升级进程中，把文化创意产业的发展与创新型、服务型经济体系的建设实行有机融合，培育出"创意城市"、"文化都市"。文化创意产业的空间集聚、产业演化发展同样需要一个好的生态环境，如同自然界一样，这是一个复杂的立体生态系统，一个多样性丰富、包容性强的"文化生态"，其更有助于城市集聚多样性的文化创意要素，并促进新的文化元素的产生和成长。因此，当代中国在城市更新和城市空间再造的进程中，在大力发展"文化＋创意"、"文化＋科技"、"文化＋金融"等新兴产业业态的同时，还应重点进行文化土壤的改善和文化生态的建设，以培育出生生不息的文化创新精神，进而造就更多立足于全球城市体系中的"创意城市"、"文化都市"。

第五章

创新驱动转型
与中国创新型城市建设

    创新型经济主导下的新产业价值链，已经成为维系全球城市体系运行、推动国际城市转型升级的主要力量。在全球城市体系运行中的国际化都市和特色的科教类城市，无不是靠创新驱动发展，人才、知识、新技术以及创新思维、先进的体制机制等，直接转化为城市发展的创新要素。创新型城市的建设，既是国际城市转型升级的重要过程，也成为全球城市体系在绿色、低碳发展轨道上运行的总体价值取向。同时，多国经济发展模型表明，当一个国家或地区的城市化水平在30%—75%之间，人均 GDP 到达 3 000—4 000 美元时，就应该进入创新导向阶段，技术创新和知识进步日益成为推动经济社会发展的主要动力，创新型经济成为城市发展的战略引领。到 2012 年，中国的人均 GDP 超过了 6 000 美元，东部发达地区的大中城市多数已经超过 10 000 美元，我国经济发展的水平已经具备了创新导向的条件。与此相对应，国家实施的自主创新战略为创新型城市建设提供了有利条件，而国家出台的中长期科技规划及一系列配套政策，为创新型城市建设提供了制度保障。因此，通过大力发展创新型经济和整体的创新驱动战略的实施，加快创新型城市建设的步伐，成为中国城市转变发展方式、提升现代化和国际化水准的重要选择。

第一节　创新驱动：城市转型的新动力机制

一、创新型城市建设：城市转型新导向

全球经济在 20 世纪 80 年代后进入了基于信息革命的转型升级新阶段，以信息、生物和新材料技术为代表的新技术革命极大地改变了传统的产业运作方式与商业模式，科技、人才、知识等高端资源的优化配置，使创新型经济成为转型升级的战略方向，美国、日本、欧美等发达国家和新崛起的新兴工业化国家为了迎接全球科技创新、转化和产业化的速度不断加快带来的挑战，纷纷制定了以创新为主旨的发展战略和行动计划。尤其是进入 21 世纪后，国家和城市的创新能力越来越成为国际竞争的制高点，国家层面的竞争进入控制战略性创新资源的新阶段。特别是韩国、新加坡和中国台湾等东亚经济体，则紧紧抓住世界新一轮技术革命带来的机遇，通过实施"技术立国"、"创新驱动"等发展战略，成功实现经济发展方式转变，成为高收入国家和地区。波特认为，一个国家在经济发展的不同阶段，驱动经济发展的动力是不同的。国家竞争优势的发展，可以分为四个阶段，即要素驱动阶段、投资驱动阶段、创新驱动阶段和财富驱动阶段。这一理论延伸被利用到区域和城市经济发展实践中，创新驱动就成为区域和城市提升竞争力的新选择。

创新驱动是城市转型发展的新动力机制，发展创新型经济是促进产业升级、建立新产业体系的必然选择。创新型经济是以现代科学技术为核心，以知识的生产、存储、分配和消费为最重要因素的可持续发展的经济。观察全球知名城市的持续升级进程，特别是进入世界城市体系的特大城市、特色城市，无不是基于新的城市发展理念，具有良好的创新环境和创新文化，且自主创新能力强、科技支撑引领作用突出、经济社会可持续发展水平高、区域辐射带动作用显著的城市。它们在持续转型发展的过程中，构建了适应创新型经济生长的城市创新体系，形成了政府、企业、产业集聚、中介服务体系和创新体系等多个主体互动发展，科技、产业、人才、知识交互作用，一方面自身在科技创新、产业创新、知识创新的同

时，推动了城市在服务业产业链高端的集结；另一方面在提升服务业竞争力的同时，又深刻影响着全球创新的发展脉动。因此，在知识经济时代和经济全球化的进程中，基于全球价值链的创新型城市和城市体系的迅速崛起，也表明一个全新的城市时代的到来，那就是城市不再仅是产业中心、就业中心，更是创新的中心、服务中心以及体现国家和区域竞争力的重要平台。因此，研究和总结世界城市创新型经济发展的经验，寻找中国城市转型中创新发展的突破口，把推进城市创新、科技创新及产业创新，与城市化进程、城市功能的提升、城市空间的重组以及城市的转型战略进行有机结合，无疑有着重大的现实意义。

2010 年，中国人均 GDP 达到 4 000 美元；2012 年，中国的人均 GDP 超过了 6 000 美元。[①] 世界许多国家发展的实践证明，在这个新的发展阶段，既面临前所未有的重大机遇，可以实现经济社会发展的转型跨越，也有可能落入"中等收入陷阱"[②]，致使经济发展停滞和波动。比较典型的是巴西、阿根廷、墨西哥、智利等拉美国家由于经济结构和社会结构转换滞后，在经济发展到一定水平后遇到"瓶颈"而停滞不前。因此，中国要成功跨越这个阶段，特别是经济增长从原来的两位数左右降为 7%—8%的常态后，就必须发展创新型经济，以科技创新为主导，以制度创新和企业创新为动力，以环境优化为保障，以提高创新能力和竞争力为目标，构建区域和国家的创新体系。而城市，特别是科技、教育、文化和人才等创新资源集聚的大城市，理应成为培育和发展创新型经济的重要平台，并以创新型城市的建设行动，来强化创新型经济的集聚效应和多重功能。

---

① 根据《2012 年国民经济和社会发展统计公报》，公报显示，2012 年中国国内生产总值（GDP）为 519 322 亿元，年末全国大陆总人口为 135 404 万人，据此，2012 年中国人均 GDP 为 38 354 元，截至 2012 年年末，人民币兑美元汇率中间价为 6.2855，这意味着 2012 年我国人均 GDP 达到了 6100 美元。

② 所谓"中等收入陷阱"，是指人均 GDP 在 3 000—10 000 美元之间的中等收入国家，在迈向人均 GDP 在 1 万美元以上高收入国家行列时，由于经济发展仍然过分依赖外部因素，不能顺利实现发展方式转变，导致新的增长动力特别是内生动力不足，同时，经济快速发展中集聚的社会矛盾在此时期集中爆发并难以协调，经济社会发展进入停滞徘徊期。比较有代表性的是拉美国家经济发展的长时间的停滞不前，并引发社会矛盾的集中爆发。

　　创新的概念，来源于熊彼特（J.A.Schumpeter）1934 年出版的《经济发展理论》。熊彼特把创新界定为"执行新的组合"或"建立新的生产函数"，亦即企业把一种关于生产要素和生产条件的新组合引入生产体系。[①] 随着创新理论的发展、完善以及在实践中日益受到重视，创新主体也逐渐从企业扩展至国家和城市，特别是面对人们对生活质量提高的要求，城市在整个创新体系中的地位和作用日益凸显，城市经济功能呈现出由传统产业转向高新产业、由制造转向研发、由生产转向服务并迈向创新中心的趋势。城市功能和创新的关系开始受到人们的关注。在"核心竞争力"的概念引入城市研究之后，将"创新"定位为城市的核心功能或核心竞争力的主张得到越来越广泛的认同，因为城市转型的动力直接来自于经济结构的持续优化和产业升级，创新型经济的发展不仅直接推动了一批高科技新城和产业园区的崛起，同时也加快了控制世界城市体系的主要国际大都市的内部更新和功能再造，创新型经济支撑的城市空间得到重组，战略定位也进一步明晰。在实践层面，一些科技发达国家的城市开始越来越重视培育城市科技创新能力，并积极提出构建创新型城市的口号，从整体上推进城市创新运动，而大都市区域往往是国家经济实现产业创新和经济增长的核心空间，大都市区域表现出服务业能级高、产业结构优化升级、科技教育发展水平高、高科技人才资源高度积聚、科技创新人文环境良好、研究与开发投入能力强等优势。这些优势使得大都市区域成为当前创新型经济发展的先锋地区。如纽约在经历了制造业中心向服务经济中心转型之后，积极借鉴硅谷经验，举全力打造新的全球科技创新之都，高新技术从业人数快速增长。2002 年，伦敦发布的"伦敦创新与行动计划"，目标是"使伦敦领导世界知识经济"；香港特区提出"动感之都"，即在资讯科技的发展和运用方面居于全球领先地位；悉尼的"聪明城市计划"，目标是强化区域的高附加值的金融服务、信息技术和通讯产业活动。巴黎在 2009 年提出新的多功能、多中心的城市规划方案，试图在原有的五个新城基础上，使巴

---

① J.A. Schumpeter, *The Theory of Economic Development*, Cambridge Mass: Harvard University Press, 1934.

黎旧城形成多个新的副中心，以有效承载城市功能，增强创新和服务竞争力。此外，还有亚特兰大、华盛顿特区、波士顿、芝加哥、西雅图、休斯敦等全美重点高科技城市，以及加拿大的温哥华、多伦多、渥太华、蒙特利尔等，都在践行着创新引领城市发展的理念。

中国的创新型城市建设行动，是和建设创新型国家的重大战略同步推进的。2005 年 10 月，中共十六届五中全会首次提出建设创新型国家的重大战略思想。随后，十七大报告提出要把"走中国特色的自主创新之路，建设创新型国家"作为国家发展的战略核心。随着我国建设创新型国家战略的实施，各地纷纷提出创新型城市建设的目标，积极进行创新型城市建设。创新型城市作为创新型国家的基础和重要组成部分，是实现创新型国家宏伟战略目标的前提和基础，也是创新型国家建设的支柱。《国家中长期科学和技术发展规划纲要》（2006—2020）中提出，要把建设创新型国家作为面向未来的重大战略选择，到 2020 年使我国进入世界创新型国家行列。2006 年，深圳率先发布了《关于实施自主创新战略建设国家创新型城市的决定》。此后，全国有 200 多个城市提出建设创新型城市的构想和意见。继 2008 年国家发改委批准深圳作为首批国家创新型城市试点之后，2010 年再次批准将大连、青岛、厦门、沈阳、西安、广州、成都、南京、杭州、济南、合肥、郑州、长沙、苏州、无锡、烟台等 16 个城市列入试点城市，鼓励各自探索出转型升级、提升城市竞争力的新路子。进入"十二五"，国家发改委、科技部已先后批准了 42 个创新型城市建设试点。[①] 建设创新型城市，转变经济增长方式，从要素和投资驱动转向创新驱动，促进城市的产业转型和功能升级，已经成为共同的价值导向。

与国际城市在推进创新城市建设更注重市场的力量不同，我国的创新型城市建设行动，是在国家层面的战略部署下推进的，国内各城市虽然多数是出于争先进位的竞争考虑，采取由政府主导的方式来推进，整体的社会动员力量比较强，这也是在全球城市体系重构的过程中，我国很多城市

---

① 需要指出的是，截止到 2011 年由国务院和科技部先后批准的 42 个城市中，合肥、厦门、济南、长沙、成都和西安这 6 个城市在名单中是重复上榜。因此除去这 6 个城市，截止到 2011 年，共有 36 个创新型城市建设试点。

提升核心竞争力和国际化水平的战略选择。在经历了改革开放以来的高速经济增长之后，我国大城市的经济实力和国际化水平都有了明显提升，特别是东部沿海城市和主要区域城市，已经具备了走创新驱动发展道路的条件和基础，科学发展观指导下的城市发展战略逐步转换到依靠科技进步、自主创新和服务经济的轨道上来。从全球的经济和社会发展趋势来看，我国要想跻身世界强国的行列，必须走创新型国家的道路，通过建立高效能、现代化的国家创新体系，大幅度提高科技创新能力，才能突破资源环境的瓶颈，实现经济的内生化增长。而建设创新型城市，让一批中国的创新型城市成为世界经济和城市体系的竞争主体，是一种理性的选择。因此，面向"十二五"，我国提出要加快建设创新型城市，推动特大城市形成以创新经济为主的产业结构。值得欣慰的是，与"十一五"明显不同的是，国内主要城市在制定的"十二五"发展规划中，都清醒地认识到了这一阶段是城市转型发展，以创新经济体系的构建，来强化城市核心竞争优势的关键期，目标定位更高，而且结合自身的区位、产业基础和未来战略性新兴产业体系的构建以及"和谐城市"、"幸福城市"的愿景，来谋划具体的行动路径。（详见表5-1）

当然，发展创新型经济、建设创新型城市，是一项系统工程和长期的战略任务。创新型经济和创新型城市都以创新为主要推动力，都必须依赖科技、知识、人才的作用，都特别注重可持续发展，两者是一个有机的统一体。从国内外实践来看，大凡能成为创新型国家或创新型城市的，都是创新型经济发展水平较高，经济较发达的国家或城市，它们的转型都是以创新型经济为基础，使经济增长由主要依靠资本、劳动、土地等物质投入推动转向靠知识、技术、制度等的创新来驱动。如美国、英国等创新型国家都是通过实施创新战略来发展创新型经济，从而成为经济强国。因此，我国目前创新型城市建设的试点城市，必须明确通过创新型经济的发展来促进城市转型发展的路径，使创新型城市的建设与发展创新型经济形成良性互动，把科技创新、产业升级、现代产业体系的构建，与制度创新、服务型政府的建设和城市创新文化氛围的营造，进行有机的融合，从而形成生生不息的创新驱动力，保障城市的可持续发展。

表 5–1 国内主要城市"十二五"创新型城市发展定位与战略目标概览 ①

城 市	发展定位与战略目标
北京	全面实施"科技北京"战略,抓好中关村国家自主创新示范区建设,提升创新型人才服务,做大做强一批创新型企业,把北京建设成为国家创新中心,持续推进竞争力提升,更好地服务于区域和全国创新发展。
上海	充分发挥科教引领和人才支撑作用,加快建设创新型城市;全面增强原始创新、集成创新和引进消化吸收再创新能力,推动城市发展率先实现向创新驱动转变。
天津	大力实施科教兴市战略和人才强市战略,加快集聚国内外科技和教育资源,增强自主创新能力,提高教育现代化水平,壮大创新人才队伍,推动发展向主要依靠科技进步、劳动者素质提高、管理创新转变,着力建设创新型城市。
重庆	实施科教兴渝和人才强市战略,提高自主创新能力,全面推动经济社会发展向主要依靠科技进步、劳动者素质提高、管理创新转变,建设国家创新型城市。
广州	坚持自主创新核心战略,大力实施重大创新工程,全面推进科技创新和体制创新,加快建设智慧城市和国际人才港,率先建成国家创新型城市,成为创新型国家的战略节点。
深圳	广聚优质创新资源,加快构建高素质创新人才队伍,着力增强核心技术自主创新能力,推动经济发展从要素驱动向创新驱动转变,率先建成创新体系健全、创新要素集聚、创新效率高、经济社会效益好、辐射引领作用强的国家创新型城市。
杭州	扎实推进国家创新型城市试点工作,以打造"天堂硅谷"为目标,以自主创新为主线,以科技创新为核心,以产业创新为重点,以文化创新为基础,以体制机制创新为动力,加快建设创新型城市,使创新成为发展的主要驱动力。
宁波	以建设创新型城市为目标,更加注重科技创新、管理创新和制度创新,加快集聚各类创新要素,建立完善区域创新体系,全面提升产业技术水平和核心竞争力,推动经济社会发展向科技引领、创新驱动转变。
厦门	加大自主创新力度,优先发展教育,推进人才强市,基本建成创新体系完善、创新人才荟萃、创业投资活跃、综合环境优良的国家创新型城市,打造"创新厦门"。
济南	坚持健全创新体系、聚集创新资源、突出效率效益、着眼引领示范的指导方针,着力提升自主创新能力,营造创新友好环境,实现创新驱动发展,率先基本建成国家创新型城市。

① 根据相关城市的"十二五规划建议"、"十二五规划纲要"中的内容整理。

（续表 5-1）

城　市	发展定位与战略目标
青岛	围绕建设国家创新型城市，深入开展国家技术创新工程试点工作，建立以企业为主体、市场为导向、产学研相结合的技术创新体系，全市研发经费占生产总值的比重持续提高。
武汉	充分发挥科教和人才优势，实施科教兴市、人才强市战略，深入推进创新型城市建设，支持创新创业，切实把全市经济社会发展建立在科学技术进步和全民创新素质不断提高的基础之上。
南京	按照"自主创新、重点跨越、支撑发展、引领未来"的方针，重点推进国家科技体制综合改革试点城市和国家创新型城市建设，激发创新活力，加快科技成果转化，到 2015 年率先基本建成国家创新型城市。
成都	深入实施科教兴市和人才强市战略，大力推进教育均衡化、现代化和国际化，完善区域科技创新体系，培育壮大创新人才队伍，增强自主创新能力，努力建设国家知识产权示范市和国家创新型城市。
西安	以体制机制创新为动力，以实施重大科技创新工程为抓手，打破科技资源条块分割壁垒，推动科技产业融合，建设创新体系完备、创新能力强大、创新产业发达、创新人才荟萃、创新环境优良的国家一流创新型城市。
沈阳	全面提升自主创新能力，形成以企业为主体、市场为导向、以发展高新技术为引领的科技创新体系，率先建设成创新体系健全、创新效率高、经济社会效益好、辐射引领作用强的国家创新型城市。
大连	全面实施科教强市战略，以提升自主创新和持续创新能力为重点，加大对科技进步的支持力度，着力构筑功能完备的科技创新体系，改善自主创新环境，加强人才队伍建设，加快建设国家创新型城市。
长春	加快国家创新型城市建设步伐，着力打造长东北科技创新中心。到 2015 年，建成东北亚地区重要的创新中心和成果转化基地，科技进步贡献率达到 60% 以上，高新技术增加值占工业增加值比重达 50% 以上。
哈尔滨	通过全力实施城市战略创新、科技创新引领、产业能级提升、企业主体培育、对外开放拓展、科技惠民支撑等"六大标志性创新工程"。到 2015 年，基本建成创新特色鲜明、创新活力充沛、产业结构合理、人才名品汇集、创新氛围浓厚的国家创新型城市。

二、创新型城市的功能特征与构建模式

　　无论是创新型国家的建设还是创新型城市的打造，都是基于创新型经济的系统推进过程。西方创新型城市的研究起源，从实践的角度看主要是两大因素：应对传统城市的衰退，适应全球化的发展。而其理论基础，主要是英国经济学家弗里曼（C.Freeman）于 20 世纪 80 年代提出的"国家

创新体系"。国家创新体系是"公私部门机构组成的，它们的活动和相互作用促成、引进、修改和扩散了各种新技术"①。之后 Porter（1990）提出了国家创新系统的钻石结构模型，Cooke 于 1992 年最早提出区域创新系统并于 1996 年将这一概念作了具体界定。② 后来，Lundvall（1992）结合创新系统和经济理论，阐述了国家创新系统概念的起源、应用和理论地位。③ 目前，世界公认的创新型国家有 20 个左右，包括美国、英国、法国、德国、日本、芬兰、瑞典、丹麦和新加坡等，它们明显具备四大特征：一是在创新投入方面，研发投入占国内或地区生产总值 2.5% 以上；二是科技进步贡献率 60% 以上；三是自主创新能力强，对外技术依存度在 30% 以下；四是创新产出高、发明专利多，成果转化率高。④

随着世界经济的发展和全球化趋势的不断加快，创新成为城市竞争力提升的要素，这些理论被延伸到了全球化竞争的重要主体城市身上。在全球城市体系中，创新驱动成为城市转型升级的主旋律和核心动力，"创新型城市"的概念也逐步完善，对现实的实践探索起到了引导作用。对于"创新型城市"的内涵，Peter Hall（1998）将创新型城市界定为处于经济和社会的变迁中，许多新事物不断涌现并融合成一种新的社会形态的具有创新特质的城市。⑤ 英国学者 C.Landry（2000）在其著作《创新型城市》中认为，必须具有开放思想、多样化、宽容、独立个性、可达到、弹性及有活力的公共空间、高质量的人居环境、源于全球化倾向的本地化等特征。⑥

在实践验证方面，国际学者的研究也比较深入、系统。以 Simmie

---

①　C. Freeman, *Technology Policy and Economic Performance–Lessons From Japan*, London: France Pinter, 1987.

②　P. Cooke, H.J. Hans-Joachim Braczyk and M.Heidenreich, *Regional Innovation System: the Role of Governances in the Globalized World*, London: UCL Press,1996.

③　B.Lundvall, *National System of Innovation: towards a Theory of Innovaiton and Interactive Learning*, London: Pinter Publishers,1992.

④　梁永丽：《增强自主创新能力，建设创新型国家》，科学技术哲学专业优秀论文，厦门大学 2006 年。

⑤　Peter Hall, *Cities in Civilizaiton*, London: Weidenfeld and Nicolson, 1998.

⑥　Charles Landry, *The Creative City: A Toolkit for Urban Innovators*（1st edition）, London: Earthscan Publicaitons Ltd., 2000.

为代表的学者以欧洲五个城市为例对创新型城市进行了实证研究。[1]Tahtmaxep（1996）在《城市创新角色的研究》一文中揭示了"创新潜力——技术机构——城市居民生活方式"链条中各环节的相互关系，研究了使社会情绪符合新技术结构所要求的创新进步的机制，分析了形成城市创新角色潜力等问题。[2] 哈佛大学的波特教授和斯特恩教授（1999）联合设计了 34 个创新型城市的调查指数，建立了以公共政策指数、创新集群的环境指数、公司的创新取向指数和国家创新能力评价指数为核心的创新指标体系。[3]Richard Florida（2002）提出了创新型城市的 3T 指标：技术、人才和包容度。[4]2005 年，世界银行发表了关于"东亚创新型城市"的研究报告，提出了创新型城市必须拥有的九大先决条件：优良的交通电信基础和功能完善的城市中心区；充足的经营、文化、媒体、体育及学术活动的场所设施；研究、开发与创新能力；受教育程度较高的劳动力队伍；政府治理有效，服务高效；多样化的文化事业基础设施和服务；多样化的、高质量的居住选择；切实重视环保，在这方面有良好口碑；社会多元，能接纳各种观点的碰撞、各种文化的融合和各种体验的交汇。[5] 此外，还有欧盟创新记分牌（EIS）、硅谷指数、美国华盛顿创新和科技指标体系等。

目前，国内对于创新型城市的特征认知，无论是政府的公开表述，还是学术界的话语体系，基本上都认为创新型城市是指一个城市在城市政府的引领和组织下，激活创新意识，集聚创新资源，发挥创新作用，创造创新成果，把创新作为内在驱动力，通过创新性行为来促进城市经济社会发展，其对所在城市群或更大范围内的其他区域具有高端辐射与引领作用。

---

[1]　J.Simmie, *Innovative Cities*, London: Spon Press, 2001.

[2]　Tahtmaxep, Annette Signh, "Singapore as an Innovative City in East Asia: An Explorative Study of the Perspectives of Innovative Industries World Bank", *Policy Research Working Paper*, 2005.

[3]　M.Poter et al., *Challenge to American's Properity, Findings from Innovation Index*, Council on Competitiveness, 1999.

[4]　Richard Florida, *The Rise of the Creative Class: And How It's Transforming Work, Leisure, Community and Everday Life*, New York: Perseus Book Group, 2002.

[5]　世界银行：《东亚创新型城市的研究报告》，2005 年。

其虽然涵盖人力创新、产业创新、组织创新、制度创新、技术创新等全社会的创新体系，但主要集中体现在经济技术领域的创新、社会与城市治理的创新和城市的文化创新。例如，有的学者（2006）在分析创新型城市（或创新城市）两种英文表述——"Creative City"和"Innovative City"——含义的基础上，基于"Innovation"概念，认为创新型城市是在新经济条件下，以创新为核心驱动力的一种城市发展模式，是知识经济和城市经济融合的一种城市演变形态，具有完善的城市创新系统，在集聚和配置创新资源、不断形成自我平衡调整和发展功能的基础上，推动建立创新驱动的集约型城市经济增长，最终实现城市可持续发展。[1]

　　创新型城市在很大程度上是将国家创新体系中的各要素重新配置，有选择地引入城市经济系统、社会系统中，使城市成为创新的载体，并以创新驱动城市转型升级。总的来看，创新型城市必须具备创新型国家的四大特征、相关指标要明显高于平均指标，还要具备以下的具体特征：一是具有高水平的创新人才队伍。城市的主要创新活动由具有创新精神和创新能力的专业人才来完成，创新型主体是创新活动的重要保障。创新型城市既要有相当数量又要有较高质量的创新人才队伍。二是具有强大的创新能力。强大的创新能力包括知识创新和技术创新。知识创新能力是城市创新的基础，主要以大学和科研院所为主体。技术创新则是城市创新的核心，是企业发展的原动力，它着重将基础科学研究成果转化为技术服务人类，强调成果的应用性，往往以企业为主体。三是基本形成现代产业体系。高新技术产业、现代服务业等高端、高效、高辐射的产业成为支撑和带动城市经济发展的最主导力量，对其他产业具有辐射引领和带动作用，聚集众多的工商企业总部和服务企业总部。四是具有和谐的创新环境。包括硬环境，如基础设施；软环境，如浓厚的创新文化氛围等。基础设施包括便捷的交通网络、发达的网络信息和交流平台。创新氛围是创新的土壤和基础，是城市的灵魂与标志。良好的创新氛围，可以激发全体市民参与创新

---

　　[1]　杨冬梅、赵黎明、闫凌州：《创新型城市：概念模型与发展模式》，《科学学与科学技术管理》2006年第8期。

创业的积极性，使市民普遍具有创新理念。五是在区域或全球价值链上具有控制能力，是研发中心、生产中心、物流中心、信息中心、交通中心和区域经济发展策源地，具有较强的聚集和辐射能力。

当然，在全球城市体系中，由于城市能级、规模上的差异以及经济发展阶段的不同，创新型城市的实践探索就会呈现出多种类型和模式，如传统的大都市和新崛起的科技城市，在产业体系的构建和城市治理的方式上不可能一样，发达资本主义国家与新兴市场国家的城市由于发展阶段的不同，创新驱动的动力机制会明显不同。从世界范围来看，创新型城市的发展模式正显现出多样化的特征。依据城市的能级、规模与发展定位来界定，创新型城市可分为世界级创新中心城市、区域创新中心城市和非中心创新城市群等。世界级创新中心城市一般为国际化大都市，如东京、纽约等，具有较雄厚的以产业集群为支撑的经济基础，重心放在把自身打造为国际级产业链"高端"节点和新兴产业中心。区域创新中心一般为国家首都或区域中心城市，如中国的北京，具有较强的经济实力和辐射带动力。非中心创新城市群一般是多个中小城市组成的经济区，通过区域一体化联动发展和差异化发展战略实现城市创新。依据引领城市转型升级的主导产业的不同，创新型城市可分为高技术制造业创新中心城市、知识密集型服务业创新中心城市等。高技术制造业创新中心城市是以高科技产业为切入点，以高科技制造业为主导产业，大力发展相关的生产性服务业。知识密集型服务业创新中心城市是以研发、咨询、金融、科技中介、IT服务、创意产业等新兴产业为主导，产业集群为创新的策源地。这两类城市，基本以国家或地区层面的高科技新城或新兴城市为主，如美国加州的硅谷等区域，韩国的大田，中国台湾的新竹，印度的班加罗尔和中国大陆的深圳、上海浦东、苏州新加坡工业园等。

如果依据促进城市创新发展的动力系统来考量，建设创新型城市的模式又可分为三类：政府主导型、市场主导型和混合型。政府主导型是由政府制定明确的创新型城市发展战略，颁布实施促进创新服务型城市建设的政策措施，支持和鼓励创新服务主体之间形成互动和网络关系，营造有利于创新服务的文化氛围，引导全员参与创新型服务型城市的建设。市场主导型是在市场资源配置的前提下，围绕城市发展的创新和服务环境间接引导创新、服务要素向城市集中，创新和服务主体在各自的利益需求和市场竞争压力下，不断寻求技术上的突破和科技创新，自发形成产业创新集群和良好的创新服务环境。混合型发展模式是综合借取市场和政府的资源，有效克服单一力量的弊端，因为在创新型城市的建设过程中，既需要充分利用市场机制推动创新要素向城市集聚与流动，也需要政府的力量促进要素的投入和政策的制定以保证良好的创新和服务环境。一般而言，发展中国家往往采用政府主导型模式，发达工业国家一般采用市场主导型模式，长远意义的创新型城市的建设和发展将逐渐趋向自上而下和自下而上相结合的混合型发展模式。此外，依据城市创新活动主题所侧重内容的不同，又划分为文化创新型城市、产业创新型城市、服务创新型城市和科技创新型城市等。如巴黎、伦敦等欧洲大都市，在创新方面偏重于文化产业发展的突破，注重以文化创新来保持城市的活力。美国纽约、日本东京等，以现代服务业为创新型城市的主攻方向，通过不断创新城市的服务，增强城市的服务功能，着力发展服务经济。美国堪萨斯、韩国大田等，创新发展的重点是以产业创新作为突破口，即依托地处大都市区域，工业基础较扎实，工业领域的人才、技术等优势比较突出为支撑，大力推动产业技术创新。科技创新型城市的特征最为明显，突出科技集成与科技创新，依托国际一流大学和研究机构，形成雄厚的科技实力、较强的创新能力与明星的科技产业优势。

从当今世界范围内多元探索创新型城市的建设路径来看，无不是围绕提升城市的创新力和核心竞争优势而展开的，以此来观照中国当前的创新型城市建设运动，无疑可以提供很多的借鉴，特别是当创新型城市建设已经上升为构建国家创新体系与竞争优势的战略层面之后，我国的诸多城市如何根据资源禀赋、资源条件和经济发展的阶段性差异，来选择适合自身的路径。在目前 42 个国家创新型城市建设试点的城市中，必须根据各自独特的经济、社会、历史、区位、科技水平和产业结构等，找准适合自身发展的模式、道路和目标，制定创新战略规划和行动纲领，有针对性地建设创新型城市，从而提高城市竞争力和综合实力。而在这个过程中，尤其要权衡政府和市场力量的协同，发挥政府和市场"双擎"引导作用，注重运用国际国内两种资源，以最大限度地整合资源、提高效率，强化整体的认同度。同样是国内一线城市，北京、上海和深圳等，在以创新型经济引领创新型城市建设的路径选择上是有很大区别的。北京的目标是"国家创新中心"，突出自主创新示范的作用，围绕"首都定位"和"服务功能"，依托中关村科技园区的软件产业、微电子产业、生物医药产业和新材料产业，构建具有特色的首都创新体系。上海在2009年用于研究与发展（R&D）的经费支出就相当于全市生产总值的2.7%，更为重要的是，上海所具备的良好的创新制度环境，如拥有完善的鼓励、评价和保护创新的制度和政策，对全球跨国公司和国际金融机构有莫大的吸引力，这就为其建立以人才高地为支撑的高度国际化的城市创新体系，成为国内外重要的创新基地、知识扩散中心，并在若干关键技术与战略产业领域的竞争力方面处于国际前列，提供了系统保障。如张江高科技园区已经构筑了国家上海生物医药科技产业基地、国家信息技术产业基地和国家科技创业基地的三大国家级基地的框架，加快成为亚太创新中心。深圳是全国的特区，是我国第一个创新型城市的建设试点城市，从起步时就把发展高新技术企业作为产业结构调整的支柱，并于2005年在全国第一个明确提出建设自主创新型城市的目标。同样是定位自主创新，深圳与北京最大的区别是缺乏知名高校、国家级的研发机构，但深圳明智地选择了以企业为主体的自主创新体系，并具体表现为"四个90%"，即全市90%的研发机构设立在企业，90%的研发人员集中在企业，90%的研发资金来源于企业，90%的职务发明专利出自企业。企业真正成为城市创新发展、提升核心竞争力的主体和主力军。而南京、武汉和西安等区域中心城市、省会城市，本身的科教资源丰厚，科技人才队伍庞大，但科教资源转化为发展的动力机制不足，建设创新型城市关键在于制度创新，即以制度创新为突破，实现创新资源的整合，转化为创新驱动的新优势。

中外的创新型城市建设，由于经济基础、制度土壤和创新文化基因的不同，在路径的选择上有较大的差异。与国际城市发展创新型经济主要以市场导向不同，中国城市的创新型经济主要是政府引导的。政府主导创新，主导战略性新兴产业的规划发展，主导城市化进程和城市功能改造，固然可能会出现简单、重复、追求阶段性成效等弊端，但政府主导最大的好处是可以统筹城市规划、城市产业规划以及城市空间布局，可以主动推进城市转型、产业升级的战略行动，从而使创新型城市的建设行动同步和互动。因此，面向"十二五"及未来相当长的一个时期，国内城市如何顺应全球产业结构和创新体系的变化趋势，如何告别对过去的"路径依赖"，将转变发展方式化为实际行动，特别是在尊重城市经济发展、城市转型规律的前提下，发挥政府在创新活动中的规划、引导和调控作用，把推进城市创新、科技创新创业及产业创新，与城市化进程、城市功能的提升、城市空间的重组以及城市的转型战略有机结合，让先进生产要素在城市和区域空间内发挥"乘数效应"，已经成为一种理性的选择。

　　建设创新型城市要以科技创新为核心要义，但在推进科技创新的同时，还要注重技术创新与文化、科技创新和区域创新的联动。科技创新推动产业升级、产业革命，是以往经济发展的铁律，但新一轮全球化所带来的国际分工，产业组织的网络化、产业边界的模糊化，生产方式与生活方式的交融化，使人的自身不愿再成为被动的生产工具和控制对象，对体验型消费、自我满足性、参与性的产品与服务的追求，催生了新的生产组织方式和商业模式，科技创新中的人文精神产生了莫大的价值，苹果公司的新商业模式已经验证了这一点。"科技＋人文"，不仅能带来莫大的商业价值，还有助于可持续推进科技创新。如我国的台湾地区，自 20 世纪 90 年代起，在以科技推动产业的发展过程中，一直存在过于重技术、轻人文的倾向。由于缺少战略层面谋划产业布局和区域创新的机制，虽然科技产品竞争力较强，但却一直摆脱不了"高级代工"的怪圈，与这种倾向有一定的关系。被誉为台湾"IT 之父"的施振荣，在 1989 年台湾全力发展高科技产业时，曾响亮提出"科技岛"的概念，但他很快就发现了科技唯上的弊端，后来他又提出了补救性的"人文科技岛"一词，但遗憾的是没有引起重视。[①] 他认为台湾要走出"代工"的怪圈必须借助人文创新，从代工到品牌的科技转型，台湾起码还要 10 年的摸索。因此，鉴于我国的东部

---

① 施振荣：《台湾需要"不怕死的人"才能走对方向》，中国新闻网 2012 年 12 月 5 日，台湾《工商时报》2013 年 1 月 14 日。

沿海省份以及一些大城市，在发展阶段上正逐步向台湾看齐，在转型升级的过程中强化创新驱动，一定要注意防止技术至上的思想，尽量做到科技与人文并重，并注重文化创意产业的科技化，让科技创新与文化创意形成良性互动，充分发挥创新的集成效应，打造面向国际市场的研发中心、技术平台、创意设计中心，构建系统创新的新高地。

第二节　创新型城市的评价体系与实际验证

一、创新型城市评价体系的指标构成

2020 年我国要进入创新型国家行列。建设创新型城市作为一场创新行动，是建设创新型国家战略和国家创新城市的重要支撑。但由于城市之间产业基础、资源禀赋和创新环境的不同，就形成了不同类型、不同路径的实践探索。因此，为了更科学地推进创新型城市建设行动，特别是注重以创新型经济、服务型政府为突破，来实现创新驱动城市转型升级，就必须构建一个能普遍接受的创新型城市评价体系。2010 年 4 月，科技部印发了《关于进一步推进创新型城市试点工作的指导意见》以及《创新型城市建设监测评价指标（试行）》，为国内创新型城市建设提出总体要求。近年来，国内部分的学术机构和专家，已经在这方面作了起步性的探索：代明[1]（2005）结合深圳"特别能创新"的理念和时间，提出了作为创新型城市的四大功能标志。范柏乃等[2]（2002）、刘凤朝等[3]（2005）、李琬等[4]（2010），对城市创新能力评价指标体系进行了深入的研究和探索，并依据

---

[1]　代明：《自主创新型城市的四大功能标志》，《特区经济》2005 年第 12 期。

[2]　范柏乃、单世涛、陆长生：《城市技术创新能力评价指标筛选方法研究》，《科学学研究》2002 年第 12 期。

[3]　刘凤朝、潘雄锋、施定国：《基于集对分析法的区域自主创新能力评价研究》，《中国软科学》2005 年第 11 期。

[4]　李琬、张玉利、胡望斌：《创新型城市第四代创新评价指标体系构建与实证研究》，《科技管理研究》2010 年第 1 期。

不同的评价理念和标准总结出了各自的创新型城市评价指标体系。在创新型城市测度的实践应用上，国家科技部也确定了实现创新型国家的量化指标。一些城市和机构也推出了相关的主要指标体系。如北京发布的中关村创新指数、深圳推出的《自主创新型城市指标评价指标体系》、上海发布的"张江园区创新指数"等。

从已有的研究成果看，创新型城市在世界范围并没有一个绝对的标准，特别是由于各个国家、地区和城市所处的阶段不同，其发展水平和特征也表现不一，因而就有不同的创新特征和标准。目前的研究成果表明，国际机构所设定的评价指标，既包括硬件指标，也包括软件指标，而国内对城市创新能力的评价则更加注重硬件指标。但总的来看，目前有关创新型城市的指标体系，首先是理论基础都比较薄弱，过分注重现实功利性。如有的学者将创新型城市等同于"城市 + 创新"，从而对创新型城市产生片面的理解，殊不知，创新能力只是创新型城市建设的一个主要组成部分，而不是全部，决不能用提高创新能力替代创新城市建设。其次，创新型城市的建设并不能一蹴而就，需要一个长期的、连续的、动态的过程，然而大部分学者往往就某一城市当年的创新或服务水平的研究下定论，缺乏对城市连续性的跟踪分析，也难以给予准确的评价和建议。再者，目前很少有学者对创新型城市进行界定和划分阶段，也缺乏一套既科学合理又具有较强适用性和可操作性的城市创新和服务能力评价指标体系，以通过数量化的衡量标准来判定一个城市是否属于创新型城市。毕竟，我国建设创新型城市的行动才刚刚起步，理论的依据固然重要，但更关键的是评价指标体系的导引，让各地的创新实践有一个明确的导向。

那么，如何构建一个具有中国特色并且能为国际上认可的创新型城市评价体系呢？我们认为，创新型城市的建设是一个有着广泛内容的系统工程，其创新能力的强弱取决于人才、科技等要素的投入强度以及整个社会的基础设施、文化制度、宏观环境等的完善程度，特别是各要素之间的整合和协同作用。因此，必须从知识创新能力、技术创新能力、创新环境能力和政府创新能力等四个大的方面来构筑指标体系，同时要坚持以下的原则：

一是科学性和现实性原则。

指标体系的设计必须建立在科学、客观的基础上，指标的定义、分类、范围、数据收集、计算方法、权重确定等要真实规范和有据可依，每个指标都应既具有相对独立性又保持着较强的相关性，既避免相互重叠又能保证整个指标体系的有机统一。同时，指标体系的建立也应遵循适用性原则，尽可能选取能反映城市创新发展能力的指标，以使评价结果真实可靠。

二是综合性和系统性原则。

为了突出重点和反映城市的整体创新能力，应选取与城市创新能力具有较强相关性的指标，从宏观到微观层面深入，形成一个较完整的评价体系，能反映出各影响因素的创新水平以及城市的综合创新能力，使整个评价指标体系具有系统性、代表性和综合性。

三是动态连续性原则。

城市创新能力的提高是一个动态发展的过程，是随着经济、科技的发展不断向前推进。某一个时期反映创新型城市建设进程的核心要素，在另一个时期可能会降为次要因素，甚至可以忽略。因此，城市创新能力的评价指标体系必须能够反映城市内不同知识部门、产业结构以及科技进步的现状、潜力及演变趋势，并能根据新的国际、国内形势和环境的变化作出相应的调整。在选择指标时，应将静态指标与动态指标结合起来，利用静态指标反映城市创新的现状水平，利用动态指标预测城市创新能力的发展前景。

四是定性和定量结合原则。

由于影响创新型城市的因素很多，不可能将所有的影响因素都纳入评价体系进行考量，为了强化客观性，有很多数据必须通过问卷调查来获得，体现公众参与度与认可度。将定性和定量结合，有助于评价的全面和准确。

五是导向性原则。

在构建评价指标体系时，充分考虑到城市所处的发展阶段，注重考察技术创新和创新环境的完善，并重点根据我国区域中心城市的特殊发展背景和辐射力，选取较多的与知识创新能力和可持续发展水平有关的指标，希望对起步不久的我国创新型城市的发展起到引导作用。（参见图5-1）基于上述基本原则，我们认为国内创新型城市评价体系的内容构成，应以知识创新能力、技术创新能力、创新环境能力和政府创新能力为一级

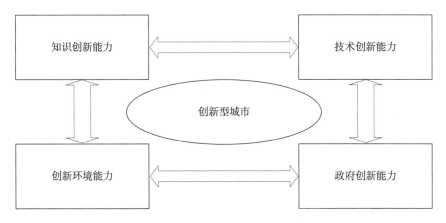

图5-1　创新型城市评价体系

指标，每个一级指标下用相应的二级指标来支撑，分解出的三级指标则体现定量的特征。由此，该指标体系共分为三个层次，包含 10 个二级指标和 26 个三级指标。这四个一级指标相互作用、协调互动，就有助于形成创新型城市建设的自我平衡发展机制，提升城市的可持续创新能力。（参见表 5-2）

在这个指标体系中，相关指标、指数获取的准确性、客观性是关键，在操作的过程中如何把握，决定了考量结果的认可度。因此，四大一级指标的权重确定和具体数据的选取，要有认可度和可获取性。在知识创新能力指标的选取上，考虑到创新就是将知识转化为新产品、新工艺和新服务的过程，没有知识就没有创新，因而知识创新能力是一个城市实施整体创新的基础。知识创新能力重点强调高校、科研院所的自主创新能力。知识创新需要创新的主体和客体来实现，主体是高校、科研院所以及具有创新能力的高质量知识劳动者，客体是创新的投入，是创新的前提和基础。因此，我们从知识创新主体、知识创新投入和知识创新产出水平三个方面来综合测度知识创新能力的强弱：第一，知识创新主体中，衡量高校科研院所水平常用的指标是大学、科研院所指数，衡量高质量的知识劳动者选用从事科研开发活动的人员数占从业人员比重；第二，知识创新投入中，衡量创新投入的指标是全社会 R&D 投入占 GDP 比重、教育经费实际投入

表 5-2　创新型城市指标体系构成

一级指标	二级指标	三级指标	指标说明
Z1 知识创新能力	Z11 知识创新主体	Z111 从事科研开发活动人员指数	从事科研开发活动的人员数占从业人员比重
		Z112 大学、科研院所指数	科研、技术服务和地质勘查业（万人）
	Z12 知识创新投入	Z122 R&D 投入指数	全社会 R&D 投入占 GDP 比重（%）
		Z123 教育经费投入	教育经费实际投入占 GDP 比重
	Z13 知识创新产出	Z131 国际科技论文发表指数	每万人国际科技论文数
		Z132 国内科技论文发表指数	每万人国内科技论文数
Z2 技术创新能力	Z21 技术创新实力指数	Z211 专利产品数	授权专利（件）
		Z212 新产品产值	高新技术产业总产值占规模以上工业总产值的比重
	Z22 技术转化能力指数	Z221 产学研合作指数	问卷调查
		Z222 企业技术转化指数	问卷调查
		Z223 企业研发效率指数	(e11+e12) / 各类专业人员
Z3 创新环境能力	Z31 创新氛围指数	Z311 求新意识	问卷调查
		Z312 平等观念	问卷调查
		Z313 兼容心理	问卷调查
	Z32 信息技术基础设施指数	Z321 每百人拥有移动电话机数	移动电话总用户数年均人口
		Z322 每百人拥有互联网用户数	互联网总用户数年均人口
	Z33 产业结构高级化程度指数	Z332 服务业增加值占 GDP 的比重	三产增加值占 GDP
		Z333 高科技从业人员占全部从业人员比例	信息传输计算机服务和软件业（万人）科研、技术服务和地质勘查业（万人）
Z4 政府创新能力	Z41 政府服务能力指数	Z411 办事效率	问卷调查
		Z412 服务态度	问卷调查
		Z413 服务质量	问卷调查
	Z42 政府创新能力指数	Z421 执行政策的灵活性	问卷调查
		Z422 重大创新和成功经验	问卷调查
		Z423 学习能力和交流活动	问卷调查

占 GDP 比重；第三，衡量知识创新最直接的产出是每万人国内科技论文数、每万人国际科技论文数。技术创新能力的一级指标，由技术创新实力指数和技术转化能力指数构成。技术创新能力是指通过引入或者开发新技术，满足或创造市场需求，增强企业竞争力，也是城市获得持续竞争力的源泉，获得最佳的经济效益、社会效益的能力。技术创新能力是城市创新能力的核心，企业是技术创新的最主要的创新主体。技术创新能力分为技术创新实力和技术转化能力。技术创新能力用新产品的产值和专利产品数来衡量。技术转化能力用产学研合作、企业技术转化、企业研发效率指数来衡量。创新环境能力一级指标，包括硬环境，如基础设施，也包括软环境，如浓厚的创新文化氛围等。基础设施用信息技术基础设施指数来衡量，创新氛围指数主要从文化、精神、观念角度入手，设计了求新意识、平等观念和兼容心理指数。同时，考虑到以产业体系的建设是构建创新型城市的基础，因此在创新环境中加入了产业结构高级化程度指数。政府创新能力一级指标包含政府服务能力和创新能力两个方面，主要指在城市经济社会发展领域中所提供的公共服务产品能力，是城市创新群体开展创新活动的基础保障，其中的政府服务能力指数采用了办事效率、服务态度和服务质量三个指标。政府创新能力指数采用了执行政策的灵活性、重大创新政策和成功经验、学习能力和交流活动三个指标来衡量。

　　根据上述评价指标体系，我们设立的具体指标属性有三种，分别为客观指标、专家打分和问卷调查指数。对具体城市 2002—2011 年客观数据的获取，则主要来源于《中国城市经济年鉴》、《中国统计年鉴》、《中国城市建设统计年鉴》、《都市及区域发展统计汇编》及国家有关部委的专业年鉴和有关城市的统计年鉴。对于专家打分和问卷调查指数主要来源于中国社科院倪鹏飞研究员主持的关于"城市竞争力报告"的数据库。[①] 在具体

---

　　① 　由中国社科院城市与竞争力研究中心倪鹏飞研究员牵头主持的"城市竞争力报告"自 2003 年开始，每年发布一次，形成了较为完整的指标体系和强大的数据支持，其"城市竞争力指数"数据库是最近十年来积累下来的在全国范围具有一定权威性的数据库，从城市规模、行政等级和发展阶段等不同视角，从城市竞争力构成的不同方面，涉及中国 294 个城市在人才、资本、科技、结构等方面的客观和主观数据。

操作层面，根据数据可比可加性的特点，对客观指标原始数据无量纲化处理，客观指标分为单一客观指标和综合客观指标。对于单一性客观指标原始数据无量纲处理，本章主要采取标准化、指数化和阀值法三个方法。标准化计算公式为：

$$X_i = \frac{x_i - \bar{x}}{Q^2}$$

x_i 为原始数据，$\bar{x}$ 为平均值，Q^2 为方差，X_i 为标准化后数据。

指数法的计算公式为：

$$X_i = \frac{x_i}{x_{0i}}$$

x_i 为原始值，x_{0i} 为最大值，X_i 为指数。

阀值法：

$$X_i = \frac{x_i - x_{\min}}{x_{\max} - x_{\min}}$$

X_i 为转换后的值，$x_{\max}$ 为最大样本值，$x_{\min}$ 为最小样本值，x_i 为原始值。

综合客观指标原始数据的无量纲化处理是：先对构成中的各单个指标进行量化处理，然后再用等权法加权求得综合的指标值。在研究中，各级指标均通过主观与客观相结合的分析方法确定权重，指标的综合权重按照两种方法所确定的权重各占50%加权平均得到。其中，主观权重的确定运用了专家评价法，而客观权重的确定运用了方差权重法。主客观法相结合的优点在于能够综合考虑各个指标的现实重要性和数据特征。

二、创新型城市评价体系的实际验证

中国的创新型城市建设是政府主导的，并且基本上呈现出行政级别越高，创新要素整合能力就越强的态势。在一个大的行政区域，首位度比较高的省会城市和区域性的中心城市，在承担创新驱动使命的过程中，往往更有多重优势。基于这一现实情况，我们依据上述构建的创新型城市的评价体系，对国内的主要城市在创新型城市建设的行动中，所体现出来的创新能力进行验证，以期为实践探索提供更多的启示。由此，我们根据经济发展水平、政治地位和行政级别等多个方面的考虑，以 2002—2011 年的 10 年时间跨度，选取了国内 30 个主要城市为评价对象，分别是北京、上海、天津和重庆 4 个直辖市，深圳、南京、广州、武汉、成都、西安、沈阳、长春、哈尔滨、杭州、大连、宁波、济南、厦门、青岛等全国 15 个副省级城市，石家庄、太原、呼和浩特、合肥、福州、南昌、郑州、长沙、南宁、海口、昆明等全国 11 个非副省级省会城市。它们作为全国及各省区的代表性城市，在创新型城市的创建进程中担负着先行先试的重要使命，量化研究它们在构建创新型城市过程中创新能力的变化，对指导全国创新型城市建设有重要的借鉴意义。

参考国际上一些对分值评判的方法，按照本指标体系测算得到的各城市创新综合能力最终得分（0—1），其中 1 为满分分值。我们尝试将这些城市分为四大类：0.71 以上表示城市创新能力强；0.61—0.70 表示城市创新能力较强；0.51—0.60 表示城市创新能力一般；0.50 以下表示城市创新能力较弱。

对 2002 年到 2011 年的 10 年数据验证表明，我国主要城市创新综合能力呈现东强西弱的格局，并大致分为三个梯度，即东部沿海城市创新能力较强，中部城市居中，而西部部分城市创新能力欠佳，这与城市经济基础密切相关。除北京、上海外，深圳作为全国首个创建国家创新型城市试点，一直排名第三，具有很强的竞争优势。2005 年后，创新综合指数达到 0.61 的城市超过 10 个。到 2011 年，有 22 个城市的创新综合指数达到 0.61 以上，排名前十的城市分别为北京、上海、深圳、杭州、广州、成都、青岛、武汉、厦门和南京。

从数据结果看，东中西三大区域的城市创新能力，呈现明显的"阶梯式"特征。就总体排名看，从 2002 年到 2011 年间，东部沿海地区的创新能力较强，即前 10 个城市大部分分布在东南地区，环渤海地区次之，西北、西南和中部地区较弱，而东北地区无一城市进入排名前十的行列。造成城市创新能力梯度分布和区域差异的主要原因是：城市发展水平差异较大，东部城市大多属于改革开放的前沿城市，国家政策及资源倾斜较多，加上观念更新相对较快，所以积累的创新要素和经验较多，在城市创新的基础条件、技术产业和创新环境等方面有很大的优势。

从各区域的创新能力看，六大区域之间的差距较为明显。以 2011 年数据为例，平均各区域的创新能力指数可以发现，东南地区遥遥领先，环渤海地区紧随其后，东北地区排名第三，中部、西北和西南地区的创新较为接近，均徘徊在 0.62 左右。（参见图 5–2）

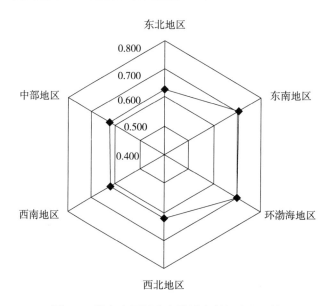

图5-2　按六大区域分类的城市创新能力比较

从四大直辖市的得分看，2002—2011 年间，4 个城市的创新能力整体呈现平稳上升趋势。北京一直独占鳌头，上海紧随第二，并且与天津和重庆拉开了一定差距，天津除了 2002、2003 和 2005 年三年略次于重庆，其余年份都排名第三。（参见图 5–3）

从 15 个副省级城市的排序看，深圳的创新能力，除了在 2010 年排名仅次于杭州外，其他各年都位列榜首。2011 年 15 个副省级城市排名依次为深圳、杭州、广州、成都、青岛、武汉、厦门、南京、西安、宁波、大连、沈阳、济南、长春和哈尔滨。（参见图 5–4）

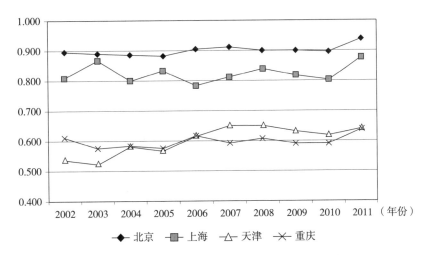

图5-3 2002—2011年四大直辖市创新能力综合指数

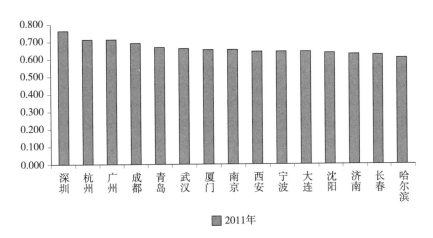

图5-4 2011年15个副省级城市创新能力排序

从表5-4可以看出,我国副省级城市的创新能力,在2011年都较2002年有一定程度的提高,其中上升最明显的城市是厦门,绝对值增加了0.136,提高了7个位次。此外,长春、南京、杭州、厦门、武汉和成都的创新能力综合指数上升也较为明显,绝对差值均超过0.1以上。相对而言,西安的创新能力虽然也提高了0.015,但位次较2002年下降了6个位次。需要指出的是,2002年,15个副省级城市仅有广州、深圳和西安的综合创新能力在0.61以上,符合创新型城市的标准。而到了2011年,除了哈尔滨为 0.608 略低于 0.61 外，其他 14 个城市都进入创新型城市的行列。值得一提的是，近年来，东北地区的一些城市有效依靠东北老工业基地振兴的有力政策，保持了创新投入的高水平，缩小了与领先城市的差距，大连、沈阳、长春都保持了较强的上升势头。

表 5–4　2002 年和 2011 年 15 个副省级城市创新能力排序

城市	2002 年	排名	2011 年	排名	绝对差值	位次变化
沈阳	0.543	11	0.640	12	0.097	−1
大连	0.548	9	0.643	11	0.095	−2
长春	0.502	15	0.628	14	0.126	1
哈尔滨	0.522	13	0.608	15	0.086	−2
南京	0.541	12	0.655	8	0.114	4
杭州	0.606	4	0.715	2	0.109	2
宁波	0.585	7	0.647	10	0.062	−3
厦门	0.521	14	0.658	7	0.136	7
济南	0.568	8	0.633	13	0.065	−5
青岛	0.603	5	0.671	5	0.068	0
武汉	0.548	10	0.664	6	0.116	4
广州	0.683	2	0.713	3	0.031	−1
深圳	0.700	1	0.762	1	0.062	0
成都	0.588	6	0.693	4	0.105	2
西安	0.633	3	0.648	9	0.015	−6

表 5–5 列出的是 11 个非副省级省会城市在过去 10 年间创新能力的变化状况，2011 年创新综合指数排名依次为合肥、长沙、福州、郑州、昆明、太原、石家庄、呼和浩特、南昌、南宁和海口。荣膺榜首的合肥是中国中部地区的科教城市，在科学研究、人才培养等方面有着较强的优势，2004 年合肥作为国家首个科技创新型试点市以来，在创新能力方面保持高速增长态势，2011 年度跻身"中国十大创新型城市"之列。2011 年排名第二的长沙有着突出的科教优势，巨大的创新潜力。截至 2012 年年底，长沙市拥有国家重点（工程）实验室 15 个，国家工程（技术）研究中心 14 个，国家企业技术中心 12 个，省级重点实验室 65 个，市级工程技术

研究中心 85 个。因此，长沙在 11 个省会城市中排名靠前，优势明显。排名第三的福州也连续九次蝉联"全国科技进步先进市"称号，并于 2010 年被国家科技部批准为国家创新型试点城市。

表 5-5　2002 年和 2011 年 11 个省会城市创新能力

城市	省份	区域	2002 年	排名	2011 年	排名	绝对差值
石家庄	河北	环渤海	0.530	5	0.594	7	0.064
太原	山西	中部	0.526	6	0.598	6	0.072
呼和浩特	内蒙古	西北	0.484	10	0.594	8	0.110
合肥	安徽	中部	0.514	8	0.645	1	0.131
福州	福建	东南	0.538	2	0.621	3	0.082
南昌	江西	中部	0.531	4	0.590	9	0.059
郑州	河南	中部	0.480	11	0.620	4	0.140
长沙	湖南	中部	0.537	3	0.642	2	0.105
南宁	广西	西南	0.524	7	0.589	10	0.065
海口	海南	西南	0.511	9	0.583	11	0.072
昆明	云南	西南	0.542	1	0.605	5	0.063

如果我们进一步从创新型城市评价体系的四大分项，即知识创新能力、技术创新能力、创新环境能力和政府创新能力，来考察所选取的 30 个城市，也可以发现这四大分项与综合的创新能力关系紧密。（参见图 5-5）

先从知识创新能力看，排名前十的城市分别为北京、上海、杭州、天津、武汉、青岛、厦门、成都、广州和南京。北京实力最强，其在知识创新主体、投入和产出方面都位居榜首。在分析知识创新能力的三个分项指标时，我们发现，创新能力排名最靠前的 5 个城市，其知识创新主体与知识创新能力有着较为相近的变化趋势，这表明知识创新主体在知识创新能力最强的前 5 个城市中有着举足轻重的作用，两者表现出较强的相关性。（参见图 5-6）

深圳在知识创新能力方面较弱，在 30 个城市中仅排名第 11 位，在 15 个副省级城市中排名仅为第 8 位，这与其知识创新主体有着紧密的关

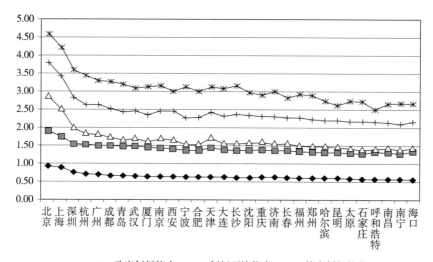

图5-5 2011年各城市创新能力与其他分项的关系

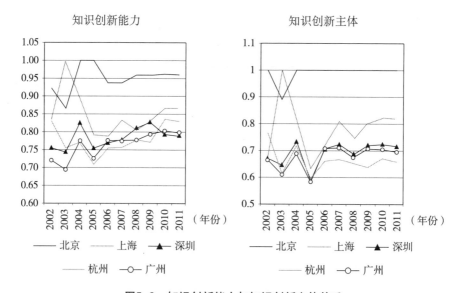

图5-6 知识创新能力与知识创新主体关系

系，由于深圳的高校和科研机构数量很少，因此深圳一开始就将着力点放
在构建以企业为主体的自主创新体系上。

再从技术创新能力看，排名前十的城市分别为北京、上海、深圳、广

州、杭州、天津、南京、成都、西安和武汉。（参见表5-6）北京领跑全国，主要由于其以中科院和中国工程院为代表的研究机构占全国半数以上，国家重点实验室和研究中心的数目占全国的1/3，因此其多年积累的科研成果、高度集中的科研机构和科研人员，为北京市的城市创新提供了强大的社会科研支撑力。从具体数值看，北京（1）和上海（0.793）的技术创新能力远远高于国内其他城市，与排名第三的深圳（0.468）就拉开了很大的距离。在15个副省级城市中，深圳不论在技术创新能力的总项，还是在分项技术创新实力和技术转化能力两个方面都位居榜首。相对来说，东北地区的哈尔滨、大连排名靠后，其在技术创新实力和技术转化能力方面都有待提高。

从创新环境看，北京、上海、深圳、广州、长沙、杭州、西安、成都、石家庄和青岛排名前十，而直辖市重庆和天津排到了最后两位，主要由其分项产业高级化程度拉下后腿。（参见表5-6）在30个城市中，创新环境指数提高超过0.1的城市有12个，其中呼和浩特、郑州、太原、合肥等地的提高最为明显，都超过了0.15。从创新氛围指数看，排名前十的城市分别为深圳、宁波、上海、北京、成都、杭州、厦门、合肥、广州和青岛。这表明这些城市在求新意识、平等观念和兼容心理方面营造的创新氛围较好。

从政府创新能力看，宁波拔得头筹，杭州、北京和上海占据领先地位。其中，分项政府服务能力指数排名前十的城市分别为上海、北京、成都、深圳、大连、宁波、杭州、天津、青岛和长沙。（参见表5-6）在城市创新发展过程中，这些城市政府提供了不可或缺的社会支持。可以看到，东部沿海城市与中西部存在着明显的区域性差异，中西部城市的政府创新能力远远低于东部一些沿海城市，尤其是杭州、北京和上海远远高于全国城市的平均水平。究其原因，一方面由于上述城市在人力、资金和技术创新要素方面的投入较多，另一方面是由于该类城市政府较为重视，观念意识较强，在创新和服务方面走在前列，为城市的创新实力提供了强有力的保障。

通过上述的各项分析，综合这些城市10年创新能力的平均值，我们

表 5-6　2011 年主要城市创新能力各分项排名

城市	综合	排名	知识创新能力	排名	技术创新能力	排名	创新环境能力	排名	政府创新能力	排名
北京	0.937	1	0.961	1	1.000	1	0.910	1	0.811	3
上海	0.878	2	0.865	2	0.793	2	0.906	2	0.805	4
深圳	0.762	3	0.792	11	0.468	3	0.803	3	0.785	6
杭州	0.715	4	0.830	3	0.316	5	0.775	6	0.811	2
广州	0.713	5	0.799	9	0.332	4	0.802	4	0.653	17
成都	0.693	6	0.800	8	0.267	9	0.760	8	0.757	10
青岛	0.671	7	0.810	6	0.218	14	0.742	10	0.759	9
武汉	0.664	8	0.815	5	0.255	10	0.733	13	0.632	19
厦门	0.658	9	0.801	7	0.213	16	0.688	23	0.777	7
南京	0.655	10	0.798	10	0.277	8	0.723	18	0.724	12
西安	0.648	11	0.783	12	0.267	9	0.761	7	0.543	26
宁波	0.647	12	0.732	24	0.193	22	0.711	21	0.833	1
合肥	0.645	13	0.731	25	0.185	20	0.741	11	0.729	11
天津	0.644	14	0.817	4	0.310	6	0.664	30	0.703	13
大连	0.643	15	0.768	14	0.178	26	0.733	14	0.768	8
长沙	0.642	16	0.742	20	0.204	20	0.783	5	0.794	5
沈阳	0.640	17	0.746	19	0.236	12	0.723	17	0.639	18
重庆	0.638	18	0.765	15	0.242	11	0.674	29	0.605	20
济南	0.633	19	0.757	16	0.213	15	0.713	20	0.683	14
长春	0.628	20	0.740	21	0.220	13	0.681	27	0.574	22
福州	0.621	21	0.748	17	0.169	28	0.738	12	0.668	15
郑州	0.620	22	0.733	23	0.159	24	0.733	15	0.667	16
哈尔滨	0.608	23	0.731	26	0.192	19	0.680	28	0.554	25
昆明	0.605	24	0.724	27	0.160	23	0.722	19	0.427	29
太原	0.598	25	0.720	28	0.151	25	0.704	22	0.566	24
石家庄	0.594	26	0.687	30	0.140	26	0.751	9	0.572	23
呼和浩特	0.594	27	0.736	22	0.114	29	0.723	16	0.359	30
南昌	0.590	28	0.746	18	0.128	28	0.687	24	0.528	27
南宁	0.589	29	0.694	29	0.134	27	0.687	25	0.583	21
海口	0.583	30	0.778	13	0.112	30	0.684	26	0.512	28

可以发现，北京、上海、深圳、广州、杭州、青岛、成都、西安、苏州和武汉这 10 个城市创新综合指数都达到了 0.61 以上，整体的创新能力较强。这些城市中，有的在知识创新能力方面具有较强的竞争优势，如北京、上海和杭州，其高校和科研机构数量众多，具有深厚的创新基础，源头创新能力突出，为城市创新提供了强大的社会科研支撑力；有的城市在技术创新能力方面有较好的基础，如北京、上海、深圳等，具有以企业为主体的创新体系；有的城市在政府科技创新制度、科技促进政策等方面具有较好基础，如深圳作为国家首个创新型城市建设试点城市，北京、武汉得益于其国家高新区被批准为"国家自主创新示范区"的难得机会，都被国家赋予了先行先试的政策优势。此外，上海、天津、重庆、杭州、广州、厦门、南京等地也制定了一系列促进科技创新的政策制度，营造了良好的创新氛围。

此外，从区域分布看，我国城市的创新能力呈现东强西弱的格局，并大致分为三个梯度，即东部沿海城市创新能力较强，中部城市居中，而西部部分城市创新能力欠佳。造成城市创新能力梯度分布和区域差异的主要原因是：城市发展水平差异较大，东部城市大多属于改革开放的前沿城市，国家政策及资源倾斜较多，加上创新观念相对超前，其积累的创新要素和经验较多，在城市创新的基础条件、技术产业和创新环境等方面有很大的优势。

当然，从对各分项的分析看，每个城市都有自身的优势和劣势，通过量化的比较，有助于更好地把握创新型城市今后发展的着力点。如北京除了政府创新能力排名第三，其他各项一级指标都遥遥领先。从二级指标看，其创新环境中的信息技术基础设施和创新氛围指数排名落后于上海，因此，北京要加大创新型城市的基础设施的投入，增强政府创新能力，进一步优化创新环境。深圳和广州在建设创新型城市的主要制约因素是知识创新主体偏弱，表现在知名大学和高水平研究机构较少，在基础研究和应用基础研究方面尚未形成优势。天津在知识创新能力和技术创新能力指标方面排名较为靠前，但其在政府创新能力方面较弱，因此，天津要加大力度改革和完善创新政策体系，提升政府服务创新效率，营造良好的创新环境。

需要说明的是，以创新型城市评价体系来验证主要城市 10 年来创新能力的变化，只是对它们的整体创新能力以及知识创新能力、技术创新能力、创新环境能力和政府创新能力，进行一个动态的测试，以从中观察出我国主要城市在实施创新驱动、转型发展的战略行动中，所取得的重要进展，为提升我国整体的城市竞争力找准着力点。验证的结果和相关排序，并不是对这些城市在创新型城市建设行动中的业绩进行评判。特别是立足于全球城市创新网络、世界城市体系正在重新组合的大背景，我国城市的国际化水平、国际竞争力还比较低，理应以创新型城市建设为抓手，重点在政府创新能力上进行突破，在知识与技术创新能力上有大的提升，营造面向全球的创新创业平台，尽快能推出一批在国际上叫得响、整体创新能力强的创新型城市，为 2020 年进入创新型国家行列夯实基础。

第三节　我国创新型城市建设的路径选择

一、我国创新型城市建设的路径设计

改革开放以来快速城市化与工业化的推进，使中国成为世界第二大经济体，在改变世界经济版图格局的同时，也使一大批中国城市走向国际前沿，以生产制造、服务贸易等渠道进入全球产业的价值链，从而融入世界城市网络体系中。在这个充满竞争、合作与互动的网络体系中，虽然中国城市的地位不断提升，但总的来说仍然处于从属者的地位，在重要的全球产业链、经济活动和创新行动中，尚未发挥引领作用，发展的代价很高。要冲破这种"后发劣势"，必须建立国家自主创新体系，并以此来促进创新型建设，让主要城市成为参与国际竞争的主体，提升城市的国际竞争力，逐步将"后发劣势"转变为"后发优势"，从而加快国家整体的现代化进程。因此，谋划和推进当代中国的创新型城市建设行动，必须基于世界城市体系和全球生产网络的双重维度，来清醒认知、判断当前国内城市

转型升级所面临的挑战、机遇和迫切需要解决的问题，由此来制定创新型城市的战略路径。

创新型城市的建设过程，是以创新驱动为核心战略、以发展创新型经济为主攻方向的转型升级进程，主要表现为创新型经济的动力机制推进，并且以先进的政府服务体系为支撑的城市发展形态。创新驱动下的产业升级、新产业体系构建和城市创新文化的培育，是发展的主旋律。因此，国内的城市，特别是那些科教资源丰厚的城市，关键是如何最大限度地将这种优势转化为创新的优势，加快推进城市的转型升级。从目前来看，比照伦敦、波士顿、新加坡等标杆性的创新型城市，国内城市在建构先进的创新型的整体战略行动上，还需要重点解决这样几个问题：

首先是大多数城市的创新体系需要重构和完善。经济全球化的背景下，一个国际化城市的核心就是以创新推动城市产业结构优化升级，以创新链整合产业链和价值链，构建新产业体系，加速产业创新能力建设，强化产业研发、设计、服务创新能力，逐步带动城市产业向价值链高端方向发展，推动创新经济体系的构建。特别是与国际的标杆城市相比，我国的主要城市，除了深圳、上海、北京等被赋予特殊使命的城市，大多数城市的产业结构还比较传统，高新技术产业和现代服务业的比重不高，创新型经济引领的产业体系尚未形成。目前，我国城市为中心的主导产业，在国际产业链中处于低端"制造"位置，而不是"创造"位置，产品创新和附加值较低，在核心技术以及自主创新能力等方面与国际城市有很大差距，技术和产品多数表现为模仿创新，原始创新的份额较低。要关注的是，在城市的创新活动中，政府的主导性太强，介入市场的行为过多，企业作为创新主体的地位尚未树立，尤其是配套的创新资源在产业发展中并没有得到很好的应用，不少大中型企业没有设立技术研发机构，没有真正成为技术创新的主体。此外，多数城市的科技中介服务体系极不健全，科技中介机构服务功能单一、服务手段落后、服务能力和服务水平低，科研机构重复建设严重、资源分散、创新能力低，高等院校的创新活动与经济社会发展的要求结合不紧，成果转化率低。目前，美国为促进企业和地方政府等加大对研发领域投入，进一步强化科技对经济发展的带动作用，于

2013 年 7 月底根据联合国统计委员会实施的最新版《国民经济核算体系2008》，宣布调整 GDP 的统计方法，将研发投入和娱乐、文学及艺术原创支出等"无形资产"以及养老金赤字等纳入新的经济核算体系，美国经济总量因此增加 3%。[①] 美国此举也是在鼓励企业、大学及政府之间加强合作，以提升美国的制造业技术水平。

其次，以城市为载体的服务经济的内涵需进一步深化。在我国大力推进经济国际化的进程中，国内的大城市、中心城市越来越重视发展服务业，注重区域性生产性服务功能的提升，着力向商贸中心、总部经济、金融中心、航运中心等高端中心功能转移，以加快形成服务经济体系，强化创新性、服务性的功能特征。北京、上海、广州等特大城市三产占 GDP的总量已达到 60% 以上，北京的这个比重甚至超过了 70%，基本形成了服务业主导的城市经济体系。但与其对应的则是大多数省会城市、中心城市的服务业比重才达到或接近 50%，仍处在从"制造型城市"向"服务型城市"转型的起步期，有的甚至还处在工业化的中期阶段，与国际创新型城市的差距太大。因此，在创新型城市建设的战略行动中，主要城市服务业的创新内涵和要素需进一步提升和完善，因为无论是服务业的产值比重还是劳动力比重，都远远低于相同发展水平的世界各国的平均水平。此外，国内城市的服务业的整体层次不高，结构不合理。服务业的创新要素缺乏，创新体系不够健全，缺乏技术含量高的知识型服务业，具有长积累、高增值、高带动性的现代服务产业类型的数量少，而这恰是国际化的创新型城市必备的产业类型。以在长三角地区服务业比重较高的南京为例，虽然在"十一五"期间就是继上海之后率先形成"三、二、一"产业结构的特大城市，但在现代服务业的发展上，与区域内的各大城市有较大的差距，如信息传输、计算机服务和软件业不如苏州，金融业发展不如杭州、宁波。因此，加大政策引导的力度，深化服务经济内涵，是我国率先转型发展的大城市的必然选择。特别是在长三角、珠三角原来以国际制造基地著称的城市，如苏州、东莞等，必须彻底转变原来制造型的产业结

---

① 单晓光：《美国调整 GDP 统计方式意味着什么》，《文汇报》2013 年 7 月 18 日。

构，在产业升级的过程中实现城市功能的转型。

再者，需要加快健全城市的创新支持体系，解决普遍存在的同一城市、园区内共性技术体系建设滞后的问题。我国一些城市的科技公共技术服务平台发展已经有了很大起色，如上海通过研发公共服务平台的设立，有效整合上海及长三角地区的科技资源，跨区域提供专业技术、创业孵化、技术转移等服务，共享科学数据和科技文献。广州突出中小企业创业创新服务和中小企业公共技术服务示范平台建设，杭州市的科技企业孵化器公共服务平台联盟为孵化企业提供优质服务。南京的紫金科技创业特别社区，着力打造共性技术服务平台。但总的看来，多数城市创新的支持体系尚不健全，科技公共服务平台的服务能力没有根本性的提高，大多数科技中介机构（如资产评估、管理咨询、人才市场、法律咨询及会计审计等）提供的是面向各个行业的共性服务，功能单一，专业化水平低，特色不突出。一些城市的创业中心、科技园还停留在为企业提供场地、服务人员等"物理空间"的水平，软性的专业化服务特征不明显，对服务对象需要的金融信息服务、法律服务、市场评估、经营服务、财会服务等显得无能为力。还有一些科技平台仅仅承担了传递信息的功能，无法帮助企业实现对新技术从选择、实施到生产经营诀窍的配套转移，增大了交易风险。多数城市的科技公共技术服务平台运行不畅，平台对所依托高等学校、周边科研院所及入园企业资源的利用程度不够，缺少能参与国际竞争的大平台，等等。

再次，多数城市的国际化水平需进一步提升，以全面进入全球的创新链。创新型城市是现代城市高端化的重要表现特征，现代城市的高端化必须建立在全球化、国际化的产业体系和服务体系中。在世界城市体系中，世界城市、国际化城市、国际性城市分为三个不同的梯次，对应为城市国际化水平，即可分为初级、中级、高级三个档次，不同档次对应不同的指标体系。[①]只有在这三个梯次上，才能有真正的创新型城市。但总的来看，

---

① 此为参考 1996 年联合国在伊斯坦布尔举行第二次人类住区大会（HABITATI）时提出的国际城市评价指标及等级标准。

我国东部沿海的大城市，按照通行的人均 GDP、人均可支配收入、非农业劳动力比例、人均电力消费量、人均公共绿地面积、每万人拥有机动车数量、每万人拥有电话数等指标测试，只是接近国际化城市的初级水平。如若按照代表国家或区域参与国际分工和竞争、在全球范围内集聚和配置重要资源、充当国际性中心城市和枢纽城市等世界一流城市的国际化标准分析，差距更大。以在长三角地区定位为"现代化国际性人文绿都"的南京为例，2011 年南京第三产业增加值占 GDP 比重为 52.4%，而纽约、伦敦、东京、巴黎、柏林、香港等世界城市早在 20 世纪末就已经达到 70% 以上。全球 500 强企业中已有 89 家在南京投资，但没有一家全球 500 强企业在南京设立全球总部或亚太地区总部。仅以芝加哥为例，目前拥有 300 多家美国银行、40 家外国银行分行和 16 家保险公司。南京禄口国际机场 2009 年旅客吞吐量为 1 084 万人次，仅为 2003 年纽约的 1/7，东京的 1/6。航空货邮年吞吐量为 20 万吨，仅为 2003 年纽约、东京、新加坡的 1/10。南京人均公共绿地面积 13.6 平方米，虽然在国内居于领先位置，但纽约、伦敦、东京等国际性城市均已超过 20 平方米。从城市轨道交通建设水平来看，南京轨道交通营运里程在国内城市中仅次于京沪穗居第四位，但是与国际化大都市相比，地铁营运里程仍然偏低，仅为伦敦的 1/5 和巴黎的 1/3 左右。因此，包括北京、上海、广州和深圳等在内的我国多数大城市，未来需要大力增强国际化功能，应着眼于国家城市体系和全球城市体系两个坐标系，来加快提升城市国际化水平，促进自身进入全球的创新体系，探索出开放型的创新驱动新机制、新路径。

对于我国创新型城市建设行动中遇到的这些问题，在我国新一轮城市化、城市现代化的进程中，必须从战略层面进行破解，设计出适合我国城市转型升级的战略路径和具体措施：

（一）将创新型经济发展与城市的转型战略结合起来，促进"顶层设计"落实到具体的行动中

建设创新型城市，首先要明确向世界先进城市和地区学习的理念，全方位推进制度创新，构建吸引创新资源、人才、资本等关键要素的体制机制。通过学习和借鉴国际先进城市和地区在创新型城市建设中的先进理

念、成功经验和措施以及曾经出现的问题及矛盾等，可以使城市在推进创新型城市建设的过程中更好地发挥后发优势，避免重蹈它们曾经走过的弯路，实现跨越发展。北京、上海、深圳等城市已经树立了国际对标的全球眼光，在全球范围内选择了以色列、新加坡、硅谷、波士顿等国家和城市为标杆，充分借鉴它们在产业结构调整、城市建设、政府管理等方面的先进品质和巨大优势，加快国内城市创新的步伐，推进产业结构调整升级，实现从参与国际低端竞争转向参与国际高端竞争，从传统发展模式转向创新发展模式，提升中国城市在世界城市体系中的地位和竞争力，具有极强的价值导向。如深圳十分突出企业的自主创新主体地位及人才、产业、知识产权与支持系统的作用；北京强调知识创新和原始创新，注重自身在全球创新网络中的地位；上海凭借自身得天独厚的基础条件，提出在知识竞争力方面进入世界级大都市的行列；南京将软件、生物、医药、新材料、新型光电、文化五个新兴产业作为突破口，以科技对产业的引领显示创新型城市建设的特色；合肥则主要围绕国家级高校和高新技术产业化基地，以建设国际著名科学城为创新型城市的发展目标。

因此，对于这些国际国内的标杆城市，国内城市不仅要在其转型升级的共性规律中找准方向，把握其创新实践的实质，更要在提高城市的自主创新能力、构建现代产业体系、集聚国际高端要素等方面，进行体制机制的系统创新，有效处理好政府、社会和市场的关系，在全面参与国际竞争、开展国际合作中，城市的经济运行、结构治理、规划水准以及城市文明等，全面接轨国际，不断强化自身的核心竞争优势。

（二）针对我国城市资源禀赋和发展阶段的不同，建立符合各类城市发展定位的创新型城市目标

我国地域辽阔，东中西三大区域的发展进程不同，城市因行政级别、区域地位的不同对空间资源的整合控制能力也有较大的区别，城市的基础和条件差别也比较大。如果统一按照一个目标、一个模式去建设创新型城市，不但不能取得理想结果，还容易带来创新型城市建设的"泛化"和"标签化"。因此，面对新一轮城镇化和城市转型升级行动，必须根据不同城市的区位优势、资源特点、发展水平和历史传统等因素，系统规划城市发

展战略，明确城市发展定位，找准城市创新方向，积极探索适合各城市的创新发展模式。对于在国内具有较强代表性和影响力的，并已充分具备创新条件和基础的城市，如北京、上海等，可以把建设"创新型中心城市"作为一个重要突破口和切入点，发挥其在区域中的示范带动作用。中心城市作为区域的政治、经济、文化和科技中心，既有自己的完整科技创新体制，又是科技、政治、经济、文化相互融合、相互影响的统一体，在区域协调发展中，起着最主要的龙头带动作用，在国家创新体系中起着重要的支点作用。它们应该以科技创新为核心，通过汇聚城市的创新资源、产业链及创新系统，形成一个跨城市、高聚集、流动畅通的开放型区域创新体系，引领、支撑、提升区域自主创新能力，建成在全球创新体系中有重要地位的、具有可持续竞争优势的世界级创新中心。对于多数属于区域中心和省会的城市，要根据自身特点寻求创新突破口，避免同质化竞争，切忌简单重复和模仿其他城市的发展模式。如一些科技条件较好、经济条件较弱的城市，比如合肥、西安，应该选择有优势的重点产业领域实现创新能力突破，推动城市科技与经济的紧密结合，在重点产业领域培育创新型企业；对于科技条件较弱、经济条件较强的城市，比如深圳、大连、宁波、青岛等，确定的目标就是整合区外科技资源、积极发展高新技术产业、大规模培育创新型企业。

（三）积极发挥政府的引导作用，构筑多元的创新型城市建设平台

在我国创新型城市建设的实践行动中，制度创新的效应已经大于科技创新，政府的系统引导、政策支持，直接决定了创新型城市平台和载体的建设水平。因此，应充分发挥政府的积极作用，为创新提供良好的政策支持，形成对创新的有效激励。具体说来，第一，政府要不断深化制度改革，打破利益垄断，加强科技资源的优化配置和高效利用，促进经济政策与科技政策的协调统一，形成创新的整体合力；第二，政府要注重职能转变，提高公共服务水平，激发民间创新活力，营造公平竞争的市场环境；第三，政府要更加注重区域创新体系建设，注重优质科技资源的引进，着力把高等院校、科研院所的创新能力与企业的创新需求结合起来，全面深化政产学研金合作。

　　建设创新型城市，关键是要形成创新驱动的机制，通过对创新型企业的引进和培育，来发展壮大创新型经济。由此，政府的服务职能必须强化，而且服务的重心要转到加强公共服务平台建设上来，科学合理规划城市的公共服务平台的布局，探索建立商务型公共服务平台、保障型公共服务平台、技术型公共服务平台，强化国际化公共服务商务平台功能。政府还应发挥信用担保功能，积极探索建立风险投资公共服务平台，引进和促进风险投资与创新型企业、成长型企业对接，把各种创新要素整合转化为现实生产力。

　　（四）建立开放的创新型人才引进和培养机制，构筑创新型城市建设的主体支撑

　　创新型城市的建设主体是人，人力资本是第一资本。人才资源是第一资源，新的人才群体是新产业、新的经济形态的驱动力量，而高素质的人才队伍是城市创新文化形成的重要基础。从世界城市的发展经验看，创新型城市，无不拥有较为丰富的高端人才群体和人才储备。以纽约为例，该城市有91所能够授予学士学位的研究院所，147所社区院校，每四位市民中就有一位拥有大学学士学位，如此丰富的人才储备为纽约的城市发展提供了高素质的人力资源，高素质的劳动力又创造了高效率的生产力。我国的北京、上海、深圳等城市的转型发展、创新发展，在国际化、创新型人才队伍的建设上具有一定的优势，但总体看来，国内大部分城市的创新主体结构还有待改善。首先，要通过政策推动，以重点产业、重点科研基地和重点项目为依托，吸引更多的一流创业创新人才。其次，要提高人才素质，优化人力资源结构。大力引进和培养创业人才，为企业家个人素质以及管理能力、专业能力的提高创造条件。再者，完善人才激励机制，建立和完善企业家市场形成机制。同时，进一步完善现有财税政策，通过物质激励的措施，激励人才的创新、创业热情。

二、创新驱动城市转型发展的实践启示

　　建设创新型城市，核心要义是建立创新驱动城市转型发展的机制。现

阶段我国的城市转型发展，在很大程度上是由政府主导的，全国性的创新型城市建设行动，也是以各地政府的政治动员为切入口的。政府主导、政治动员下的创新型城市建设行动，固然有参与面广、见效快和执行力强等特点，但也容易形成过分功利化的政绩冲动，讲究表面热闹，重视硬件设施建设，轻视对创新主体的培育，特别是对科技成果的转化机制、科技平台的应用效果以及创新成果的产出评估等方面，缺乏系统的考虑。我国目前各地大建科技新城、研发园区等，由此而出现的"空城"、"鬼城"现象，已经证明了这种政绩冲动所带来的后果。但是，在现有的行政管理体制下，创新型城市建设又不能离开政府的力量介入，问题的关键是，政府的力量与市场的资源、社会的参与，怎样才能形成合力，来系统推进集约化、高质量的创新型城市建设，以加快形成创新驱动城市转型发展的动力机制。值得欣慰的是，我国部分先发城市，在突破旧有的体制束缚，建设服务型政府，顺应和对接国际化的创新机制，吸引国际创新资源的集聚等方面，所推进的实践探索，取得了较大的进展，并形成了具有较强示范性、引领性的创新型城市建设新模式，如深圳模式、上海模式、北京模式和南京模式等，整体带动了我国创新型城市的建设水平。

深圳是我国最早编制创新型城市建设规划方案的城市。2005年5月，深圳率先提出建设自主创新型城市，并将自主创新确立为城市发展的主导战略。2008年，经国家发改委批准，深圳全面启动创新型城市创建工作，鲜明地提出把"创新"摆在与"改革"、"开放"同等的地位、制定了全国第一部国家创新型城市规划《深圳国家创新型城市总体规划（2008—2015）》，构建了鼓励和促进自主创新的政策体系，加速形成了以企业为主体的自主创新体系。深圳与北京、上海、广州等城市相比，高校和科研机构数量很少，因此深圳从一开始就把着力点放在构建以企业为主体的自主创新体系上，加速科技成果的产业化和市场化，形成了特有的"四个90%"的现象：90%以上研发人员集中在企业，90%以上研发资金来源于企业，90%以上研发机构设立在企业，90%以上职务发明专利生产于企业。以此为前提，高新技术产业成为深圳第一支柱产业，实现了"深圳制造"向"深圳创造"的跨越。为了保证自主创新的源头活水，深圳同步加强与高等院校和科研院所的合作，建立了深圳清华研究院、深港产学研基地、深圳国际技术研究院、虚拟大学园等。企业在这些平台上，通过多种方式与高校和科研机构建立市场化协作关系，实施成果转让、委托开发、联合开发、共建技术研发机构等形式进行产学研合作。特别是华为、中兴、腾讯等一批企业在自主创新上取得成功所产生的示范效应，又促进了社会资源向创新活动的聚集，吸引中小企业踊跃投入自主创新活动中。由此，企业家的创新意识、公众对创新的认同、科技人员对创新的执着、投资者对创新活动的信心等，凝聚成了深圳整体的创新意识，并上升为敢于冒险、勇于创新、宽容失败、追求成功的城市精神。以此为基础，深圳提出通过《深圳国家创新型城市总体规划（2008—2015）》的实施，到"十二五"末率先建成国家创新型城市，即实现发展方式、体制机制、科技、产业、社会文化等领域的全面创新，率先建成创新体系健全、创新要素集聚、创新效率高、经济社会效益好、辐射引领作用强的国家创新型城市，成为有国际影响力的区域创新中心。①

北京作为国家的首都，本身就定位为"国家创新中心"，其创新型城市建设目标，更多体现在"原始创新"的带动功能上，其创新驱动的引擎——中关村国家自主创新示范区，目标就是打造具有全球影响力的科技创新中心。2006 年，北京的"十一五"规划纲要就提出，要通过大力实施首都创新战略，到 2010 年要初步把北京建设成为创新型城市，到 2020 年进入世界创新型城市的先进行列，成为创新体系完善，引领中国自主创新发展的先锋和连接全球创新网络重要节点的国际性创新城市。应该说，"国家队"科教资源云集的优势，为北京的创新型城市建设提供了系统支撑，但由于在体制机制上仍然存在着创新资源条块分割、技术转移环节薄弱和创新链条尚不完善等问题，制度的创新成为关键。因此，北京实施的首都创新战略，就以中关村科技园区为核心，以重点领域和关键技术为突破口，鼓励先行先试，实施高端领军人才聚集工程，吸引和聚集海外高层

---

①　《深圳市长许勤访谈录：解析深圳推进自主创新，建设国家创新型城市之路》，《经济日报》2011 年 7 月 14 日。

次人才，采用股权激励、创业支持等措施，释放科研人员的创新能量，着力提高创新能力和整体产业竞争力等，并且将中关村国家自主创新示范区的空间布局扩展为海淀园、丰台园、昌平园、电子城、亦庄园、德胜园、雍和园、石景山园、通州园和大兴生物医药基地，以带动北京整体创新功能的提升。

　　上海经济基础雄厚，本身就有"国际化"的城市文化基因，其建设创新型城市的行动，与"科教兴市"的战略联动，通过建立完善的鼓励、评价和保护创新的制度和政策，基本形成以人才高地为支撑的城市创新体系。与深圳突出企业主导的自主创新策略不同，上海是凭借独特的区位优势、国际形象和良好的产业基础与科技资源禀赋，在政府的主导下，通过集聚一大批高能级的国家科研机构和跨国公司的总部，探索出一条国际化与本土联动的创新驱动之路。如重点推进"2+2+X"的高校布局结构调整，即以复旦大学为核心的"杨浦大学城"和以交大为核心的"闵行紫竹科学园区"南北两个高校集聚地建设，"松江大学园区"和"南汇科教园区"东西两个大学园区建设，以及若干个与产业联系密切的高校建设。加大推进聚焦张江战略，推进"一区六园"高新技术产业集聚发展。在张江高科技园区构筑了国家上海生物医药科技产业基地、国家信息技术产业基地和国家科技创业基地等三大国家级基地。实施财政重点倾斜，金融、税收对创新支持力度不断增强，保障主战略有效实施。2009 年，上海用于研究与发展（R&D）的经费支出为 401 亿元，相当于全市生产总值的 2.7%。同时，上海还抓住特有的世博会机遇，营造创新文化环境，即以科技推动世博会，继以世博会为契机完善城市的社会创新体系，从整体上营造集群的创新式发展环境，以打造出一个集政府、企业、研究机构、高校等多个创新主体联动发展的城市创新体系。①

　　南京作为国内仅次于北京、上海的"科教第三城"，知识创新和技术创新能力处于国内领先地位，其创新型城市建设一直走在全国同类城市前

---

　　①　罗敏、侯耀东：《论服务型政府下的创新型城市建设——以上海世博会为例》，东方网 2010 年 11 月 1 日。

列，并且形成了基于科教资源优势建设创新型城市的"南京模式"：一大平台、两个机制、三路大军、四大载体和五大领域形成有机融合。一大平台指基于科教资源优势的、促进科教成果转化和资源整合的政产学研结合的平台，两个机制指"市场机制 + 政府强力推进机制"，三路大军指地方政府、高校和科研机构、企业（含军工企业）三路创新大军，四大载体指的是从技术链路径上形成的"国家重点实验室、各类高新技术企业孵化器、各类科学园科学城以及各类国家级开发区创新载体"，五大领域指技术创新和技术转移在电子信息产业、汽车工业、石化工业、新型的高科技产业和现代服务业发展中发挥了重要支撑作用，并由此探索出一条创新驱动的城市持续发展的新路径。① 由于这一路径的实施，充分发挥了大学和科研机构作为知识创新主体的作用，从政府方面消除了产学研结合的屏障，促进了大学、科研机构与企业合理分工协作体系的形成，在国内引起了广泛的关注和肯定。2009 年 6 月，国家科技部决定将南京确定为唯一的国家科技体制综合改革试点城市，以推进"南京模式"的深化。随后，南京在 2010 年出台了科技创新创业"20 条政策"，2011 年颁布了科技创新"1+8"政策体系、科技创业特别社区建设方案以及"321"人才引进计划。这些举措进一步促进国内外优秀人才向南京集聚，来南京施展创业才能。2011 年，南京入选省级"领军型科技创业人才计划"315 人、省级"科技创业家培养计划"48 名、国家"'千人计划'创业人才集聚目标"40 人。"中国软件谷"、"紫金科技创业特别社区"等载体，成为吸引海内外高端人才前来创业创新的新平台，使南京的国际化创业人才呈现出集聚型爆发性态势。2011 年 12 月，由清华大学启迪创新研究院发布的"中国城市创新创业环境排行榜"，以政、产、学、研、金、介、贸、媒等创新要素为重点，排出了中国城市创新创业前 20 名城市，南京位居前四。

上述所列我国创新型城市建设的几大模式，都具有很强的示范意义。深圳、北京、上海的特殊地位，决定了它们在我国城市创新驱动、转型发

---

① 参见罗志军、洪银兴：《基于科教资源优势，建设创新型城市的南京模式》，经济科学出版社 2007 年版。洪银兴等：《建设创新型城市的南京模式探讨》，《新华日报》2011 年 1 月 16 日。

展中的导向作用，并且在一定程度上体现了中国城市参与国际创新型城市竞争的实力和水平。而南京作为省会城市、区域中心城市，其基于科教资源禀赋的科技体制改革，打通产学研结合的传统障碍，让企业和大学、研发机构形成合理分工的协作体系，为海内外的科技专家打造创业创新的事业平台的做法，对国内同类城市如武汉、西安、成都、沈阳、长春等，都有直接的实践借鉴作用。当然，建设创新型城市是一场深刻的社会变革运动，各城市必须选择适合自身特点的，尤其是城市资源禀赋和制度条件特点的创新模式和路径。一方面，政府应肩负规划、引导、服务和促进的责任，在体制改革、机制完善、能力建设、政策服务等方面要发挥主导作用，形成对自主创新的有效推动和长效激励机制；另一方面，创新型城市建设必须广泛动员社会力量的参与，使政府、企业、学界、科研、金融、媒介等各种"创新要素"达到有机结合，形成可持续的创新合力。值得欣慰的是，近年来广泛开展的创新型城市建设行动，使中国的城市群体真正体会到转变发展方式的重要性，逐步从以往拼土地、拼投资、拼能源的城市增长模式，转变为比创新、比转型和比质量的新型增长模式，并且形成了以创新驱动为核心战略，大力发展创新型经济，以开放的自主创新来构建国际水准的现代产业体系，以现代产业体系提升城市的整体功能，实现城市的转型发展的价值导向。以这种价值导向促进创新型城市建设战略行动的深化，将有助于 2020 年我国进入世界创新型国家行列的目标的实现。

当然，建设创新型城市是一项战略行动，是一项系统的工程，更是一个长期的过程，不可能一蹴而就，世界性的创新型城市建设的成功实践无不证明了这一点，美国的波士顿、韩国的大田以及城市国家新加坡等就很有代表性。我国的创新型城市建设，是在政府主导下推进的，能极大地提高效率，但政府的利益冲动，也很容易通过激进的方式来求得表面的政绩，却留下无穷的后患。特别是当前的城市政府通过规划建设科技新城、产业新城来加快产业结构的升级，政府直接投入财政收入来"招才引智"，忽视知识创新、技术创新和成果市场化的规律，很容易对城市的可持续发展造成伤害。因此，在建设创新型城市的行动中，政府必须对自身的职能进行准确、科学的把握，既不能缺位，也不能越位，更不能把有限的城市优质资源和财政收入，投入那些具有发展风险的企业项目中，而是通过基础设施的改造、技术平台的搭建和制度环境的优化，来营造创新的文化氛围，倡导创新的精神，形成勃勃的创新活力，如深圳能在自主创新中起步较早，在很大程度上得益于特区的创新氛围。此外，创新要素的培育、聚集和溢出，有一定的规律，政府有长远的眼光和支持计划，才会有大收益。如 20 世纪 70 年代，韩国政府投入 15 亿美元在大田市开发建设大德科学城，但在起步的前十几年里，大德科学城一直处于低迷状态。后来，韩国高等科学技术学院的迁入，迅速集聚人才和资金，教育、科研、产业无缝对接，使大德科学城在随后的 10 年里迅速崛起，成为韩国经济发展的助推器和原动力，70 多家政府和民间的科研和教育机构在此聚集，韩国中部地区约 2 000 家高科技企业中的 900 余家落户于此，形成了规模现代、设施先进、精英荟萃的专业化科研基地和高科技企业孵化基地。我国的台湾新竹科学城的建设，也是具有超长的战略眼光的成功案例。新竹科技园于 1976 年开始筹建时，就是考虑到这里有在台湾科技研发领先的台湾清华大学、台湾交通大学以及台湾工业技术研究院，它们在园区内设置的知名实验室，如太空图书室、同步辐射中心、精密仪器发展中心、晶片设计制造中心、高速电脑中心等，和园区、企业共享，形成了产、官、学、研密切合作的网络体系。经过 20 多年的发展，新竹逐渐成为台湾的新兴科学城，以台积电为龙头的 IC 产业成为台湾高技术产业成功的典范。新竹在培育新产业和高技术产品的同时，建立起了比较完备的创新支持体系，吸引了大量海外留学人员前来创业，造就了一批批创新型企业，彰显出浓厚的创新文化氛围，园区的创新溢出效应，则托起了"台湾硅谷"——新竹科学城的可持续发展。

　　基于上述考察和分析，结合国内创新型城市建设已经取得的实践探索，在新一轮全球化和世界城市网络体系的重构中，特别是基于建立自主创新体系的创新型国家战略的实现，到 2020 年进入世界创新型国家行列。未来的创新型城市建设行动，应该把握好以下几个维度：一是国际化的维度。建设创新型城市，国内主要城市应该树立国际标杆，不能只满足于在国内同类城市的争先进位。中国已是世界第二大经济体，在世界经济版图崛起的过程中，必然要有一批中国的城市进入全球城市体系，成为国际性的创新型城市建设的新样本，这一批城市必须顺应国际产业发展的新趋势，积极参与国际产业分工和全球资源配置，尤其是要有在全球范围内聚集、整合创新资源的能力。二是知识化的维度，即在全球知识与技术创新的背景下，实施自主创新战略，提升原始创新能力，攀升产业价值链高端，积极参与国际产业规则和标准的制定，完善知识产权体系，培育出具有核心竞争优势的战略性新兴产业。三是服务化的维度。把创新型城市建设与服务型城市功能的提升有机结合，实现创新型经济的内涵与服务型经济形态的融合，促进高端服务业与高新技术产业的紧密结合，形成二、三产业协调发展，大力发展生产性服务业，培育新兴专业化服务业。四是生态化的维度，即从生态城市建设的要求出发，丰富创新型城市建设的生态文明内涵、绿色发展内涵，把创新型经济的发展重点落实到清洁生产、循环生产和环境友好的实践中去，用绿色、宜居的城市环境，来吸引创新创业人才、创新型企业的集聚，造就绿色的城市创新生态链。

依据上述四个维度，国内城市以新一轮创新型城市的建设来推进城市转型发展，必须在尊重城市经济发展、城市转型规律的前提下，发挥政府在创新和服务活动中的规划、引导和调控作用，把推进城市创新、科技创新创业及产业创新，与城市功能的提升、城市空间的重组以及城市的转型战略进行有机结合，以让创新要素在城市和区域空间内发挥"乘数效应"。同时，当前我国城市面临着巨大的创新发展机遇、国际化机遇和城市功能升级的机遇。从投资拉动向创新驱动转变，以工业为主导的产业体系向以服务业为主导的产业体系转变，由单一的城市功能向综合的服务功能转变等，是我国城市转型发展、创新驱动的主要内容。因此，国内的城市以持续的创新型城市建设行动，来加快城市转型发展的步伐，提升国际化水平和核心竞争力，必须在以下几个方面寻求更大的突破：

（一）着力提升政府主导的创新服务水准，统筹推进城市的创新体系建设

当前，我国的城市政府在推动创新体系建设中起着主导作用，充当着系统整合者的角色，而且直接参与到诸多创新活动中。政府主导创新型城

市建设，主导战略性新兴产业的规划发展，主导城市化进程和城市功能改造，虽然不可避免地出现简单、重复、追求阶段性成效等弊端，但政府主导最大的好处是可以统筹城市规划、城市产业规划以及城市空间布局，可以主动推进城市转型、产业升级的战略行动。以创新型城市建设来推进我国城市的转型升级，未来 10 年是黄金窗口期，要提升政府主导的创新服务水准，就必须统筹推进城市的创新体系建设，加快构建具有国际化水准的开放的共性技术研发服务体系，着力加强政府主导的产业共性技术研发平台建设，以机制创新推进产业共性技术和关键技术研发。进一步推进政府的部分科技组织功能向共性技术研发平台延伸，以持久活力发挥公共技术服务平台作用。共性技术研发平台就性质和定位而言，是代表政府意志、履行政府职能的公共服务机构，是面向战略性新兴产业从事行业前端的共性技术、关键技术研发的科研机构，实际上行使的是政府的部分管理职能，做的是企业不愿做或做不了的事情，解决的是单靠市场机制无法解决的问题。而要完成这一使命，除了政府在研发经费上给予充分支持外，更重要的是要在政策上有所倾斜，使政府主导的科研组织与管理功能向共性技术研发平台延伸，形成创新服务的链条。

（二）立足大都市区和区域空间范围，强化区域中心城市的"创新中心"功能

创新型城市在区域发展中具有高端辐射与引领作用，并且要构造出具有较强自主创新能力的产业体系。世界创新型城市发展的实践表明，以原始创新为基础的研发机构、研究型产业的创新能力最强，一个城市的创新能力与全要素生产率的水平、经济增长关系密切。在建设创新型城市的战略行动中，国内大城市、区域中心城市要善于整合创新资源，运用城市的综合功能优势、科教优势、人居优势和文化资源丰厚优势等，以系统的创新制度政策为支撑，"诱导"高新技术前沿领域的人才、项目前来创业创新，吸引大企业和高成长企业来设立研发中心、区域管理和营销总部，建立以生产服务业为主导的新型产业链，放大区域"创新中心"的效应。同时，构建区域性的自主创新体系，采用多元的合作方式，吸引国际一流名校、研发机构、风投机构和中介服务机构，前来进行知识创新、技术创

新，并形成与其配套的科技服务产业体系，加速形成以自主创新主导的现代产业体系，并营造出开放、包容的城市创新文化，树立持久的"创新中心"地位。

（三）以服务业发展带动服务经济体系形成，促进城市服务功能的整体提升

从生产型、制造型城市向服务型、商务型城市转型，形成以服务经济主导的产业体系，是现代城市创新发展、转型升级的基本规律。作为大城市、中心城市，发展服务业带来的不是简单的经济增长，更重要的是就业人口结构的优化、城市经济容积率的大大提高以及城市功能的调整，其资源整合效应、溢出效应，将有助于城市创新力的提升、创新文化的形成。基于此，国内城市要充分认识到现代服务业，尤其是生产性服务业对城市转型发展的影响，将加速发展现代服务业、加快形成现代服务经济体系，作为整体提升城市服务功能的重要抓手。要建立和完善现代服务业的标准体系，为现代服务业的发展建立良好的技术平台，探索和建立有利于现代服务业发展的制度环境。再者，加大对传统服务企业向新型业态转型升级的扶持力度，对向新型业态转型升级的传统服务企业进行一定比例的税收减免和专项资金扶持，鼓励和引导传统服务企业向新业态转型升级。加快发展中小型生产性服务企业，夯实发展现代服务业的基础。

（四）谋划创新型城市建设的协同推进机制，让创新与服务功能良性互动

现代城市发展和演进的过程中，创新、服务的功能是相互促进、互为一体的。一方面，创新型经济本身就是服务型经济中的重要组成部分，服务型城市内涵中所包含的产业结构优化、服务型经济体系的建立等为"创新"要素的发展提供了巨大的空间，服务型政府的建设则进一步为创新型城市的发展创造了良好的外部条件。另一方面，"创新"所包含的创新能力、创新精神、创新环境和文化等要素，则是服务型经济全面发展的必要条件。现代服务业是高知识含量、高技术密集的行业，其发展需要技术创新以及创新型人才的支撑。所以，促进城市创新型、服务型功能的同步发展，可以更好地促进城市发展中各要素之间的整合和协同，实现城市功能

的整体提升。因此，国内城市应进一步在实践中分别探索二者之间互为影响的内在机制和关系，从制约互动的共性问题入手，建立起创新与服务互相促进的良性机制，提升创新型城市建设的效率和水平。如在创新型城市建设中走在前列的深圳、上海等城市，始终把自主创新体系的建设、服务经济体系的构建和服务型政府能力的提升，进行有机的结合，在大力发展创新型经济的同时，也完善了城市的系统服务功能，走出了一条与国际对接的创新驱动、服务引领的城市转型升级之路，这对国内的诸多城市推进创新型、服务型功能的建设，有重要的实践启示。

第六章

区域一体化进程
与中国大都市区营造

在改革开放以来的我国城市化进程中，区域经济一体化所带动的城市产业空间重组、城乡一体化发展，已成为一个非常鲜明的特征。特别是大都市圈、城市群的出现，不仅培育出了经济发展的新增长极，而且通过发挥集聚与溢出的双向作用，既强化了中心城市的规模效应和综合实力，又整体提升了超越行政管辖范围的大区域的发展水平，我国的长江三角洲、珠江三角洲地区等先发区域，更是通过区域发展一体化的大平台，全面提升国际化水平，加快进入全球城市体系，强化了国家的竞争力。进入21世纪之后，随着国家区域发展战略的全面实施，我国的区域一体化进程进一步加快，相邻地理空间内两个或两个以上的城市经济社会发展的联系更为密切，以交通网络、产业体系、社会服务一体化主导的突破行政界限的"同城化"发展行动，成为新的战略取向。"同城化"是区域经济一体化和城市群建设过程中的高级阶段，是一种更加集约、高效和高质量的城市发展方式，已经在西方的城市化进程中被证明发挥了强大的正向作用，是促进城市与区域转型升级的重要路径。在我国新型城镇化进程中，以转变经济发展方式主导的区域一体化，和中心城市、核心城市的产业与城市功能升级，正在形成一种良性的协同关系，而如何通过政府的政策引导，强化市场的资源配置作用，促进区域内不同能级的城市之间、城乡之间的要素高效流动，通过"一体化"、"同城化"的科学路径，让区域内产业升级与城市转型、产业空间与城市空间形成互动、耦合的关系，营造出与国际对接的中国大都市区，当有重要的实践导向作用。

第一节　区域一体化与城市发展模式转变

一、区域一体化与城市空间体系演化

　　工业革命带来的经济增长，生产要素与生活要素的结合，造就了以经济中心为依托的现代城市，而现代城市在崛起的过程中对周边相邻地区的各种发展要素的集聚与溢出，使其经济增长的效应扩大，促进产业集聚，逐步完善产业体系，实现从"点"到"线"到"面"的空间扩张，在城市自身发展的同时，也拉动了区域的整体发展，从而形成一体化的发展格局。特别是第二次世界大战结束后，西方国家经济的高速增长，所带来的相邻城市间交通、就业、生活的通勤化，在全球经济发达地区崛起的连绵城市带和大都市圈，则是区域发展一体化成就的一个个鲜活例证。而欧洲各国出于安全需要加强合作，在安全合作基础上，全面进行经济合作以应对全球化经济的挑战。国际学界对区域一体化的研究就是基于欧洲一体化的发展实践展开的，而研究的重点则是区域经济的一体化。

　　20 世纪 50 年代，区域经济一体化的研究达到了第一次高潮。新经济增长理论家罗莫等人认为，一体化的经济将导致区域经济的持续增长。他们把人力资本和知识当作内生变量，如果假定各区域间消除壁垒，使经济完全达到一体化，那么区域整体的人力资本和知识量就会成倍增长，由于经济增长率是人力资本和知识的函数，因此，经济一体化后的区域整体的增长率也将得到提高。荷兰经济学家丁伯根（Tinbergen，1954）较早从经济学上对区域经济一体化进行定义的，他认为区域经济一体化是将有关阻碍经济最有效运动的人为因素加以消除，通过相互协作和统一，创造最适宜的国际经济结构。丁伯根从政府促进区域经济一体化的措施方面，把经济一体化分为"积极一体化"与"消极一体化"，前者是要建立新的规

章制度以纠正自由市场的错误信号并强化自由市场正确信号的效果，从而加强自由市场的统一力量；后者是要消除各种规章制度，即消除各国的物质、资金和人员流动的壁垒。此后，国际学者们对区域经济一体化进行了不同角度的定义。宾德（Binder，1969）认为，区域一体化是指两个或两个以上的国家，不仅商品在它们之间自由流动，还允许生产要素自由流动，为此必须消除各国在这些方面存在的各种歧视，作出一定程度的政策协调。巴拉萨（Balassa，1961）认为，经济一体化既是一个过程，也是一种状态。作为一个过程，一体化意味着取消国家间的经济歧视，强调了动态性质；作为一个状态的一体化，则意味着国家间不存在各种经济歧视，强调了静态性质。① 巴拉萨对区域经济一体化可以理解为：商品和生产要素跨国流动"差别待遇"的消除，即其制度性成本等于零或接近于零。马克西莫娃（1976）从政治经济学的角度对区域经济一体化进行了诠释，认为国家经济间发展深层次且稳定的生产分工关系的过程，是具有同类社会经济体制的国家群体框架内的国际经济实体的形成过程。这一经济一体化过程是由统治阶级所操纵，因此也是一个商品政治化的过程。同年，霍兹曼将区域经济一体化引向共同市场层次，阐述了一体化是成员国间相似产品和同类要素价格一体化的状态的观点。曼尼斯和索迈（1976）将经济一体化同产业部门的融合、政策和行政的统一联系起来，使区域经济一体化的研究更有了新意。到了 1988 年，马洛和蒙蒂斯开始强调传统经济地理因素的重要性，而派内克则进一步提出了一体化与开放经济及经济相互依赖的观念的差别性。

　　总的来看，国际学界对区域经济一体化的代表性的定义有：一是区域经济一体化是指按照区域经济发展总体目标，充分发挥地区优势，通过合理的地域分工，在全区域内优化配置生产要素，推动区域经济协调发展，以提高区域经济总体效益的动态过程。二是区域经济一体化系不同经济主体之间为了生产、消费、贸易等利益的获取，产生的市场一体化的过

---

① 　Béla A. Balassa, *European Economic Integration*, North-Holland: American Elsevier, 1975.

程，包括从产品市场、生产要素（劳动力、资本、技术、信息等）市场、服务市场到经济政策及管理的统一和演化。区域经济一体化作为空间演化过程，其基本特征是各种生产要素的空间流动，作为空间状态是生产要素流动所形成的经济集聚核心和经济扩散点。三是区域经济一体化可以冲破行政管理制度的界限，以市场为纽带，以企业为主体，由宏观调控组织引导，建立功能合理分工、资源有效配置、产业相互协调、资金互为融通、技术相互渗透、人才相互流动的地区。可见，区域经济一体化实质是指市场一体化，即区域一体化过程就是要求市场各种要素（包括商品）在一定空间内能够打破行政管理边界自由流动，提高资源配置效率，促进区域经济增长。但是，这些定义只是强调市场要素的一体化，并没有包含具有负外部性的区域环境合作概念。因此，有必要对区域经济一体化的概念基础进行拓展和延伸。

区域经济一体化实质上是不同的空间经济主体之间为了生产、消费、贸易等利益的获取，产生的市场一体化的过程，包括从产品市场、生产要素（劳动力、资本、技术、信息等）市场到经济政策统一逐步演化，只有靠经济一体化的推进，才有可能实现全面的区域一体化，而相对于制度层面的一体化，经济层面的一体化可以被理解为表层一体化，前者则可以被认为是深层一体化。由此，区域一体化可以从三个层次分别研究。即宏观区域一体化、次区域一体化和微观区域一体化。从经济增长带动的区域联动发展的角度看，学界更多关注的是微观区域一体化，具体体现为一个大区域的城市群、都市圈带动下的一体化，并在"一体化"进程中趋向"同城化"发展。

城市与区域联动发展直接改变了城市的传统形态。以大城市为中心的都市圈经济发展成为二战后各国经济发展中的重要现象。1957年法国地理学家简·戈特曼(Jean Gottmann) 根据对美国东北海岸地区的实地考察，发表了《大都市带：东北海岸的城市化》一文，提出在美国东北海岸地区出现了崭新的人类社会居住空间形态——大都市带 (Megalopolis)，认为这个城市化区域表现出核心地区构成要素的高度密集性和整个地区的多核心的星云状 (Nebulous) 结构，而他更进一步认为成熟的大都市带的发展要经历四个阶段：城市离散阶段、城市体系形成阶段、城市向心体系阶段（都市区阶段）和大都市带发展阶段。① 大都市带的发展是新技术和新产业推动的结果，新产业的产生和主导产业的演替、产业结构的转换，实现了城市的自我发展，也带动了区域经济的共同增长。

日本自 20 世纪 50 年代提出"都市圈域"概念后，把此理论运用在国土规划中。到了 60 年代，日本政府制定了《大都市圈建设规划》②，同时对都市圈经济的范围进行界定：大都市经济圈是由一个拥有 50 万以上人口的中心城市或由几个 50 万以上人口的相邻市镇所组成的区域。相邻市镇是指其就业人口至少有 15% 的人到中心城市通勤上班。如果某市镇到中心城市通勤上班的人数低于 15%，但又处于中心城市和另一人圈的相邻城市范围中，则该市镇也属于中心城市圈域范围。日本的"东海道太平洋沿岸城市群"，包括了从东京到大阪或到北九州的太平洋沿岸带状地域，含 14 个都府县，内部又分为东京圈、名古屋圈、阪神圈三大城市群。东京圈又称作"首都圈"③，其范围是以东京为中心，半径 100 公里以内的地区，包括东京（Tokyo）、崎玉（Saitama）、千叶（Chiba）、神奈川（Kanagawa）、茨城（Ibaraki）、栃木（Tochigi）、群马（Gunma）、山梨（Yamanashi）一都七县。④ 上述一都七县面积合计约 33 993 平方公里，占全国总面积的 9%⑤；人口 4 270 万人，占全国总人口的 33%（2007）⑥；人口密度每平方公里 1 256 人，是全国平均水平的 3 倍多；区域内生产总值占全国 GDP 的 37.3%，第三产业比重高达 80.1%，尤其是服务业占到

---

① 按照简·戈特曼的标准，世界上有六大城市群达到大都市带的规模：美国东北部大西洋沿岸大都市带、北美五大湖大都市带、日本东海岸大都市带、欧洲西北部大都市带、英格兰大都市带以及中国长三角大都市带。

② 智瑞芝、杜德斌、郝莹莹：《日本首都圈规划及中国区域规划对其的借鉴》，《当代亚太》2005 年第 11 期。

③ 本章中提到的"大东京都市圈"、"首都圈"是同一层面意义上的两种说法，区域范围包括"一都七县"；而"东京都市圈"则特指其中的内部圈层——东京都和千叶县、神奈川县、琦玉县这"一都四县"。

④ 日本的"都"、"道"、"府"、"县"均相当于中国的"省级"行政单位。

⑤⑥ 数字参考：日本统计局网站，日本统计年鉴 2009 年版（http://www.stat.go.jp/data/nenkan/index.htm）。

了区域内生产总值的 25.5%。①

　　巴黎作为国际性的大都市，其整体的规模影响力的不断强化，也是
与周边新城的联动发展分不开的。法国政府始终坚持"多中心的巴黎地
区"这一空间布局的基本原则，20 世纪 70 年代后形成了以巴黎市为中心，
近郊五个新城即蓬图瓦兹（Cergy-Pontoise）、圣康坦依夫林（St-Quentin-
EN-Y）、埃夫里（Evry）、塞纳提（Senart）、马恩河谷（Marne-La-Valle）
和两个空港城即奥利（Massy-Orly）、华西 – 戴高乐（Roissy-ch-de-Gaulle）
为组团，远郊新市镇(默伦、埃唐普、杜尔当、朗布依埃、芒物、莫城等)
为卫星城的多层次多中心的结构。② 强化不同层次城市极核在规模、功能
和区位上的多样性及相互之间的联系与协作。③ 其中，几座新城离巴黎的
距离大约都在 30 千米。

表 6-1　巴黎距各新城半径距离一览表 ④

新　城	人口（人）	地理位置	包含市镇数量	面积（公顷）	公司数量（家）	特　点
赛尔基 – 蓬图瓦兹	178 656	巴黎西北 30 公里	11	7 671	3 520	瓦勒德瓦兹省的中心保护森林
马恩河谷	246 607	巴黎以东 13 公里	26	15 285	6 900	集科技、复合型旅游、第三产业于一身
塞纳提	93 069	距巴黎 33 公里	10	11 820	2 500	交通发达带动周边城市
埃夫里	79 726	距巴黎 28 公里	4	3 045	1 500	高科技产业发达

　　英国在二战之后，也逐步形成了四个核心城市主导的四大发展区域：
大伦敦都会区、伯明翰都会区、曼彻斯特都会区和利物浦都会区。其中伦

　　①　首都圈白皮书 2009 年版（http://www.mlit.go.jp/hakusyo/syutoken_hakusyo/h21/
h21syutoken_.html）。
　　②　上海市商业经济研究中心：《2005 国际商业发展报告》，上海科学技术文献出版社
2005 年版，第 241 页。
　　③　曾刚、王琛：《巴黎地区的发展与规划》，《国外城市规划》2004 年第 5 期。
　　④　上海市商业经济研究中心：《2005 国际商业发展报告》，上海科学技术文献出版社
2005 年版，第 258 页。

敦都市圈的核心城市区面积 310km²，都市区面积 1 580km²，都市圈面积
11 427km²，大都市圈面积 27 224km²。以查林·克劳斯（Charing Cross）
为中心，大致 70 公里半径的环状范围内的大伦敦，居住和就业人口达到
3 650 万。①正是借助大伦敦的空间扩张，伦敦的城市转型才拥有了源源
不断的活力，实现了从制造中心向世界金融中心、世界文化创意中心的转
型发展。

表 6-2 伦敦都市圈的空间结构分布

CBD	内城区	外城区	郊区	周边地区
伦敦城中心（中心统计区）；西区和伦敦金融城。	伦敦城内其他 14 个区	大伦敦的剩余 19 个外圈区	大都市圈外围（Outer Metro Area），包括 11 个郡的全部或与之相邻部分。	英格兰东南部：大都市圈外的 11 个郡的剩余部分。

　　美国在城市化的进程中，都市连绵区成为区域一体化发展的重要载
体。作为实行自由市场经济体制的国家，市场机制在城市群经济发展中起
着主导作用，从而形成了美国以大城市为中心的城市群的特点，并在此基
础上形成了全国的区域经济分工格局。如美国比较著名的四大城市连绵
区：东部纽约，西部洛杉矶、旧金山，北部芝加哥，南部休斯敦，同时也
出现了较富裕的郊区和较贫穷的中心城区，大城市群都分布在制造业发达
地区。由于美国国家体制的原因，城市之间缺乏有效的协调机制，联邦和
州对城市规划调控能力较弱。各个城市主要从自身角度制定规划，为提升
城市竞争力，难免造成重复建设、资源浪费和过度竞争。在城市群、城市
带加速形成，城市之间的联系日益密切的形势下，宏观协调就显得非常
重要。因此，从 20 世纪 70 年代起，联邦政府确定城市及社区发展目标，
引导城市经济社会发展和环境改善；制定城市发展规划方案，安排城市各
项设施建设；协调影响城市发展的各项事业，为各部门及社团提供技术服
务。执行土地使用的管制，高效地利用土地资源；通过合理的规划、有序

---

①　姚为群:《全球城市的经济成因》，上海人民出版社 2003 年版，第 160 页。

的建设和完善的管理，使土地增值、城市增值，增强活力和吸引力。① 把城市与区域有机结合起来，城市政府不仅从城市本身，而且也从区域的层面考虑规划发展，美国这种区域综合和经营管理的做法，丰富了城市群协调发展的理论和实践。

20 世纪后期，亚洲新兴国家的工业化和城市化进程明显加快，以大城市的高速增长为代表的经济、技术和社会发展模式及其地域空间表现展现了许多新型特征，又催生了新的城市化理论。加拿大地理学家 T.G. 麦吉（T.G.Mcgee）经过多年的研究提出，在亚洲某些发展中国家和地区，如泰国、印度、中国大陆和中国台湾地区出现了与西方大都市带相类似而发展背景又完全不同的新型空间结构——城乡一体化区域，后来麦吉又进一步把它发展为类似大都市带的超级都市区（Mega Urban Region，MR）概念，他将超级都市区定义为包括两个或两个以上由发达的交通联系起来的核心城市，当天可通勤的城市外围区及核心城市之间的 Desa-kota 区域。② 与此同时，中国内地学者开始借鉴西方研究的成果，应用现代经济学对区域经济一体化进行阐释。从 20 世纪 80 年代中期开始，国内学者通过对大陆沿海都市圈地区，如长江三角洲地区、珠江三角洲地区、京津唐地区的实证研究，提出了当代中国的都市圈与区域一体化的发展理论。1983 年，于洪俊、宁越敏在《城市地理概论》中首次使用"巨大都市带"的译名向国内介绍了戈特曼的思想。③ 紧接着，崔功豪对此作了全面系统阐述，认为特大城市和城市群是这个时代的特征，城市群体结构分为：城市—区域、城市组群和巨大都市带三种类型。④ 随后，周一星借鉴西方城市不同尺度空间体系，提出了市中心—旧城区—建成区—近市区—市区—城市经济统计区—都市连绵区这样一套中国城市的地域概念体系。进入

---

① 杨鲁豫：《对美国城市规划的认识与思考》，《城乡建设》2005 年第 6 期。

② T.G.Mcgee, "New Regions of Emerging Rural-Urban Mix in Asia: Implications for National and Regional Policy, a Paper Presented at the Seminar on Emerging Urban-Rural Linkage", Bangkok: August, 16-19, 1989.

③ 于洪俊、宁越敏：《城市地理概论》，安徽科学技术出版社 1983 年版。

④ 崔功豪：《中国城镇发展研究》，中国建筑工业出版社 1992 年版。

20 世纪 90 年代后，随着中国城市化进程的加快，关于城市的功能地域概念，如都市区、都市连绵区（Metropolitan Interlocking Region，MIR）等在国内逐渐传播。

我国的区域一体化实践，首先是在长三角、珠三角和京津唐（冀）三大城市群展开的。此后，随着省会城市、区域中心城市的快速发展，中西部、东北地区也出现了单中心或双中心的城市群，城市与所在区域之间的相互影响加深。进入 21 世纪，又出现了区域"同城化"发展的新趋势，即在区域一体化背景下，同一或相邻地理空间内两个或两个以上的城市因地域相邻、经济和社会发展要素紧密联系，具有空间接近、功能关联、交通便利以及认同感强的特征，城市之间基于"优势互补、资源共享、互利共赢"的共同目标，突破行政界限，以"同城"的标准，在同质的环境中形成的相互依存、相互作用、协同发展的新型地域组合关系，成为区域一体化在空间上的突出表现形式。

从中外城市化的进程以及城市规划的实践来看，都市圈和城市群带动下的区域一体化，往往以经济比较发达、具有较强城市功能的中心城市为核心，和与其有经济内在联系和地域相邻的若干周边城镇所覆盖的区域所组成，是城市和乡村一种特殊的社会经济相互作用力的结果，是对中心城市、城市边缘区、远郊区、卫星城、中间地带及传统农业地带等空间要素综合归纳的有机组合形式。特别是进入快速交通时代之后，环状的高速公路网、轨道列车，将中心城区、新城区、卫星城、产业园以及商业服务区等紧密地联系在一起，使原来相对松散的都市圈、城市群形成层次分明的空间圈层，特别是现代城市的空间扩展多以新城区的建造为突破，用大型功能区和快速交通线迅速造就城市的多个新中心，形成相对分隔但又可便利沟通的副中心城区，使大城市或都市圈空间形成动态的稳定系统。当代中国的大城市，在近 20 多年的快速扩张中，多以原来的老城区为基点快速扩展，构建出中心城区、主城区、都市延伸区、近郊区、远郊区的空间圈层状态，由此形成有机的一体化空间体系。

世界范围内的城市与区域现代化的进程都表明，区域一体化是经济增长的助力器，而城市群和都市圈的形成，则是区域一体化的空间集约，是高效的经济区域。发达国家经济发展的源泉和动力主要来自于该国家的城市群。比如美国的大纽约地区、五大湖地区和大洛杉矶地区，这三个城市群对美国的经济贡献率是 67% 左右；而日本的大东京区、坂神区、名古屋区三个城市群对日本的经济贡献率大概在 70% 左右。从经济学角度看城市群或都市圈的发展，重点关注大区域内经济活动的空间组织与资源要素的空间配置，突出城市之间、城市与区域之间的集聚与扩散。现代意义上的城市群或都市圈，实际上是一个城市经济区，即是以一个或数个不同规模的城市及其周围的乡村地域共同构成的在地理位置上连接的经济区域，是一定区域内空间要素的特定组合形态，在产业结构、组织结构、空间布局、专业化程度、区位条件、基础设施、要素的空间集聚方面比其他区域具有更大的优势。城市间的空间聚合形态决定着经济活动的空间集聚与空间扩散方式，决定着城市发展的空间方向，也影响着城市群的形成与发展。受城市的空间分布特性、社会经济发展水平以及由交通条件决定的空间可达性的影响，在城市群的形成过程中其空间要素的发育程度、空间聚合特征、经济活动的空间集聚与空间扩散方式存在差异，由此形成了不同类型的城市群和都市圈。

在城市化和区域现代化的进程中，影响区域一体化发展的因素较多，政治、经济、技术以及地理空间上的高度接近性和异质性、文化上的单一性与多元性、内部经济社会发展的均衡性都是影响区域一体化的主要因素。首先，只有地理空间上的高度接近性，才能使一体化发展成为可能，纵观欧盟、北美自由贸易区等国际间区域一体化的成功范例，以及美国、法国、日本等国内区域一体化的发展经验，可以看出地理空间上的接近性以及文化背景的相似性为一体化的形成奠定了良好的基础。[①] 其次是经济因素，只有经济的发展才能使区域内的各种要素优化配置，分工科学，使一体化成为现实需求。20 世纪 80 年代以来，以克鲁格曼为代表的一批经济学家提出了新的贸易理论，指出区域分工及贸易的产生不仅仅在于区域

---

① 刘焱：《区域一体化进程中的改革与创新——论天津滨海新区功能区与行政区联动体制机制》，华东师范大学博士学位论文，2008 年。

的比较优势，而且在于产业（企业）的规模经济，规模经济是决定区域分工与区域贸易的重要因素。无论是比较优势理论还是规模经济理论，都说明区域分工是经济发展的必然结果，而区域作为一定具有紧密社会及经济联系的地域空间，实现有效的、合理的区域分工体系，这一分工体系的形成过程也是形成区域内统一的商品市场、要素市场和服务市场的过程，也就是区域经济一体化的过程。① 再者是技术因素，只有靠技术的进步来带动经济增长，才能拓展经济发展的空间。在工业化时代，生产过程的机械化和自动化改变了生产方式，技术的进步使得大规模生产成为可能，这种全新的生产方式首先带来的是产品向本地区外的输出，也就是市场的扩大，然后就是市场、劳动分工、技术、资本等在本地区与外地区之间的流动。在当代经济发展中，重要的推动力量——创新和技术的学习，呈现出一种越来越明显的区域化趋势，技术制度的一体化网络也是区域经济能够成功地应对未知世界挑战的主要因素。再次是文化的因素，文化的同一性与多样性是区域一体化形成的精神骨架。如欧盟经济一体化的发展充分体现了欧洲文化的内涵和本质，美国硅谷地区的空气里都飘荡着创新和冒险的味道。我国在快速城市化进程中，所形成的一体化发展的都市圈，文化的同源性、接近性和认同性都非常鲜明，如沈阳都市圈、武汉都市圈、南京都市圈、苏锡常都市圈和长株潭地区等，都是在地缘相近和地域文化同源的前提下，来加快一体化发展格局的。

从上述的论述和比较分析中，我们可以看出，在区域一体化的进程中，城市群和都市圈的崛起，使现代城市的发展模式已经发生了转变，传统的靠经济增长来驱动的单一扩张模式，快速转变为在大区域范围内的"雁阵型"协同发展模式② ，使中心城市、卫星城和都市区形成一致性的发展动力机制，整体提升区域的发展水平。实际上，在当今城市与区域转型升级的战略行动中，从工业经济向服务经济转型，那些转型成功的城市，多数过去是航运、贸易、金融和产业高度发达，同时又拥有充满经济活力

---

① 陈秀山、张可云：《区域经济理论》，商务印书馆 2003 年版。

② "雁阵"模式被认为是东亚区域经济发展的基本模式，"雁型理论"或被称为产业的雁行形态发展论。

的广阔腹地的大都市，也验证了这一规律，因为只有依托区域经济圈、城市群，才能托起高端服务业，才能做大服务经济的体量，形成区域发展与城市转型升级的大空间资源整合平台。那些高度单一化和专业化的工业城市转型难以成功，大多是因为缺少可依托的空间发展腹地，无法有效整合各种发展要素。在区域一体化的进程中，来推进城市的转型发展，可以沿着产业结构优化——城市空间结构重组——城市功能转型——动力机制转型的路径，为城市经济增长方式的转变和城市整体发展模式的转型，提供切实可行的战略选择。

二、区域一体化转变中国城市发展模式

区域一体化的发展是和城市化、城市现代化的步伐紧密相关的。在传统的城市形态中，如果没有交通、贸易的往来，即使两个地理空间非常接近的城市，也是各自单一发展的。只有工业化带来的城市化、服务业引领的城市现代化，才可能使相邻、相近的城市及其周边区域形成一体化的发展格局。

我国区域一体化的进程，是和改革开放以来的城市化、工业化行动的双重驱动直接相关的。在计划经济时代，在严格的行政区隔离政策的限制下，市场资源难以流动，也就难以推进区域一体发展。在我国确立了社会主义市场经济体制后，市场资源的配置得以冲破行政管理的藩篱，区域经济一体化的发展理念迅速成为共识，如在20世纪80年代就出现了"上海经济区"、"南京经济区"等经济协作组织。但真正联手推进区域一体化的战略行动，则是到了20世纪90年代之后，以交通基础设施的网络化建设为突破，区域之间的联系更加密切，以经济一体化带动的区域发展一体化成为重要的战略选择，以香港、广州和深圳为制高点托起的珠江三角洲地区，以上海中心、南京和杭州为支点的长江三角洲地区，以北京、天津为中心的京津唐（冀）地区，率先联手推进一体化发展战略，为其后成为国家级的城市群、大都市圈打下了很好的基础。与此同步，依托区域性中心城市而谋划的单中心都市圈，也如雨后春笋般地呈现雏形，如沈阳都市

圈、成都都市圈、武汉都市圈等，它们通过在行政区内的绝对首位度，在区域一体化的进程中强势发力，既扩展了自身的规模，也扩大了对区域发展的辐射带动作用。

以经济增长主导的区域发展一体化，是一国城市化和现代化进程的必经之路。总的来看，我国的区域发展一体化的战略是逐步明晰的。从改革开放到20世纪90年代前，我国推行的是非均衡的区域发展政策，重点发展沿海地区，如设立经济特区和14个沿海开放城市等。20世纪90年代后，开始重视区域经济的协调发展，经济协作区、大区域经济区的发展理念为政府所接受。进入21世纪之后，则突出以城市群、都市圈来推进区域的整体发展战略，以促进东部与中西部地区、城乡之间的均衡发展、一体化发展。但是，随着区域要素流动的不断增强，区域一体化的趋势愈发明显，过去基于单一行政区的规划已经不能满足区域发展要求，越来越多的跨区域问题，如流域治理、生态环境保护等，亟须突破行政区划进行协调。因此，进入"十一五"，我国大力推行"国家战略性"的区域规划，继2005年到2006年将上海浦东新区和天津滨海新区这两个综合配套改革试验区的发展规划纳入国家战略后，2007年到2011年间共批复了43个重点区域规划。2012年，国家发改委又批准了10个"国家战略性"的区域发展规划。由此，全国31个省区市（不包括港澳台），都已经有了上升为"国家战略"的区域规划，这些区域规划突破了原来"一级政府一级规划"的框架，足以体现国家从建设国际竞争力区域、推进重点地区发展转型和推动欠发达地区可持续发展等多个层面，来加快区域一体化发展的力度和决心。

我国在进入"十五"之后加快区域一体化发展的战略推进，和我国的城市化与主要区域所处的发展阶段性要求是紧密相关的，对实践产生了重要指导作用。弗里德曼的研究成果已经表明，随着经济的发展，区域经济将从独立的地方中心发展到功能相互依存的城市体系，形成有组织的综合体所经历的四个阶段。[1] 第一阶段为独立的地方中心，在区域内部不存在

---

① 陈秀山、张可云：《区域经济理论》，商务印书馆2003年版。

等级，是工业化社会特有的典型空间结构，每个城市的腹地范围都很小；第二阶段为单一的强中心结构，区域经济靠单一的大城市区域来支撑；第三阶段为唯一的区域中心结构格局，但战略次中心得到开发，城市边缘区的范围缩小，边缘区域的重要资源进入生产性循环；第四阶段是形成功能相互依存的城市等级体系区域体系演化为组织良好的综合体，区域一体化，布局高效率，实现增长潜力最大化与区域差异最小化的空间组织目标。从总体来看，经过了 30 多年的高速城市化与工业化的进程之后，我国的区域发展，尤其是在中东部地区，已经进入了第三、第四阶段。无论是国家的战略规划，还是地方的自主发展，都把区域一体化作为重要的目标追求，并在区域设施一体化的发展、区域市场一体化的推进、区域产业体系一体化的规划布局等方面，进行了大胆的实践，取得了一定的成效。为了从全国通盘统筹区域发展的进程，遏制地区发展的落差。2010 年年底，国务院又专门印发了《全国主体功能区规划》，作为引导科学开发国土空间的行动纲领和远景蓝图。该规划明确了国家层面优化开发、重点开发、限制开发和禁止开发四类主体功能区的功能定位、发展方向和开发管制原则，构建了"两横三纵"为主体的城市化战略格局、"七区二十三带"为主体的农业战略格局、"两屏三带"为主体的生态安全战略格局。其中，"两横三纵"为主体的城市化战略格局，具体指构建以陆桥通道、沿长江通道为两条横轴，以沿海、京哈京广、包昆通道为三条纵轴，以国家优化开发和重点开发的城市化地区为主要支撑，以轴线上其他城市化地区为重要组成的城市化战略格局；推进环渤海、长江三角洲、珠江三角洲地区的优化开发，形成三个特大城市群；推进哈长、江淮、海峡西岸、中原、长江中游、北部湾、成渝、关中—天水等地区的重点开发，形成若干新的大城市群和区域性的城市群。在主体功能区规划的统领下，我国未来重点推进的城市化地区也得以明确，国家的相关政策也将对这些地区给予倾斜和支持，促进其带动区域一体化的发展。

"主体功能区"的概念内涵，是在《中共中央关于制定国民经济和社会发展第十一个五年规划的建议》中提出的"形成合理的区域发展格局"中明确的：各地区要根据资源环境承载能力和发展潜力，按照优先开发、重点开发、限制开发和禁止开发的不同要求，明确不同区域的功能定位，并制定相应的政策和评价指标，逐步形成各具特色的区域发展格局。具有不同主体功能的区域，采用不同的产业政策、财政政策、环境政策和人才政策。构建以主体功能区为基础的区域开发格局，首先是以区域整体为对象来进行的开发与发展，因此可以有效地克服盲目开发而导致的无序竞争与资源破坏；其次，由于功能区域是跨越了行政区划界线的，因此作为整体的同一功能区域内的地方政府合作就成为必然；第三，主体功能是该区域的重要特性，也是使区域内成员之间存在相互依存、交流、包容等难以分割的相互联系的重要因素。因此，主体功能区域的建设对中国区域一体化进程的加快无疑起到了重要推动作用。

　　我国的区域一体化发展战略的实施，也是和转变发展方式的理念落实，以及新型城镇化战略的推进，而不断调整具体策略的。我国的"十一五"规划纲要明确提出"要把城市群作为推进城镇化的主体形态"，"十二五"规划再次建议，以大城市为依托，以中小城市为重点，逐步形成辐射作用大的城市群，促进大中小城市和小城镇协调发展。十八大的报告提出要"五位一体"实施新型城镇化，以此为引领的全国城镇化规划草案，总的原则为：以人为本的理念，着力提高人口城镇化水平，降低城镇准入门槛；坚持城乡统筹，把推进城镇化和工业化、农业现代化紧密结合，以工促农、以城带乡，实现城乡经济一体化发展；合理调整优化城市群格局，促进人口分布、经济布局与资源环境相协调；以大带小，把大中城市和小城镇联接起来共同发展；集约高效，合理控制建设用地规模，合理设置城镇建设标准等。① 新的规划草案，不仅深化了我国城镇化的内涵，更为区域一体化发展提供了系统的制度保障。这是因为在现行的行政管理体制之下，各地城市政府之间仍然存在着激烈的非合作博弈，部分城市政府在行政区域范围内构筑自我封闭、自我配套的经济结构体系，有意识地限制生产要素的跨行政区自由流动，制约了区域性的公平、有序与自由竞争的统一市场形成，阻碍了区域一体化的进程。即使在一些跨省区的城市

---

　　① 《全国城镇化规划草案基本成型》，《上海证券报》2012 年 12 月 26 日。

群合作行动中，建立了"合作与发展联席会议"、"联席会议办公室"、"重点合作专题组"、"城市经济合作组"等办事机构和协调机制，但由于这些协调机制均为非约束性的，效果仍然不明显。同时，在区域一体化的发展行动中，同一个行政区内的城镇，还存在着"以大压小"、"以大管小"的问题，在基础设施建设和公共服务延伸方面，依然是本位主义，尚未形成市场资源主导的"以大带小"、"大小联动"的一体化发展效应。要真正解决这些问题，一方面要有刚性的规划来进行有效约束，更重要的是尽快改变政府强势主导的城市化与区域发展的传统机制，充分释放市场的资源配置能量，形成联手推动区域一体化的利益共享和制度保障机制。

在现行的行政管理体制之下，国家战略层面对于区域一体化的规划，必然受到地方政府本位利益的挑战，经济的一体化难以真正按市场规律去实施，由此也带来了城乡一体化、城市群联动发展受到阻滞，归结原因，主要有以下几个方面：

一是我国现行的体制结构导致区域市场分割。区域市场主要包括要素市场、服务市场和消费市场。在现行经济体制与政府管理体制下，在区域经济发展中地方政府对要素市场直接与间接的干预影响了资本、劳动力等生产要素在空间的合理流动。表面上看是地方政府通过各自为政争取地方利益，实际上地方保护对经济资源的自由流动和跨地区经济合作的阻碍，是以损失区域整体利益以及各地区的长远利益为代价的短期利益的获得。目前，包括"长三角"、"珠三角"在内的中国区域一体化前沿地带存在的最大的问题也仍然是地方市场分割和地方保护主义。尽管经济发展水平和市场发育水平在不断提高，国家立法和执法环境也在不断完善，但是地方市场分割和地方保护主义的内容和表现形式也在发生变化，探究造成这种现象的根本原因，主要是由于转型过程中的经济体制、社会体制改革没有能够有机整合。

二是多元利益主体的博弈与产业布局的低水平"同构"。产业分工是推动社会发展的最重要动力，在一定的区域内形成合理的分工是各个地区充分发挥自身比较优势的必然结果，这种分工表现在产业间的横向分工和纵向分工。无论是从横向分工还是从纵向分工来看，低水平重复建设所造成的"同构化"和"低度化"是目前中国区域产业分工与布局所面临的主要问题，这种低水平、结构趋同的产业结构与布局导致了资源配置效率低下，产业升级速度缓慢，严重影响着区域经济的转型升级。在长三角地区承接国际产业转移的过程中，几乎所有城市之间为了引进加工制造业企业，纷纷降低地价，以财政补贴的方式"贴身肉搏"，缺乏协同机制，虽然整个区域成了国际加工制造基地，而一旦国际市场和产业界发生变动，整体的抗风险体系就显得非常脆弱，产业转型升级的代价更高。

三是基础设施建设配套的行政区化。区内城市都想当"中心"，造成同一区域内重复建设，浪费严重。受行政区划和条块分割的体制障碍，使支持区域经济增长的主要动力和生产要素被固化在不同条块的隶属关系中，而不能按照提高生产要素的效率原则实现资源的优化重组和配置，行政区域经济利益的经济决策体制使得影响区域发展的大项目、大型设施等不能按照市场经济的效率原则合理配置。地区之间对于重大基础设施的建设缺乏系统规划，在地方利益驱动下竞相争取大项目，导致机场大战、港口大战、城市综合体大战。各地建设标准及规划的不统一，不但使建成的基础设施难以发挥应有的作用，而且破坏了本来的市场资源配置体系，降低了区域发展的整体水平。这种现象在经济后发地区尤为明显，即使是高一级的管理机构也难以协调，使政府主导的城市化、城市群发展行为，难以充分发挥正向指导作用。

当然，应对区域发展中的这些因利益博弈而产生的问题，"强政府"的作用固然重要，但也必须靠"强市场"的配合，而只有发挥市场的决定性作用，才能使二者形成合力，推进可持续发展。发达国家、发达地区城市群、都市圈协调发展的实践已经表明，区域一体化、城市群的协调发展离不开宏观和微观两个层面的努力。从宏观方面讲，城市群往往跨域发展，因此离不开中央政府和地方政府、地方政府和地方政府之间横向和纵向的协调与合作，政府可以运用经济、法律、行政等手段，以制度创新来引导大区域与城市群的协调发展；从微观层面讲，区域一体化、城市群的协调发展，离不开强有力的"发展极"的带动，通过"发展极"的集聚、扩散以及创新作用的发挥，引导各种要素资源在城市群内部合理地广域流动，在各个城市之间形成发展梯度和分工协作，推动城市群合理的产业布局与空间体系的重构。尽管在一个区域中，"发展极"可以不止一个，但起步阶段必须充分发挥首位城市（Primate City）的作用。[①] 首位城市具有增长极核的作用，具有较强的吸引辐射功能，它的发展变化影响城市群内的每一城市，如长三角城市群中的上海，京津冀城市群中的北京等，都是属于绝对的首位城市，其对市场资源、要素的整合能力，可以超越行政区的约束。而那些基于一个大行政区的城市群的发展，首位城市的极化作用，则是集行政权力与市场要素配置的双向功能，如武汉城市群、沈阳都市圈、中原城市群、江淮城市群等。

在城市化与现代城市的功能提升过程中，区域一体化、城市群的发展必须依托一体化的交通网络，交通网络是经济一体化的重要前提。交通网络的发展，一方面促进了城市群空间扩展并改变着城市外部形态，对城市空间扩展具有指向性作用；另一方面直接改变着城市群的区域条件和作用范围，产生新的交通优势区位、新城市或城市功能区，进而改变原有的城市群产业空间结构。随着区域经济的发展，城市群空间结构内部向心集聚的同时，扩散辐射作用也不断强化。在这一过程中，沿交通通道的轴线集聚与扩散是城市群产业空间结构扩展最普遍的形式。[②]

交通网络在促进经济一体化的过程中，虽然不是直接的企业运作主体，但发挥着协调产业集聚与扩散的作用。产业集聚机制是地方化经济和城市化经济的动力，规模报酬递增是产业集聚的根本动因。由于集聚不经济产生的扩散推力，促使城市群内一些企业从高度集聚的地区向外扩散，在城市群更在区域范围内形成新的产业集聚体，而企业为了获得最大的发展，逐渐采用纵向联合、空间分散的生产组织方式，将占地多、技术量低的加工环节迁往层级较低的城市，而将公司总部研发机构迁往较高层级城市，形成产业的有机分工与联系格局，大城市、中心城区的 CBD，郊区

---

① 张冀新：《城市群现代产业体系形成机理及评价研究》，武汉理工大学博士学位论文，2009 年。

② 刘贵清：《日本城市群产业空间演化对中国城市群发展的借鉴》，《当代经济研究》2006 年第 5 期。

与外围地区为制造、物流基地，都是有机分化、遵守级差地租的结果。其阶段性的效果，同时体现为有效带动城市群整体产业空间优化与区域经济功能的不断增强。

基于上述的视角来审视当前国内区域一体化进程中的城市化与城市群发展模式，就会发现核心城市的"发展极"与区域内各城市的"协调极"，完全可以在空间结构布局中形成有机化的网络，带动区域整体发展水平的提高。我国的长三角地区，城市群之间尽管一直存在着竞争，但也遵守着基本的市场主导的合作规则，实际上走出了"雁行型"的区域协调发展模式。这种协调整合模式以核心城市作为整个城市群体的"发展极"，其他不同功能和规模的大城市作为"协调极"，利用发达的铁路、公路、水路、航空网构成的交通网络来联络，形成高层次的、整体的经济网络和新型的地域生产力关系，因为其空间结构如同空中飞行的"群雁"，所以称之为"雁行协调整合发展模式"。"发展极"是处于城市群体发展的"领头雁"位置的上海，负责引导人流、物流、资金流、信息流在整个城市群体中互动运行，同时通过体制创新、管理创新、服务创新、观念创新等，不断地向区域内城市推出新技术、新产品、好管理。促进人流、物流、资金流、信息流的增值循环。而"协调极"在"发展极"的领导下，配合"发展极"的发展，逐步形成自身的特色定位。南京、杭州、宁波、苏州、无锡、常州六个不同功能和规模的大城市为"协调极"，领头形成合理的分工体系和发展梯度，通过协调整合，所有的流均处于增值的循环之中。

在我国区域一体化发展的战略中，北京与天津的"一体化"，则走出了"双核"型协调发展模式。在这种协调整合发展模式中，两个核心城市在空间距离上临近，区域自然条件基本相同，社会、文化发展水平也比较类似和接近，一体化发展的趋势非常明显。但由于每个城市的独立性都比较强，协调整合的愿望则相对淡薄。而当出现发展过程面临资金不足、资源匮乏、基础设施滞后等共同困境时，只有通过竞争性合作，取长补短，把协调整合深入到各个层面、各个环节中，发挥"双城"整体优势，才能解决好共同性问题，使双方共同受益。在美国、欧洲，众多的"双城"、

"双子城"城市形态，已经证明了这一模式的综合效能。

北京—天津城市群的协调整合发展是我国典型的"双核"模式。北京和天津均属于我国综合实力排名比较靠前的城市，两市相距100多公里，中间的廊坊，相邻的唐山，也都纳入了一体化的空间体系之中。北京和天津各有优势，北京的经济技术基础、城市建设总体水平和陆路运输条件优于天津，但是天津的工业实力、企业效益比较高，具有大型海港运输能力，是华北地区最大的海上门户。天津港拥有我国北方地区最大集装箱码头，天津滨海国际机场是首都地区第二大民用机场。北京和天津已经拥有强大的综合经济实力，在区域经济发展中具有极强的集聚力和辐射力，通过协调整合充分发展各自的优势和潜力，两个城市能形成全国最大的政治、文化、经济三位一体的核心区，带动河北及整个环渤海地区的整体发展。

当然，较高的城市化水平与经济发展水平，是区域一体化发展的前提。在我国当代城市化与工业化的进程中，基于区域中心城市的"成长三角"型的一体化协调发展模式，也已成为众多省域培育增长极的新举措，如湖南的长（长沙）株（株洲）潭（湘潭）、江苏的宁（南京）镇（镇江）扬（扬州）、浙江的杭（杭州）嘉（嘉兴）湖（湖州）等。这种模式不仅在空间结构形式上表现为"三角形"，而且在经济发展上由于其中一个城市的规模和实力明显大于另外两个城市，也形成了以一个主角带动两个副角的稳定结构，三个主要城市处于成长发展之中。"成长三角"型城市群中的主角多为一个区域的中心城市，或为区域的政治、经济、文化、科教中心，无论在能级地位还是经济社会文化发展水平，都远高于其他两个"副角城市"。由此，在区域一体化的协调整合发展中，"主角城市"可充分利用科技和人力资源优势发展新兴高端产业和第三产业，"副角城市"则可以依据区位、资源等方面的优势，主动承接其外溢效应，构建与之接轨的产业体系，推进合理的产业分工、调整，形成一体化发展的空间体系，为区域的协调发展和资源合理利用奠定良好的基础。

通过上述多个方面的分析，可以看出我国的区域一体化进程，已经从原来的自发行为上升为自觉行动，从原来注重单一的经济联系到实现交通、产业、社会、文化、生态等融合性的一体化，城市之间、城乡之间逐步实现网络化的一体发展。特别是我国东部先发地区，中心城市、支柱城市以及次中心城市，在区域一体化发展的大格局下，改变了分散式发展的传统模式，实现了自身功能升级与辐射带动作用的双重效应，对国内城市发展模式的转变，起到了引领示范作用。同时，区域一体化带来的产业空间重组、产业空间体系重构，对我国新型城镇化战略下推进的未来城市与区域持续的转型发展，将发挥积极的正向促进作用：

首先，必须在区域一体化、城乡统筹的大框架下来提升大城市的功能，在注重大中小城市和小城镇协调发展的基础上，充分发挥大城市和以大城市为核心的城市群、都市圈，在大区域和国家战略层面的重要作用，走出新型的集约化、高效率的城市转型升级之路。麦肯锡2008年的研究报告表明：以大城市和超大城市为代表的集中式的城市化发展模式将最有可能减轻中国城市系统的压力，提高城市总体效率，并将比分散式发展模式多实现20%的人均GDP增长。[1] 当然，大城市、超大城市的发展必须告别自我膨胀的"恐龙式"增长，转变为注重功能强化、注重内涵的"精明增长"，而这种"精明增长"方式的实现，是依托城市群、都市圈的空间体系分层，在层级化的发展中重组要素聚集空间，否则就难以破除所困扰的多重"大城市病"。

其次，必须以经济一体化为主导，通过规划、市场的双重合力，在网络化的区域空间结构中，创新城市的产业形态和空间组织形态，构建组团化、群落化的城市发展模式，加快推进我国城市的转型发展、绿色发展、低碳发展。要科学实施这一路径，既要有"顶层设计"的落实，如国家战略层面的区域发展规划、主体功能区规划等，还要建立起区域内各城市的利益共享互惠机制，特别要以市场、产业体系的对接为契机，通过产业升级、产业体系的优化，来实现城市的经济转型，进而推动城市整体的功能提升、价值提升。尤其是践行绿色发展、低碳发展的城市发展理念，在同

---

① 麦肯锡：《为十亿城市大军做好准备》，内部研究报告，2009年。

一个大区域或城市群内，所涉及的水源地保护、垃圾处理、产业园区规划、节能减排等问题，必须在各城市间形成约束机制、补偿机制和保护生态环境的长效机制。

再者，要抓住我国新一轮区域交通体系立体化、便捷化的战略机遇，特别是针对高速铁路网络、城市轨道交通网络所带来的人流、物流、商务流、信息流的新变化，大力发展枢纽经济，通过扩大中心城市的腹地和进入全球生产体系的内外并举行动，来提升核心城市的能级水平和国际竞争力，进而整体提升整个区域的发展水平。进入"十一五"以来，我国在明确了主体功能区和城镇化的重点地区后，同时推出了新的交通规划框架体系，特别是四纵四横的高速铁路网框架的确定，为我国中东部地区的主要城市群、都市圈的一体化发展，带来了更加美好的期待。以高铁网络覆盖的区域为例，京沪、京广、哈大等高速铁路沿线的大城市、中心城市，在成为国家级或区域性的枢纽之后，经济发展、高端资源整合的极化效应会更加突出，这种极化效应会进一步提升枢纽城市的能级水平；同时，当极化效应到了一定的阶段后，则会对周围区域，尤其是以枢纽城市为中心的城际轨道通达地区，形成更高水平的扩散效应，有机化的均衡扩散则带动了城市群、都市圈地区发展水平的提高，并且能有效辐射城市之间的边缘地带，实现区域一体化的发展。可以预见，随着未来我国高铁线路的网络化，城市轨道交通的密集化，中国城市群、城市的空间形态将会发生大的改变。城市群的"带状"特征将会更明显，"高铁城市带"将快速成型。大城市、都市圈内部轨道交通的规划建设，会培育出多个都市中心，多数大城市的空间格局将从单中心进入多中心时代，这一方面大大提升城市的经济、就业和服务等系统的功能；另一方面也在产业空间、城市空间重组中，发挥科学的疏散效用，有效解决交通拥堵、环境污染、生态保护等难题，促进中国城市与区域的转型发展。

第二节　"同城化"战略下的中国城市转型

一、从"一体化"到"同城化"的内涵深化

在我国区域一体化的发展进程中，"同城化"发展日益成为一种新趋势，即在区域一体化背景下，同一或相邻地理空间内两个或两个以上的城市，因地域相邻、经济和社会发展要素紧密联系，具有空间接近、功能关联、交通便利以及认同感强的特征，城市之间基于"优势互补、资源共享、互利共赢"的共同目标，突破行政界限，以"同城"的标准，在同质的环境中形成的相互依存、相互作用、协同发展的新型地域组合关系。"同城化"是相邻城市之间基于更低交易费用诉求的利益博弈与利益共享的动态制度变迁过程，是区域一体化在空间上的突出表现形式。如果说区域一体化的发展在生产要素、空间资源的整合上带有一定的自发色彩，那么"同城化"则是基于区域一体化的更自觉的更高阶段的生产生活与空间体系组合形态，是区域一体化发展的内涵深化。在我国转变经济增长方式和城市发展方式的大背景下，推进"同城化"的战略，可以在一定程度上打破行政隔离，更有效地促进大城市、城市群的集约增长、分工协作，促进区域的协调发展。

从发达国家城市化与城市群发展的历程看，从"一体化"到"同城化"，或以"同城化"来提升"一体化"的发展水准，已经演化为共同的规律。"同城化"不是简单的规模扩张，而是彰显辐射力、扩散力与竞争力的协同战略，是一种经济、文化和社会等方面的有机结合和相互依托。尽管在区域经济学的理论中，"同城化"的内涵没有明确的界定，但同城化可以促进同区域内劳动力、资金等生产要素的流动、整合，达到城市功能互补和分工合理、产业结构优化、竞争力增强等共同的目标，却是不争的事实。特别是在信息社会时代到来、高速交通网络带来的通勤化就业与出行，新兴的高科技新城、卫星城，和中心城市形成高度集聚型的"同城化"形态，为在全球城市体系中提升能级地位，提供了综合竞争优势。如美国旧金山

湾区，北卡州的"黄金三角区"等，就探索出了高科技产业主导的"同城化"深度融合区域发展的新模式。美国的旧金山湾区，面积 18 000 多平方公里，总人口数在 700 万以上，是美国西岸仅次于洛杉矶的大都会区。在功能组合上，旧金山是湾区的经济、金融、商业与文化中心，是太平洋岸证券交易所、美国最大的银行美洲银行总部以及旧金山联邦储备银行、富国银行所在地；奥克兰是美国重要的制造业及分销业中心，也是美国西海岸最大的铁路枢纽，并拥有美国第四大集装箱港口；圣何塞是著名高科技地区——硅谷的中心城市。三个城市所处的阶段和特征也很不同，但却共生共存于湾区，从不同功能和地位看，突出反映了"同城化"发展的有机性和多元合力。（参见图 6–1）

在中国改革开放之后的城市化进程中，同城化作为一种发展理念，已经体现在区域一体化的整体发展战略中，如广州和佛山，沈阳和抚顺，太原和榆次，西安和咸阳，乌鲁木齐和昌吉，长沙和株洲、湘潭等一批地理紧邻的城市，都在流通、产业和规划上体现了这种理念，但"同城化"作为一个系统的官方认可的概念，是在 2005 年发布的《深圳 2030 城市发展策略》中首次提出来的。2008 年 12 月 31 日，国务院正式批复的《珠江三角洲地区改革发展规划纲要（2008—2020 年)》明确提出要"强化广州

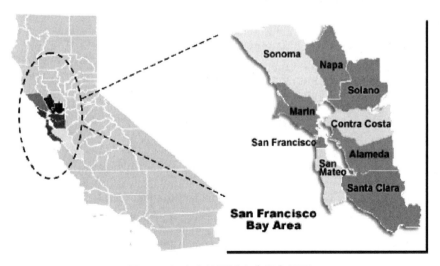

图6–1 旧金山湾区城市空间布局图

佛山同城效应，携领珠江三角洲地区打造布局合理、功能完善、联系紧密的城市群"。进入"十二五"后，我国多个省份制定的经济社会发展规划都提出了促进省域内中心城市与邻近城市同城化的发展目标，如江苏的宁镇扬、安徽的合马芜、福建的厦漳泉、浙江的杭嘉湖等，期望以同城化的推进，来提升城市的能级水平，培育能代表区域和国家竞争力的新增长极、增长带，并优化区域发展格局，增强区域竞争力。

　　同城化是区域一体化的内涵深化，两者都是区域经济发展过程中，为了打破传统的城市之间行政分割和保护主义限制，实现资源共享、统筹协作，提高区域经济整体竞争力而提出的一种空间发展战略。两者的区别在于：同城化意味着更深层次、更广范围、更高程度的区域合作和融合，包括在规划、基础设施、环境保护、产业发展、公共服务及管理等方面全方位的一体化。但同城化并不意味着行政区划架构的统一，而是城市之间经济管理体制和运行机制的协同，产业、信息、交通、市场、社会管理和公共服务一体，资源和发展成果共享，经济社会发展相融合的新型区域经济"联合体"，这种"联合体"在形成过程中，不仅要地缘相邻、经济相融、交通同网，更要市场同体、生活互往。在我国的城市化与区域发展的进程中，"同城化"最重要的功能是有助于打破原来行政割据造成的"诸侯经济"，但同时现阶段"同城化"战略行动的实施，又必须靠政府主导。这就决定了中国的"同城化"行动，必须在各城市之间寻找到互惠互利的平衡点，在树立大战略追求的同时，阶段性目标的落实也非常重要。否则，喊着"同城化"的口号，依然是各打自己的算盘，把握不住大机遇，形成不了发展的合力，结果自然是整体的竞争力削弱。

　　因此，在我国新型城镇化和城市转型升级的战略行动中，对"同城化"的前提条件、推进机制以及新的城市治理方式，必须要有全面科学的认知，形成协同推进的力量，从而在政策设计、制度安排上进行重点突破，带动整体提升。首先，"同城化"是一个区域内的相邻城市发展到一定阶段后，为解决单个城市无法解决的系列问题，所实施的理性的选择。城市之间都有了融合发展的需求，才有可能推进同城化。至于是区域内的城市群建设的起步阶段开始同城化，还是在相邻城市发展到一定程度后再同城化，这就取决于当地的经济发展水平和政府的规划导向。早在20世纪80年代，长沙、株洲和湘潭在经济发展水平不高的条件下就有了同城化发展的动议，但实际推进却进展缓慢，直到"十一五"期间才有了实质性的动作，出台同城化的产业布局和空间体系规划。而广州和佛山、沈阳和抚顺、郑州和开封、西安和咸阳等，虽然是进入21世纪后才提出同城化发展的，但推进的力度却很大，成效也非常明显，这显然和各城市经济社会发展的阶段性需求有一定的关系。其次，"同城化"的硬件基础是通勤化的交通体系。发达国家区域发展的实践已经表明，近域城市发生相互作用是需要在一定距离范围之内，也不是所有的相邻城市都可以实现同城化发展的，只有实现快速交通的通勤化，真正降低就业、交往、生活、消费的费用和时间成本，才能深化同城化。从目前看来，国内已经实施同城化的城市，城市功能中心的直线距离一般在20—50公里，通勤时间在30—60分钟。如广州和佛山之间的同城化，一方面是在经济体量上形成了中心和次中心的关系，产业的互补性和关联度高；另一方面，是快速的城际交通广佛新干线的运行，两市就业和交往的通勤化。因此，在未来我国的同城化发展中，那些地理距离在50—100公里的城市，要实质性地推进同城化，必须在主要的功能中心形成不超过1小时的直线通勤交通。要满足这一需求，只有规划建设快速的城际轨道交通体系，原来的城际公路、高速公路，因通达的不确定性，是无法支撑的。再者，"同城化"能在区域发展中培育出更高更强的增长极。"同城化"主导的区域经济发展，可以形成非均衡的地区间发展模式，非均衡发展鼓励率先区域内点的突破，通过点的带动，形成面的提升，进而达到更高层次的均衡，实现更高水平、更大规模的集聚效应。一方面，"同城化"发生在中心城市或者次一级的中心城市和周围城市之间，可以在内部再造新增长极、新的功能区；另一方面，"同城化"的整体提升效应，可以在大区域内强化"首位度"或龙头效应。如广佛同城，共同成为珠江三角洲地区发展的龙头；西咸一体化强化在关中城市群的龙头作用；沈抚同城则将推动辽中城市群的建立并带动东北老工业基地核心区的振兴（参见图6-3）；武汉城市群的同城化促进了国家"中部崛起"战略制高点的形成；以郑东新区建设推进的郑（郑州）汴（开封）同城化托起中原城市群的核心增长极；江苏的宁镇扬同城化将培育出长三角地区具有国际化创新水准的大都市区，并直接带动苏南现代化示范区建设国家战略的推进实施。

　　因此，以战略前瞻来研究同城化的内涵和推进路径，既是一个前沿的理论问题，也是我国区域经济一体化、城市群建设过程中的实践问题。系统剖析同城化带来的正向效应，对于发挥促进区域经济一体化，科学制定城市与区域发展的大战略，具有直接的价值引领和决策指导作用。从国内外学者对城市群、都市圈内的城市融合发展的研究成果，以及区域"同城化"的实践历程来看，"同城化"的发展阶段可分为四个时期：雏形期、融合期、协调期和同城期。每一阶段的基本特征、发展重点和主要目标，都是不同的。（参见表6–3）只有把握住各个阶段发展的关键，实施对应的政策支持体系，尤其是注重政府引导和市场响应的结合，顺应同城化的内在规律，才能取得预期的成效，为区域发展和城市能级提升，提供可持续的动力机制。

图6–3　沈抚同城化区位分布图

表6-3 "同城化"发展阶段的基本特征、重点和目标 [1]

阶段	基本特征	"同城化"重点	"同城化"目标
雏形期	发展水平偏低，处于工业化初、中期；城市与城市相互作用较弱，中心城市带动作用不强。	以政府为主导，推进跨地区设施建设、空间发展等方面的发展；架构一体化发展格局；实现交通、市政设施的共建共享、生态环境的共同治理和公共服务设施的一体化。	整体构架，培育一体化空间形态，推进跨界地区交通、基础设施、生态环境和公共服务的一体化发展。
融合期	发展水平较高，处于工业化中期向后期迈进阶段；中心城市职能外溢明显，城市与城市相互作用增强；区域产业集群正在形成；跨界协调问题突出。	推进功能一体化发展，以共建城市交界地带新的城市增长点为突破口，全面推动区域一体化；交界地段培育新的增长点，承载城市新兴的各项职能；推进功能一体化，形成分工协作、一体发展的功能格局；设施、生态、服务、资源利用全面一体化建设；推进产业政策、保障政策、服务政策的全面对接。	以跨界培育的新生长点推进功能、空间全面一体化建设，全面推进区域设施、生态、服务的一体化建设，加强政策对接，为一体化发展奠定基础。
协调期	发展水平很高，处于工业化后期阶段；区域产业空间布局形成；城市与城市相互作用很强；跨界协调问题突出。	以体制创新为重点，构筑"同城化"协调机制；区域基础设施的共建共享；区域环境的共同治理；协调组织机制的建设，加强空间、产业拓展的合理引导。	体制创新，包括建立"同城化"协调机制、合理的空间管制机制。
同城期	"同城化"格局形成，形成合理的分工体系；城市整体实力明显提升；社会管理机制需要创新；城乡问题凸显。	注重社会资源的优化配置和社会利益的合理分配；注重城乡一体化的研究和规划。	创新社会管理机制，实现城乡一体化。

在上述的认识下来推进"同城化"，还要充分考虑到各城市的功能错位和互补，避免"一样化"、"平面化"，尤其要处理好中心城市与次中心城市，次中心城市之间的产业空间、生活空间以及城市空间的协调关系，强化功能耦合。城市功能耦合是指参与同一区域内的两个或者多个城市根

① 张颢瀚、李程骅等:《推进宁镇扬同城化建设》，见《稳中求进　转型发展——2012年江苏省决策咨询研究重点课题成果汇编》，江苏人民出版社2012年版。

据城市等级、城市差异，专业化自身的功能，使区域内城市中形成功能差异、职能互补、协调发展的层级体系，从而促进区域竞争力的提升。同城化的目的正是为了实现区域内城市功能协调互补，减少区域内生产生活要素流通的成本，提升效率，提升城市品质，提升城市与区域竞争力。"同城化"可以作为区域协调城市功能的重要手段，来促进区域协调发展，实现发展的高效化。从区域空间发展体系的优化角度来看，同城化可以促进产业布局调整和新产业体系、新产业空间重塑。同时，要充分利用"同城化"的制度安排，通过政府积极的政策干预，放大扩散效应，促进大城市逐渐将生产活动转移出去，从而在大城市形成研发和总部集聚中心，在中、小城市形成制造业中心。从中外"同城化"的城市功能布局来看，核心城市基本定位为信息通畅、服务水平高、制度透明、人力资本雄厚的现代服务业中心，主要吸引企业总部、研发和项目管理中心、销售中心，利用服务业对信息、科技和人才的高端需求实现城市功能的高端化和专业化。次级城市则利用好劳动力、土地、原材料成本较低的优点，形成先进制造业中心、物流中心，与核心城市实现功能互补。中心城市与次中心城市的协调发展，将加快区域发展的整体转型，并培育出升级版的区域创新体系、创新文化。

二、"同城化"与区域产业发展耦合测度

在区域一体化发展格局下的"同城化"战略行动的推进，产业发展水平的提升、产业体系的优化是重要的前提。区域产业体系的演进，直接关系到同城化的耦合程度。因此，运用耦合测量方法，来测度城市产业体系构建与同城化水平的关联度，进一步明晰产业发展对同城化进程的作用机制，对于及时调整相关的政策支持体系，提升要素配置的效率，促进城市与区域的功能升级，有直接的借鉴作用。

（一）产业发展与同城化关联度测度方法

耦合本是一个物理现象，通常是指数个实体或系统之间存在紧密关联性，是指相互依赖于对方的一个度量。在经济学分析中，衡量具有紧密联

系的实体间耦合程度的变量被称为耦合度。[①] 城市作为现代产业发展的空间载体,通过产业和城市之间的耦合发展以获得因专业化、规模化所带来的溢出效应;同时产业作为城市经济增长的发动机,在城市产业体系的形成过程中带来了城市间同城化进程的不断深化,促进了产业发展与同城化的耦合发展。因此,产业发展与同城化的耦合发展是两者沿着自身发展轨迹所产生的必然结果,也是一定区域范围内城市经济发展的最佳模式。那么我们借用耦合概念,将产业发展与同城化的耦合定义如下:在特定的区域范围内,产业体系与同城化发展相互作用、相互影响,紧密相连、互相依存,共同构成统一的有机发展体系。产业体系与同城化发展之间的关联程度、协调发展程度就是耦合度。

当产业发展与同城化发展的耦合度达到较高程度时便形成了城市群域耦合体,由两个以上紧密联系、集中在一起的城市,以某些优势产业为发展核心,通过产业间的纵向分工和同城化城市间的横向合作而结成紧密联系的产业体系和城市网络,并通过现代产业链和城市链的溢出和传导机制,将产业体系和城市网络连接成合理产业分工、优势互补、相互依存、相互协作的区域经济共同体,便形成了产业和同城化耦合发展的同城化城市群域耦合体。城市产业发展和同城化发展,在耦合过程中除了受经济体之间的自发作用外还受到诸多外在因素影响和作用,如区域因素为产业发展和同城化的耦合提供基础条件,市场因素为它们的耦合提供源源不断的动力来源,政府因素则为两者的耦合提供了制度和政策保障。两者在不同城市群域内会按照不同的方式和进程达到耦合发展,总体来看,在耦合过程中表现出自发性、互利互动性、弹性和递进性等耦合特征。

关于耦合度的计量,首先是两个变量的相关性分析,也就是说耦合度的测算本身反映的是两个变量发展程度的关联性,但是在核算过程中并不能通过数据来反映他们之间是否存在联系,换言之,就是需要先明确两个变量之间存在相关关系,然后才能运用耦合度来计量关联程度的大小;其

---

① 谭啸:《中国城市群发展的比较分析》,辽宁大学博士论文,2012 年。

次是两个变量在计量过程中应该尽量保持指标体系的一致性，即统计口径尽可能地一致，以保证衡量两个变量发展相对程度的计量准确。耦合度的计量原理是分别对产业发展和同城化的发展情况设定详细的指标体系，然后通过对指标体系内各指标的加权计算，分别求得产业发展与同城化发展指标，再运用耦合度计量公式，核算出两者的耦合度。具体的测量分为三步：第一，确定影响产业发展与同城化耦合发展的相关因素；第二，计算指标体系的功效系数，得到产业发展和同城化发展程度的衡量指标；第三，构建耦合模型，计算两者的耦合度。我们先分别将产业发展和同城化的指标进行拆分，将拆分后的指标划分成两个级别的指标，即一级指标和二级指标。因为需要衡量两个指标体系的关联性，所以产业发展和同城化被划分的两级指标都需要分别对应。根据分指标对总指标的贡献和影响的大小，设定与指标相对应的权重，计算的顺序是先计算二级指标，然后计算一级指标，最后计算产业发展和同城化的指标量。

笔者采用德尔菲法（Delphi Method）对数据进行计算处理，通过专家打分的方法，以指标最后得分的均值确定各指标的权重。其基本步骤为：第一步，选择专家；第二步，将指标及相关研究资料、打分规则传送给专家，请专家给出相关指标的权重；第三步，回收打分结果并进行初步整理。此后通过不断的反馈和修改，当专家的意见逐步趋同时，最终确定各指标的权重。

（二）产业发展与同城化耦合发展的模型构建

1. 计量模型的假设前提

首先，需要明确耦合计量模型的假设前提。假设一，对区域产业体系和同城化发展来说，如前所述，它们之间存在着相互依存、相互适应、相互融合的紧密关系，所以我们需要进一步强调，假定两者之间具有强大的溢出效应，两个指标体系中的每一个参量都能够对彼此的发展产生影响。假设二，两者的耦合系数是介于0—1之间的任意数，且数值越接近于0说明耦合度越低，越接近1说明耦合度越高。假设三，指标体系中各分指标按照其对总指标的贡献大小分配权重，且在一年之内贡献程度保持稳定。

2. 功效系数和序参量

所运用的耦合度计量公式是：

$$C=\{(u_1 \cdot u_2)/[(u_1+u_2)(u_1+u_2)]\}^{1/2}$$

u_1 和 u_2 分别表示区域产业体系和同城化的发展指数。

根据之前关于拆分指标的论述，将产业体系和同城化的指标拆分成若干个一级指标，再将每个一级指标拆分成若干个二级指标。在此，需要引进两个概念：功效系数法和序参量。

功效系数法又叫功效函数法，它是根据多目标规划原理，对每一项评价指标确定一个满意值和不允许值，以不允许值为下限，以满意值为上限。计算各指标实现满意值的程度，并以此确定各指标的分数，再经过加权平均进行综合，从而评价被研究对象的综合状况。笔者采用功效系数法来计量各分指标的数值。

序参量是描述与物质性质有关的有序化程度和伴随的对称性质。在连续相变上的主要特征是在相变点序参量连续地从零（无序）变到非零值（有序）（或反过程）。在本章中，序参量用于计量产业集群和城市群分指标量，用 u_{ij}（$i=1$、2、$3 \cdots m$，$j=1$、2、$3 \cdots n$）分别表示产业集群和城市群第 i 个序参量的第 j 个指标数值，设 X_{imax}、X_{imin} 为产业集群与城市群序参量 u_{ij} 的上限和下限数值，运用功效系数法，可得功效系数参量计算公式：

$$u_{ij}=(X_{ij}-X_{imin})/(X_{imax}-X_{imin})$$

X_{ij} 是区域产业体系和同城化的群域指标参量数值，U_{ij} 表示指标参量数值 Xij 对集群数值的贡献率大小情况，数值越接近 1 表明指标数值的贡献越大，相反数值越接近 0 表明指标数值的贡献越小。

根据区域产业体系和同城化发展各分指标的贡献度，引入另一个变量 P_{ij}，作为各指标参量的权重，其中 $i=1$、2、$3 \cdots m$，$j=1$、2、$3 \cdots n$，对于每一级指标来讲，$\sum P_{ij}=1$，那么最终产业体系和同城化的指标 $U_{1,2}=\sum P_{ij} \cdot P_{ij}$。

3. 耦合系数

我们将区域产业体系与同城化耦合发展的程度划分为 3 个等级区间，

耦合度的指标介于 0—1 之间，如表 6-4 所示：

表 6-4 产业体系与同城化的耦合系数

耦合系数 C	经济体间关联程度
C=0	不存在任何关联
0 < C ≤ 0.3	建立初步联系，但关联程度较低
0.3 < C ≤ 0.7	处于磨合阶段，关联程度一般
0.7 < C ≤ 1	相互依存、协调发展，关联程度较高

对于产业发展与同城化之间的耦合来讲，城市是产业的空间载体，两者之间的关联性从城市诞生之日起就会存在，因此它们之间的耦合度不会等于 0。这种关联性会伴随着产业和城市之间联系的不断发展而增强，但是它们之间的耦合不能达到两者完全融合成为一个体系，所以耦合度也不能等于 1。当两者的耦合度介于区间(0, 0.3) 时，说明两者的关联性较弱，相关关系初步建立；当两者耦合度介于区间 (0.3，0.7) 时，说明两者之间的关联性明显增强，但是产业发展和同城化之间还处于相互适应的调整阶段；当两者的耦合度介于区间 (0.7，1) 时，两者之间的耦合达到最高程度，彼此依存、相互协调，形成产业体系和同城化的融合发展趋势。

4. 指标体系构建

①产业体系指标构建（参见表 6-5）

我们将区域产业体系的指标分为 4 个一级指标和 13 个二级指标。一级指标包括以下参数：

第一类：产业协调度

我们用 3 个二级参量来体现区域产业协调度指标，分别为第三产业增加值占 GDP 比重、第三产业劳动力占总劳动力比和农业劳动生产率指标。

其中，城市第三产业劳动力占总劳动力的比重是城市产业结构协调性的劳动力反映，农业劳动生产率是衡量农业劳动者生产效率的指标，可以反映农业现代化发展水平。

农业劳动生产率＝农业增加值／农业全部从业人员平均人数

表 6-5   产业发展评价指标体系

一级评价指标			二级评价指标	
	指标名称	权重	指标名称	权重
产业发展	产业协调度	0.25	第三产业增加值占 GDP 比重	0.4
			第三产业劳动力占总劳动力比	0.3
			农业劳动生产率	0.3
	产业创新度	0.25	每万人在校大学生数	0.2
			高新技术产业产值占规模以上工业产值比重	0.3
			研发经费支出占地区生产总值比重	0.3
			专利申请受理量	0.2
	产业集约度	0.25	劳动生产率	0.4
			工业增加值率	0.3
			产业密度	0.3
	产业开放度	0.25	实际外商直接投资	0.3
			进出口额	0.4
			外贸依存度	0.3
总　数	4	1	13	

第二类：产业创新度

产业体系的创新程度是衡量产业所具有的可持续发展能力和科技能力的指标。产业自身的创新程度和科技水平对于区域内部各产业的可持续发展具有决定性的作用。笔者将区域产业体系的创新程度指标拆分成 4 个二级参量，分别是每万人在校大学生数、高新技术产业产值占规模以上工业产值比重、研发经费支出占地区生产总值比重、发明专利申请专利受理量。

第三类：产业集约度

笔者用劳动生产率、工业增加值率和产业密度这 3 个二级参量表现区域产业集约度。其中全员劳动生产率可以用来体现产业整体效率，是指根据产品的价值量指标计算平均每一个从业人员在单位时间内的产品生产量，可以综合表现企业生产技术水平、经营管理水平、职工技术熟练度、劳动积极性等。工业增加值率是指一定时期内工业增加值占工业总产值的比重，反映投入产出的效果，因此增加值率高低可以决定一个地区的发展水平和效益水平。产业密度可以用来体现区域产业的空间布局状况和土地利用效率。

全员劳动生产率＝工业增加值／全部从业人员平均人数

工业增加值率＝工业增加值／工业总产值

产业密度＝地区生产总值／地区总面积

第四类：产业开放度

产业体系的开发程度是用来衡量区域产业体系对外交流程度的指标。区域产业发展不仅在区域内部形成产业之间的关联发展，还会与区域外部产生经济交往。笔者将区域产业体系开放程度指标拆分为外贸依存度、进出口额和外商直接投资这三个二级参量，用以体现区域产业体系吸引外资的能力以及产品进出口的数量。外商直接投资和外贸依存度变量反映区域产业内部吸引外资的能力和对外经济互动的效率，进出口额反映区域范围内产业输出的价值数量和区域对外贸易的能力。

②同城化发展指标体系构建

笔者把同城化区域经济社会发展条件用五个二级参量表示，分别为：GDP、人均可支配收入、居民储蓄率、区域环境治理投资水平、财政收入等。这些指标可以用来体现同城化区域的经济社会发展程度，包括区域的生活条件和环境、经济社会发展概况。

居民储蓄率＝年末居民储蓄存款余额／当年 GDP

环境治理投资水平＝环境治理投资额／当年 GDP

笔者把同城化区域发展基础和条件用六个二级参量表示，分别为区域劳动力规模、区域市场需求量、区域交通运输水平、城镇生活污水处理率、区域高等教育水平、建成区绿化覆盖率。同城化区域发展基础和条件是指同城化区域所拥有的基础设施和其他要素概况、所具备的基础条件。

区域市场需求量为区域全社会固定资产投资额与全社会消费总额的总和，可以用来衡量同城化区域在该年内所具备的购买力总量。

区域交通条件指标用客货运总量来表示。

区域布局、区域结构指标可以用三个二级参量体现，分别为同城化区域城市化水平、工业化率、城市功能效益。同城化区域布局、区域结构指标是衡量同城化区域内城市链条的空间配置情况的指标，可以反映同城化城市经济状况的布局。

城市功能效益反映的是城市间外向功能量对城市的实际影响，笔者采用人均从业人员的 GDP 来表示，即：城市功能效益 = 地区生产总值 / 年末单位从业人员数。(详见表 6–6)

表 6–6   同城化发展评价指标体系

一级评价指标			二级评价指标	
指标名称	权重		指标名称	权重
区域经济社会发展程度	0.3		GDP	0.2
			人均可支配收入	0.2
			居民储蓄率	0.2
			环境治理投资水平	0.2
			财政收入	0.2
区域发展基础和条件	0.4		区域劳动力规模	0.2
			区域市场需求量	0.15
			区域交通运输水平	0.15
			城镇生活污水处理率	0.15
			区域高等教育水平	0.2
			建成区绿化覆盖率	0.15
区域布局、区域结构	0.3		城市化水平	0.4
			工业化率	0.3
			城市功能效益	0.3
总数	3	1	14	

我们采用前文介绍的"德尔菲法"来确定各指标计量时的权重。"德尔菲法"也称专家调查法，是指采用背对背的通信方式征询专家小组成员的预测意见，经过几轮征询，使专家小组的预测意见趋于集中，最后作出趋势预测结论。

(三)同城化区域的产业发展与同城化耦合度的比较分析

1."宁镇扬"产业体系与同城化耦合度定量分析

江苏省的宁(南京)镇(镇江)扬(扬州)地处长三角腹地中心区。

从产业体系看，三市的产业结构既有趋同的一面，又有互补的一面，南京的支柱产业是电子、石油化工、汽车、钢铁、软件、生物医药、新材料等；扬州的支柱产业是石油化工、汽车及零部件、电子信息、化纤纺织、电工电缆、金属板材加工设备制造、医药及医疗器械、船舶制造等；镇江的支柱产业是化工、造纸、电子、机电仪一体化、能源、工程机械、自行车、眼镜、五金等。南京的产业主要以设计研发等科技含量较高的环节为主，而扬州和镇江两市则侧重于产业的加工制造环节。这样的产业分工有利于在区域内部形成相对完整的产业链体系，经过整合、延伸，可以全面发挥产业集群优势。其耦合度定量分析如下：

第一，产业发展定量分析：4个一级评价指标，13个二级评价指标。（参见表6-7）

表6-7　宁镇扬区域产业发展评价指数

一级评价指标			二级评价指标		功效系数
	指标名称	权重	指标名称	权重	
产业发展	产业协调度	0.25	第三产业增加值占GDP比重	0.4	0.378
			第三产业劳动力占总劳动力比	0.3	0.359
			农业劳动生产率	0.3	0.398
	产业创新度	0.25	每万人在校大学生数	0.2	0.584
			高新技术产业产值占规模以上工业产值比重	0.3	0.438
			研发经费支出占地区生产总值比重	0.3	0.427
			专利申请受理量	0.2	0.355
	产业集约度	0.25	劳动生产率	0.4	0.551
			工业增加值率	0.3	0.649
			产业密度	0.3	0.468
	产业开放度	0.25	实际外商直接投资	0.3	0.399
			进出口额	0.4	0.340
			外贸依存度	0.3	0.359
总　数	4	1	13		

第二，同城化定量分析：3 个一级评价指标，14 个二级评价指标。（参见表6-8）

表6-8　宁镇扬区域同城化发展评价指数

一级评价指标			二级评价指标		功效系数
	指标名称	权重	指标名称	权重	
	区域经济社会发展程度	0.3	GDP	0.2	0.359
			人均可支配收入	0.2	0.399
			居民储蓄率	0.2	0.345
			环境治理投资水平	0.2	0.379
			财政收入	0.2	0.359
	区域发展基础和条件	0.4	区域劳动力规模	0.2	0.342
			区域市场需求量	0.15	0.339
			区域交通运输水平	0.15	0.355
			城镇生活污水处理率	0.15	0.649
			区域高等教育水平	0.2	0.333
			建成区绿化覆盖率	0.15	0.525
	区域布局、区域结构	0.3	城市化水平	0.4	0.402
			工业化率	0.3	0.627
			城市功能效益	0.3	0.586
总数	3	1	14		

第三，耦合度系数测定。

通过以上表格中数据运用公式，我们计算"宁镇扬"区域的产业发展指数和同城化发展指数 U_1 和 U_2：

$U_1 = 0.461325$

$U_2 = 0.43935$

运用耦合公式计算，得到的耦合度系数 C：

$C = \{(U_1*U_2)/(U_1+U_2)^2\}^{1/2} = 0.49985$

2."长株潭"产业体系与同城化耦合度定量分析

　　湖南的长沙、株洲和湘潭三市是我国实施同城化最早的区域之一,三地构成了湖南经济发展与城市化的核心地区。2005年,湖南省人民政府正式批准"长株潭"城市群区域规划。2007年12月,国务院同意国家发展和改革委员会批准长沙、株洲、湘潭城市群为全国资源节约型和环境友好型社会建设综合配套改革试验区。2009年,三市实现通信一体化,统一区号为0731。长株潭"区域布局、基础设施、产业发展、城乡建设、市场体系、社会发展"等六个一体化进程,让三市同城化的形态逐步清晰。

　　第一,产业发展定量分析。(参见表6-9)

表6-9　长株潭区域产业发展评价指数

一级评价指标			二级评价指标		功效系数
	指标名称	权重	指标名称	权重	
产业发展	产业协调度	0.25	第三产业增加值占GDP比重	0.4	0.386
			第三产业劳动力占总劳动力比	0.3	0.349
			农业劳动生产率	0.3	0.492
	产业创新度	0.25	每万人在校大学生数	0.2	0.434
			高新技术产业产值占规模以上工业产值比重	0.3	0.403
			研发经费支出占地区生产总值比重	0.3	0.398
			专利申请受理量	0.2	0.370
	产业集约度	0.25	劳动生产率	0.4	0.481
			工业增加值率	0.3	0.595
			产业密度	0.3	0.413
	产业开放度	0.25	实际外商直接投资	0.3	0.334
			进出口额	0.4	0.383
			外贸依存度	0.3	0.382
总　数	4	1	13		

第二，同城化定量分析。（参见表6-10）

表6-10　长株潭区域同城化发展评价指数

一级评价指标			二级评价指标		功效系数
指标名称	权重		指标名称	权重	
区域经济社会发展程度	0.3		GDP	0.2	0.368
			人均可支配收入	0.2	0.444
			居民储蓄率	0.2	0.549
			环境治理投资水平	0.2	0.419
			财政收入	0.2	0.372
区域发展基础和条件	0.4		区域劳动力规模	0.2	0.441
			区域市场需求量	0.15	0.361
			区域交通运输水平	0.15	0.441
			城镇生活污水处理率	0.15	0.352
			区域高等教育水平	0.2	0.333
			建成区绿化覆盖率	0.15	0.521
区域布局、区域结构	0.3		城市化水平	0.4	0.349
			工业化率	0.3	0.412
			城市功能效益	0.3	0.506
总　数	3	1	14		

第三，耦合度系数测定。

通过以上表格中数据运用公式，我们可以计算出"长株潭"区域的产业发展指数和同城化发展指数 U1 和 U2：

$U_1 = 0.44125$

$U_2 = 0.41604$

运用耦合公式计算得到的耦合度系数 C 为：

$C = \{ (U_1 {}^* U_2) / (U_1 + U_2) 2 \} 1/2 = 0.49978$

3."厦漳泉"产业体系与同城化耦合度定量分析

　　福建的厦门、漳州和泉州三市地处福建东南沿海地带，素有"闽南金三角"的美誉，三市"山水相连，人缘相亲，文化相融"，经济联系紧密，产业各具特色。2010年2月福建省的《海峡西岸城市群发展规划》明确提出，"构建福州大都市区和厦泉漳大都市区，形成引领海峡西岸城市群发展和辐射带动粤东、浙南和江西等周边地区的两大经济高地"。这一系列政策的出台，为厦漳泉同城化建设提供了重要的政策支持优势。

　　第一，产业发展定量分析。（参见表6–11）

表6–11　厦漳泉区域产业发展评价指数

一级评价指标			二级评价指标		功效系数
	指标名称	权重	指标名称	权重	
产业发展	产业协调度	0.25	第三产业增加值占GDP比重	0.4	0.346
			第三产业劳动力占总劳动力比	0.3	0.552
			农业劳动生产率	0.3	0.596
	产业创新度	0.25	每万人在校大学生数	0.2	0.353
			高新技术产业产值占规模以上工业产值比重	0.3	0.406
			研发经费支出占地区生产总值比重	0.3	0.431
			专利申请受理量	0.2	0.389
	产业集约度	0.25	劳动生产率	0.4	0.609
			工业增加值率	0.3	0.577
			产业密度	0.3	0.392
	产业开放度	0.25	实际外商直接投资	0.3	0.598
			进出口额	0.4	0.359
			外贸依存度	0.3	0.392
总　数	4	1	13		

第二，同城化定量分析。（参见表 6-12）

表 6-12　厦漳泉区域同城化发展评价指数

一级评价指标			二级评价指标		功效系数
	指标名称	权重	指标名称	权重	
	区域经济社会发展程度	0.3	GDP	0.2	0.432
			人均可支配收入	0.2	0.365
			居民储蓄率	0.2	0.496
			环境治理投资水平	0.2	0.549
			财政收入	0.2	0.488
	区域发展基础和条件	0.4	区域劳动力规模	0.2	0.514
			区域市场需求量	0.15	0.436
			区域交通运输水平	0.15	0.392
			城镇生活污水处理率	0.15	0.496
			区域高等教育水平	0.2	0.667
			建成区绿化覆盖率	0.15	0.355
	区域布局、区域结构	0.3	城市化水平	0.4	0.541
			工业化率	0.3	0.496
			城市功能效益	0.3	0.415
总数	3	1	14		

第三，耦合度系数。

通过以上表格中数据运用公式我们可以计算出"厦漳泉"区域的产业发展指数和同城化发展指数 U_1 和 U_2：

$U_1=0.49253$

$U_2=0.48193$

那么运用耦合公式计算得到的耦合度系数 C 为：

$C=\{(U_1 * U_2)/(U_1+U_2)^2\}^{1/2}=0.49997$

以上对宁镇扬、长株潭、厦漳泉等同城化区域耦合度的计算和分析，得出的结果为：宁镇扬区域产业发展指数为 0.461325、同城化指数为 0.43935；长株潭区域产业发展指数为 0.44125、同城化指数为 0.41604；厦漳泉区域产业发展指数为 0.49253、同城化指数为 0.48193。三个区域的产业发展及同城化之间的耦合度系数分别为宁镇扬 0.49985、长株潭 0.49978、厦漳泉 0.49997。（参见表 6–13）

表6-13　我国3个同城化区域比较分析

	产业发展状况		同城化状况		产业与同城化耦合度	
	指数	排名	指数	排名	耦合系数	排名
宁镇扬	0.461325	2	0.43935	2	0.49985	2
长株潭	0.44125	3	0.41604	3	0.49978	3
厦漳泉	0.49253	1	0.48193	1	0.49997	1

　　通过产业发展指标和同城化指标的比较，我们可以发现，这三个区域的产业发展指数值都略高于同城化发展指数值，也就是说对于宁镇扬、长株潭、厦漳泉区域来讲，同城化发展进程都落后于区域产业体系构建步伐。进一步通过区域产业发展和同城化的耦合系数来看，三个区域的耦合系数介于上文分析的区间（0.3—0.7），说明区域产业发展和同城化的关联程度一般，两者尚处于磨合阶段，处于同城化的形成阶段。耦合系数已经接近 0.5，也说明区域产业发展与同城化之间的关联性明显增强，处于相互适应的调整阶段。根据同城化的四阶段论，这三个区域尚处在融合期和协调期的阶段，要真正实现完全一体的"同城化"，还要进一步加快产业结构的升级、产业体系的对接和产业空间的融合，促进产业发展与城市功能的同步提升，强化整体的板块联动效应。

第三节　"同城化"促进城市转型的区域实践 [①]

一、国家区域战略中的"宁镇扬"同城化

　　南京、镇江和扬州三市，地处江苏省的核心腹地，是长江中下游地区

---

　　① 本节内容参见张颢瀚、李程骅等：《推进宁镇扬同城化建设》，见《稳中求进　转型发展——2012 年江苏省决策咨询研究重点课题成果汇编》，江苏人民出版社 2012 年版。

的连接带，是长三角地区北翼的重要功能区。三市山水相连，文化同根，人文相亲，历史上就属于同一个管辖区。在国家的区域发展格局中，该板块承东接西、承南接北，有着良好的区位优势、雄厚的经济实力，是我国科技、教育、人才和人文、历史、文化资源最为集中的区域之一，具有丰厚的"同城化"的基础和发展条件。改革开放之后，扬州和镇江在1986年就加入了"南京区域经济协调会"。2002年，镇江和扬州正式成为江苏省通过的《南京都市圈规划》中"南京都市圈"的重要组成部分。2009年，在国家正式批准实施的《长江三角洲地区区域规划》中，长三角地区被定位为亚太地区重要的国际门户，全球重要的现代服务业和先进制造业中心，具有较强国际竞争力的世界级城市群。长三角的发展要达到这个总体的要求，除了要进一步发挥处于核心地位的上海的功能外，还需要其他中心城市发挥积极的作用，尤其需要以南京为中心的宁镇扬板块的全力支撑。为此，在2009年召开的第三届南京都市圈市长峰会上，南京、镇江和扬州三市共同签署了《宁镇扬同城化建设合作框架协议》。随后，江苏省委、省政府在省级层面上对宁镇扬同城化进行战略推进：2012年的江苏省政府工作报告明确"要积极推进宁镇扬同城化建设"，2013年的江苏省政府工作报告强调"要加快宁镇扬同城化建设"，表明这一行动从战略谋划走向实际操作。2013年4月，国家发改委发布了上升为国家战略的《苏南现代化建设示范区规划》，明确提出要推动宁镇扬地区同城化发展，打造要素集聚、资源共享、互动发展的"宁镇扬"大都市区。因此，无论从国家战略层面、区域一体化发展的层面，还是从地方的制度创新层面，来综合分析宁镇扬同城化战略的实施条

图6-3　宁镇扬三市在江苏所处区位图

件、推进路径和具体对策，当有着重要的样本意义。

在区域一体化发展背景下的"同城化"，是经济发展到一定阶段的理性选择。在江苏率先推进基本实现现代化战略目标的进程中，宁镇扬地区已成为继苏锡常地区之后的又一创新发展高地，"十二五"后进入经济社会发展的"加速转型阶段"。2011 年，南京 GDP 为 6 145.52 亿元、人均 GDP 为 76 263 元，镇江 GDP 达到 2 310.40 亿元、人均 GDP 为 73 947 元，扬州 GDP 达到 2 630.30 亿元、人均 GDP 为 58 950 元。宁镇扬地区已经进入发达经济初级阶段，在这个转折点后，经济将进入起飞阶段，经济社会结构将加速转型。与此同时，宁镇扬地区的基础设施建设能力大幅提升，大交通网络逐步形成，"快捷"加上"枢纽联结"，进一步强化了宁镇扬地区的"同城化"效应，加快了物流、人流、商务流的流动速度，带来了产业、人口居住和就业在空间上的结构性重大调整。如城市之间的通勤化正在三市之间成为越来越普遍的现象。此外，随着长三角地区国际化、市场化不断深入，宁镇扬三市的政府、企业和社会对市场规则的认识也在不断深化，在建立与国际接轨的统一市场体系方面已达成更多的共识，并开始付诸于实际行动，使宁镇扬的区域合作进入"制度推进阶段"。

宁镇扬"同城化"步伐的加快，也是国家区域发展的大战略以及长三角地区国际化的实施，培育新的发展极的需要。在《长江三角洲地区区域规划》中，宁镇扬地区的核心城市南京被定位为"长江三角洲辐射带动中西部地区发展的重要门户"，宁镇扬"同城化"形成的城市集群、产业集聚优势，不仅可以再造一个可与苏锡常、杭绍甬相媲美的长三角新发展极，而且可以有效地将长三角经济发展的势头和要素向苏北和中西部的安徽、江西、湖北、河南等地转移和辐射，展现区域枢纽的强大功能。① 从城市转型升级的时代要求来看，宁镇扬"同城化"不但能快速提升大南京城市发展能级，而且还能随着经济一体化的深化带动，成长为支撑整个泛长三角区域的新的战略支点。从国际层面来看，世界金融危机之后，国际

---

① 参阅洪银兴、刘志彪：《关于建设宁镇扬创新型经济合作示范区的研究报告》，课题报告，2010 年 11 月。

城市格局发生重大变化,新兴市场国家尤其是亚洲的一批城市,在世界城市体系中的地位加速上升,而区域经济一体化是城市参与国际竞争的重要路径,功能性的区域取代单个城市参与国际竞争,获得更多的竞争优势,已成为普遍的选择。实施"同城化",可以促使宁镇扬自身以更高水平参与或融入长三角区域一体化,进而加速融入全球城市体系之中。

就江苏自身的区域发展战略的实施来看,推进宁镇扬"同城化"建设,对增强江苏经济整体实力和竞争力,预期实现苏南率先基本实现现代化,推动苏中快速崛起,进而带动苏北发展,也具有重大的现实促进作用。20世纪80年代,苏南乡镇企业的发展为江苏经济注入了活力。20世纪90年代,上海浦东新区的开发开放,进一步带动了苏南的外向型经济发展。进入21世纪以来,通过苏南与苏北的挂钩发展,江苏的南北区域也出现了良性互动发展的格局。相对而言,江苏中部地区则形成了一个发展上的政策洼地。如何振兴江苏中部地区经济成为江苏区域协调发展的新课题。在江苏"四沿"(沿沪宁线、沿江、沿海和沿东陇海线)发展战略下,宁镇扬的战略中心地位逐渐凸显,因此,提升和构建起宁镇扬苏中版块的中心地位,进而形成苏南、苏中、苏北三大板块联动发展的态势,将整体上提升江苏全域的经济社会发展水平,从而达到"率先基本实现现代化"的战略目标。

从上述多个维度来看,"同城化"战略主导的宁镇扬区域,已经具备了很好的现实发展基础,承担着国家区域发展的承东启西的枢纽门户、泛长三角空间体系中的几何中心、长三角地区国际化的新功能区和江苏率先基本实现现代化的重要龙头区等多项使命。但是,由于现行的行政管理体制以及市场体系中存在的"本位"主导定势,三地在"同城化"的进程中仍然存在着一些"瓶颈"问题,主要表现为:各自为政、同质竞争,不同能级的城市尚未破除空间的行政化,生产生活要素在城市密集区流动的成本偏高;产业融合与转型升级难,三市都争相把电子、汽车、机械、化工、医药等作为未来发展的主导产业,不仅抑制了地区经济比较优势的发挥,消弥了地区分工效益和规模经济效益,也影响了区域经济整体效益的提高;时空距离偏长,通勤化交通尚未网络化,三地互动的居住、工作出行便利程度低；生态环境共防共治难，三地尚未形成共同规划、共同监测、共同处罚、共同建设、共同出资、共同补偿的工作机制；中心城市的"首位度"有待进一步强化，南京作为宁镇扬"同城化"的核心城市，其辐射带动作用有待进一步发挥等等。

因此，针对宁镇扬大都市区被赋予的多重战略使命，政府主导部门要在推进宁镇扬"同城化"建设上达成新的认知：首先，要借鉴国际知名都市圈同城化区域的成功经验，立足于"全球城市体系"，在突破这些"瓶颈"的基础上，整体谋划区域定位和三市融合发展、创新发展的转型升级路径，将整体区域打造成国际性的"智慧型都会区"、创新示范区。其次，要进一步明确三市在"同城化"中发展的平等地位，既要致力于推进三城共同发展、融合发展、互补发展，还要致力于推进三座城市内部城乡之间的协调发展，通过三个城市内部结构的优化推进更高层面的融合。再者，要进一步突出南京优势战略、首位度与核心功能，把南京建设"国家中心城市"的目标追求，突出枢纽经济的区域资源整合效用，强化科技创新中心和人才中心的创新聚集作用，与镇江、扬州的产业升级、空间布局优化实施对接，使它们充分承接南京产业、科教、医疗、公共服务"溢出效应"，借助南京的互补优势，发展污染少、附加值高、休闲型的新产业、新业态，同步提升自身的城市能级和服务价值。

当然，在"同城化"中的融合发展，三市还要各自发挥比较优势，明确功能定位，以形成特色鲜明、优势互补、分工合理的城市错位发展格局，提升区域的整体竞争力。在这一点上，核心城市南京的示范作用尤其重要。2009 年国家颁布的《长三角地区区域规划》，要求"发挥沿江港口、历史文化和科教人才资源优势，建设先进制造业基地、现代服务业基地和长江航运物流中心、科技创新中心。加快南京都市圈建设，促进皖江城市带发展，成为长三角辐射带动中西部地区发展的重要门户"。2010 年的《全国主体功能区规划》，将南京所在的长三角地区划为优化开发区域，并将南京定位为"长江流域航运和物流中心、全国重要的科技教育文化中心、长江三角洲北翼现代服务业中心"。2013 年，上升到国家战略的《苏南现代化建设示范区规划》，对南京的功能定位为："发挥科教文化资源丰富、区域金融地位突出、海陆空港和信息港联动发展的优势，强化辐射带动中西部地区发展重要门户作用，建设全国重要的科技创新中心、文化创意中心、长江航运物流中心和重要的区域金融商务中心，成为国家创新型城市和国际软件名城"。在这些国家战略层面的规划中，南京的"国家中心城市"、大区域中心的地位已经非常明确。但是，南京要真正发挥高端带动、辐射影响作用，必须通过联手镇江、扬州实施一体化发展，做大规模，提升能级，构建一个以南京为中心的新型的"宁镇扬大都市区"，才能彰显在大区域、国家层面的带动与辐射作用。在这一点上，江苏省级决策的推动力越来越大。在《苏南现代化建设示范区规划》中，镇江的定位是"发挥产业基础较好、自然生态良好的优势，建设全国重要的高端装备制造、新材料产业基地和区域物流基地、技术研发基地、创意生活休闲中心，成为现代山水花园城市和旅游文化名城"。

　　而在江苏新近出台的推进苏中融合发展特色发展的决策中，进一步强调"支持扬州开展跨江融合发展综合改革试点，推进宁镇扬同城化发展，探索规划、产业、基础设施等与苏南全面对接、融合发展的有效路径，进一步做强做优做美中心城市，彰显人文生态精致宜居特色，打造古代文化与现代文明交相辉映的名城"。① 在如此定位的"宁镇扬大都市区"空间格局中，南京的高"首位度"与镇江、扬州的特色发展定位，就很容易形成合力机制，在城市功能互补、产业体系融合和公共服务对接方面，加快"同城化"的整合，培育出一个经济、社会、文化和生态真正一体化发展的具有国际影响力的宁镇扬大都市区。

　　当然，在现行的城市行政管理体制与城市治理体系中，要加速三市的"同城化"，仍必须坚持政府推动和市场驱动相结合的原则，把超前规划和循序推进相结合，先行绘出"同城化"路线图，从基础设施、旅游等比较容易突破的地方入手，以线性发展为基础，多维度协同推进。从现阶段来看，南京东部与镇江西部、镇江与扬州城区、扬州仪征与南京六合

---

① 　江苏省委、省政府：《关于推进苏中融合发展特色发展　提高整体发展水平的意见》，《新华日报》2013 年 6 月。

等线性融合，成为促进宁镇扬"同城化"的基础和重点。在深入推进"同城化"的行动中，"强政府"的主导作用必不可少，包括省级政府层面的协调、三市市级层面党委政府的大力推进、市县（区）层面的积极配合与协作。同时，要充分释放"强市场"的驱动作用，顺应生产和生活要素的流动规律，充分发挥市场在资源配置中的作用，建立合作性竞争、正和博弈的新格局，让各市在有序的竞争和密切的合作中共同发展，从而产生"1+1+1>3"的效应，实现整个区域的帕累托最优。如在传统产业升级、新兴产业的孵化培育等方面，可以尝试组建行业性控股、参股的跨区域产业集团，共建产业园区。南京在打造长三角区域金融中心的目标推进中，可以牵头组建宁镇扬同城化开发银行，积极参与国家投资项目的拼盘开发融资，同时建立区域共同发展基金，使协调机构具有相当的经济调控能力和投资管理能力，让区域金融在实体经济发展中产生更大的作用。

在"同城化"的制度保障方面，无论是宁镇扬，还是全国其他地区，顶层化设计的协调机制，在中国特色社会主义的制度框架内，最具效率的仍是政治协调，这种"自上而下"整合逻辑，远远胜过平面化的横向联合与松散的联席会议。在"强政府"和"强市场"双向主导的区域一体化发展的格局尚未形成前，更高层面的党委和政府建立一个过渡性的实体化的协调机构，统筹"同城化"发展中的各方利益诉求和推进步骤，变务虚为务实，很可能速度更快、效率更高。① 宁镇扬地处长江三角地区的腹地空间中，是经济发达、国际化程度较高的地区，是国内创新资源的重要集聚地，是江苏推进现代化示范区建设的核心区，在协同推进"同城化"发展的进程中，有条件、有能力成为国内区域一体化融合发展的样板区、示范区，并在我国新型城镇化战略和城市转型升级的实践中，起到积极的引领作用。

---

① 根据《苏南现代化建设示范区规划》提出的"抓住机遇，开拓创新，勇于实践，围绕现代化建设的重要领域和关键环节深化改革开放，在创新发展理念、破解发展难题、提高发展质量方面率先取得突破"的原则，江苏在省级层面上可以更大胆地探索宁镇扬同城化的顶层协调机制，如建立书记联席会议制度，三市党委领导职务互相在名义上兼任。

二、"同城化"助力宁镇扬大都市区建设

加快推进宁镇扬"同城化"建设，把宁镇扬作为一个整体的创新驱动的经济板块，来推动区域发展水平，并和苏锡常都市圈一起，成为江苏促进长三角地区产业升级与城市空间优化、功能提升的战略选择。而在上升到国家战略的《苏南现代化建设示范区规划》中，构建以南京为中心的"宁镇扬大都市区"，成为现代化建设示范区的重要内容。该规划对南京作为国家级的中心城市的定位也进一步明晰："建设全国重要的科技创新中心、文化创意中心、长江航运物流中心和重要的区域金融商务中心，成为国家创新型城市和国际软件名城"。实现建设具有国际影响力的"宁镇扬大都市区"的目标，必须依靠"同城化"的全力推动。从整体发展的视角来看，"同城化"是一个目标，也是一个过程。既要尽快出台宁镇扬"同城化"建设规划，绘出"同城化"路线图，同时也要循序渐进地落实阶段性的目标任务，实现从初步的"同城化"到全面的"同城化"，为宁镇扬大都市区的建设提供产业、空间与制度的支撑，使以南京为中心的这个新型的大都市区，与上海"国际大都市"联动发展，形成功能互补、互动，来全面提升长三角地区的国际竞争力。基于上述的认识和现实的实践要求，三市应该在产业、服务、生态、基础设施和体制机制等多个层面和领域来实施"同城化"行动，以实现发展空间的再优化，板块功能价值的再提升，托起名副其实的宁镇扬大都市区。

(一) 产业"同城化"

宁镇扬三市产业结构相似系数较大，整体产业效率不高。相比较而言，只有南京作为中心城市在产业体系、产业结构的演进中能对镇江、扬州产生一定的辐射作用，因此应遵循优势原则、效益原则、生态原则这三大原则，从各城市产业发展所需要的优势基础与环境出发，对三市的产业进行宏观上的整合和微观上的调整，将低端产业逐渐向外转移，形成相互依存、互补互济的产业集群优势，全力建设技术先进江苏省科研创新中心区和全国新兴产业的高地。具体来说，可以从以下几个方面探索新的突破：

1. 共同打造国际级石化产业集群

打造跨行政区域的石油化工产业集群，或者跨三市的巨型化工企业集团，摒弃重复建设与恶性竞争，从区域整体利益出发，加强三市化工产业的联运，实现"精细化对接、错位式竞争、差别化发展"，提升区域化工产业整体竞争力。目前南京、扬州在石化产业已经进行分工定位，南京主攻化工原料，扬州主攻精细化工。在此基础上，南京应进一步从区域整体利益角度考虑，要有包容开放的气度，敢于放弃一些外围的制造项目，逐步向区域内镇江、扬州两城市转移，推动三市石化产业上下游产业链的整合连接，打造"国际一流、国内领先"的宁镇扬石油化工产业带和沿江化工走廊，建立石化产业合作纽带、项目合作纽带和资金合作纽带，共同开发石化物流港，合资建立运作实体，互相开放一定的区域，协调利益分配机制，共同对外招商引资，共同打造国家级石化产业集群。

2. 协同构建现代服务业集聚中心区

三市的服务业各具优势，特色较为鲜明。在"同城化"的推进中，南京应重点发展大型的商业商务服务以及生产性服务，强化服务业中心城市地位；镇江应大力发展旅游服务，加速智慧旅游中心建设；扬州要大打宜居牌，提升生活性服务业。南京要加快培育一批大企业大集团，大力支持流通企业跨地区、跨行业、跨所有制重组，形成一批有较强竞争力的大型商贸企业和企业集团，加大商贸流通对外开放步伐，积极引进世界 500 强流通企业和国内大型商贸流通企业进入，进一步吸引国内外各类服务机构，完善高端服务功能。同时，以金融、物流、文化、创意等为重点，以大型服务企业为载体，集聚高端人才，加强综合集成，积极承接国际服务外包业务，提升服务业的规模与能级。规划建设一批知识密集、多元文化、充满活力的创意产业集聚区。发挥三市的旅游资源优势，以建设"智慧旅游"产业谷为突破口，形成"同城化"智慧旅游品牌，打造长三角旅游目的地城市，建设全国领先、辐射全球的"智慧旅游"城市。

3. 打造协同创新示范区

三市均为科教创新资源丰富的城市，可以联合建立宁镇扬科技创新示范区，以合作创新作为"同城化"的凝聚核，有效推动更多的科教资源转化为创新要素，提升三城市的整体创新、协同创新能力，使创新成为"同城化"的动力源。南京已被确定为国家科技体制改革的试点城市，"321人才计划"、紫金科技特别社区及人才特区形成了创业创新的磁场效应。建议南京将试点的范围可以扩大到整个宁镇扬区域，放大其改革效应。南京作为创新要素的集聚中心，在基础研究开发、高端技术研发领域具备较强优势，应该着力于孵化器、研发中心和科技服务业建设，从而成为区域创新中心及科技服务和推广中心。即使是需要产业化的也主要是高端的起引领作用的新产业和传统产业的转型升级。而创新成果产业化、技术产业化的项目可以更多地安排在镇江和扬州。

4. 构筑创新驱动产业转型示范区

三市现阶段的支柱产业，都基本以重化为主，必须加快推进以战略性新型产业为导向的产业转型，构筑创新驱动产业转型示范区，创造科技创新和产业转型空间分布的新合作模式。南京拥有大量的创新机构和创新资源，但工业用地紧张，而在镇江和扬州，缺乏创新机构，土地相对宽松。因此从一体化创新考虑，研发中心可放在南京，其产业化基地则可放在镇江和扬州。以共性项目合作为纽带，促进相同产业内企业间联系与相互学习，形成产业联盟。

5. 培育战略性新兴产业示范区

加快培育发展战略性新兴产业，是培植江苏长远发展优势的关键举措，也是打造宁镇扬区域为江苏科研创新中心区和新兴产业高地的主线。要瞄准科技前沿和市场需求，努力在基础研究、核心技术攻关和集成创新上取得重大突破，加快形成技术领先优势和市场竞争优势。南京在软件和智能电网、物联网、云计算、航空航天、生命科学等领域已进行深入探索实践并取得显著成效，镇江、扬州可以承接南京的新兴产业优势，从区域整体出发，优化资源配置，合理布局，加快发展。南京高校与科研院所众多，可以在镇江、扬州建立研究基地和新兴产业工厂，实现知识和技术的扩散。

(二) 服务"同城化"

1. 整合、优化、提升三市服务资源

推进宁镇扬基本公共服务"同城化",不仅是三市经济和社会发展一体化的客观要求,也是惠民生、构建优势生活圈的重要手段,还是提高要素资源利用效率的有效途径和社会管理创新的现实需要。建议三市政府围绕公共教育、基本医疗卫生、公共文化体育、公共就业服务、社会保障和社会福利救助等几个方面,积极推动三市的基本公共服务"同城化",通过社会服务水平的提高,共建优质生活圈。

2. 构建公共性的生产型服务平台

在现代城市服务经济体系的构建中,金融、商务、物流等现代服务业的发展是关键环节。为此,三市应以促进产业集聚为前提,共同打造公共性的生产型服务平台,构建开放共享机制和创新收益共赢的利益分享机制,推进三市人才、设施、成果的互通互用。南京要发挥区域生产型服务中心的作用,支持驻宁高校、科研院所、金融机构、专业组织与镇江、扬州自身的生产型服务资源合作。共同出资建立宁镇扬共性技术研发基金,引导三市企业投入共同搭建生产型服务平台,以满足创新驱动发展的技术与服务需求。

3. 打造教育协同发展共同体

教育资源是宁镇扬产业融合、"同城化"的基础,三市均为历史文化名城,教育资源和文化底蕴深厚。建议在三市的高等教育和中等职业学校教育资源的基础上,对学科结构进行优化重组,在学科建设、招生及教育资源投入上进行错位发展、重点支持。通过教育投放和科技研发转化来服务产业发展,提升生产性与生活型服务水平。

(三)生态"同城化"

生态的"同城化"是宁镇扬"同城化"发展中的关键内容、核心目标之一,因为三市都面临重化工业所带来的环境污染问题,必须通过加强区域层面生态环境和历史文化资源的保护与整治,共同维护宁镇扬区域的自然生态与人文环境,积极建立区域一体的大旅游交通系统和协作营销、运营机制。

1. 以产业优化来提升生态环境

重化工工业结构为主的宁镇扬地区最为突出的转型任务是节能减排,

发展低碳经济。其途径除了调低重化工业比重外，最为重要的是对重化工产业和企业进行节能减排的技术改造和产业优化，延伸产业链条，发展低碳经济和循环经济。同时大力发展环保产业，实施环境生态治理工程，形成资源与能源节约、环境与生态友好的产业发展模式。

2. 规划建设一体化的供排水系统

三市同饮长江水，必须统一思想，从战略高度来实行对长江水资源的规划、管理和保护。统筹考虑、综合布局，实现秦淮水系和太湖水系的沟通。通盘考虑三市生活用水管网建设，统筹考虑建设备用水源地、应急水源地，实现资源共享，避免资源浪费。

3. 构建"同城化"的生态管理机制

三市要围绕总量控制、排污权有偿使用和交易、行业准入标准、信息通报等方面，开展生态环境管理政策设计、出台、执行的全过程合作。通过计算机技术和网络技术的应用，建立统一的数据管理及共享平台，共同对区域内的生态环境风险进行预警与应急，从而降伏宁镇扬区域发展过程中的生态环境风险以及环境风险管理的成本。推行生态环境基础设施管理一体化，加强生态环境基础设施之间的对接与联通，有利于真正达到互利共赢的局面。

（四）基础设施"同城化"

1. 规划建设"3011"交通圈

加快宁镇扬 3 座城市之间城际交通与城市交通设施的对接，迅速建立快速化、通勤化、无障碍化的同城交通体系。建设原则主要体现在 4 个方面，即：以优化三市基础设施一体化为发展前提；以优化三市产业布局为前提；以提升三市生活服务质量为前提；以提高三市生产效率为前提。在此基础上，以城际高铁和轻轨这两个骨干系统为支撑，在三市间建成"3011"圈，即 30 分钟的快速通勤圈、1 小时的休闲旅游生活圈、1 小时的生产要素物流圈。加快建设扬州——镇江——南京高铁南站——禄口机场的城际轻轨，将三市主城区连结起来；在润扬大桥为两市提供快速通道的基础上，在镇江和扬州之间建设过江隧道，发展地铁，加快两座城市的融合。

2. 建立基础设施"同城化"运营平台

建议在宁镇扬板块内部建立基础设施建设的公共基金，用于内部的转移支付，同时统筹各地的资金投入、监管资金动向，减少因各自为政、互相封锁和低水平重复建设所造成的浪费。建议以明确的工作主体推进项目建设，可以采取三方参股、合资建设等多种形式，对跨区域营运的特别重大项目可以探索组建宁镇扬综合交通建设实体。加快建设快速城际轨道交通系统，高架轻轨可以直接介入城市的交通主干线，推动城市实现公交"联网"，将跨市长途客运转变为区域公交运输。此外，还应整合"同城化"的通讯网络，移动通讯实现三市联网、取消漫游收费，固话实现以南京长途区号 025 的区域全覆盖。①

（五）机制体制"同城化"

建立完善、高效的区域合作协调机制，是推动"同城化"发展的重要保障，制度创新是"同城化"的关键。因此，建立"同城化"协作组织运行机构是必要条件。宁镇扬"同城化"需要在省级层面上统一思想，成立领导小组办公室，由省领导任组长，设立常设的机构。确定年度建设的重大方针与原则，对下一步合作发展方向提出指导性意见；就建设中遇到的重大问题，研究确定解决的原则和主要思路；向国家层面的相关机构反映情况及重大问题。逐步探索建立公共决策机制、规划协调机制、政策环境协调机制、专项事务协调机制、评估监督机制等。将现有的"书记联席会议"朝着体制化、机制化和效率化方向转变。形成实体运作机制和资金运作体系，建立宁镇扬"同城化"基金，用于重大的公共项目建设。与此同步，宁镇扬"同城化"建设要研究制定区域性法律，以处理好行政经济与区域经济间的关系，建立有利于进行跨行政区建设和管理的法规政策体系。尽快实施一体化发展规划的编制，对宁镇扬"同城化"的空间发展战略以及空间布局规划作出总体的统筹安排，出台宁镇扬"同城化"发展规划及其实施条例。

宁镇扬"同城化"，重点是通过上述五个方面形成的合力，来持续推

---

① 2011 年 8 月 28 日起，沈阳、抚顺、铁岭区号统一使用沈阳原区号 024。

动区域发展空间的再优化，增强整个板块的吸引力。在长三角的大空间格局中，三市在推进"同城化"的过程中，要充分学习借鉴苏锡常都市圈的发展经验，特别是充分发挥市场规律在"同城化"进程中的主导作用，实行错位发展，促进三市空间、产业、市场的融合与互动，形成资源要素配置的集约化，产生乘法效应。从目前来看，南京对扬州、镇江的向心力是不言而喻的，但镇江、扬州两市之间虽然中间就隔一条长江，具备一体化的空间条件，但融合度仍然不高，两市的产业体系、城市服务体系的独立性较强，特别是两市沿江地区的发展能否对接好，是实现"同城化"的关键。当然，宁镇扬的"同城化"，不仅要盘活"存量"资源，更要培育高附加值的"增量"要素。在新型城镇化和城市转型发展的战略行动中，三市应把转变经济发展方式和转变城市发展方式同步推进，以创新驱动的新机制来协同提升整个区域的经济实力和核心竞争优势。在这一点上，要充分借鉴苏锡常都市圈的发展经验，加快区域转型升级的步伐。苏锡常是江苏经济发展的先导区和创新的中心，是上海大都市圈的有机组成部分，全国乃至亚太地区的现代制造业基地，在"十一五"期间，苏锡常三市用仅占全省17%左右的面积、人口，创造了占全省40%的GDP和财政收入。相比较而言，宁镇扬距离上海较远，在地区上呈黄金三角形分布，呈现组团形态，政府主导的合作意识强，市场要素配置的效率还不够高。（参见表6-14）

表6-14　宁镇扬与苏锡常区域发展形势比较

	地域分布	形成动力	相邻城市关系	区域发展支撑	受上海辐射
宁镇扬	线形	政府推动	合作主导	科教文卫	弱
苏锡常	三角形	市场自发	竞争主导	加工制造	强

因此，宁镇扬的区域发展，既要吸取苏锡常成功的经验，同时也要在新的发展背景下强化创新驱动的功能，在产业空间布局、通勤化交通以及主要功能区的建设上，探索出更加集约、更有效率的"同城化"发展道路。如针对宁镇扬大都市区的空间布局和新产业支撑的要求，可以打造连接三市的副城中心。南京和镇江的同城化，在两市的接壤地带正探索多点

对接，以解决南京东部发展空间狭小的问题，拓展产业发展腹地。南京的仙林地区与句容的宝华镇已经实现了产业的融合，下一步面临的是该板块的整体功能升级问题，建议围绕南京仙林大学城与句容宝华镇区域，规划建设仙林·宝华国际科学城，将仙林大学城空间放大、功能放大，发挥宝华镇空间成本与生态资源优势，加速形成以仙林·宝华为核心的大学城、科学院所、高尚住区和外部商圈构成的独立组团（区域核）。而在南京江宁的汤山地区和句容的黄梅地区，因为南京已规划建设 60 平方公里汤山新城的建设，句容碧桂园凤凰城大型居住区的崛起以及句容经济开发区的西扩，也正在形成一个新的、跨地区的副城中心，建议南京与镇江，以及辖下的江宁、句容，进一步加强统筹规划和推进步骤，借鉴昆山花桥国际商务城的建设路径，尽快将南京的轨道交通东延，打造一个产城合一、功能齐全的"南京东城"，成为同城化发展的新节点。① 此外，三市联动，组建江海连动的国际航运中心，依托南京港、扬州港和镇江港，共同促进建设宁镇扬长江国际航运物流中心，建立包括基础设施、公共基础服务平台、数据交换平台、行业信息系统和企业信息系统在内的物流信息平台体系，实现区域物流标准化和信息化。谋划建设宁镇扬组合港保税港区，打造江苏省外向型经济转型升级的枢纽区，大力发展高端航运服务，加速实现由"生产型"、"转运型"航运中心向"服务型"、"知识型"的宁镇扬组合港、长江国际航运中心转型。

在推进宁镇扬"同城化"的战略行动中，南京已率先借助落实《苏南现代化示范区建设规划》的重大机遇，把江北地区进行整体的规划，加大力度推进产业空间与城市功能体系优化。《苏南现代化建设示范区规划》中对南京江北地区的发展要求是"在符合土地利用总体规划、城市总体规划和相关法律法规的前提下，在南京推动建设江北新区，重点推进产业转

---

① 2011 年 11 月，江苏省首部跨行政区毗邻地区的发展规划《宁镇相邻地区区域规划》通过专家评审，规划明确南京东部九个街镇和句容全城的 2 100 平方公里范围，将全面推进一体化发展。2012 年 6 月，规划的宁句城际轨道交通在南京地铁官网上发布招标公告：宁句城际轨道交通起于南京地铁 2 号线马群站，经麒麟、汤山至句容，线路全长约 35.418 公里。句容市政府负责句容市至汤山的轻轨建设。

型升级与新型城市化，打造产业高端、生态宜居的城市新区，成为加快现代化建设和提升国际竞争力的新引擎"。南京江北地区包括浦口区、六合区所辖行政区域和八卦洲，面积约 2 450 平方公里，占苏南总面积的 8%，占南京总面积的 40%。但由于产业的集中度不够高，江北地区 2012 年的地均产出仅为南京全市的 40%。2013 年 7 月，南京已按国家新区的标准实施江北地区 2049 年战略规划和 2030 年总体规划，争取将江北新区上升为国家级新区。① 此举旨在立足于长三角发展的国际化要求、南京建设国家中心城市的目标和推进宁镇扬大都市区建设的高度，通过新区规划的引领作用，综合提升江北地区的空间价值、产业功能、生态环境、公共服务和宜居水平，再造一个与江南主城功能互补的江北新区。可以预见，随着拥江发展的新的城市空间格局的形成，南京对扬州和镇江的辐射带动作用将持续增强，中心城市、次中心城市融合发展的"同城化"路径将进一步明晰，转变发展方式的效率将更高，由此建构起来的宁镇扬大都市区，将会在国家战略层面成为区域一体化转型发展的示范区、推进"同城化"建设的实验区、协同创新城市发展模式的样板区。

---

　　①　我国已有的六个国家级新区为：上海浦东新区、天津滨海新区、重庆两江新区、浙江舟山群岛新区、甘肃兰州新区、广州南沙新区。2013 年 7 月 2 日，南京市召开江北新区 2049 战略规划暨 2030 总体规划编制工作动员会，提出将按照"国家级新区"的标准规划江北地区。参见 2103 年 7 月 3 日《新华日报》和《南京日报》。

第七章

新型城镇化战略
与"美丽中国"建设

　　我国在经历了改革开放 30 多年来高速工业化与城市化进程后，已经站在一个新的发展起点上。如何在未来 15—20 年的城市化加速期，处理好转变发展方式主题下的区域一体化、城乡协同发展等现实问题，已经无从回避。围绕转变发展方式的战略要求，党的十八大确定了新型城镇化战略，并把新型城镇化与生态文明建设作为两大抓手，来协同推进区域与国家的现代化之路。把生态文明的建设融入经济、政治、社会和文化建设的各个方面和全过程，在人类历史上还从未有过如此大规模的、长远的国家战略动员，其实践创新与引领作用不言而喻。由于当前的中国处于城市化加速期和城市转型起步期的关键"叠加阶段"，必须在增长的前提下来实现转型，同时要在转型的进程中实现高质量的增长，这就决定了中国的城市化进程还不能停步，因为没有高度的城市化，就不可能实现中国这样的世界大国的现代化，也就无从实现中华民族伟大复兴的中国梦。因此，中共十八大和十八届三中全会确定的我国新型城镇化战略，其"新"之要义，就是按照生态文明的原则来实施城市与区域的空间规划、产业布局以及功能整合，充分考虑生态环境的承载能力，在以人为本的新一轮的城镇化进程中实现生态文明建设的任务，在生态文明建设中提升城镇化的质量和加快城市转型升级的步伐，从而探索出具有中国特色的城市与区域协同发展、城镇与乡村互动进步的"美丽中国"现代化之路。

第一节　新型城镇化战略与城市转型路径创新

一、新型城镇化战略促进城市发展方式转变

　　针对我国新一轮发展的战略机遇期中所面临的资源与环境的巨大挑战，围绕转变发展方式的战略要求，党的十八大确定了把新型城镇化与生态文明建设作为两大抓手，来协同推进区域与国家的现代化之路，体现出追求可持续的城镇化与现代化的战略理念。在十八届三中全会通过的《中共中央关于全面深化改革若干重大问题的决定》中，又进一步强调要完善城镇化健康发展体制机制。坚持走中国特色新型城镇化道路，推进以人为核心的城镇化，推动大中小城市和小城镇协调发展、产业和城镇融合发展，促进城镇化和新农村建设协调推进。

　　自工业革命以来的人类实践表明，城镇化的推进与生态环境的保护，在长时间内是处于冲突状态的。大规模的工业化和城市空间的扩张，必然会对生态环境造成破坏；而对一个区域或国家来说，保护好生态环境就必须实行限制性、约束性的空间开发。那么，城镇化的推进与生态文明的保护能否从冲突变为相辅相成呢？尽管西方也曾出现"花园城市"、"新城市主义"等诸多规划理论与实践，来积极探索处理城市化进程中的人与自然的关系，但其重心都是放在解决城市自身的环境问题上，而且都是在有限的地域空间进行实验的，最后的结果往往是"反城市化"、"逆城市化"的。我国长期以来工业化推进的城市化所带来的环境问题、生态危机越来越严重，如果再走"发展就是燃烧"的粗放式发展老路，必然会对整个国家甚至全球带来灾难性的后果。从 1978 年到 2010 年，中国的 GDP 增长了 20 倍，能源消费增长了近 6 倍，单位产值能耗远超西方发达国家。[1] 我国目前是世界上能源、钢铁、氧化铝等消耗量最大的国家。2012 年，我国煤

---

[1]　中国科学院可持续发展战略研究组：《2012 中国可持续发展战略报告——全球视野下的中国可持续发展》，北京科学出版社 2012 年版，第 4 页。

炭消费总量近 25 亿吨标准煤，超过世界上其他国家的总和；十大流域中劣 V 类水质比例占 10.2%。如果继续沿袭这种粗放发展模式，实现十八大确定的到 2020 年国内生产总值和城乡居民人均收入比 2010 年翻一番的目标，那么生态环境恶化的状况将难以想象，全面建成小康社会的奋斗目标也将化为泡影。[①]

　　缺乏生态文明准则的城镇化，当然是不可持续的，也不可能对人类社会进步作出应有的贡献。因此，只有大力推进生态文明建设，再造生态环境新优势，加快转变经济发展方式，努力提高经济增长的质量和效益，才能走出可持续的城市与区域发展之路。发达国家的现代化实践与经验表明，良好的生态环境本身就是生产力，就是发展后劲，也是一个地区的核心竞争力。对此，国家主席习近平明确指出："走向生态文明新时代，建设美丽中国，是实现中华民族伟大复兴的中国梦的重要内容。"[②] 在我国的城市化率已超过 50%，正在进入"城市中国"时代之后，生态文明与建设"美丽中国"的关系进一步深化，从整个国家的现代化进程来看，没有高度的城市化是不可能取得现代化的成功的，建设"美丽中国"必然要建设美丽的中国城市、城市群。在现代化的进程中，城市、城市群是"美丽中国"建设的主要承担者。但从发展观的角度看，城市与区域在经济发展与空间扩展的过程中，在生态保护和生态文明建设方面，直接面临着投入与产出、质量与速度的关系。特别是对于国内大多数城市、城市群来说，在传统的投资驱动尚未转变为创新驱动的发展模式之时，要想从根本上解决这一问题难度很大。进入"十一五"以来，我国诸多城市提出"两型社会"——资源节约型、环境友好型的新发展理念，但由于追求 GDP 增长速度的制约，最迫切的节能减排指标都难以执行到位，生态文明的建设难以体现在具体行动上，实际的效果并不好。因此，彻底转变发展观，践行可持续的城镇化、现代化之路，中国的新一轮城镇化必须与生态文明的建设同步，必须树立尊重自然、顺应自然、保护自然的生态文明理

---

　　① 周生贤：《走向生态文明新时代》，《求是》杂志 2103 年第 1 期。
　　② 习近平：《携手共建生态良好的地球美好家园》，《人民日报》2013 年 7 月 21 日。

念，完善生态制度、维护生态安全、优化生态环境，形成节约资源和保护环境的空间格局、产业结构、生产方式、生活方式。在这一前提下来推进城市与区域转型发展，才能系统地解决产业升级与新产业体系的建设问题，才能遏制住越来越严重的"城市病"，促进城市群、都市圈内的中小城市、小城镇形成有机的空间网络体系，实现集约、绿色和可持续的发展目标。

在当前中国的现代化进程中，大区域之间、城乡之间以及城市内部之间的协调发展，政府的政策引导与市场化的资源配置同步重要，必须在科学判断世界经济与城市体系演进的趋势下，来把握好新型城镇化与城市转型升级的战略方向与阶段性的着力点。为此，十八大报告提出了我国新型城镇化的战略重点，"坚持走中国特色新型工业化、信息化、城镇化、农业现代化道路，推动信息化和工业化深度融合、工业化和城镇化良性互动、城镇化和农业现代化相互协调，促进工业化、信息化、城镇化、农业现代化同步发展"。同时进一步强调了新型城镇化的全国"一盘棋"行动，"加快实施主体功能区战略，推动各地区严格按照主体功能定位发展，构建科学合理的城市化格局、农业发展格局、生态安全格局"。推进新型城镇化战略，必须构建"科学合理的城市化格局"，使大中小城市、小城镇形成一个有机的网络体系，从而推进大行政区域内、经济区域内的城乡一体、产城互动、节约集约、生态宜居、和谐发展。

当代中国的城镇化进程，是人类历史上前所未有的重大事件，在改革开放30多年的时间里，完成了西方发达国家用200—300年走完的城镇化历程，有力地推进了中国的现代化进程。但是，过去为追求发展速度的"土地城镇化"、"规模城镇化"，空间上无序的扩张，经济上粗放的增长，已经严重制约了城镇的可持续发展，特别是近年来以交通拥挤、城市积水以及雾霾、生态环境恶化为突出特征的"大城市病"，倒逼城市发展方式的转变。2011年，我国的城镇化率已达到51.27%，而联合国关于世界城镇化的最新研究报告表明，我国的城镇化率还有近20年的快速增长，到2030年的城镇化率将提高到65%—70%左右，城镇人口新增3亿左右。没有可持续的城镇化道路，就不可能有中国真正的现代化。可见，十八大确定的新型城镇化战略，将加快推进中国城市与区域转型发展的战略行动，并促进我国在未来近 20 年的城镇化加速期，围绕"人的城镇化"这一核心理念，走出一条符合国情、接轨全球、顺应经济与城市、区域发展规律的可持续的现代化之路。具体说来，在以下几个方面有了更新的内涵注入和方向引领：

首先，新型城镇化战略从"顶层设计"的高度，对我国城市与区域发展方式的转变提出了更高的要求，强调城市转型发展要和我国整体推进的转变经济发展方式的战略行动步调一致。

城市是现代经济的载体，区域性的城镇化进程必须靠中心城市的发展来整体带动。应该说，进入"十一五"以来，科学发展观指导下的新型城镇化道路，是和我国整体推进的转变经济发展方式的战略行动步调一致的。十八大报告在"加快完善社会主义市场经济体制和加快转变经济发展方式"部分中指出，以科学发展为主题，以加快转变经济发展方式为主线，是关系我国发展全局的战略抉择。要适应国内外经济形势新变化，加快形成新的经济发展方式，把推动发展的立足点转到提高质量和效益上来，着力激发各类市场主体发展新活力，着力增强创新驱动发展新动力，着力构建现代产业发展新体系，着力培育开放型经济发展新优势，使经济发展更多依靠内需特别是消费需求拉动，更多依靠现代服务业和战略性新兴产业带动，更多依靠科技进步、劳动者素质提高、管理创新驱动，更多依靠节约资源和循环经济推动，更多依靠城乡区域发展协调互动，不断增强长期发展后劲。我国整体上正处在城市化的加速期，"乡村中国"正转变为"城市中国"，城市承载着国家主要的经济、科技、金融、商业和教育文化活动，也集聚了最优质的各种发展资源。只有大中城市的健康、可持续发展，才能引领国家整体的经济发展方式的转变，形成具有竞争力的现代产业体系。按照上述要求，我国已经形成竞争规模的大中城市，必须在发展方式上实现真正的转变，那就是从过去的追求空间规模的"外延式"向集约、高效的"内涵式"转变，从过去追求经济增长指标的"速度型"向构建高端产业体系的"质量型"转变。城市的发展动力从"投资驱动"转变为"创新驱动"，中心城市、大城市的整体功能必须实现从"制造型"、"生产型"向"服务型"、"商务型"的转变。[①] 同时，特大城市、大城市的现代化进程，必须和国际化有机结合，即瞄准国际标杆城市，在全球城市体系中寻求自身的枢纽位置或重要的节点位置，伴随着中国朝世界第一大经济体迈进，同步成长为国际性城市或国际化都市。

其次，新型城镇化战略在推进区域协调发展、均衡发展和城乡统筹发展、城乡一体化等方面的战略导向，将使我国的大城市、中心城市进一步带动区域联动发展，形成的有机化的"都市圈"、"城市群"空间扩张方式，使大城市、中等城市、小城市和小城镇构成参差有致的体系。

我国从"十五"规划提出城镇化概念，"十一五"规划首次提出城市群概念，到"十二五"规划实施区域总体发展战略，并有针对性地指出重点发展城市群的具体区域，国家区域发展的总体布局越来越明朗，城市群的发展战略逐步具体化。依据十八大报告的内容，新型城镇化战略对区域协调发展，特别是消除城乡二元分割所带来的多重弊端，提出了更高的要求，"推动各地区严格按照主体功能定位发展，构建科学合理的城市化格局、农业发展格局、生态安全格局"。"要构建科学合理的城市格局，大中小城市和小城镇、城市群要科学布局，与区域经济发展和产业布局紧密衔接，与资源环境承载能力相适应"。诺瑟姆曲线表明，当城市化率触及50%的时候，普遍将会出现"城市圈化"的特征。世界银行发布的《2009年世界发展报告：重塑世界经济地理》[②]，也对世界经济发展的非均衡性作了描述："发展使经济活动日趋集中，世界上密度和人口最集中的地区和居住区分布在发达国家。在从农业经济向工业经济转变的过程中，一个国家的城镇人口比例快速上升"，"之后，城市化的速度减缓，但由于服务业的密度更高，在后工业化经济中，经济密度仍将持续发展提高"。该报告提出的聚集指数还表明，一个国家和地区的经济越发达，聚集指数就越高："经济集中——愈是富裕，密度愈高"。我国新型城镇化战略的推

---

① 李程骅：《服务业推动城市转型的"中国路径"》，《经济学动态》2012 年第 4 期。

② 《2009 年世界发展报告：重塑世界经济地理》，清华大学出版社 2009 年版。

进，必须顺应这个大趋势，在城市群和都市圈的趋势中来构建"科学合理的城市化格局"，使特大城市、大城市、中小城市与小城镇形成一个有机的网络体系，即按照"统筹规划、合理布局、完善功能、以大带小"的原则，遵循城市发展客观规律，以特大城市、大城市为依托，以中小城市为重点，逐步形成辐射作用大的城市群，促进大中小城市和小城镇协调发展。实际上，我国国家区域发展的总体布局和城市群的发展战略就是，在东部地区逐步打造更具国际竞争力的城市群，在中西部有条件的地区培育壮大若干城市群，重点发挥长三角、珠三角、环渤海等城市群的区域带动作用。但由于受行政区隔的制约，已经崛起的三大城市群或都市圈，中心城市的核心功能与辐射作用尚没有充分发挥，多局限于"点"的聚集，并没有形成面的扩展，有的甚至还形成了奇特的环大都市贫困带，加剧了城乡二元结构的分化。① 因此，在当前我国城市群集中发展的阶段，大城市、中心城市的转型发展，必须处理好与同区域内的中小城市、小城镇的关系，尤其是要加大对城市群的边缘地带的辐射，在形成合理的空间梯次布局的同时，来分解城市群内部的压力，减缓城市病的过分积聚，逐渐成为相互联系密切、唇齿相依的区域发展共生体。在这个问题上，必须对新型城镇化有正确的理解，那就是强调大中小城市与城镇的协调发展，并不是说大城市就不要发展，在未来要重点发展小城镇。因为对于处在城市化进程加速期阶段的中国来说，只有靠大城市、中心城市的龙头带动，才有可能实现区域一体化的联动发展。事实上，大城市的产出效率高，是世界城市化进程中的普遍规律和现象。无论是欧洲、北美，还是亚洲的日本、韩国等，大城市超先增长都是不可抗拒的，我国在现阶段处于城市化的加速期，大城市的集聚效应和带动性仍然处在上升阶段，产出效率大大高于中小城市是符合科学发展的规律的。据王建等人的研究，2009 年中国百万人口以上的大城市的人均占地是中小城市的 1/6，单位土地产出率却是中小城市的 40 倍。中国 100 万人口以上的特大城市人口占全部城市人口的比例，2009 年只有 15%，低于世界平均水平的 18%，更低于日本

---

① 李程骅：《科学发展观指导下的新型城镇化战略》，《求是》杂志 2012 年第 14 期。

的 44%，美国和德国的 42%。① 因此，我国的新型城市化战略必须继续
实施大城市带动战略，只不过这种带动不再是传统产业的低水平转移、城
市空间发展的"摊大饼"，而是通过自身的转型发展，实现功能升级，在
都市圈、城市群和区域发展中发挥创新中心、服务中心、信息中心的带动
与辐射作用，形成产业、金融、交通和高端就业等构成的有机的网络化体
系，从而形成集中型的均衡、协同发展。而只有在这个有机的网络化体系
中，中小城市、小城镇才有可能获得更多的发展机会与资源。在现行的行
政管理体制与市场体系之下，中小城市、小城镇固然可以探索自身的快速
发展、升级之路，但如果不进入特大城市主导的都市圈、城市群空间体系
中，是很难培育出可持续性的动力机制的。在我国长三角地区、珠三角地
区，龙头城市与区域性中心城市、中小城市和城镇之间形成的产业、交通
与发展空间的高度融合，已经证明了这一点。同处长三角地区的江苏和浙
江，在发展市场经济、推进城镇化的进程中，前者采用的是做大做强区域
中心城市，将围绕中心城市的强县全部变为一体发展的城区，突出了中心
城市的优势；后者长时间走的是强县、强镇之路，特别是"强县扩权"促
进了县域经济的发展和城镇化的快速推进。但在国际金融危机之后，长三
角地区的整体转型升级步伐加快，江苏由于已经形成了中心城市引领区域
发展的格局，在产业转型、新兴产业的壮大以及创新资源的集聚上，都具
有非常明显的竞争优势；而浙江在县域经济主导下的城镇化，行政区划过
于分割，阻碍了区域中心城市的形成，依然是"小马弱马拉大车"，对创
新资源的吸引力、整合力偏弱，不利于整体发展的转型升级。目前，浙江
的决策层已经认识到了建设多个区域中心城市的重要性，着手把对绍兴、
湖州和金华等地级市的市区空间扩展、能级提升提上日程，以在长三角地
区的发展中获取新的竞争优势。②

　　事实上，在新型城镇化的战略推进中，片面夸大小城镇的作用，认为
要重点发展小城镇，都是不尊重城镇发展规律的。在现行的行政区划与管

① 张路雄：《中国要确立集中型的城市化方向》，《社会科学论坛》2010 年第 11 期。
② 参见《优化浙江城市体系　创新城市化路径》一文，《浙江日报》2013 年 9 月 13 日。

理体制下，我国现有的 19 683 个建制镇，都属于农村的统计范畴，在城镇化的进程中，多数处在被上级市、县剥夺的地位，如果不进行城镇体制的重大改革，是很难有大发展的。可以说，独立于大中城市体系之外的小城镇，在现行体制下是难以获取自我发展能力的。对此，已有专家断言：离开了大中城市地域生产力构成的有机体系，小城镇就会出现"孤岛效应"——缺乏就业能力、产品输出能力和商品消费能力，也就缺乏可持续发展能力。①

再者，新型城镇化战略强调要强化产业的支撑作用，要坚持城市发展与产业增长两手抓，表明我国现阶段必须以改善需求结构、优化产业结构为突破，以经济的转型来推进城市与区域发展转型。

在当今世界的发展格局中，城市已经成为国家经济中产业创新和增长的主要动力。城市与区域转型发展的过程，就是产业升级与新产业体系不断优化的过程，转型的共同目标都是建立现代产业体系，持续提升城市与国家的核心竞争力。欧美发达国家和新加坡、韩国城市转型的成功经验表明，只有在参与全球产业体系的分工中来实现城市经济体系的高端化、服务化，才能形成良性的发展机制，这既要靠政府管理部门的规划引导，更需要市场机制的持续推进。从整体的城市化进程来看，我国的城市转型才刚刚起步，不少大中城市尚未形成服务经济主导的现代产业体系，仍以工业化的思路来强行拉升 GDP 规模，污染、能耗等最基本的问题尚未解决，经济越增长，对城市自身的健康发展损害越大，像目前从大城市到中小城市的如火如荼的"造城运动"，各地持续不减的"园区热"、"集聚区热"、"新区热"、"试验区热"、"国家规划区热"等，在很大程度上依然是土地的城市化。但由于同步的产业发展难以跟上，造成大量的办公、研发设施闲置，"鬼城"、"空城"增多，反而降低了城市整体的经济容积率。过去我国工业化主导的经济增长较快，城市之间的 GDP 比拼，主要得益于土地红利和劳动力红利，但随着劳动力成本快速增加，土地供应也越来越难，环境的压力也越来越大，城市的产业发展必须向高端化、服务型转变。而

---

① 张鸿雁：《中国新型城镇化理论与实践创新》，《社会学研究》2013 年第 3 期。

其中最关键的是，要改变土地城镇化及其背后的地方政府土地财政的利益驱动。1990 年至 2010 年，我国城市建成区面积增加近 2.5 万平方公里，土地城镇化速度远快于人口城镇化，两者之比大大高于 1∶1.23 的正常水平。与此同步，我国城市内工业用地面积占比一般在 25% 以上，有些甚至超过 35%，远高于国外 15% 的水平。全国工业项目用地容积率仅为 0.3 至 0.6，而发达国家和地区一般在 1.0 以上。[①] 可见，全国性的土地集约利用问题，特别是大中城市如何提升经济容积率，是转变经济发展方式是否见效的重要考量。我国城市与区域转型，必须靠产业升级、构建新产业体系来引领，以体现集约、高效的经济增长。从现阶段来看，与发达国家城市的经济容积率相比，以及按照转变经济发展方式的内在要求，国内的主要城市都面临空间资源利用低效化的问题，处在提高经济容积率的关键阶段。相比较而言，东部沿海地区的城市，如深圳、上海、广州、厦门等，经济转型起步较早，单位的地均 GDP、财政收入，明显高于中部地区的城市。但总体来看，我国城市现阶段的土地集约利用水平仍有待大幅度提升，特别是需要通过产业升级、产业空间的优化布局，建构现代产业体系，来提升单位面积的经济容积率。（参见表 7–1）

从上述对我国主要城市土地集约化利用水平的分析中，我们同样可以看到，先发地区的城市在转型升级的过程中，在发展现代服务业、构建现代产业体系方面也有较强的优势。我国在城市化率超过 50% 后，特别是东部先发区域的城市化率达到 60% 以上之后，服务业投资将长期引领投资增长。而人均 GDP 超过一定水平后，由于消费快速扩张，服务业迅速崛起，"消费主导—服务业推动"的组合将取代"投资主导—工业推动"组合，逐渐成为新的增长动力。[②] 因此，我国特大城市、大城市的率先转型，必须是基于全球产业价值链的新产业体系、服务经济的产业转型，而不是封闭的"自我完善"。只有通过产业结构的大力调整、构建适应城市空间要求的现代服务经济体系，才能真正提升城市的发展质量，使大城市承担起

---

① 《土地使用率或写入新型城镇化方案》，《21 世纪经济报道》2013 年 8 月 30 日。

② 诸建芳、孙稳存：《"中国服务"赶超"中国制造"》，《资本市场》2010 年第 10 期。

区域经济中心、对外开放门户、科技创新基地和教育文化中心的使命。

表 7-1 我国主要城市土地集约利用水平比较

城 市	人口密度 (人/Km²)		地均固定资产投资(万元/Km²)		地均 GDP (万元/Km²)		地均财政收入 (万元/Km²)	
	数量	排序	数量	排序	数量	排序	数量	排序
北京	766.44	10	3 347.46	9	8 600.07	5	1 434.36	4
上海	2 227.63	1	8 387.49	2	2 7075.68	2	4 532.47	2
天津	837.46	8	5 536.92	4	7 843.93	6	908.85	6
沈阳	554.39	14	3 188.87	12	3 865.60	14	358.52	14
大连	466.39	15	3 219.25	10	4 102.24	13	398.31	13
长春	368.32	17	1 280.21	17	1 615.72	17	87.77	17
哈尔滨	186.93	18	499.71	18	690.60	18	44.88	18
南京	960.10	6	5 019.05	5	7 789.05	7	787.61	7
杭州	415.23	16	1 658.91	16	3 584.70	15	404.52	12
宁波	584.84	13	2 234.40	15	5 259.78	9	540.88	8
厦门	1 145.65	3	6 420.76	3	1 3096.46	4	1 838.36	3
济南	738.76	11	2 430.52	14	4 782.35	11	325.46	15
青岛	695.61	12	2 753.21	13	5 161.40	10	412.29	11
武汉	985.08	5	4 418.61	6	6 552.78	8	459.37	9
广州	1 084.40	4	4 390.06	7	1 4458.28	3	1 173.86	5
深圳	1 304.57	2	9 762.55	1	4 8099.95	1	5 556.31	1
成都	947.14	7	3 507.56	8	4 575.78	12	434.34	10
西安	774.37	9	3 215.83	11	3 206.86	16	239.27	16

资料来源:《中国城市统计年鉴 2011》。

再次,新型城镇化战略突出了生态文明建设的重要地位,强调要在"五位一体"总布局下来全方位推进现代化进程,这将转变我国的城市发展与城市治理方式,即从原来强调单一经济功能的转型突破,上升为整体系统推进转型,加速向低碳、绿色、智慧、生态宜居的方向发展。

城市转型在很大程度上是功能性构架的深刻变革,涉及城市发展基础、城市发展模式、城市发展格局以及城市发展空间等多方面的内容。城市转型的过程实质上是系统创新的过程，它包括观念创新、制度创新、技术创新、政府决策机制创新、监督机制与施政机制创新等等，并在这个系统创新的过程中，不断提升城市的能级。"五位一体"总布局下的城市转型，是科学发展观指导下系统推进的转型发展。虽然经济转型是根本，但经济转型必须以"包容性增长"为前提，必须与文化大发展大繁荣同步，必须顺应人民对幸福城市建设目标，这样才能逐渐形成绿色发展、智慧发展的新理念、新路径，从而将城市的发展始终在生态文明的轨道上运行。新型城镇化战略在推进区域协调发展、均衡发展和城乡统筹发展、城乡一体化等方面的战略导向，有助于在大的空间格局中来推进生态保护、生态修复。尤其要强调的是，生态文明下的城市转型发展，将从根本上解决当下蔓延的"城市病"：在产业发展上是绿色、低碳的，在空间扩展上与城市群、都市圈内的中小城市、小城镇形成有机的空间网络体系，在城市社区中是人人有归属感的积极向上的生活态度、精神气质，在文化建设上形成特色性的城市新文明。

城市化的核心要义是人的城市化，城市在发展过程中不断转型，就是提供人实现自己价值最大化的机会，并能实现机会均等。但在当前的中国，伴随城市化率的快速提升，由于户籍、土地转化、社会保障等方面的制度性障碍，带来的是城市社会阶层的严重分化，贫富差距扩大，基尼系数上升。从全球的现代化进程来看，亚洲的一些成功的国家与地区，如日本、韩国、新加坡及中国台湾等，基本上都能在城市化、城市转型发展的过程中，同步缩小城市各阶层收入差距问题，而那些陷入"中等收入陷阱"的拉美国家，则是贫富差距造成了持续性的社会冲突，中断了现代化的进程。[①] 因此，新一轮的城镇化战略必须从根本上来解决效率和公平的关系问题，特大城市、大城市在转型发展的过程中，在注重培育"中等收入群体"，着力打造 CBD、高档社区和高新产业园区等的同时，也要通盘解决"城中村"的扩张、低层群体聚集的"贫民区"的整体改造问题，否则就不可能实现阶段性的转型目标。而在现阶段，只要我们能在"五位一体"

---

① 廉薇、于华杰：《城镇化之路》，《21 世纪经济报道》2012 年 12 月 8 日。

的总布局下科学、系统地推进以人为本、绿色发展、生态为基的城市转型行动，就可以在制度保障下来消除社会冲突的隐患，实现城市和城市群的"包容性发展"，助力国家治理体系和治理能力的现代化。

二、新型城镇化战略与城市转型的路径选择

　　诺贝尔经济学奖得主斯蒂格里茨曾断言，美国的新技术革命和中国的城镇化是 21 世纪带动世界经济发展的两大引擎。中国城镇化的可持续推进，不仅是自身实现全面建成小康社会和国家现代化的需要，也是以比较脆弱的生态环境承载着从未有过的环境的压力，推进整个世界在可持续的发展轨道上稳步前行的壮举。在以往 30 多年的高速城市化与工业化进程中，中国已经为此付出了巨大的代价。尽管中国是一个幅员辽阔的大国，但在生态环境界线"胡焕庸线"以外的地域[①]，生态承载力差，是不适宜人生产生活的。中科院国情小组根据 2000 年资料统计分析表明，"胡焕庸线"以内的地域，则以占全国 43.18% 的国土面积，集聚了全国 93.77% 的人口和 95.70% 的国内生产总值。可见，中国的城镇化要在 40% 的国土空间里来持续推进，只有通过集约化的空间扩展、集中型的城镇化战略，才能守住生态环境的底线。如果依然摆脱不了传统的粗放型的经济增长与城市发展的路径依赖，不仅中国自身的城镇化道路难以持续，还会给整个世界的发展带来灾难。因此，中国从一个发展中大国应有的责任和担当，来实施"五位一体"的新型城镇化、城市转型发展的战略，无疑是为世界经济的发展和生态环境的安全作出的重要承诺，也表明自身走的是一条符合世情、国情的可持续的现代化之路。

---

　　① 地理学家胡焕庸在 1935 年提出的划分我国人口密度的对比线，即"瑷珲—腾冲一线"。1987 年，胡焕庸根据中国内地 1982 年的人口普查数据得出："中国东半部面积占目前全国的 42.9%，西半部面积占全国的 57.1%。在这条分界线以东的地区，居住着全国人口的 94.4%；而西半部人口仅占全国人口的 5.6%。"2000 年第 5 次人口普查表明，"胡焕庸线"两侧的人口分布比例，与 70 年前相差不到 2%。可见，虽然中国拥有 960 万平方公里的国土面积，但真正适合人们生存的空间，只是"胡焕庸线"以东的 300 多万平方公里。

　　根据十八大报告确定的"五位一体"总布局和"四化同步"的要求，我国城市的转型发展，必须从原来强调的产业升级主导的经济功能型转型，上升为系统性的"五位一体"的整体转型。因此，在未来城镇化加速期的进程中，我国的大中城市必须超前谋划转型发展之路，特别是一批已经初步形成了规模竞争优势的特大城市、大城市以及所带动的城市群，应树立国际标杆，以建立现代产业体系、生活体系为基础，朝创新型、智慧型、生态型、宜居型的"世界城市"、"国际化城市"目标迈进，通过城市、城市群国际竞争力的提升来整体推进国家创新力、竞争力的提升，探索出一条以城市转型发展来系统引领国家现代化发展的新路径。

　　城市的转型发展，与城市自身和整个城市群在生命周期中所处的阶段密切相关。工业革命以来的世界城市发展的规律表明，转型发展的时机把握非常重要，早转会出现空心化的离散效应，晚转则可能失去自我更新的机制而从此没落。我国在经历了 30 多年的高速工业化和城市化进程之后，国内的人均 GDP 已经超过 6 000 美元，大城市和东部沿海区域的人均 GDP 则达到了 10 000 美元以上，必须加大转型发展的力度。这种转型最突出的特征是通过大力度的产业结构调整，从原来的"工业制造型"主导的经济体系，加快向服务型的城市经济体系的升级、转变，在全球产业价值链上逐步攀上高端，并带动更多的中国城市进入世界城市体系，以城市国际竞争力的提升来夯实国家竞争力的基础。我国当前和未来相当长的一段时间的城市转型发展，都要在政府主导下进行的，国家意志的"顶层设计"和地方的制度性创新，将形成合力甚至新的博弈。我国的区域发展水平不一、城市经济发展阶段的不同，使城市转型的动力上不一，不容易告别对过去的"路径依赖"。但另一方面，政府主导的城市转型发展，也有一个正向的效率问题，那就是可以通过规划主导和相关的制度安排，来加快推进城市"五位一体"的整体转型，从而提高转型的效率和速度。当然，实现有效率的系统转型，是建立在理想的政府制度安排和市场资源配置的前提下的，这就需要提前对经济、政治、社会、文化和生态建设的各子系统进行评估，特别是对现在和未来生态资源环境的承载能力进行科学评估，从而提出转型的目标、实现的路径和具体的对策。基于上述认识，在"五位一体"总布局下的中国城市转型发展、转变发展方式之路，应该有这样的整体设计：以制度创新为突破，有效运用政府和市场的合力，加快建立现代产业体系，提升创新功能和服务功能，提升开放水平和国际竞争力，整体促进城市的经济系统、社会系统、文化系统与生态系统的友好互动，促进城市功能的持续升级和城市空间的包容性增长、和谐发展。

首先，要充分尊重城市转型和城市群的发展规律，科学制定超长期的城市转型发展战略规划和具体的推进步骤，保障以建设生态文明主导的城市转型发展的战略性方向不改变。

从世界城市化的总体进程来看，当代中国的城市化是在欧美完成两次城市化之后的第三次城市化，我们理应借鉴、吸取发达国家城市发展中的经验和教训，在城市化和城市转型发展中进行战略创新和科学的路径设计。我国在过去 30 多年的大部分时间里采取的是粗放型的城市发展模式，由此产生严重的资源、环境、交通、居住、产业发展以及城市管理等方面的负效应，已经使一批先发的大城市陷入危机，必须"倒逼"其转型发展。2012 年 7 月的北京城市水害，2013 年初北京的持续雾霾，证明这座发展目标定位为"世界城市"的特大城市，其控污、减排已经无从回避，如果再"事后诸葛亮"，谁都无法独善其身。亚行在 2013 年初发布的中国环境分析报告显示，全球污染最严重的 10 个城市中有 7 个在中国，中国的 500 个城市中，空气达到世界卫生组织推荐标准的不足 5 个。① 尽管这种雾霾污染事件，在一些国际化都市如伦敦、洛杉矶以及北美的"铁锈地带"都曾上演过，但中国的城市人口过分集中，造成的危害更大。我国 118 个城市连续监测数据显示，约 64% 的城市地下水遭受严重污染，33% 的地下水受到轻度污染，基本清洁的地下水只有 3%。② 可见，如果还抱着"先污染后治理"的思路，不仅十八大报告提出的建设"美丽中国"的目标难以实现，每个人的基本生存权利都难以保障。基于如此严峻的现实

① 《迈向环境可持续的未来——中华人民共和国国家环境分析》，2013 年 1 月 14 日发布，参见《经济参考报》2013 年 1 月 15 日。

② 新华网 2013 年 2 月 17 日。

挑战，城市和城市群的生态文明建设，城市的生态安全问题，应当是我国城市转型发展的基本要求和底线。在这一前提下，中国城市转型发展的战略设计，必须有基于国家层面的战略规划与推进行动安排。在 20 世纪末和本世纪初，世界上一批知名的大都市，如纽约、伦敦、东京、香港等，无不制定了面向 21 世纪的城市发展战略规划，对未来 30 年、40 年的空间、产业、人口、生态等方面的指标作了基本设定，以保障城市的生态安全、可持续发展，遏制"城市病"。相比较而言，我国当前的城市空间体系规划虽然已经延伸到了 10 年、20 年，但经济社会的发展大指标仍然是"五年计划"，政府所发布的经济社会五年发展计划中的阶段性要求，常常和城市空间体系的规划形成冲突，而最后基本是以牺牲生态、空间为代价来获得眼前的政绩指标。有鉴于此，我国大城市的转型规划必须体现国家长远的利益与意志，并有立法保护作为刚性的保障。值得欣慰的是，国务院及时发布了《大气污染防治行动计划》[①]，明确提出未来 5 到 10 年的奋斗目标：经过 5 年努力，全国空气质量总体改善，重污染天气较大幅度减少；京津冀、长三角、珠三角等区域空气质量明显好转。力争再用 5 年或更长时间，逐步消除重污染天气，全国空气质量明显改善。尽管具体执行的效果如何还有待于验证，但这表明了我国政府在强化节能减排、治理环境污染等方面的决心，让人们对生态文明的建设成果有了具体的时间期待，还是具有重要的现实意义的。

其次，要充分把握我国城市转型的战略机遇期与阶段性特征，以创新驱动为核心战略，加快城市服务经济体系构建，真正融入全球城市体系，促进城市转型与产业升级的良性互动。

发达国家城市转型的规律和中国城市转型的现实动向都表明，经济全球化下的现代城市与区域转型发展，必须进入全球生产网络，参与全球产业分工，通过创新不断攀向价值链的高端，促进经济结构服务化、产业活动服务化、产业组织服务化、空间要素集约化，从而使城市服务功能不断强化，保持在全球经济体系、城市体系的核心竞争优势。中国的城市虽然

---

① 中国政府网 2013 年 9 月 12 日。

在转型发展上刚起步，但中国成为世界第二大经济体后，在世界经济版图中的重要地位更加突出，中国经济对全球经济的贡献度、影响力和话语权，必然将更多体现在城市这一竞争主体上，国内的一批城市将成为全球城市体系中的节点或制高点。城市的转型发展，抓好这个战略机遇期，通过产业结构调整、构建服务经济主导的现代经济体系，就比较容易参与国际新兴产业分工，提升在国际产业价值链中的地位，并让城市转型和产业升级、新产业体系的建立形成良性的互动。

新型城镇化战略强调"四化同步"，从投资拉动向创新驱动转变，以工业为主导的产业体系向以服务业为主导的产业体系转变，由单一的城市功能向综合的服务功能转变等，是当前国内城市转型发展的重心所在。但从整体来看，我国除了北京、上海、广州等少数大城市之外，大部分省会城市、区域中心城市仍然未形成服务经济体系，现代服务业发展滞后，转型发展的创新动力不足。[1] 在未来近 20 年的战略机遇期内，国内主要城市实现转型发展，必须以创新型、服务型城市的建设为突破，直接参与全球生产性服务业的国际分工，用新技术手段和新商业模式去改造传统产业，使服务业在经济总量中的比重由 50% 左右上升到 60%—70%，初步形成服务经济体系。国际城市转型成功的经验已经表明，发展现代服务业带来的不是简单的经济增长，更重要的是促进就业人口结构的优化，充分调整城市的功能，其所产生的资源整合效应、溢出效应，大大有助于城市创新力的提升、创新文化的形成。[2] 因此，转变城市的发展方式，不断完善和优化现代服务经济体系，就必须建立有利于现代服务业发展的制度环境，使城市的转型发展与产业升级、服务经济体系的构建形成良性互动。特别要注意的是，基于后信息革命的全球产业链、价值链的重构，现代城市的产业发展模式已经彻底变革，基于新型知识链的世界创新型城市体系正在形成。中国的主要城市，尤其是北京、上海、广州和深圳已经在全球

---

[1]　李程骅：《现代服务业推动城市转型：战略引领与路径突破》，《江海学刊》2012 年第 2 期。

[2]　李程骅、郑琼洁：《我国创新型、服务型城市的评价体系与建设路径》，《中国浦东干部学院学报》2012 年第 6 期。

创新体系和产业链中占据一定位置的城市，必须把产业转型与城市的功能升级有机结合起来，才能承担起对接全球价值链和国家价值链的重任。在这一点上，北京的中关村、上海的张江、深圳的前海、广州的中新知识城等，已经作出了有益的探索。以广州中新知识城为例[①]，其为广州开发区与新加坡星桥国际（Singbridge）最新开展合作项目，计划打造一个汇聚创新型产业以及知识型人才的生态宜居新城，目的是积极推动广州的产业转型，即从较单一的制造业向薪资水平较高的研究型、创新型和知识型产业转型。为了促进广州中新知识城链接全球的区域创新体系，广州开发区管委会聘请美国著名智库兰德公司设计知识城创新能力和创新活动的评价指标体系。兰德公司以国际视野、战略眼光，提出了知识城"3+2"创新体系框架，即搭建人才、企业、融资"三个要素"，包括吸引和培育高科技企业并助其持续发展，吸引和留住高技能创新型人才，释放风险资本，拓宽融资渠道，构建法律监管、商业配套"两个环境"等，并制定了由54项指标构成的知识城创新评价体系，提出了吸引和鼓励高技术公司入驻知识城的创新体系战略，吸引主力机构、聘请营销公司或公关公司、创建天使投资人网络等24条操作性的建议。[②]

再者，充分释放改革的"红利"，全方位破除新型城镇化和城市转型进程中的制度性障碍，加大综合配套改革力度，以"包容性增长"来引领城市与区域的转型发展、可持续发展。

城镇化是我国最大的潜力，改革是最大的红利。如何让这种"潜力"和"红利"形成有机的转化和互动，让城镇化、城市发展的成果惠及所有人，是推进我国现代化进程的最大挑战。厉以宁认为，我国改革开放以来的城镇化，始终体现为"发展转型"和"体制转型"的重叠性双重转型，这种双重转型在当前和今后一段时间依然是"进行时"，计划和市场的博

---

① 广州中新知识城，规划总人口54万人，其中就业人口27万人。规划范围123平方公里，建设用地60平方公里；其中启动区建设用地约6平方公里，产业用地占55%。详见广州中新知识城网站。

② 《兰德公司助广州中新知识城建链接全球的创新体系》，中国新闻网2012年9月21日。

弈，城乡二元结构的对立，还将继续存在。① 在"五位一体"的总布局下，刚刚起步的我国城市转型发展战略行动，要在双重转型上有大突破，就必须破除城乡二元结构的政策障碍，在土地制度、户籍制度以及行政层级管理固化等方面，进行综合配套改革，同时在转变城市经济增长方式中加大"去行政化"的力度。政府部门除实施最严格的节能减排指标约束考核制度，还要利用市场机制建立资源有偿使用制度和生态补偿制度，鼓励企业参与环境保护和生态修复，提升生态产品生产能力。政府要通过创新驱动的政策、制度，来集成发展的新要素，来改变单一的"土地财政"、遏制住风起云涌的"造城运动"，朝创新型、集约化、智慧型、生态型的目标发展。"土地财政"驱动下的土地城镇化，不仅造成了土地资源的极大浪费和耕地面积的快速减少，还因侵害农民的利益，引发了诸如强拆、"农民上楼"、"半城市化"等严重的社会问题。尽管国家发改委等部门在2006 年前后曾进行全国范围的集中整治，使新城新区在数量上从 6 866 个减少到 1 568 个，规划面积从 3.86 万平方公里减少到 9 949 平方公里。②但总的来看，近年来新城、新区的建设规模更大，空间资源的浪费势头还没有被遏制住。考虑到我国特殊的地理环境，我国的实际开发强度已超过8%，和当前的日本相当，但我国很多人均 GDP 刚过 1 万美元的地区，开发强度大大高于人均 GDP 4 万—5 万美元的发达国家的地区。③ 因此，在新一轮城镇化进程中，政府主导的城市转型，也不能再延续工业化推进城市化的旧思路，要在制度创新、服务创新上进行系统的安排。如在发展新兴产业方面，充分体现出服务型政府的职能，引导而不包办，如制定产业复兴计划，通过税收等政策扶持新兴产业的发展，加大财政投入促进重点领域的硬件建设等，营造适合于产业结构合理化和高级化的城市创新创业环境。我国城市的转型发展主要靠现代服务业的引领，必须在准入门槛、税收政策上有大的突破，在现代服务业发展上放松管制，鼓励市场竞争，破除行业垄断。通过现代服务经济体系的构建，不仅可以提升城市能级，

① 厉以宁:《走符合中国国情的城镇化道路》,《文汇报》2012 年 12 月 24 日。
② 《全国开发区数量和面积减少七成多》,《人民日报》2007 年 9 月 18 日。
③ 杨伟民:《把生态文明全面融入城镇化全过程》,城市中国网 2013 年 4 月 16 日。

还能通过就业、公共服务性产生巨大的"外溢"效益，形成"包容性增长"的机制，实现从"管住人"到"服务人"发展理念的转变。城市创新发展，必须在人的现代化上加大力度，一方面引进一流的专业技术与管理人才，培育中等收入群体，同时可根据自身的承载能力和发展潜力，实施人性化的户籍政策，强化所有城市人的认同感、归属感，促进"幸福城市"、"和谐城市"的建设。①

此外，伴随着区域一体化、同城化时代的到来，国内大中城市迎来了发展新兴产业和功能升级的新机遇。新产业在组织形式上更注重"空间落点"的选择，更看重城市的创新环境、生态环境与服务功能。我国城市群、都市圈在推进新型工业化、构建新产业体系的过程中，在让科技园区、高新技术园区成为新兴产业集聚载体的同时，也可以促进产业空间与城市空间的对接，实现产城合一的新空间体系。面向未来近20年的城市化加速期，科学规划城市群、都市圈内各城市功能定位和产业布局，也有助于缓解大城市中心城区压力，强化中小城市产业功能，增强小城镇公共服务和居住功能，推进大中小城市的产业互融和空间融合，促进合理的空间层级体系和特色性功能区的协调发展。②

第二节　"美丽中国"建设与城市区域联动转型

一、"生态城市"建设与城市转型的价值导向

人类的经济活动、城市化进程对资源环境所产生的压力，自工业革命以降，越来越引起人们的反思：发展的真谛是什么？20世纪五六十年代，西方发达国家的大规模工业制造带来的污染、"城市病"的集中爆发，整个世界资源环境的压力急剧放大，引发了全球范围内对人类发展理念的

---

① 辜胜阻、杨威：《反思当前城镇化发展中的五种偏向》，《中国人口科学》2012年第3期。

② 李程骅：《科学发展观指导下的新型城镇化战略》，《求是》杂志2012年第14期。

争论。到了 20 世纪 70 年代，罗马俱乐部发表《增长的极限》（The Limits to Growth）研究报告，明确提出"持续增长"和"合理的持久的均衡发展"的理念。此后，"可持续"的发展理念，在经济全球化的进程中日渐深入人心，那就是一个国家或地区的经济增长和社会发展要与自然承载能力相协调。由于工业资本与工业文明的趋利性，强调要征服自然、改造自然，使生产力得到空前解放和发展，在这个过程中不可避免地造成对生态环境的破坏，而这种破坏又是在短时间内难以修复的。正如恩格斯在《自然辩证法》中所言，"我们不要过分陶醉于我们人类对自然界的胜利。对于每一次这样的胜利，自然界都对我们进行报复"。可持续发展理念的核心，在于强调发展不能以降低环境质量和破坏世界自然资源为代价，资源节约、环境友好成为人类活动最基本的准则，这在很大程度上促进了新型的社会文明形态——"生态文明"的产生和发展，并把这种理念与活动融入经济、政治、社会和文化建设的各个方面与全过程，形成节约能源资源和保护生态环境的产业结构、增长方式、消费模式。作为人类文明的一种高级形态，生态文明是人与自然关系的一种新颖状态，是人类文明在全球化和信息化条件下的转型和升华。①

城市作为现代经济活动的中心和空间载体，生态文明的建设直接体现为经济发展方式的转变、城市空间的优化，即在绿色发展、循环发展和低碳发展的轨道上，实现可持续的能级提升，承担起率先走向生态文明新时代的重要使命。因此，在世界城市化与工业化的进程中，"生态城市"的建设体现了人们对构建生态文明形态的实践追求。尽管在 19 世纪末，英国城市规划师霍华德（E.Howard）就提出了"田园城市"的构想，但重点在于构建健康的可持续的社区，并不能解决工业化城市的生态修复和功能升级问题。在可持续的发展理念逐渐为世界接受之时，1971 年，联合国教科文组织在发起的"人与生物圈（MAB）"研究计划中，提出了"生态城市"的概念。1984 年，前苏联生态学家 O.Yanitsy 对"生态城市"的概念进行了基本界定：技术和自然充分融合，人的创造力和生产力得到最大

---

① 俞可平：《科学发展观与生态文明》，《马克思主义与现实》2005 年第 4 期。

限度的发挥,居民的身心健康和环境质量得到最大限度的保护,物质、能量、信息高效利用,生态良性循环。西方发达国家进入后工业社会的阶段后,对传统的以工业文明为核心的城市化运动的反思、扬弃,突出了新型工业化、城市化与现代文明的交融与协调,主要城市实现了从制造型向服务型的功能转变,绿色发展、低碳发展的"生态城市"成为共同的追求。进入 21 世纪之后,为了在全球范围内强化节能减排的约束力,建立起更为科学的低碳城市标杆体系,世界主要经济体和国家进一步加强协作,降低全球碳排放。2005 年,由时任伦敦市长肯·利文斯顿的倡议,包括中国北京、上海和香港在内的 18 个发达和发展中国家的大城市在伦敦组建了气候变化领导集团,承诺发挥大城市的特殊影响力,减少温室排放,走低碳发展道路,该集团的成员现已超过 60 个城市。2007 年,欧盟雄心勃勃地提出"2020 年的三大 20%目标",即将温室气体排放降低 20%,能源消耗的 20%使用可再生能源,能源效率提高 20%。2008 年底,国际金融危机爆发后,联合国环境署及时提出了"全球绿色新政及绿色经济计划",倡导各国在经济刺激计划中支持和加强"绿色投资",通过发展环保技术、清洁能源、绿色交通、废弃物管理、节能建筑、可持续农林业等绿色经济产业,建立绿色、低碳产业体系,推动城市的绿色就业。2009 年,法国的"生态、能源、可持续发展和海洋部"先行在全法国范围内推广了 130 个生态社区,年底又将生态建设的概念推广至城市,在 19 个候选城市中推出 13 个"生态城市"。[①] 与此同时,世界的各大城市也在 21 世纪初期纷纷推出新一轮的长远性的绿色转型计划。如美国纽约的"绿色经济规划"提出,到 2030 年,电力、热力和热水供应年均市场规模将达到 150 亿美元,所需要的 7 300 兆瓦增量,要有一半来自新能源和能源的开发利用。[②] 作为世界大都市转型成功的芝加哥,新近制定的《芝加哥大都市展望 2020 年》,明确提出要在打造"最绿色的都市"方面为世界树立

---

① 袁瑛:《法国如何建设生态城市》,《南方周末》2010 年 11 月 25 日。

② 周振华:《转型发展的城市经济——从制造中心到服务中心》,《文汇报》2011 年 11 月 21 日。

标杆。①

　　尽管当代中国的工业化、城市化起步较晚，高速经济增长所需要的资源能源需求量大，以"中国制造"支撑的世界第二大经济体在节能减排方面所面临的压力超过任何一个国家和经济体，但中国在生态城市与生态文明建设理念认识上，则是超越自身发展阶段的，并且化为身体力行的实践行动。中国快速城市化所带来的中心城市大发展、大扩张，为全球最新的生态城市建设理念与规划，提供了重要的空间实践载体，并不断丰富其内涵、提升其标准。自 1996 年以来，我国就推行了一系列生态城市的建设方案。2002 年 8 月，在深圳举办的第五届国际生态城市大会通过的《关于生态城市建设的深圳宣言》，将建设生态城市的内容更加详细具体地概括为：生态安全、生态卫生、生态产业代谢、生态景观整合、生态意识培养，使自然、城市与人融合为一个有机整体。截至 2011 年年底，我国 287 个地级以上城市中提出"生态城市"建设目标的有 230 多个，所占比重在 80% 以上；提出"低碳城市"建设目标的有 130 多个，所占比重接近 50%。资源节约型城市、环境友好型城市、循环经济型城市和绿色消费型城市等生态城市概念，对国内城市通过产业结构调整、转变发展方式，实现向绿色、低碳的转型，起到了重要的引领与示范作用。

　　我国在国家战略层面对于生态文明建设重要性的认识与实践推进，不仅体现在很早就提出了促进生态文明与绿色发展的政策，而且在区域发展战略、国家级新区的主题定位上进行了具体的落实。从 2005 年到 2012 年间，国家发改委批准、批复的 50 多个重点区域规划，以及 6 个国家级新区，无不规定了生态保护、绿色发展的要求，几乎覆盖了资源节约、环境友好、生态修复、低碳节能等所有的主题概念。同时，由于我国区域经济发展差异很大，发展不均衡，国家对区域经济发展的调控区别对待、分类指导，以保证生态文明建设的实效。因此，根据我国各地域资源环境承载能力和发展潜力的实际情况，2010 年底国务院专门印发了《全国主体功

---

　　① 《世博城市启示录：善变芝加哥》，中国经济网 2010 年 3 月 26 日。

能区规划》，作为引导科学开发国土空间的行动纲领和远景蓝图。该规划明确了国家层面优化开发、重点开发、限制开发和禁止开发四类主体功能区的功能定位、发展方向和开发管制原则，这是基于生态保护、生态安全的国家战略部署，是我国建立可持续发展的城镇化体系和现代化路径的空间保障。2010 年 7 月，国家住建部启动《中国低碳城市发展导则》的编制，将"最大限度减少温室气体的排放"明确作为生态城市标准之一，开始为生态城市的发展制定指标体系。

我国在生态城市、生态文明建设上注重"顶层设计"，成为引领地方转变经济发展方式、加快城市与区域转型升级的战略导向，是和我国构建的社会主义生态文明的内在要求直接相关的。2003 年 10 月，党的中共十六届三中全会提出了科学发展观，并把它的基本内涵概括为"坚持以人为本，树立全面、协调、可持续的发展观，促进经济社会和人的全面发展"。2007 年，党的十七大把建设生态文明作为实现全面建设小康社会的五大目标之一，首次把人与自然和谐、建设资源节约型、环境友好型社会写入党章。科学发展观要求建设具有中国特色的社会主义生态文明，一方面要求我们必须立足于中国特殊的自然生态环境、人口素质状况、经济文化发展水平和社会政治条件，建设具有中国特色的生态文明；另一方面，作为一个仍处在发展中的大国，要通过促进社会经济的发展来推动生态文明建设，要充分吸取发达国家在生态环境方面的经验教训，特别注重生态保护和可持续发展，最大限度地降低发展的自然生态代价。党的十八大报告进一步提出，把生态文明建设放在突出地位，融入经济建设、政治建设、文化建设、社会建设各方面和全过程，努力建设"美丽中国"，实现中华民族永续发展。正是随着中国特色的社会主义生态文明内涵的不断深化，我国在城市化的进程中，对城市与区域转型发展的要求持续提高，生态文明建设的成果在产业升级、生态修复、节能减排以及城镇空间体系的优化等方面得到多元呈现，促进了新型城镇化战略的全面推进。

把生态文明的建设行动直接体现在区域发展、产业升级和城市功能升级的战略设计中，是近年来我国加快转变生产方式、培育城市与区域的新增长极的重要举措。特别是那些上升到"国家级新区"的新城、新区，无不把"生态宜居"、"城乡统筹"作为核心的立足点，以在本区域或国家层面起到转型发展的示范作用。此举与已经基本完成了城市化进程的西方国家的城市重在改造生态社区不同，中国正处在城市化的进程中，通过建设新城、新区来系统实践"生态城市"的建设理念，可以获取规模化、集约化转型发展的成果，这也是政府主导下的城市化进程的普遍选择。自2005年起，国家陆续批准了包括上海浦东新区、天津滨海新区、重庆两江新区、浙江舟山群岛新区、兰州新区和广州南沙新区等六个"国家级新区"。这些新区的总体发展目标、发展定位虽有不同，但在功能定位、示范作用上都离不开"生态"、"绿色"、"和谐"等主题。如浦东新区是"开放和谐的生态区"，滨海新区是"经济繁荣、社会和谐、环境优美的宜居生态型新城区"，重庆两江新区是"统筹城乡综合配套改革试验的先行区"，舟山新区要成为中国海洋海岛科学保护开发示范区，兰州新区要发挥西北地区生态修复示范区的功能，南沙新区是"以生态、智慧和休闲为特色的国际化海滨新城"。当然，这些新区动辄数百平方公里甚至超过1 000平方公里，除了浦东新区之外，基本都处在起步开发阶段，由于国内和国际对于"生态新城"尚未有严格的标准，只是在主要指标上进行引导，在分批建设的过程中，将会不断地吸取先进的理念和技术，调整、完善具体的项目，为在世界城市化进程中提供示范型的大体量的生态化新城。（参见表7–2）

值得一提的是，国内在生态城市建设的探索上已经快速建立起在全球领先的理念和技术框架。地处天津滨海新区的中新天津生态城，由于充分借用了新加坡生态科技城市及园区的建设经验，经过五年的全面推进，已经取得了初步的成功，被公认为是未来科技生态城的样板。这个超大的"实验项目"改变了国内生态城建设长期以来是概念主导、定位宽泛、缺乏标准的窘状。2007年11月，中国政府与新加坡政府签署了在天津开发生态城市的协议。2008年1月，中新天津生态城管理委员会正式组建，总面积达30平方公里、可容纳35万人口的可持续生态环保城市的建设拉开序幕。中新两国企业分别组成投资财团、合资公司，共同参与生态城的开发建设，在规划起步之前，就围绕生态环境健康、社会和谐进步、经济

表7-2 我国六大国家级新区功能定位一览表

	上海浦东新区	天津滨海新区	重庆两江新区	浙江舟山新区	甘肃兰州新区	广州南沙新区
功能定位	中国改革开放示范区;上海国际金融、航运、贸易中心的核心功能区;国家高新技术创新基地和战略新兴产业主导区;生态宜居新城区;开放和谐的生态区。	我国北方对外开放的门户;高水平的现代制造业和研发转化基地;北方国际航运中心和国际物流中心;社会和谐、环境优美的宜居生态型新城区。	统筹城乡综合配套改革试验的先行区;内陆重要的先进制造业基地和现代服务业基地;内陆地区对外开放的重要门户。	国际物流岛、自由贸易岛、海洋产业岛、国际休闲岛、海上花园城;浙江海洋经济发展的先导区、海洋综合开发试验区。	产业强城、生态绿城、多湖水城、现代新城;国家战略实施的重要平台、西部区域复兴的重要增长极。	粤港澳全面合作的综合试验区;珠三角世界级城市群的新枢纽;国家中心城市和世界城市广州的重要中心;以生态、智慧和休闲为特色的国际化海滨新城。
中心职能	引领长三角。	助推京津冀辐射东北。	长江上游地区金融中心和创新中心。	国家战略物资物流中心,服务东部沿海。	国家西部战略的重要平台,西北的重要增长极。	珠三角制造业服务中心。
示范作用	对外开放模式示范区。	城市生态化建设模式示范。	统筹城乡综合配套改革实验先行区。	中国陆海统筹发展先行区。	战略性制造业集聚示范,西北地区生态修复示范。	"体制外"创新经济体集聚和运作示范。

蓬勃高效以及区域协调融合四大方面,确立了22项控制性指标和4项引导性指标,为生态城的规划建设提供了依据,包括100%的绿色建筑、100%的直饮水、至少60%的垃圾循环利用率,以及不低于20%的可再生能源利用率等等。[①] 经过5年的努力,到2013年7月已完成8平方公里的建设,有约4 000人居住,逾1 000家不同行业的企业注册办公。天津生态城的初步成功,是在宏观层面上运用了"可持续发展"的整体生态化设计的方法,吸取了新加坡过去的经验和教训,总体规划了土地使用与交

---

① 内容见中新天津生态城网站。

通规划，保证生态城有良好的居住与生活环境，而不仅仅是产业新城，其关键绩效指标（KPI）包含了空气与水的质量，自然生态与生物多样性保护，绿地配套、绿色建筑，绿色消费与交通，废物处理与循环利用，能源节约与使用可再生能源等。同时，生态城还将通过大力发展第三产业，成为环境科学教育与研发中心、生态主题休闲区来实现经济繁荣，确保生态城在经济上的自给自足。① 天津生态城的"样板"意义，不仅是在国内，在国际上也有引导作用。毕竟，国际上关于生态城市的讨论已持续数十年，但至今仍没有一套能被普遍认可的标准。天津生态城设定的可持续发展的技术框架，有助于对具体的项目进展进行指标测量，保障集约、生态、绿色的发展方向。

我国在生态城市建设上的实践探索，也在很大程度上体现了城市与区域转型发展的价值导向，那就是无论在新城的建设还是在旧城的改造上，都必须坚持生态为基、绿色引领和低碳化发展的理念，并在产业升级、节能减排以及空间布局上落实到位。新型城镇化战略的最大特点，是把生态文明建设融入经济、社会、政治和文化的建设中，再造生态环境新优势，加快转变经济发展方式，努力提高经济增长的质量和效益。在未来15—20年的我国新一轮城市化加速期中，城市的转型升级，要以生态文明建设的理念、生态城市规划建设的实践为引领，来推进传统的产业升级、新产业体系构建和城市生态体系的优化，以不断提升城市的能级，形成可持续发展的动力机制。具体说来，生态文明主导下的中国城市转型，必须在以下几个方面进一步强化导向作用：首先，中国城市的转型发展，在产业、空间以及环境的生态化建设上，必须设定具有针对性的指标体系，既要系统的战略规划，也要有分阶段的实施计划，充分运用科技的力量，促进生态生产力发展，构建绿色产业和强大的生态技术支撑，只有借助先进的生态技术、发达的绿色产业和循环经济，才有可能为城市和区域发展建立起生态文明。其次，要把改善、治理城市的生态环境作为实现城市转型发展的首要任务，认识到环境也是竞争力的发展理念，对大气污染、水系

---

① 内容见中新天津生态城网站。

破坏、交通拥堵以及生态修复等难题，提出综合、高效的解决方案，并形成常态化的危机处理机制，保障城市的环境安全，促进城市在生态文明的轨道上首先可持续发展。在这个问题上，决不能流于口号，必须有具体的行动计划，否则积重难返，形成系统性的环境危机。近年来，我国主要城市的雾霾问题越来越突出，一定程度上说明以往的"燃烧型发展"的增长方式并未得到真正转变，企业的节能减排尚未形成有效的约束机制。再者，只有把生态建设融入经济、政治、文化和社会建设的各方面与全过程，才能真正实现城市生态文明。必须把技术创新、产业升级与城市治理体系形成正向的合力，建立健全生态文明建设的基本管理制度和资源有偿使用制度、生态补偿制度等，强化"五位一体"的协同动力机制，发挥"强政府"与"强市场"的双重功能，让新型城镇化的战略推进与生态文明制度建设协同并进。在土地制度、户籍制度以及行政层级管理固化等方面，进行综合配套改革，在转变城市经济增长方式中加大"去行政化"的力度。运用市场机制建立资源有偿使用制度和生态补偿制度，加强区域生态补偿、排污权交易、绿色信贷、污染责任保险等方面的政策创新，形成鲜明的政策导向和激励约束机制。鼓励企业参与环境保护和生态修复，提升生态产品生产能力，把未破坏的环境严格保护好，同时把已破坏的环境加快修复好，让新型城镇化的战略推进与生态文明制度建设，成为建设美丽中国、美丽城市的制度保障。

当然，在我国城市与区域转型发展的进程中，一方面要树立生态文明、生态城市的建设理念，更重要的是建立起动态的生态文明评价体系，把资源消耗、环境损害、生态效益纳入经济社会发展评价体系，把单纯的强制性环境约束指标转变为有效衡量生态文明发展的考核标准。在这一关键点上，"强政府"的效能要充分释放，政府要抛除传统的政绩观，要敢于担当。如果说，我国过去长时间的两位数增长率，让地方政府在 GDP快速增长的轨道上欲罢不能。那么，进入"十二五"特别是在打造中国经济升级版的新要求下，经济的中速增长成为一种常态，实际上已经为地方政府主导的产业升级、城市转型提供了一定的缓冲空间，促进地方政府与企业在生态文明建设的准则下，来调整产业结构、培育战略性的新兴

产业、打造创新型的经济体系以及转变城市治理方式，主动探索出创新
驱动下的可持续的城市转型路径。实际上，我国自1995年提出可持续发
展概念后，政府在生态文明建设方面的意识就已经树立，但问题的症结
在GDP唯上的形势下，并未有具体的行动措施。到了2003年之后，在科
学发展观的指导下，资源节约、环境友好、绿色经济、低碳发展等生态
文明的价值观日益深入人心，转变经济发展方式才体现在大的战略行动
上。在整体推进生态价值观的进程中，政府的社会动员能力发挥了主导作
用，但相比较而言，非政府的民间的社会力量参与性还比较弱，城市居民
在生态城市、生态文明建设中发挥的主动性还不够。这就表明，政府在生
态价值观的推进方式上还有待于进一步检讨、调整，把具体的行动做实
做细，而不应只追求表面上的造势。在这些方面，东京、台北的家庭垃
圾分类处理方式，巴西库里蒂巴的"绿色交换"项目等，都值得学习和借
鉴。在2010年的上海世博会展区，城市最佳实践案例区也集中向世人展
示了全球具有代表性的生态城市的建设实践与创新技术，伦敦的零能耗生
态住宅、法国罗阿大区的生态能源和可持续家园等案例，让人们切实感受
到生态城市所带来的生活方式的变化。而公众的广泛参与，不仅能提高生
态城市的品质，还可以有效降低生态城市的运营成本，促进城市的可持续
发展。

二、城市与区域联动转型发展的实践创新

城镇化是国家现代化和"现代性"创新的载体（史蒂文·瓦格，
2007）。我国的新一轮城镇化，正在沿着可持续、集约化、生态化和绿色
发展的方向稳步前行。在生态文明建设的准则之下，顺应都市圈、城市群
空间一体化时代的到来，中心城市与所在区域的联动转型、协同发展正成
为一种新的趋势，并日益成为一个巨大的城市系统。"如果认为今天的城
市仅仅是包括它的建成区或是行政区的范围，那么我们就无法理解城市。
当今人们并不是生活在城市里，而是生活在一个城市系统中。"（Doxiadis
& Papaioannou, 1974）实际上，为了顺应巨型的"城市系统"即城市群、

都市圈新的空间结构形态，自 2008 年以来，国家已发布了长江三角洲、珠江三角洲以及辽宁沿海、河北沿海、山东半岛、江苏沿海、黄河三角洲、关中—天水经济区、皖江城市带等数十项区域发展规划。这些规划大多打破了行政的边界，有助于在区域一体化的进程中进一步提升要素流动的效率，丰富了现有的区域规划体系，也昭示出生态文明的建设必须突破"本位主义"，必须在大的区域空间里协同推进重大战略行动。例如在完成节能减排指标，遏制城市雾霾、保护城市水环境以及垃圾处理、生态涵养区维护等方面，在东部发达地区已经成为建设生态文明的共同选择，各城市单兵作战已经难以奏效。因此，在城市群、都市圈的范围内，打破行政地域的边界，以中心城市的转型升级来带动所在区域的同步转型发展，实现经济现代化、人的现代化与生态文明建设多赢的目标，就成为具有战略前瞻的实践创新。而作为唯一上升到国家战略层面的区域发展现代化规划《苏南现代化示范区建设规划》的实施，在我国新一轮区域与城市转型发展的战略行动中，其体现出来的先进理念、前沿探索精神和制定的相关指标体系，无疑在国家层面对城市与区域的联动转型发展、协同发展，起到了价值引领作用。

在区域一体化的进程中，我国的城镇化战略重心在哪里？学界曾围绕以大城市为主还是以小城镇为主进行争论，这些争论因为依托的地域不同，区域的经济发展阶段不同，都有其合理性的成分，也都有一定的偏颇。十八大确定的我国新型城镇化战略，从根本上转变了长期以来在城市化进程中的一些认识误区，使人们不再对大城市、中小城市和小城镇的发展孰先孰后、孰轻孰重等问题进行无谓的纷争，而是认识到必须在都市圈、城市群一体化的空间体系中，以生态文明建设为准则，突破行政区隔，优化资源配置，推进大中城市、城镇的协同发展，促进合理的空间层级体系和特色性功能区的形成，突出了创新发展、集约发展和可持续发展的战略理念。在未来近 20 年我国城市化加速期的进程中，新型城镇化战略直接引领我国各大区域转型升级的实践探索。2013 年 4 月，《苏南现代化示范区建设规划》的颁布与实施，则率先体现了这种价值理念和实践导向。

　　江苏的苏南五市（南京、镇江、常州、无锡和苏州）地处长三角核心区，是近代中国民族工业发祥地，也是我国经济社会最发达、现代化程度最高的地区之一。五市地域总面积 2.8 万平方公里，2011 年年末常住人口3 284 万人。该区域的整体经济实力雄厚，城乡发展协调，国际化程度较高。2011 年，苏南人均地区生产总值超过 9 万元，是全国平均水平的 2.6倍。该地区制造业发达，现代服务业竞争力较强，初步形成了现代产业体系。在我国现代化的进程中，苏南具备了探路者和先行者的条件，承担着我国现代化建设示范区的重任。按照规划所制定的发展目标，苏南要进一步推进经济现代化、城乡现代化、社会现代化和生态文明、政治文明建设，促进人的全面发展，努力建成自主创新先导区、现代产业集聚区、城乡发展一体化先行区、开放合作引领区、富裕文明宜居区，推动苏南现代化建设走在全国前列。到 2020 年，在全面建成小康社会的基础上，基本实现区域现代化，成为全国现代化建设示范区。到 2030 年，全面实现区域现代化，经济发展和社会事业达到主要发达国家水平，成为经济发达、社会进步、生活富裕、生态良好、政治民主的现代化地区。

表 7-3　苏南地区现代化建设指标体系之"经济现代化"指标部分①

指标名称		单　位	目标值
人均地区生产总值		万元	18
服务业增加值占地区生产总值比重		%	60
现代农业发展水平	农业劳动生产率	万元 / 人	10
	耕种收综合机械化水平	%	68
科技进步贡献率		%	65
研发经费支出占地区生产总值比重		%	3
高新技术产业产值占规模以上工业产值比重		%	50
自主品牌企业增加值占地区生产总值比重		%	16
每万人发明专利拥有量		件	13
文化产业增加值占地区生产总值比重		%	6

---

　　①　表 7-3、表 7-4 内容均依据《苏南现代化示范区建设规划》（国家发改委，2013年 4 月）中的"苏南地区现代化建设指标体系"（试行）编制。

表7-4 苏南地区现代化建设指标体系之"生态文明"指标部分

指标名称		单 位	目标值
单位地区生产总值能耗		吨标准煤／万元	<0.45
主要污染物排放量	单位地区生产总值化学需氧量排放量	千克／万元	<2.0
	单位地区生产总值二氧化硫排放量	千克／万元	<1.2
	单位地区生产总值氨氮排放量	千克／万元	<0.2
	单位地区生产总值氮氧化物排放量	千克／万元	<1.5
城市空气质量达到或优于二级标准的天数比例		%	90
地表水监测断面不劣于Ⅲ类比例		%	80
绿化水平	森林（林木）覆盖率	%	25
	城镇绿化覆盖率	%	40

　　由此，在新型城镇化战略和城市转变发展方式的双重视角下，来审视苏南现代化示范区建设的价值引领，首先就会发现这是在"五位一体"的总布局下，先发地区率先联动来推进区域一体化、现代化建设的重大实践突破。其"示范性"综合体现在经济现代化、城乡现代化、社会现代化和建立生态建设与环境保护新模式，形成绿色、低碳、循环的生产生活方式等多个维度，展现了"五位一体"的现实发展内涵和未来探索的战略方向，分别为全国产业转型升级和提升国际竞争力、全国城乡协调发展、全国和谐社会建设与人的全面发展和全国建设资源节约型和环境友好型社会来提供示范，并以先进性、系统性和实践的可操作性，来显现整体的样本作用。

　　其次，针对苏南地处长三角核心地区的空间位势，规划提出建设具有国际竞争优势的城市群，打造宁镇扬大都市区和苏锡常都市圈，在区域一体化的进程中，促进中心城市协调发展，加快形成特色鲜明、优势互补、分工合理的城市错位发展格局，提升城市的整体竞争力，实际上是为新型城镇化战略中的"构建科学合理的城市格局，大中小城市和小城镇、城市群要科学布局，与区域经济发展和产业布局紧密衔接，与资源环境承载能力相适应"要求，提供了战略路径的指导。尽管当前我国城镇化形态上存在不同规模和层次的发展不协调问题，如中小城市发育不够、小城镇数量多却规模小等，但新型城镇化要实现"大中小城市和小城镇的合理分工"，就必须以提高大中城市的发展质量为抓手，来带动整体区域的科学发展，而培育新的城市群，则要有中心城市的引领，需要加快城市转型步伐。在我国未来近 20 年的城镇化进程中，新型城镇化战略将加速推进我国先行发展的大中城市真正转变发展方式，而这种转型发展的过程，又将带动科学的城镇化体系的形成，协同推进区域整体的现代化进程。在苏南现代化建设示范区的规划中，南京被定位为大都市区的核心城市，要强化辐射带动中西部地区发展重要门户作用，建设成全国重要的科技创新中心、文化创意中心、长江航运物流中心和重要的区域金融商务中心；苏州、无锡、常州要加强区域内产业分工协作，推进城市间轨道交通互连互通，共享公共服务，率先实现一体化发展，加快建成国际化水平较高的城市群。这些具体要求和定位，不仅对苏南地区协同推进现代化之路，而且对我国的大多数以省会城市、中心城市为龙头的都市区或城市群，都将起到路径引导作用。

再者，苏南现代化示范区的建设突出创新驱动的核心战略，强调要利用在国际产业分工地位不断提高的开放优势，来加快产业结构向高端化攀升，形成服务经济为主的产业结构，明确提出在 2020 年服务业增加值达到 GDP 增加值的 60% 以上的较高目标，在一定程度上也是为我国的新一轮城市与区域联动转型发展提供动力指引，那就是要通过创新型、服务型经济的发展，以及新兴的战略性产业的培育，来促进开放性的城市与区域创新体系的形成，带动区域发展的整体转型升级。苏南作为对外开放的前沿、国际产业制造基地，已经进入全球生产网络，参与全球产业分工，只有通过创新不断攀向价值链的高端，促进经济结构服务化、产业活动服务化、产业组织服务化、空间要素集约化，从而保持城市和区域在全球经济体系、城市体系的核心竞争优势。把创新驱动作为核心战略，在全球生产网络和城市体系中，来实现产业结构的高端化，将同步带来城市与区域的功能升级，培育国际化企业、建设国际化城市、集聚国际化人才，提升苏南开放型经济发展水平。使原来的"新苏南模式"和"南京模式"得到有机整合，让研发和产业升级形成互动，协同打造苏南发展的"升级版"。

再次，苏南现代化示范区建设，在实施生态文明建设行动中，将建立经济发达、人口稠密地区一体联动的生态建设与环境保护新模式，在绿色、低碳、循环的生产生活方式下，形成中心城市与区域联动绿色发展模式。从经济发展水平和空间结构体系来看，苏南整体形成了一个超级大都市区的框架，以南京为中心统领的宁镇扬大都市区，和多中心的苏锡常都市区，不仅在交通体系、产业空间、生活空间等布局上进一步优化，形成同城化、一体化的有机的大都市区形态，更重要的是可以在规划的指导及约束下，联手治理已经出现的以环境污染为特征的城市病、大都市病，提高环境保护的效率和质量，加快建设美丽苏南。如在苏南整体的空间范围内，提高节能降耗水平，提高资源节约集约利用水平，制定与国际接轨的环境标准，实施最严格的环境保护制度等，都将在行动中进行落实并采用量化的指标体系来考核。在苏南现代化建设示范区监测评价指标体系中，生态环境类的主要污染物排放强度、环境质量和绿化水平的要求，都执行了严格的标准，为整体实施生态建设与环境保护新模式，提供了重要的保障支撑。如以南京为中心的宁镇扬都市区，在规划实施一体化、同城化的轨道交通体系的同时，如何统筹减少化工园区的排放，通过化工制造基地的大搬迁来"腾笼换鸟"，以及城市水源地保护、生态隔离带的设立、城市垃圾处理等，都提上了日程，有利于形成大区域内的集约、节约发展新机制。苏锡常三市构成的经济高度发达的多中心都市区，在保护生态安全前提下来加快产业升级与城市功能的提升，则可以通过市场化的生态补偿机制来强化绿色发展、协同发展、竞合发展来实现共赢。

此外，针对当前我国的城市转型、区域一体化的推进主体是地方政府，地方的制度创新能力决定区域发展水平的现实状况，苏南现代化示范区的建设规划，提出了要充分发挥"强市场"和"强政府"两个方面作用，切实向市场放权、给企业松绑、为发展添力的改革新宣言，对我国新一轮城镇化战略实施中，如何最大限度地释放出改革的"红利"和发展的潜力，提供了更有针对性的操作方法和突破路径依赖的手段。城市与区域转型发展，实际上是大规模的制度变迁的过程。我国推进新型城镇化战略、加快城市与区域联动转型发展，必须破除原来城乡二元结构的政策障碍，在土地制度、户籍制度以及行政层级管理固化等方面，进行综合配套改革，加大"去行政化"的力度，充分发挥市场配置资源的功能，以新产业体系、新就业体系的建立和政府服务功能的系统提升，来推进"五位一体"的区域现代化。在规划中，国家赋予苏南最大的政策，就是先行先试，进一步解放思想，不争论、勇敢试、大胆闯，加大市场取向改革力度，深化重点领域和关键环节改革。为此，江苏省委、省政府在新出台的贯彻落实苏南现代化示范区规划的《实施意见》中①，提出要加快五市联动的重大改革发展实验，促进苏南发展整体的新变革：研究建立苏南国家自主创新示范区，深化南京国家科技体制综合改革试点和国家服务业综合改革试点，推进苏州国家城乡一体化发展示范区建设，推进无锡开展资源节约型环境友好型社会建设实验试点、常州开展区域协调发展实验试点和镇江开展生态文明建设实验试点等。这些重大的改革行动，既是点上的突破，也是面上的联动，所形成的新动力机制，将持续推进苏南的转型升级，实现预期的现代化建设示范区的目标，为我国以大区域为单元的现代化建设进程，提供价值引领和实践导向。

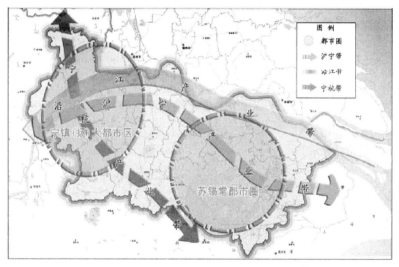

图7-1　苏南地区城镇和产业空间布局图②

①　中共江苏省委、江苏省人民政府：《关于贯彻落实〈苏南现代化建设示范区规划〉的实施意见》，《新华日报》2013年5月21日。

②　此图来源于《苏南现代化示范区建设规划》（国家发改委，2013年4月）。

从苏南现代化示范区的空间布局图来看，实际上是宁镇扬大都市区与苏锡常都市圈的有机组合。南京被定位为大都市区的核心城市，与其在南京都市圈、长江三角洲区域规划形成多重功能定位的"复合"或"叠合"，也为自身作为一个特大城市的转型发展提供了更多的动力支撑。2013 年7 月，中共南京市委十三届六次全体会议通过的《中共南京市委关于在苏南现代化建设示范区中带好头、建成现代化国际性人文绿都的决定》中，进一步梳理了自身的总定位：江苏省省会、南京都市圈核心、长江中上游门户和长江三角洲西部中心城市，全国重要的科技创新中心、文化创意中心、长江航运物流中心和区域金融商务中心，以及国家创新型城市和世界软件名城、历史文化名城、教育名城、体育名城的总目标。到 2020 年基本实现区域现代化，人均地区生产总值达到 18 万元，单位地区生产总值能耗小于 0.45 吨标准煤 / 万元。到 2030 年，建成现代化国际性人文绿都，经济发展和社会事业达到主要发达国家水平，成为经济发达、社会进步、文化繁荣、生活富裕、生态良好、民主法治的现代化地区。为此，南京提出，要立足为全国全省现代化建设提供示范，走出一条具有中国特色、符合苏南实际和南京特质、体现时代特征的现代化发展之路，重点创建江北产业转型升级和新型城市化试验区和紫金人才管理改革试验区，在自主创新、人的全面发展、生态文明建设和民主法制建设等四个方面为全国全省提供示范。其中，江北新区 2049 战略规划将以国家级新区的标准来进行产业空间、城市功能体系的全面提升，让其在苏南现代化示范区的建设中显现出巨大发展潜能，成为区域经济发展的"引爆点"和新"增长极"。《苏南现代化示范区建设规划》已有明确要求，"在南京推动建设江北新区，重点推进产业转型升级与新型城市化，打造产业高端、生态宜居的城市新区，成为加快现代化建设和提升国际竞争力的新引擎"。可见，在苏南现代化示范区建设的推进行动中，南京还要在整个区域的协同发展中，进一步强化资源节约、环境友好、集约有效、社会和谐的城市与区域一体发展、联动升级的新理念、新实践，发挥创新龙头、先行先试的示范引领作用。

依据苏南现代化示范区规划，在苏南五市协同发展、联动转型的战略行动中，宁镇扬大都市区与苏锡常都市圈的空间形态将加速融合，并将通过沪宁、沿江和宁杭三大骨干产业带的串接，进入以上海为中心的巨大的长三角核心区"城市系统"，南京和苏州、无锡、常州、镇江都将在这个系统中展现层级化的功能，形成特色鲜明、优势互补、分工合理的城市错位发展格局，提升城市整体竞争力。各成员市必须打破原来的行政壁垒，来联手应对生态环境恶化、资源能源匮乏、产业同质化和发展空间局促等现实挑战，同时还要通过发展观念的彻底转变，构建全区域性的产业分工模式和生态保护机制，在创新驱动的轨道上错位竞争，让优越的地理条件、完备的产业基础、丰富的科教资源以及对外开放水平较高的现实优势，加快转变为转型升级、绿色发展的新优势。由此，规划对于各成员城市在新的功能区建设，都在创新驱动、绿色发展的层面上提出了具体要求：南京的江北新区被定位为产业高端、生态宜居的城市新区；无锡要推动建设太湖低碳创新示范区，加快产业转型升级和绿色发展，打造成为低碳产业引领区、人才创新宜居区；常州建设的西太湖科技城要成为产城融合创新示范区；苏州的太湖滨湖新城，要重点发展研发创意、金融服务和低碳产业的绿色发展示范区；镇江建设生态新城，要成为现代产业集聚、科技人才汇集、城乡统筹发展、生活品质优越的生态文明先行区。值得一提的是，规划还强调了苏南整体转型升级、提升国际化水平，必须加强与上海的对接，尤其是苏锡常都市圈，要主动接受上海的创新辐射，强化区域内产业分工协作，推进城市间轨道交通互连互通，率先实现一体化发展，建成国际化水平较高的城市群。这实际上表明了在未来的长三角巨型城市系统中，苏锡常都市圈将率先与上海实现一体化、同城化的空间发展大格局。苏南现代化示范区的规划建设必须顺应这一趋势，在基础设施建设、区域发展政策上有效对接，为自身的转型升级提供可持续的制度保障和高度国际化的资源支持。

综上论述，从我国新型城镇化战略推进的高度看，苏南现代化示范区建设规划的实施，是以生态文明建设为刚性约束，加快形成创新驱动、绿色发展引领下的区域整体转型升级的国家级实验区，不仅促进了区域内的成员城市在转变发展方式的行动中，从原来的粗放式、同质化竞争转变为竞合式、协同发展的新模式，进一步提升经济社会发展质量，而且有利于促进长江三角洲地区乃至东部地区提升综合实力和国际竞争力。苏南现代化示范区是我国首个以现代化建设为主题的区域规划，实施这一规划，是我国推进现代化建设"三步走"战略的重要部署，也是我国区域发展与城市转型战略行动的"升级版"。规划的指导思想、基本原则、示范方向与发展目标，是根据国务院的《长江三角洲地区区域规划》和十八大确定的"五位一体"的新型城镇化战略要求来制定的，与国家全面建成小康社会、加速推进整体现代化进程，实现中华民族伟大复兴的"中国梦"的目标要求一脉相承。放眼全球，任何一个国家的现代化道路，都必须以高度的城市化为基础，都必须在全球产业价值链和城市体系中占据重要的位置并拥有控制力。实现中华民族伟大复兴的"中国梦"，就是实现中国与世界发达国家比肩的高度现代化强国之梦，其重要标志是崛起一批世界级的城市群、都市圈和创新型城市，体现国家综合实力与竞争力，全方位参与全球性、国际化竞争。因此，伴随着中国成为世界第二大经济体，我国在国际产业的分工地位加快提升，也促进世界城市体系的新一轮重组，一大批中国城市迎来了国际化发展的新机遇，将整体带动区域发展的开放度和国际化水平，而长江三角洲城市群已经进入世界六大城市群行列，其可持续发展的理念和能力，在一定程度上体现了我国区域发展与城市转型战略的具体内容。苏南现代化示范区的建设，将为覆盖江苏、上海和浙江行政地域的整个长三角地区，实施大城市、中心城市与所在区域的协同发展、联动转型，在转变发展理念、创新实践行动中起到直接的引领作用，使各城市在空间规划、产业布局、市场完善、交通便捷、信息共享以及政策法规的无缝对接上更为主动。城市与区域的联动转型，将能更有效地整合国际国内的创新资源，打造长三角经济、城市的"升级版"，从而对接全球创新体系，书写出"中国梦"的区域发展新篇章！

附录 1

科学发展观指导下的
新型城镇化战略 ①

城镇化与国家的工业化相伴随，是生产力发展的必然结果。2011 年，我国城市化率已超越 50%，人均 GDP 超过 5 000 美元。根据国际经验，经济发展的这个阶段是城市化的加速发展期。"十二五"时期，我们要在科学发展观指导下，把城乡产业互融发展作为新型城镇化战略的重要支撑，着力破解城乡二元结构，加快推进我国城镇化进程。

———

当前及今后一个时期，加快推进我国城镇化进程，必须直面城乡之间存在的制度性障碍，促进城乡经济社会协调发展。只有这样，才能理清发展思路，在统筹城乡发展中加快产业结构调整步伐，释放出城镇化的巨大增长动力。

首先，受城乡二元结构等长期因素制约，我国农业、农村和农民在城镇化的进程中长期处于弱势地位，优质的生产要素向城市单向流动和聚集，在"减少农民"的同时也边缘化了农村、弱化了农业。无论从城市产

———

① 本文原刊《求是》杂志 2012 年第 14 期。

业的合理布局来看，还是从社会主义新农村建设来看，这种状况是不可持续的。因此，保持经济长期稳定增长，必须破除城乡二元结构的体制障碍，让各种生产要素在"下乡"和"进城"的过程中得到优化配置，实现城乡产业在空间上的对接和互融。城乡产业互融发展，追求的应当是城市、郊区、郊县及至周边农村的资源利用价值的最大化。以往一些城市缺乏战略眼光，在大部分时段内被动地进行城市产业的单向拓展，造成产业布局上的同质化竞争。还有的地区为提高城镇化率，不顾自身经济发展实际，主要依靠行政手段推行"户口城镇化"。这种做法虽然在地理上扩展了城市范围，增加了城市人口，但由于城市经济总量偏小、产业发展水平较低、公共配套设施缺位，其结果是失地农民变身失业人员，城乡经济社会发展差距加大，反而影响城乡要素资源的合理配置。

其次，多年来在行政管理上形成的以 GDP 为主体的政绩考核办法，使我国难以在城乡之间实现商品市场和劳动力等要素市场的一体化，导致绝大多数地方城乡产业分割。在理论上，资源要素按市场规律流动是城乡产业互融发展的前提。但是，长期以来，在层层经济指标考核压力下，即使是同一个城市，在产业发展上更多考虑的是局部利益、眼前利益，而非全局利益、长远利益。这必然导致各地产业同构化，很难形成科学合理的空间布局和比较完备的产业链，不仅影响了产业结构的调整和经济发展方式的转变，还带来了资源浪费、环境污染等问题。例如，由于行政管理部门之间缺乏协同性，加上 GDP 的考核压力，不少地方简单地进行产业结构升级或城市功能提升，结果却造成了企业短时间内的二次、三次搬迁，甚至连近 10 年规划建设的新城区、开发区，也因与不断扩大的城市空间规划相矛盾，不得不加入"退二进三"、"腾笼换鸟"的潮流中，其发展的代价是巨大的。

再次，近年来随着城镇化进程加快，重城市规划、轻乡村规划成为普遍现象，尤其是在产业布局上重点突出形象工程、面子工程，也影响着城乡产业在空间上的对接和融合。在我国城乡规划中，行政主导特征显著。依靠行政主导，可以加快城镇化进程，加速城乡产业发展，这是不争的事实。但一味地依赖行政主导，忽视市场机制的作用，也容易导致地方领导片面追求表面政绩，助长粗放型城镇发展和经济增长，使本来应该由产业发展推动的城镇化，变成行政手段主导下的"土地城镇化"。我国是人口大国，人均资源占有率很低，无论是城市用地还是农村用地都非常宝贵，因而紧凑型的集约化增长方式才是我国城镇化道路的价值取向。只有在科学的规划理念引导下，加快建立起城乡产业互融发展的体制机制，才能在扭转城乡不平衡发展局面的同时，从根本上促进经济发展方式的转变，践诺善待城市和乡村每一寸土地的"空间责任"。

二

从中国的实际出发，加快推进我国城镇化进程，促进城乡经济社会发展一体化，不仅要在城乡规划、基础设施建设、公共服务一体化等方面实现突破，更要高度重视推动城乡产业互融发展，彻底打破城乡经济二元结构，促进公共资源在城乡之间均衡配置，实现生产要素在城乡之间自由流动，从整体上优化城乡产业布局。

世界经济发展的经验表明，城市和乡村在工业化带动下，只有融合为一个整体，各种资源才能得到更加高效的开发和利用。从这个意义上看，我国以城乡产业融合来推动城乡一体化，有助于在中心城市、新城区、近郊区、都市发展区以及远郊区等不同层级之间形成"坡度"，填平长期以来由二元经济结构造成的城乡鸿沟，促进城市和农村的均衡发展。

实际上，以产业融合来推动城乡一体化，体现了我国在科学发展观指导下的新型城镇化战略。即把城市和农村作为一个整体来规划和建设，以工业化推进城乡资源和产业的合理聚集，不断促进产业结构的优化升级，同时注重区域协调和社会公平，确保城乡居民拥有公平的发展机会。与传统城镇化道路比较，我国实施的新型城镇化战略与新型工业化相适应，在城市圈层之间通过实施产业集聚和合理分工，彻底打破了局部地域的城乡界限，从而促进了产业布局的优化和区域发展价值的最大化。因此，以城乡产业融合来推动城乡一体化，其本质内涵就是决不能以牺牲农村的发展来加快城镇化进程，而是要通过城乡统筹发展，实现高质量的城镇化。

具体到一个区域和城市，只有产业发展形成合理的空间布局，聚合成具有竞争力的产业链，才能促进城市要素资源集聚，实现郊区、郊县和邻近区域之间的合理分工，逐步消除城乡之间的界限和发展落差。从当前各地实践看，推动城乡产业互融发展主要表现为城乡一体化下的整体产业布局的调整和优化。可以预见，在科学发展观指导下，随着各地产业空间布局的不断调整和优化，不仅能减轻经济快速发展所带来的生态环境问题，还可以通过土地集约利用和产业转型升级提高经济收益，加快培育区域创新体系建设，实现经济社会发展的多重效应。这是保持我国经济长期持续增长的重要动力。

三

近年来，我国城市产业在空间布局上正在由集聚转向扩散，多数大中城市具备了辐射带动周边大区域发展的内在动力，这使得郊区、郊县的土地和生态价值突显，城区、郊区、农村的区位价值落差日渐缩小。我们要在准确把握市场与政府关系的基础上，牢固树立中国特色城镇化战略理念，切实建立起城乡产业互融发展的体制机制，走出一条符合科学发展观要求的城乡一体化道路。

一是准确把握我国城镇化的阶段性特点，着力突破城乡之间存在的户籍等制度性界限，促进城乡要素资源优化配置。回顾我国 30 多年来的城镇化道路，城市的空间扩展是单向的、粗放的，对农村实施的是"侵入"式的"空间并构"。实践证明，这种发展方式是不可持续的。实施新型城镇化战略，可以通过有效的产业空间转移，依据产业价值链来进行产业分工和载体建设，走"分散式集中"的路子，不仅可以找到诊治"大城市病"、"大城市周边贫困带"的药方，也有助于促进城乡产业的合理布局。当今世界，以现代交通体系和信息网络为依托的新产业体系，可以超越城市本位在大区域、都市区或城市群的空间中进行要素整合与资源配置，各类产业沿着产业价值链就可以互相延展和深化。由此，在产业空间布局上，大城市要敢于打破产业发展先城区次郊区再郊县的老路子，以加快形成城乡一体化发展格局为目标，根据生态承载能力来规划产业发展区域，提高城乡要素资源的利用效率。同时，要敢于突破城市本位观念，在一个较大的区域空间里，按照不同的城市功能定位和产业特征，实现城乡要素资源的低成本集聚与整合，并借助文化认同等地缘优势，合理布局特色产业，走差异化竞争之路。

二是积极创新农村用地制度和市镇建设体制，充分释放农村土地资源的空间价值，培育城乡产业融合的新动力。现阶段，我国已进入了城乡一体化规划和发展的新阶段。从产业空间布局来说，在一个城市范围内，以统一的土地规划利用为基础，合理划分工业园区、基本农田保护区、生活区、商贸区、生态涵养区等功能区，使城乡产业发展在空间上互相衔接，有利于在集约利用土地的基础上优化环境，提升区域的总体竞争力。但由于我国城市与农村在土地制度上的差别，农村土地转化为工业用地和城镇建设用地后，往往和失地农民的就业、当地产业的发展难以形成有机联系。究其原因，主要在于城乡产业发展相互脱节。而推进城乡产业互融发展，一方面可以通过农村土地整理为城镇建设提供用地保障，满足现有城市产业升级和转移需要；另一方面可以充分发挥农业产业化龙头企业的作用，使农村的种植养殖基地就地升级为产业加工区，打造特色地方农产品品牌，形成连接城乡产业发展的新动力。在此基础上，各地应以统筹城乡产业一体化为目标，积极引导城乡产业在空间上的持续重组和合理布局，尽快改变过去农村—农业、城市—工业的单向产业发展格局。

三是加快完善政绩考核评价机制，把推动城乡产业融合与转变经济发展方式结合起来，同步实现城镇化与农村现代化。在 30 多年经济高速增长基础上，我国目前所面临的经济发展方式转变问题，其实质是产业结构调整和转型升级问题。而产业结构调整和转型升级，直接表现为各类产业在城乡空间上的合理布局，会使相当一部分产业和企业发生转移。进入新世纪，在科学发展观指引下，尽管加快转变经济发展方式和调整经济结构成为人们的共识，但现行以 GDP 为主要内容的政绩考核体系，使其知易行难。我们更应看到，由这次国际金融危机引发的我国经济形势变动已经基本企稳，从企稳到繁荣这个比较长的"后危机"时期，正是我国从战略上加快产业结构调整成本最低的机遇期，同时也是加快经济发展方式转变的最佳时机。因此，我们要尽快制定与科学发展观对接的经济发展考核体系，把加快转变经济发展方式和经济结构调整落实到具体的步骤与工作程序上，加大在大区域或大城市范围内进行城乡一体化的产业政策引导，充分发挥现代服务业、先进制造业、现代高效农业在整体产业布局上的引领作用，加快形成城乡发展一体化的新格局。

附录 2

现代服务业推动城市转型：
战略引领与路径突破 [①]

通过构建服务经济体系来实现城市的转型升级，是国际城市发展的共同规律。当前我国的大城市正在进入转型发展的新阶段，面向"十二五"及未来一个较长的时期，应在转变经济发展方式的主线之下，以制度的创新、多重倒逼机制的实施，来加快服务经济体系的建立，并充分发挥现代服务业在引领城市的产业升级、结构调整、要素集聚、资源配置以及空间重组等方面的系统功能，促进城市自身整体的转型发展、能级提升，继而探索出具有中国特色的服务业推动城市转型的战略路径。

现代服务业与城市转型：互动与促进

历经半个多世纪的世界城市转型升级的轨迹表明，服务业尤其是新兴的现代服务业，在引领城市的产业升级、结构调整、要素集聚、资源配置以及空间重组等方面的系统功能，促进了现代城市的转型发展、能级提升。我国在经历了 30 多年的以高速的工业化推进城市化进程的发展阶段

① 本文原刊《江海学刊》2012 年第 2 期，《新华文摘》2012 年第 11 期全文转载。系作者主持的国家社科基金项目"现代服务业发展推动我国城市转型研究"（编号 11BGL103）的成果之一。

之后，服务业的发展对城市化、城市现代化进程的重要作用越来越突出，发达地区、大城市从"制造型"向"服务型"转型升级，已成为不可改变的方向和趋势。依据国家"十二五"规划纲要中的内容，"十二五"期间，国家将加快"推动特大城市形成以服务经济为主的产业结构"，加速形成以服务经济引领的新的城市产业体系，从而让服务业的发展与城市转型发展形成一种良性的互动，以真正转变经济发展方式，在全球城市体系中全面提升中国城市的综合竞争力。因此，在全球城市体系和国际产业价值链的双重背景下，来探索现代服务业对我国正在推进的城市转型发展行动的战略引领与路径突破，当有着重要的实践导向作用。

城市化、城市扩张的动力来源于产业的推动，城市转型的本质是产业升级带动下的城市功能的提升、城市空间的优化。纵观世界现代城市发展的进程，如果将 20 世纪 50 年代作为西方发达国家城市转型的起步期，那么到当前为止的半个多世纪中，全球化视角下的城市经济转型发展，实际上可分为两个阶段。第一阶段为产业结构调整带动下的向服务经济体系的转变，重点表现为产业升级、产业结构调整的"倒逼型"转型，从制造型城市向服务型城市转型。第二阶段是 20 世纪 80 年代之后的"主动型"转型。全球信息技术革命，大大降低了城市、区域间的交通、物流成本，促进了新型的现代服务业大发展，这不仅能提升城市自身的能级，而且还逐步构成了全球城市体系，形成全球产业价值链，并控制价值链的高端环节，在产业垂直分工中占据高端位置。第一阶段的世界城市转型，主要表现为产业升级带动下的服务业大发展，由此带来城市功能的提升、城市空间的优化。第二阶段的世界城市转型明显带有主动性，信息革命引发的这一波城市转型行动，从 80 年代开始，到 90 年代和本世纪初进入高潮，其最突出的特点是通过信息网络的建设，来打造"智能城市"、"智慧城市"、"创意城市"，从而使城市自身在全球城市体系中占据控制或节点的位置，进一步强化城市的竞争力。尤其是通过大力发展生产性服务业，如金融、物流、信息服务、创意设计等，不仅从制造型城市转身服务型城市，并由此成为"世界城市"、"全球城市"、"国际化城市"。

已经持续了半个多世纪的发达国家的城市转型行动，无论是在"倒逼型"的还是在"主动型"阶段，服务业所发挥的多元动力不言而喻，尤其是现代服务业带来的"乘数效应"更为明显。在经历了工业化的阶段之后，城市必须靠服务业的发展才能回复其本质特征，那就是再造以人为本的空间环境，以激发人的创造性、满足人的交往需求和发展需要的平台。特别是 20 世纪 80 年代之后，全球性的服务业的大发展，为城市转型提供了很好的基础条件，但也给城市转型提出了更高的目标和要求。服务业在经济总量中的比重快速增长，在为城市转型创造了新产业基础和环境条件的同时，也促进了城市产业组织的服务化，加快了城市服务经济体系的形成，使全球性的产业组织从"生产化"转向"服务化"，催发了服务型跨国公司的快速成长。服务型的跨国公司利用其在资金、技术、信息、品牌和网络上的巨大优势，在全球范围内配置资源，部分发展中国家的区域中心城市因此逐步显现"总部经济"效应。随着服务业市场壁垒的进一步降低，全球掀起以服务业为主导的新一轮国际产业转移的浪潮。项目外包则成为跨国公司广泛应用的经营形式，制造业生产企业的组织模式也发生了从大规模生产（Mass Production）向大规模客服化（Mass Customization）转变的趋势，产业组织的变化和产业结构的调整、产业体系的升级，构建了城市的服务经济体系，而现代服务业的"空间落点"，又进一步促进了城市空间要素加速集约化，使其与城市功能的提升，逐步形成互动的关系。

与传统大工业生产方式相比，新兴的现代服务业所具备的产业特性，决定了其在城市空间落点的对应性，因此，现代服务业直接发挥了重组城市和区域空间的作用。一方面，国际产业分工垂直体系的形成以及全球城市层级差别化现象的凸显，促进了服务业向大型城市集聚，以大城市为核心、以城市群或城市圈为主体的新型城市体系得以形成，而中心城市集聚发展要素的功能和其他城市服务功能的不断加强，使得现代服务业不断向大城市集聚发展，在中心城市形成强大的服务能力和创新能力。而在现代开放性的城市发展体系中，这种服务能力和创新能力必然产生溢出效应，其结果是中心城市辐射、带动整个区域的经济发展，而大城市也成为了引领整个区域发展的强大引擎。另一方面，服务业企业多在城市内部或者是主城区发展和集中，成为了城市布局中的核心单元。现代经济的发展需要的是先进生产要素，如科技资源、高科技人才资源及资本资源等等，这些先进的生产要素首先流向大城市、中心城市，并通过这些城市集散，企业总部及其研发中心、营销中心聚集在城市中心区，城市中出现 CBD、金融区、商贸区等现代服务业产业集聚区和功能区，在加快城市空间的"腾笼换鸟"的同时，就强化了优质空间要素的集聚。

现代城市转型发展的进程，在很大程度上是产业不断升级、构建服务经济体系的过程，从制造业向服务业，从生产中心向商务中心，从"在地化"向"在线化"服务，是一个基本的规律。城市转型与服务业发展的对应性，完全可以形成阶段性的互动之势，服务业的发展与城市发展存在着明显的线性关系，如果说传统服务业对城市的发展好是一种"辅助"作用，那么现代服务业则直接改变城市的产业结构、就业结构以及城市的空间特性，20 世纪 80 年代之后，全球城市化进程与服务业增长共同呈现出加速的趋势。已有学者用回归分析法得到结果：世界上 44 个国家 2006 年服务业占 GDP 的比重以及相应的城市化率每提高 1 个百分点，将使服务业占 GDP 的比重提高 0.377 个百分点。①

实际上，与传统城市相比，现代城市的功能已从"在地化"变为"在线化"。在当今全球经济体系中，一个城市面对的不仅仅是自身的市场，而是一个遍及全球的市场网络，而单个的城市就成为这个网络中的一个重要节点和管理中心，集中统一管理和控制全球各地的生产活动和环节，越来越具有流动空间的属性。因而，城市能级水平的高低也越来越依赖于是否具有更大的流动性、集聚力以及辐射能力。现代城市的发展是要通过其流量（信息、知识、资本和人才等流动），而不是它们的存量凝结（如城市形态和功能）来实现的。现代城市转型和能级水平的提升，就必须转向经济体系的服务化，必须能够提供大量的现代服务活动，特别是生产者服务，努力创造生产性服务业新优势。现代信息技术推动了城市经济体系必须趋于服务化，借助现代信息技术，提高服务业生产部门的效率，提供新

---

① 李勇坚：《城市与服务业互动发展：趋势与对策》，《中国服务业发展报告》No.8《服务业：城市腾飞的新引擎》，社会科学文献出版社 2010 年版，第 48 页。

的信息服务产品和更好的服务质量。此外，现代服务业在城市转型升级、功能提升的过程发挥出综合效用。在城市化进程和世界城市体系构建的过程中，服务业的范围不断扩大、业态不断多样化，同时城市为现代生产者提供的知识、技术、信息密集型服务，如金融服务、商务服务、政务服务、信息技术、网络通信、物流服务等，这些生产性服务业具有高度的空间集聚特性，并具有就业人口的绝对优势，可以充分调整城市功能，特别是增强城市的辐射功能。现代服务业的发展水平决定了一个国家的产业竞争力甚至核心竞争力，城市的竞争力往往体现了国家竞争力。无论是现代服务业的规划和发展，还是城市转型的目标和路径的设计，政府的引导和制度性的保障起到关键性的作用。

由此，现代服务业的发展促进了城市流量经济扩展，优化了现代城市产业空间布局，也使传统的城市空间价值被重新发现。城市作为现代服务业的集聚地或重要载体，为其发展提供了良好的环境，现代服务业则通过多元功能的发挥，影响并推动了城市的产业升级、空间集聚、资源配置、要素转移、结构调整，从而促进了城市转型发展。

中国城市转型：现代服务业的战略引领

在经济全球化的浪潮中，当代中国的城市发展和经济发展一样，始终在不断地融入世界的城市体系和经济体系之中，从 20 世纪 80 年代后期主动参与国际大循环，到 90 年代中后期的全面对外开放，直至 21 世纪加入 WTO，国内的大城市尤其是东部沿海城市，在承接国际产业转移、大力推进工业化的进程中，在城市的空间拓展、产业布局的优化以及产业结构的升级等方面，始终以国际先进城市为标杆，不断探索城市发展的"赶超"路径，由此培育出与国际产业体系、城市发展体系对接的珠三角、长三角以及环渤海三大城市群（都市圈）。但由于我国这一阶段的城市化进程主要以工业化推进，这就必然造成服务业发展水平难以提高，服务业发展与城市化进程无法形成良性的互动。相关的实证研究表明，我国在 1992—

2008 年的 16 年内，城市化率增加了 18.24 个百分点，平均每年增加 1.14 个百分点，但这期间的我国服务业占 GDP 的比重仅提高了 5 个百分点，平均每年只有 0.32 个百分点，明显低于国际上对应的 0.377 个百分点。这说明我国城市与服务业发展之间并没有形成良好的互动关系。[①] 从 2003 年之后，我国的城市化进程进一步加快，但服务业的发展却慢了下来，这更不利于二者之间的互动。之所以会出现这一新的变化，无疑和这一阶段我国各城市以投资拉动和大工业新项目，大规模扩展城市行政区域范围直接相关。

尽管我国在"十一五"期间服务业整体发展速度不算快，但国内主要大城市的服务业进入了加速期，尤其是国际服务业转移的新趋势促进大城市产业结构的调整，以"腾笼换鸟"来加快现代服务业集聚区的建设，着力发展金融业、房地产业、物流业、会展业、中介服务业以及服务外包业务等，使城市的服务业结构发生了大变化。现代服务业的比重大幅提升，城市的功能得到了提升，出现了服务业向城市，特别是大城市集聚的趋势，北京、上海和广州等特大城市，2009 年的服务业增加值已经占到地区生产总值的 60% 左右，北京更是高达 75.8%，它们率先将中国城市引入服务经济的发展阶段，与国际城市的产业体系实现了对接。（表附 2-1）除重庆、沈阳、长春之外，国内城市大多到了进入"三二一"产业体系的新阶段。

根据我国"十二五"规划建议和纲要的内容，"十二五"期间，我国将加快"推动特大城市形成以服务经济为主的产业结构"，把推动服务业大发展作为产业结构优化升级的战略重点，拓展新领域，培育新热点，发展新业态，推进服务业规模化、品牌化、网络化经营，不断提高服务业比重和水平。发展提速、比重提高、水平提升将是"十二五"服务业发展的重要特征。面向"十二五"及未来相当长的一个时期，国内城市如何把现代服务业的发展，与城市化进程、城市功能的提升、城市空间的重组以及

---

① 李勇坚：《城市与服务业互动发展：趋势与对策》，《中国服务业发展报告》No.8《服务业：城市腾飞的新引擎》，社会科学文献出版社 2010 年版，第 48 页。

表附 2-1　2005 年、2009 年国内主要城市服务业增加值比重及
人均服务业增加值表

城　市	2005 年服务业增加值占地区生产总值比重（%）	2009 年服务业增加值占地区生产总值比重（%）
北京	69.1	75.8
上海	50.5	59.4
天津	41.5	45.3
重庆	43.9	37.9
沈阳	50.4	45.3
大连	40.5	43.9
长春	42.3	41.5
哈尔滨	48.3	49.5
南京	46.3	51.3
杭州	36.5	48.5
宁波	39.77	42.3
厦门	42.4	50.3
济南	46.9	51.0
青岛	41.6	45.4
武汉	49.6	49.8
广州	57.8	60.9
深圳	47.4	53.2
成都	48.8	49.6
西安	52.5	53.7

城市的转型战略进行有机结合，让先进生产要素在城市和区域空间内发挥"乘数效应"，促进服务业发展与城市转型升级的互动，成为政府、企业和相关组织共同应对的一个重大的现实课题。因为城市转型不仅仅是产业的升级转型，也是经济、社会协调发展和制度整体转型的过程，当前国内城市的服务业发展存在的观念误区和路径依赖问题：以抓制造业的粗放式手段来抓现代服务业，创新驱动的动力机制有待加强；现代服务业的主体培育和企业制度建设滞后；政府为服务业发展提供的公共服务缺位。现代服务业的空间集聚效应、要素整合功能在城市功能的提升、城市空间的布局规划上尚未得到体现，服务经济的带动性不够。我国的城市，即使是东部

沿海地区国际化程度比较高的城市，与国际上的"服务型城市"的差距仍然很大。国内城市转型能否成功，直接取决于从制造型经济向服务型经济迈进的关键节点的把握，取决于整体的转型环境和创新的动力机制。国内城市转型发展，要想突破"路径依赖"，必须通过政府与市场的共同推进，来解决城市的经济结构调整与空间扩展的矛盾、提高经济容积率与培育新产业价值链的矛盾、经济发展与社会建设不适应的矛盾等等，而这一切，除了大力发展现代服务业，以现代服务业的多重功能来推进城市转型升级，别无选择。

与"十一五"明显不同的是，国内主要城市在制定的"十二五"发展规划中，都清醒地认识到了这一阶段是城市转型发展，以现代服务经济体系的构建，来强化城市核心竞争优势的关键期，目标定位更高，而且结合自身的区位、产业基础和未来战略性新兴产业体系的构建以及"和谐城市"、"幸福城市"的愿景，来谋划具体的行动路径。(详见表附2–2)在"十二五"期间，我国主要城市将基本形成"三二一"的产业结构体系。

在转变经济发展方式的大背景下，国内城市把优先、重点发展服务业，作为"十二五"推进城市产业高端化、加快城市转型的重要路径，不仅仅是扩大内需、内生发展的需要，实际上也是为了更好地迎接全球经济格局、城市体系变化所带来的新挑战。国际金融危机的发生，使得整个世界产业结构和经济结构面临新的大调整。漫长的"后危机阶段"，世界经济再平衡，不仅是国际金融秩序重建问题，还有低碳经济、新能源经济等主导下的国家、城市之间的新一轮利益大博弈。包括中国在内的发展中国家，必须充分认识到经济增长和可持续发展所遇到的新挑战，即在受到碳排放约束的条件下，着力调整产业结构、发展创新型经济，以从根本上转变经济增长方式，并推进城市从"制造型"向"服务型"、从"高碳城市"向"低碳城市"的整体转型发展。面对新的形势，国内城市还可以通过大力发展现代服务业，来强化自主创新能力和对全球市场的控制能力。因此，国内城市，尤其是人均 GDP 已经超过 1 万美元的沿海发达城市，无论从自身的发展阶段还是从外部的发展条件来看，在"十二五"期间，都将迎来转型升级、建设服务型经济体系的战略机遇期，如何把握好这个机遇期，加速现代产业体系建设，真正实现经济增长方式的转变，当是一个重大的现实考验。

表附 2-2　国内主要城市"十二五"现代服务业发展定位与战略目标概览 ①

城　市	发展定位与战略目标
北京	促进经济结构由服务业主导向生产性服务业主导升级，打造服务区域、服务全国、辐射世界的生产性服务业中心城市。
上海	聚焦建设"四个中心"的国家战略，加快形成服务经济为主的产业结构，构建以现代服务业为主、战略性新兴产业引领、先进制造业支撑的新型产业体系。
天津	坚持市场化、产业化、社会化、国际化方向，优化服务业空间布局，推进服务业规模化、品牌化、网络化发展，重点发展生产性服务业，大力发展新兴服务业。
重庆	建设西部地区现代服务业高地。把大力发展服务业作为产业结构优化升级的战略重点，推进服务业规模化、品牌化、网络化发展。
广州	大力发展现代服务业。以聚焦高端、优化结构、增强功能为导向，以功能区建设和项目带动为抓手，积极推进服务业综合改革试点，擦亮"广州服务"品牌，全面增强国际商贸中心功能。
深圳	加快发展现代服务业。建设全国金融中心，构建全国性物流枢纽城市，建设国家服务外包示范城市，发展商贸会展业，建设国际知名旅游目的地城市，培育发展专业服务业。
杭州	实施"服务业优先"战略，加快服务业结构调整和布局优化，推进服务业创新、扩大总量、提升层次，加快建设服务业强市。
宁波	把加快推进产业升级作为加快转变经济发展方式的重要任务，加快发展现代服务业，努力构建现代产业体系。
厦门	加快发展第三产业，推动信息化与工业化、制造业与服务业互相融合，推动"厦门制造"向"厦门创造"提升，打造海峡西岸强大的先进制造业基地和最具竞争力的现代服务业集聚区。
济南	经济结构不断优化。服务业比重有较大提升，三次产业比例更加协调。
青岛	全面提高服务业发展水平。以国家服务业综合改革试点为抓手，优先发展现代服务业。集聚发展生产性服务业，提升发展生活性服务业，壮大发展新兴服务业，努力构建面向世界、影响北方地区的总部基地城市。
武汉	着力打造全国重要的先进制造业中心、现代服务业中心和综合国家高技术产业基地、全国性综合交通枢纽基地。促进先进制造业和现代服务业互动发展，构建现代产业体系。

① 根据相关城市的"十二五规划建议"、"十二五规划纲要"中的内容整理。

（续表附 2-2）

城　市	发展定位与战略目标
成都	优先发展现代服务业。加快发展现代物流业、商务服务业、文化创意产业、会展产业等先导服务业，加快提升金融业、商贸业、旅游业等支柱服务业，建成服务西部、面向全国、走向世界的现代服务业基地。
西安	加快发展现代服务业。推进国家服务业综合改革试点工作。大力发展新型服务业，拓展服务业新领域，推进服务业聚集发展的规模化、品牌化、网络化。把西安建设成为区域性的商贸物流中心、金融中心和会展中心。
沈阳	以发展现代服务业为重点，全面提升中心城市功能。大力发展金融业。加快发展信息软件业，积极发展旅游、会展业，进一步发展商贸服务业，加快发展社区服务业，发展壮大物流业。
大连	优先发展现代服务业。重点发展生产性服务业。以打造区域性现代服务业中心城市为目标，着力发展对提升城市功能和现代产业发展起基础性作用，对转变经济发展方式贡献度大的港航物流业、金融业、软件及信息服务业、商务会展、文化创意产业和研发设计产业。
长春	坚持工业和服务业发展并举。围绕服务全省、辐射东北、面向东北亚的目标，着力发展面向工业的生产性服务业，积极发展与消费结构快速升级相适应的生活性服务业，推动服务业增量升级。
哈尔滨	加快推进国家级服务业综合改革试点工作，以构建先进制造业和现代农业综合服务体系"两轮驱动"的服务业发展模式为核心，推动三次产业相互融合、共同发展。成为立足黑龙江、服务东北北部、辐射东北亚的综合性现代服务业中心城市。
苏州	加快发展现代服务业。抓住国际服务业加快转移和国内消费结构升级的机遇，以现代服务业为重点，推进服务业发展提速、比重提高、结构提升。
无锡	优先发展服务业。全力实施服务业"超越计划"。大力发展现代服务业，重点推进软件与服务外包、工业设计与文化创意、研发服务、科技金融等跨越提升，做大产业规模，做强企业实力。
南京	把发展服务业作为产业结构优化升级的战略重点，全面实施"服务业倍增计划"，在江苏省率先形成以服务经济为主的产业结构，成为具有较强影响力和辐射力的区域性现代服务业中心。

探索服务业促进城市转型的"中国路径"

以城市化为内容的产业升级，最大的好处是可以把相对过剩的生产能力引导到以城市化为主体的软硬件基础设施建设上，而不是消极地毁坏其生产能力。① 因此，基于国际战略机遇期、强化"内涵式"发展以及彻底转变发展方式的综合考量，"十二五"及未来相当长的一个时期，国内城市应该通过大力发展现代服务业，来推动城市的创新和转型发展，进而探索一条服务业推动城市转型的新路径：以制度创新为突破，有效运用政府和市场的合力，通过现代服务业企业的主体培育和集聚区的载体建设来调整产业结构，加快构建"服务型"主导的产业体系，进而优化城市产业空间，提升城市创新功能和服务功能，扩展服务经济的外部效应，促进城市经济系统、社会系统和生态系统，从而以经济的转型带动整体的功能转型，促进城市的不断升级和包容性增长、和谐发展。

在这样一个战略机遇期间，我国探索服务业推动城市转型的新路径，既要遵循国际城市发展的阶段性规律，更需根据我国城市化和服务业发展的现实基础，按照转变发展方式这条主线，设计好"十二五"期间的重点任务，并体现在战略性的行动上：首先，把国家层面的"顶层设计"与地方的制度创新进行有机结合，形成城市、区域发展现代服务业的协同力量，推进创新型城市建设和集约化主导的新型城市化；其次，把握我国新一轮现代化交通网络、城市基础建设的大机遇，在区域一体化的进程中重组城市产业空间，扩大现代服务业集聚效应，提升城市的经济容积率；再者，充分把握"中国崛起"的战略性机遇，放大中国城市的"大事件经济"效应，推进城市服务经济体系建设，加快城市转型步伐，促使一批国内城市真正融入全球城市体系。

城市的发展是有周期律的，城市经济理想的转型升级路径，基本上是与人类的工业化—后工业化的进程一致的，从制造型经济向服务型经济转变，把握这种大趋势，尤其是把握服务业结构升级的关键节点，则需要战略眼光和行动落实的魄力。发达国家城市发展的经验已经表明，利用一些重大的历史机遇期进行城市转型发展，不仅可以降低城市转型的成本，缩短城市转型的周期，而且可以促使城市经济的转型更加顺利。② 中国已经

---

① 刘志彪：《推动基于城市化的产业转型升级》，《中国社会科学报》2010 年 7 月 20 日。
② 裴长洪、李程骅：《论我国城市经济转型与服务业结构升级的方向》，《南京社会科学》2010 年第 1 期。

成为世界第二大经济体，按照"十二五"的经济增速，在未来20年间将有可能超过美国上升为世界第一大经济体，在这个过程中，中国经济对全球经济的贡献度、影响力和话语权，必然更多体现在城市这一竞争主体上，国内的一批大城市将成为全球城市体系中的节点或制高点。我国在"十一五"期间，密集出台了多项加快服务业发展的政策，对长三角、珠三角城市群的总体定位是重点发展现代服务业。成为全球重要的现代服务业中心。2010年8月，国家发改委下发了《关于开展服务业综合改革试点的通知》，全国第一批服务业综合改革试点37个城市（地区）获批，试点期限5年。试点城市（地区）将着力解决制约服务业发展的主要矛盾和突出问题，破除阻碍服务业发展的机制体制约束和政策障碍，重在突出示范效应。这些战略规划、制度政策和行动计划，无疑在"十二五"期间将发挥导向型的作用，但国家鼓励地方在现代服务业发展、提升城市功能的创新举措，同时应把具有"样本"意义的地方创新，在全国范围进行推广，从而形成创新驱动城市发展、产业升级的"集体行动"，促进城市产业高端化、空间集约化、功能服务化。

探索服务业推动城市转型的战略路径，既要把握外在的和内生的大机遇，更要通过对应的政策落实，将战略谋划转化为具体的措施、行动。由于中国走的是一条政府主导下的产业升级、城市转型之路，只有把政府的制度性创新和市场化的力量实行有机结合，才能有效地配置资源要素，推动城市的产业结构调整、空间重组、功能提升，由此带来城市的整体创新。对于现阶段的国内城市，应通过以下措施的实施来推进转型升级之路：

首先，大力培育服务业领军型企业和现代服务业的样板集聚区，带动城市服务业水平的整体提升。国内很多城市的"名片"型企业仍是制造业，在服务业领域难以找到上规模的、前沿性的企业，或者没有形成领军企业梯队，直接导致了企业竞争水平低，对市场和技术机会识别能力差等问题。政府对服务业企业政策激励的重点应该放在"创新的产出能力"上，激励的重点不仅仅停留在企业经济意义上的规模产出能力，应该在"品牌、专利、技术标准、技术先进性"等自主创新方面的产出能力上。无论新增项目投资、企业技术改造投资，还是科技项目投入、公共服务平台建设，还是对企业的各项奖励等方面的政策，都要突出提升"创新能力"的核心价值导向。

其次，大力培育和引入生产者服务业，加快制造企业向服务企业转型，把现代产业体系的构建与城市核心竞争力的提升结合起来。"制造业是服务业的生身父母"，生产性服务业的发展更是制造业升级、分化的结果。国内很多城市在加工制造业和重化工业方面有很强的国际比较优势，而较强的制造业优势是我国发展生产性服务业的基础，制造业特别是先进制造业的繁荣本身就会扩大现代服务业的需求空间。随着我国先进制造业的发展，生产性服务业已经开始吸引越来越多的投资，国内城市应该通过产业引导来促进大型制造企业集团向服务型企业转型，并通过建立生产性服务业集聚区，集研发、设计、采购、物流和营销等多种生产性服务功能于一体，在做大服务业规模、提升服务业水平的同时，还强化了城市的核心竞争力。

再者，以政府的制度创新和政策引导为突破，大力培育中小服务企业，把服务企业主体培育与营造宽容、包容的城市创业创新的发展环境结合起来。现代企业在决定选址时更趋向于到制度相对完善、政策透明度高、政府办事效率高、法律和市场环境规范有序的低交易成本地区寻求发展空间。良好的城市形象和投资经营环境等低交易成本优势可以弥补生产成本相对偏高的劣势，使得现代服务业在城市不断集聚发展。因此，通过政府的制度创新，加强城市制度环境等软件要素的建设，提高政府的公共管理水平和效率，建设包括公共技术服务平台、公共人才服务平台、公共融资服务平台、公共管理服务平台等形式的服务业产业集聚公共服务平台，构建一个宽松自由、尊重知识、尊重人才、讲究信誉、等价公平、鼓励创新的制度环境，对于人才资本、知识资本为主导的现代服务业企业，就变得尤为重要。没有服务型政府，就不可能有服务型城市，政府改变对城市的治理方式，以系统性的制度创新、政策创新来强化高端要素的集聚，不仅有利于中小企业的成长，还有助于形成"包容性增长"价值共识，避免城市转型在发展中形成阶层分化和对立，强化高端人才、创新型企业的归属感。

　　产业升级与城市转型，是我国"十二五"期间及未来 10 到 20 年间转变经济发展方式的重要内容。我们必须清醒地认识到，服务业发展不可能像工业那样很快见到规模和速度的效果，政府主导下的"服务业提速"和城市转型发展之路，在现行的政绩考核体系之下，充满了挑战。只有真正转变发展的理念，优先发展现代服务业，实现服务业增长的预期指标，才能切实提高城市的"经济容积率"，才能为转变发展方式和正在推进的国内城市的转型行动，提供战略性引领、系统的保障和可持续的动力机制。

主要参考文献

外文文献

1. Annalee Saxenian, *Regional Advantage: Culture and Competition in Silicon Vally and Route 128*, Cambridge: Harvard Universtiy Press, 1994.

2. Andrea Colantonio, Richard Burdett and Philipp Rode, *Transforming Urban Economies: Policy Lessons from European and Asian Cities*, London: Routledge, 2013.

3. Anne Lorentzen and Carsten Jahn Hansen, *The City in the Experience Economy : Role and Transformation*, London: Routledge, 2012.

4. Anne Lorentzen and Bas van Heur, *Cultural Political Economy of Small Cities*, London: Routledge, 2011.

5. Aleksander Panfilo, "The Role of Creative Industries in National Innovation System: the Creative Clusters in Moscow", *Center for Markets in Transition (CEMAT)*, 2011(2).

6. Allen Scott, *On Hollywood: The Place The Industry*, Princeton: Princeton University Press, 2005.

7. Allen Scott, "Cultural-Products Industries and Urban Economic Development: Prospects for Growth and Market Contestation in Global Context", *Urban Affairs Review*, 2004(4), vol. 39.

8. Aseem Inam, *Designing Urban Transformation*, London: Routledge, 2013.

9. A.Heskin, "The History of Tenant Organizing in the U.S.", W. van Vliet ed., *The Encyclopedia of Housing. Thousand Oaks*, CA: Sage Publications, 1998.

10. Bart van Ark, Simon K. Kuipers and Gerard H. Kuper, *Productivity, Technology and Economic Growth*, Berlin: Springer, 2010.

11. Béla A. Balassa, *European Economic Integration*, North-Holland: American Elsevier, 1975.

12. Beatriz Garcia, "Cultural Policy and Urban Regeneration in Western European Cities: Lessons from Experience, Prospects for the Future", *Local Economy*, 2004(4), vol.19.

13. Ben Campkin,*Remaking London: Decline and Regeneration in Urban Culture*, London: I. B. Tauris, 2013.

14. Charles Landry,*The Creative City: A Toolkit for Urban Innovators* (1st edition), London: Earthscan Publications Ltd., 2000.

15. David T. Herbert and Colin J. Thomas,*Urban Geography*,New York: John Wiley & Sons, 1982.

16. D.Howe, "Housing Code", W. van Vliet ed., *The Encyclopedia of Housing. Thousand Oaks*, CA: Sage Publications, 1998.

17. D. Hudalah, H. Winarso and J. Woltier,"Peri-urbanisation in East Asia - A New Challenge for Planning?" *International Development Planning Review*, 2007(4), Vol.29.

18. D.Martin,*Geographic Information Systems: Social-economic Applications*,New York: Routledge, 1996.

19. D. Roggeveen, *How the City Moved to Mr. Sun - China's New Megacities*,Sun Publishers, 2010.

20. Derek S. Hyra,*The New Urban Renewal: The Economic Transformation of Harlem and Bronzeville*,Chicago : University Of Chicago Press, 2008.

21. Dorothy I. Riddle, *Service-led Growth: The Role of the Service Sector in the World Development*, Praeger Publishers, 1986.

22. Douglas Massey and Nancy Denton, *American Apartheid: Segregation and the Making of the Underclass*,Cambridge: Harvard University Press, 1993.

23. Dwight H. Perkins, *East Asian Development: Foundations and Strategies*, Boston : Harvard University Press, 2013.

24. Eduardo Anselmo de Castro and Chris Jensen-Butler,"Demand for Information and Communication Technology-based Services and Regional Economic Development", *Regional Science*, 2003(1).

25. Edger M. Horwood and Ronald R. Boyee, *Studies of the Central Business District and Urban Freeway Development*,Washington : University of Washington Press, 1959.

26. E.Huttman and W.van Vliet, eds., *Handbook of Housing and Built Environment in the United States*,New York: Greenwood Press, 1988.

27. E. Mingione, ed., *Urban Poverty and the Underclass*, Oxford: Blackwell, 1996.

28. Gerry Mooney, "Cultural Policy as Urban Transformation? Critical Reflections on Glasgow, European City of Culture 1990", *Local Economy*, 2004(4), vol.19.

29. Guian A. McKee,"Naked City: The Death and Life of Authentic Urban Places", *Journal of American History*, 2012(6).

30. Graham Towers,*Building Democracy. A Casebook of Community Architecture*, London: UCL Press, 1995.

31. H.Gans, *The Levittowners*,New York: Pantheon, 1967.

32. H.V.Savitch, *Post-industrial Cities,* Princeton: Princeton University Press, 1988.

33. Jan Schollen, Peter Knuepfer, etc., "CargoCap: Underground Transportation System in the Model Test Track", A paper presented at the ISUFT 2005, Shanghai: 20-21 October, 2005.

34. Jan Tinbergen, *Integration Economic Integration*, Amsterdam :Elsevier, 1954.

35. John R. Roy,"Areas, Nodes and Networks: Some Analytical Considerations", *Regional Science*, 1999(2).

36. Jonathan Kozol, *Savage Inequalities: Children in America's Schools,*New York: Crown Publishers, 1991.

37. J. Friedmann, *China's Urban Transition,* Minneapolis: University of Minnesota Press, 2005.

38. J.Friedmann and G.Wolff, "World City Formation: An Agenda for Research and Action", *International Journal of Urban and Regional Research*, 1982(3).

39. J.Kemeny, "The Abolition of the National Swedish Institute for Building Research", *Scandinavian Housing and Planning Research*, 1997(14).

40. J.Lang,"Understanding Normative Theories of Architecture", *Environment and Behavior*, 1988(20).

41. J. O.Wheeler, "Centers for Urban Geography Research in the United States and Canada,1980-2001", *Urban Geography*, vol.23.

42. J. Vernon Henderson and Anthony J. Venables,*The Dynamics of City Formation: Finance and Government*,London: Centre for Economic Policy Research, 2004.

43. J. Vernon Henderson,"The Urbanization Process and Economic Growth: The So-what Question." *Journal of Economic Growth*, 2003(1).

44. Josh Pacewicz, "Tax Increment Financing, Economic Development Professionals and the Financialization of Urban Politics", *Socio-Economic Review*, 2013(11).

45. John Holt, Sidney J. Gray and William R. Purcell,"Decision Factors Influencing the Regional Headquarters Location of Multinationals in the Asia Pacific", *Working Paper*, 2000 (3).

46. John R. Logan and Harvey Luskin Molotch, *Urban Fortunes: The Political Economy of Place*, Berkeley: University of California Press, 1987.

47. K.C.Ho,"Competing to be Regional Centres: A Multi-agency, Multi-locational Perspective", *Urban Studies*, 2000(12), vol.37.

48. Kanazawams, "A Creative and Sustainable City",Policy Science, 2003(2).

49. Kirsten Jensen, Bartholomew F. Bland and Katherine Manthorne,*Industrial Sublime: Modernism and the Transformation of New York's Rivers, 1900-1940*, New York: Fordham

University Press, 2013.

50. Masayuki Sasaki, "Urban Regeneration through Cultural Creativity and Social Inclusion: Rethinking Creative City Theory through A Japanese Case Study", *Cities*, 2010 (27).

51. Michael Breheny, "Centrists and Compromisers: Views on the Future of Urban Form", Elizabeth Burton, Mike Jenks and Katie Williams, *The Compact City: A Sustainable Urban Form?* London: E & FN Spon, 1996.

52. Michael Keith, Scott Lash, Jakob Arnoldi and Tyler Rooker, *China Constructing Capitalism: Economic Life and Urban Change*, London: Routledge, 2013.

53. Miguel-Angel Galindo, Joaquin Guzman and Domingo Ribeiro, *Entrepreneurship and Business: A Regional Perspective*, Berlin: Springer, 2009.

54. Mike Danson and Peter de Souza, *Regional Development in Northern Europe: Peripherality, Marginality and Border Issues*, London: Routledge, 2012.

55. Nick Wates and Charles Knevitt, *Community Architecture: How People are Creating Their Own Environment*, London: Routledge, 1987.

56. O. Newman, *Defensible Space*, New York: Macmillan, 1972.

57. Peter Hall, *Good Cities, Better Lives: How Europe Discovered the Lost Art of Urbanism*, London: Routledge, 2013.

58. Paul R. Krugman, "Increasing Return and Economic Geography", *Journal of Political Economy*, 1990(3).

59. Pierluigi Sacco and Giorgio Tavano Blessi, "The Social Viability of Culture-led Urban Transformation Processes: Evidence from the Bicocca District, Milan", *Urban Studies*, 2009(5-6), vol. 46.

60. P.J.Buckley and P. Ghauri, "Globalisation, Economic Geography and the Strategy of Multinational Enterprises", *Journal of International Business Studies*, 2004(2), Vol.35.

61. Richard Jenkins,*Social Identity*, London: Routledge, 1996.

62. Ronald A. Altoon and James C. Auld,*Urban Transformations: Transit Oriented Development & The Sustainable City*, Victoria: Images Publishing Dist Ac, 2011.

63. R.Shelp, "The Role of Service Technology in Development", In *Service Industries and Economic Development-Case Studies in Technology Transfer*, New York: Praeger Publishers, 1984.

64. S.Fainstein, *The City Builders*,Oxford: Blackwell, 1994.

65. S. Paul O' Hara, "The Very Model of Modern Urban Decay: Outsiders' Narratives of Industry and Urban Decline in Gary, Indiana", *Journal of Urban History*, 2011(2), vol. 37.

66. S.Sassen, "The World City Hypothesis, Development and Change", *International*

Journal of Urban and Regional Research, 1986(11).

67. Tara Brabazon,*City Imaging: Regeneration, Renewal and Decay*,Berlin: Springer, 2013.

68. Tuna Kuyucu and Özlem Ünsal, "'Urban Transformation' as State-led Property Transfer: An Analysis of Two Cases of Urban Renewal in Istanbul", *Urban Studies*, 2010(7), vol.47.

69. Theda Gödecke and Hermann Waibel,"Rural–urban Transformation and Village Economy in Emerging Market Economies during Economic Crisis: Empirical Evidence from Thailand", *Cambridge Journal of Regions, Economy and Society*, 2011(3).

70. T.G.Mcgee, "New Regions of Emerging Rural-Urban Mix in Asia: Implications for National and Regional Policy", A paper presented at the Seminar on Emerging Urban-Rural Linkage, Bangkok: 16-19 August, 1989.

71. United Nations, *Transformation of Cities in Central and Eastern Europe: Towards Globalization*,Tokyo: United Nations University Press, 2005.

72. Uwe Altrock and Sonia Schoon,*Maturing Megacities: The Pearl River Delta in Progressive Transformation*, Berlin: Springer, 2013.

73. Vernon Henderson and Hyoung Gun Wang,"Aspects of the Rural-urban Transformation of Countries", *Journal of Economic Geography*, 2005(5).

中文译著

1.[德] 奥斯瓦尔特主编:《收缩的城市》,同济大学出版社 2012 年版。

2.[德] 别克林等编著:《城市街区》,张路峰译,中国建筑工业出版社 2011 年版。

3.[德] 雷纳·克鲁门勒:《什么是什么:消失的城市》,王勋华译,湖北教育出版社 2009 年版。

4.[德] 马克思、恩格斯:《德意志意识形态》,《马克思恩格斯全集》第四卷,人民出版社 1960 年版。

5.[德] 马克斯·韦伯:《社会科学方法论》,李零秋、田薇译,中国人民大学出版社 1999 年版。

6.[德] 马克斯·韦伯:《经济、诸社会领域及权力》,李强译,三联书店 1998 年版。

7.[德] 马克斯·韦伯:《经济与社会》,林荣远译,商务印书馆 1997 年版。

8.[德] 马克斯·韦伯:《新教伦理与资本主义精神》,于晓、陈维纲等译,三联书店 1987 年版。

9.［法］阿兰·博里、［法］皮埃尔·米克洛尼、［法］皮埃尔·皮农：《建筑与城市规划：形态与变形》，李婵译，辽宁科学技术出版社 2011 年版。

10.［法］巴内翰等：《城市街区的解体——从奥斯曼到勒·柯布西耶》，魏羽力等译，中国建筑工业出版社 2012 年版。

11.［法］弗雷德里克·马特尔：《主流——谁将打赢全球文化战争》，刘成富等译，商务印书馆 2012 年版。

12.［荷］包乐史：《看得见的城市——东亚三商港的盛衰浮沉录》，赖钰匀、彭昉译，浙江大学出版社 2011 年版。

13.［加］贝淡宁、［以］艾维纳：《城市的精神：全球化时代，城市何以安顿我们》，吴万伟译，重庆出版社 2012 年版。

14.［加］雅各布斯：《城市与国家财富》，中信出版社 2007 年版。

15.［加］雅各布斯：《美国大城市的死与生》，译林出版社 2009 年版。

16.［美］阿瑟·奥沙利文：《城市经济学》（第四版），苏晓燕、常荆莎、朱雅丽主译，中信出版社 2003 年版。

17.［美］阿尔温·托夫勒：《第三次浪潮》，朱志焱、潘琪、张焱译，三联书店 1984 年版。

18.［美］艾伦·J·斯科特：《城市文化经济学》，董树宝等译，中国人民大学出版社 2010 年版。

19.［美］爱德华·格莱泽：《城市的胜利》，刘润泉译，上海社会科学院出版社 2012 年版。

20.［美］B.约瑟夫·派恩、詹姆斯·H·吉尔摩：《体验经济》，夏业良等译，机械工业出版社 2002 年版。

21.［美］贝利：《比较城市化——20 世纪的不同道路》，顾朝林等译，商务印书馆 2010 年版。

22.［美］布朗、迪克森等：《城市化时代的城市设计：营造人性场所》，电子工业出版社 2012 年版。

23.［美］丹尼尔·贝尔：《后工业社会的来临》，王宏周等译，商务印书馆 1984 年版。

24.［美］丹尼尔·贝尔：《资本主义文化矛盾》，赵一凡、蒲隆、任晓晋译，三联书店 1989 年版。

25.［美］丹尼尔·布尔斯廷：《美国人：民主历程》，三联书店 1993 年版。

26.［美］F.L.奥姆斯特德：《美国城市的文明化》，王思思等译，译林出版社 2013 年版。

27.［美］道格拉斯·法尔：《可持续城市化——城市设计结合自然》，黄靖、徐桑译，中国建筑工业出版社 2013 年版。

28.［美］菲利斯·理查森：《风格城市：巴黎》，中信出版社 2013 年版。

29.[美] 凡勃伦:《有闲阶级论——关于制度的经济研究》,蔡受百译,商务印书馆 1964 年版。

30.[美] 戈特迪纳、[美] 哈奇森:《新城市社会学》,黄怡译,上海译文出版社 2011 年版。

31.[美] 格林、[美] 皮克:《城市地理学》,中国地理学会城市地理专业委员会译校,商务印书馆 2011 年版。

32.[美] 霍金斯、贝斯特、科尼:《消费者行为学》,符国群等译,机械工业出版社 2000 年版。

33.[美] 杰里米·里夫金:《第三次工业革命》,中信出版社 2012 年版。

34.[美] 加文:《美国城市规划设计的对与错》,黄艳等译,中国建筑工业出版社 2010 年版。

35.[美] 凯文·林奇:《城市意象》,方益萍等译,华夏出版社 2001 年版。

36.[美] 凯文·林奇:《城市形态》,林庆怡等译,华夏出版社 2001 年版。

37.[美] 理查德·E·凯夫斯:《创意产业经济学——艺术的商业之道》,孙绯等译,新华出版社 2004 年版。

38.[美] 刘易斯·芒福德:《城市发展史:起源、演变和前景》,宋俊岭等译,中国建筑工业出版社 2005 年版。

39.[美] 曼纽尔·卡斯泰尔:《信息化城市》,崔保国等译,江苏人民出版社 2001 年版。

40.[美] 曼纽尔·卡斯特:《千年终结》,夏铸九等译,社会科学文献出版社 2003 年版。

41.[美] 曼纽尔·卡斯特:《认同的力量》,夏铸九等译,社会科学文献出版社 2003 年版。

42.[美] 曼纽尔·卡斯特:《网络社会的崛起》,夏铸九等译,社会科学文献出版社 2001 年版。

43.[美] 乔尔·科特金:《新地理——数字经济如何重塑美国地貌》,王玉平等译,社会科学文献出版社 2010 年版。

44.[美] R.E. 帕克等:《城市社会学》,宋俊岭译,华夏出版社 1987 年版。

45.[美] 塞缪尔·亨廷顿等著,罗荣渠主编:《现代化:理论与历史经验的再探讨》,上海译文出版社 1993 年版。

46.[美] 西蒙·安浩:《铸造国家、城市和地区的品牌:竞争优势识别系统》,葛岩、卢嘉杰、何俊涛译,上海交通大学出版社 2013 年版。

47.[美] 伊丽莎白·科瑞德:《创意城市:百年纽约的时尚、艺术与音乐》,陆香等译,中信出版社 2010 年版。

48.[美] 约翰·伦德·寇耿、菲利普·恩奎斯特、理查德·若帕波特:《城市营造》,赵瑾等译,江苏人民出版社 2013 年版。

49.[美] 约翰·M·利维:《现代城市规划》(第五版),张景秋等译,中国人民大学出版社 2003 年版。

50.[美] 詹姆斯·特拉菲尔:《未来城》,赖慈芸译,中国社会科学出版社 2000年版。

51.[日] 富永健一:《经济社会学》,孙日明、杨栋梁译,南开大学出版社 1984年版。

52.[日] 海道清作:《紧凑型城市的规划与设计》,苏利英译,中国建筑工业出版社 2011 年版。

53.[日] 栗本慎一郎:《经济人类学》,王名等译,商务印书馆 1997 年版。

54.[日] 松永安光:《城市设计的新潮流——紧凑型城市新城市主义都市村庄》,周静敏等译,中国建筑工业出版社 2012 年版。

55.[新] 林少伟:《亚洲伦理城市主义——一个激进的后现代视角》,王世福、刘玉亭译,中国建筑工业出版社 2012 年版。

56.[英] 埃比尼泽·霍华德:《明日的田园城市》,金经元译,商务印书馆 2002年版。

57.[英] 坎尼夫:《城市伦理——当代城市设计》,秦红岭、赵文通译,中国建筑工业出版社 2013 年版。

58.[英] 罗伯茨、塞克斯主编:《城市更新手册》,叶齐茂、倪晓晖译,中国建筑工业出版社 2009 年版。

59.[英] 纽曼、[英] 索恩利:《规划世界城市》,刘晔等译,上海人民出版社 2012年版。

60.[英] 威廉斯:《乡村与城市》,韩子满、刘戈、徐珊珊译,商务印书馆 2013年版。

61.[英] 约翰·里德:《城市》,赫笑丛译,清华大学出版社 2010 年版。

62.[英] 查尔斯·兰德力:《创意城市——如何打造都市创意生活圈》,杨幼兰译,清华大学出版社 2009 年版。

63.[美] 理查德·佛罗里达:《创意阶层的崛起》,司徒爱勤译,中信出版社 2010年版。

中文著作

1. 世界银行:《2009 年世界发展报告:重塑世界经济地理》,清华大学出版社 2009年版。

2.《2012 中国可持续发展战略报告——全球视野下的中国可持续发展》,北京科学出版社 2012 年版。

3. 巴曙松、杨现领：《城镇化大转型的金融视角》，厦门大学出版社 2013 年版

4. 蔡来兴：《上海：创建新的国际经济中心城市》，上海人民出版社 1995 年版。

5. 崔功豪：《中国城镇发展研究》，中国建筑工业出版社 1992 年版。

6. 陈建华：《信息化、产业发展与城市空间响应》，社会科学文献出版社 2010 年版。

7. 陈秀山、张可云：《区域经济理论》，商务印书馆 2003 年版。

8. 陈宪：《中国现代服务经济理论与发展战略研究》，经济科学出版社 2011 年版。

9. 陈少峰等：《中国文化企业报告 2012》，华文出版社 2012 年版。

10. 陈映芳：《城市中国的逻辑》，三联书店 2012 年版。

11. 邓于君：《服务业结构演进：内在机理与实证分析》，科学出版社 2010 年版。

12. 方创琳、刘毅、林跃然：《中国创新型城市发展报告》，科学出版社 2013 年版。

13. 丰志勇：《国家发展战略视角下的区域政策与经济增长研究》，东南大学出版社 2012 年版。

14. 傅崇兰、周明俊主编：《中国特色城市发展理论与实践》，中国社会科学出版社 2003 年版。

15. 辜胜阻：《创新驱动战略与经济转型》，人民出版社 2013 年版。

16. 国家统计局城市社会经济调查司：《中国城市统计年鉴》，2010 年版。

17. 高洪深：《区域经济学》，中国人民大学出版社 2006 年版。

18. 高汝熹、罗明义：《城市圈域经济论》，云南大学出版社 1998 年版。

19. 顾朝林、甄峰、张京祥：《集聚与扩散》，东南大学出版社 2000 年版。

20. 顾朝林等：《中国城市地理》，商务印书馆 1999 年版。

21. 胡鞍钢：《中国：创新绿色发展》，中国人民大学出版社 2012 年版。

22. 何德旭、夏杰长：《服务经济学》，中国社会科学出版社 2009 年版。

23. 何念如、吴煜：《中国当代城市化理论研究》，上海人民出版社 2007 年版。

24. 洪银兴：《创新型经济：经济发展的新阶段》，经济科学出版社 2010 年版。

25. 侯玉兰主编：《城市社区发展国际比较研究》，北京出版社 2000 年版。

26. 黄南：《现代产业体系的构建与产业结构调整研究》，东南大学出版社 2011 年版。

27. 黄繁华主编：《经济全球化与现代服务业》，南京出版社 2002 年版。

28. 黄文忠主编：《上海卫星城与中国城市化道路》，上海人民出版社 2003 年版。

29. 纪晓岚：《论城市本质》，中国社会科学出版社 2002 年版。

30. 纪宝成等：《创新型城市战略论纲》，中国人民大学出版社 2009 年版。

31. 江曼琦：《城市空间结构优化的经济分析》，人民出版社 2001 年版。

32. 李程骅：《WTO 与城市热点》，江苏文艺出版社 2003 年版

33. 李程骅：《商业新业态：城市消费大变革》，东南大学出版社 2004 年版。

34. 李程骅：《城事论衡》，中国建筑工业出版社 2013 年版。

35. 李程骅：《优化之道：城市新产业空间战略》，人民出版社 2008 年版。

36. 李丽萍：《国际城市的理论与实践》，新华出版社 2005 年版。

37. 李庆余、周桂银等：《美国现代化道路》，人民出版社 1994 年版。

38. 李小建主编：《经济地理学》，高等教育出版社 1999 年版。

39. 李江帆：《中国第三产业发展研究》，人民出版社 2005 年版。

40. 李彦军：《中国城市转型的理论框架与支撑体系》，中国建筑工业出版社 2012 年版。

41. 李芸：《都市计划与都市发展》，东南大学出版社 2002 年版。

42. 厉以宁：《转型发展理论》，同心出版社 1996 年版。

43. 厉无畏：《创意改变中国》，新华出版社 2009 年版。

44. 厉无畏、王振：《创新型城市建设与管理研究》，上海社会科学院出版社 2007 年版。

45. 梁向阳：《经济社会学》，中山大学出版社 1996 年版。

46. 林广、张鸿雁：《成功与代价——中外城市化比较新论》，东南大学出版社 2000 年版。

47. 林钦荣：《城市空间治理的创新策略：台北　新竹　高雄》，新自然主义公司 2006 年版。

48. 林家彬等：《城市病——中国城市病的制度性根源与对策研究》，中国发展出版社 2012 年版。

49. 刘志彪、郑江淮：《长三角转型升级研究》，中国人民大学出版社 2012 年版。

50. 罗志军、洪银兴：《基于科教资源优势，建设创新型城市的南京模式》，经济科学出版社 2007 年版。

51. 罗志军主编：《推进服务型政府制度建设》，江苏人民出版社 2010 年版。

52. 罗荣渠：《现代化新论——世界与中国的现代化进程》，北京大学出版社 1993 年版。

53. 陆铭：《空间的力量：地理、政治与城市发展》，格致出版社 2013 年版。

54. 陆军等：《城市老工业区转型与再开发：理论、经验与实践》，社会科学文献出版社 2011 年版。

55. 雷新军等：《城市产业转型比较研究：上海市杨浦区与日本川崎市产业转型经验》，上海人民出版社 2011 年版。

56. 倪鹏飞等：《南京城市国际竞争力报告》，社会科学文献出版社 2011 年版。

57. 倪鹏飞：《中国城市竞争力理论研究与实证分析》，中国经济出版社 2001 年版。

58. 倪鹏飞主编：《中国城市竞争力报告》系列，社会科学文献出版社 2003—2012 年版。

59. 裴长洪：《经济全球化与当代国际贸易》，社会科学文献出版社 2007 年版。

60. 裴长洪:《中国服务业与服务贸易》,社会科学文献出版社 2006 年版。

61. 饶会林:《城市经济学》,东北财经大学出版社 1999 年版。

62. 单霁翔:《从"功能城市"走向"文化城市"》,天津大学出版社 2007 年版。

63. 上海证大研究所编:《长江边的中国——大上海国际都市圈建设与国家发展战略》,学林出版社 2003 年版。

64. 屠启宇:《谋划中国的世界城市:面向 21 世纪中叶的上海发展战略研究》,上海三联书店 2008 年版。

65. 汪和建:《迈向中国的新经济社会学:交易秩序的结构研究》,中央编译出版社 1999 年版。

66. 王志平、陈辉等:《上海发展现代服务业的途径与策略》,上海人民出版社 2011 年版。

67. 王方华、陈宏民:《都市圈发展与管理概论》,上海三联书店 2007 年版。

68. 王放:《中国城市化与可持续发展》,科学出版社 2000 年版。

69. 王兴中等:《中国城市社会空间结构研究》,科学出版社 2000 年版。

70. 王兴平:《中国城市新产业空间:发展机制与空间组织》,科学出版社 2006 年版。

71. 王旭、黄柯可主编:《城市社会的变迁》,中国社会科学出版社 1998 年版。

72. 王旭:《美国城市史》,中国社会科学出版社 2000 年版

73. 魏后凯等:《中国区域协调发展研究》,中国社会科学出版社 2012 年版。

74. 魏后凯等:《中国区域政策:评价与展望》,经济管理出版社 2011 年版。

75.《稳中求进　转型发展——2012 年江苏省决策咨询研究重点课题成果汇编》,江苏人民出版社 2012 年版。

76. 吴奇修:《资源型城市竞争力的重塑与提升》,北京大学出版社 2008 年版。

77. 吴良镛:《人居环境科学导论》,中国建筑工业出版社 2001 年版。

78. 吴忠民:《渐进模式与有效发展——中国现代化研究》,东方出版社 1999 年版。

79. 吴维平等编译:《多维尺度下的城市主义和城市规划——北美城市规划研究最新进展》,中国建筑工业出版社 2011 年版。

80. 武廷海、于涛方、李郇:《城市与区域规划研究:城市化模式转型》(第 5 卷第 2 期)(总第 14 期),商务印书馆 2012 年版。

81. 谢芳:《美国社区》,中国社会出版社 2004 年版。

82. 谢文蕙、邓卫编著:《城市经济学》,清华大学出版社 1996 年版。

83. 夏杰长、李勇坚、刘奕、霍景东:《迎接服务经济时代来临——中国服务业发展趋势、动力与路径研究》,经济管理出版社 2010 年版。

84. 肖林、王方华:《中国都市圈服务经济与全球化竞争策略》,格致出版社 2008 年版。

85. 叶南客、李程骅:《中国城市发展:转型与创新》,人民出版社 2011 年版。

86. 杨英法：《文化图强正相宜》，中国戏剧出版社 2007 年版。

87. 杨重光、梁本凡：《中国城市经济创新透视》，中国社会科学出版社 2002 年版。

88. 杨沛儒：《生态城市主义：尺度、流动与设计》，中国建筑工业出版社 2010 年版。

89. 姚士谋、朱英明、陈振光等：《中国城市群》（第二版），中国科学技术大学出版社 2001 年版。

90. 姚士谋主编：《中国大都市的空间扩展》，中国科学技术大学出版社 1998 年版。

91. 姚为群：《全球城市的经济成因》，上海人民出版社 2003 年版。

92. 尹继佐：《世界城市与创新城市》，上海社会科学院出版社 2003 年版。

93. 尹继佐主编：《现代化国际大都市建设——2003 年上海经济发展蓝皮书》，上海社会科学出版社 2002 年版。

94. 于洪俊、宁越敏：《城市地理概论》，安徽科学技术出版社 1983 年版。

95. 尤建新等：《创新型城市建设路径的思考：上海与深圳的比较》，清华大学出版社 2007 年版。

96. 张鸿雁：《侵入与接替——城市社会结构变迁新论》，东南大学出版社 2000 年版。

97. 张鸿雁：《城市文化资本论》，东南大学出版社 2011 年版。

98. 张京祥：《城镇群体空间组合》，东南大学出版社 2000 年版。

99. 张庭伟、冯晖、彭治权：《城市滨水区设计与开发》，同济大学出版社 2002 年版。

100. 张志宏：《后危机时代城市经济转型与深圳案例研究》，社会科学文献出版社 2011 年版。

101. 张颖熙：《城市转型与服务业发展：国际经验与启示》，《中国服务业报告》No.8，社会科学文献出版社 2010 年版。

102. 张二震、郑江淮：《昆山产业转型升级之路》，人民出版社 2013 年版。

103. 朱晓青、寇静：《北京现代服务业的现状与发展路径研究》，经济管理出版社 2011 年版。

104. 朱英明：《城市群经济空间分析》，科学出版社 2004 年版。

105. 周一星：《城市地理学》，商务印书馆 1995 年版。

106. 周振华：《上海迈向全球城市：战略与行动》，上海人民出版社 2012 年版。

107. 周振华：《城市转型与服务业经济发展》，格致出版社 2009 年版。

108. 周长城：《经济社会学》，中国人民大学出版社 2003 年版。

109. 中国人民大学区域与城市经济研究所：《中国沿海地区经济转型重大问题研究》，经济管理出版社 2012 年版。

110. 左学金等：《世界城市空间转型与产业转型比较研究》，社会科学文献出版社 2011 年版。

111. 赵伟:《城市经济理论与中国城市发展》,武汉大学出版社 2005 年版。

112. 郑京淑:《现代跨国公司的区位体系与世界经济》,中山大学出版社 2004 年版。

中文期刊

1. 蔡荣生、王勇:《国内外发展文化创意产业的政策研究》,《中国软科学》2009 年第 8 期。

2. 陈文玲:《把创新城市发展方式作为国家重大战略》,《南京社会科学》2012 年第 12 期。

3. 陈燕、李程骅:《我国门户型中心城市发展状况综合评价》,《城市问题》2012 年第 4 期。

4. 陈忠:《再论城市生命周期与城市可持续繁荣》,《江汉论坛》2012 年第 1 期。

5. 陈建军:《关于打造现代产业体系的思考——以杭州为例》,《浙江经济》2008 年第 17 期。

6. 程大中:《论服务业在国民经济中的"黏合剂"作用》,《财贸经济》2004 年第 2 期。

7. 李程骅:《服务业推动城市转型的"中国路径"》,《经济学动态》2012 年第 4 期。

8. 李健:《世界城市研究的转型、反思与上海建设世界城市的探讨》,《城市规划学刊》2011 年第 3 期。

9. 李翔:《文化创意产业园区 / 集聚区与创新型城市建设》,《生产力研究》2012 年第 6 期。

10. 李江帆:《国外生产服务业研究述评》,《外国经济与管理》2004 年第 11 期。

11. 林广:《新城市主义与美国城市规划》,《美国研究》2007 年第 4 期。

12. 刘金友、赵瑞霞、胡黎明:《创意产业组织模式研究——基于创意价值链的视角》,《中国工业经济》2009 年第 12 期。

13. 刘平:《文化创意驱动城市转型发展的模式及作用机制》,《社会科学》2012 年第 7 期。

14. 刘志彪:《基于制造业基础的现代生产者服务业发展》,《江苏行政学院学报》2006 年第 5 期。

15. 卢万合、刘继生:《中国十大城市群城市流强度的比较分析》,《统计与信息论坛》2010 年第 25 期。.

16. 高宏存:《文化创意产业催生北京城市空间新布局》,《学术探索》2010 年第 5 期。

17. 高传胜、刘志彪:《生产者服务于长三角制造业的集聚发展》,《上海经济研究》2005 年第 8 期。

18. 龚绍东:《产业体系结构形态的历史演进与现代创新》,《产经评论》2010 年第 1 期。

19. 顾朝林、宋国臣:《北京城市意向空间及构成要素研究》,《地理学报》2001 年第 1 期。

20. 顾朝林等:《北京社会极化与空间分异研究》,《地理学报》1997 年第 5 期。

21. 顾江、郭新茹:《科技创新背景下我国文化产业升级路径选择》,《东岳论丛》2010 年第 3 期。

22. 郭永、杨秀云、黄琳:《澳大利亚布里斯班创意集聚区效应分析及其启示》,《亚太经济》2011 年第 6 期。

23. 韩顺法、黄宇:《基于价值模块化的创意产业组织模式创新》,《华东经济管理》2010 年第 9 期。

24. 黄群慧、贺俊:《"第三次工业革命"与中国经济发展战略调整》,《中国工业经济》2013 年第 1 期。

25. 慧宁、谢攀、霍丽:《创新型城市指标体系评价研究》,《经济学家》2009 年第 2 期。

26. 洪银兴:《苏南模式的新发展和地方政府的转型》,《经济研究参考》2005 年第 72 期。

27. 贺俊、吕铁:《战略性新兴产业:从政策概念到理论问题》,《财贸经济》2012 年第 5 期

28. 金碚:《国际金融危机后中国产业竞争力的演变趋势》,《科学发展》2009 年第 12 期。

29. 康艺凡、陈宪:《中国城市服务经济指数·2010》,《科学发展》2011 年第 1 期。

30. 寇静、朱晓青:《世界城市的特性、主导产业及对北京的启示》,《新视野》2012 年第 1 期。

31. 厉无畏:《文化创意产业推进城市实现创新驱动和转型发展》,《上海城市规划》2012 年第 4 期。

32. 马凯:《转变城镇化发展方式提高城镇化发展质量,走出一条有中国特色城镇化道路》,《国家行政学院学报》2012 年第 5 期。

33. 秦晓:《从"生产函数"到"替代函数"——关于现代大型公司总部功能研究》,《改革》2003 年第 1 期。

34. 任永菊:《北京与上海:吸引跨国公司地区总部现状及潜力比较》,《国际经济合作》2005 年第 4 期。

35. 任兴洲:《我国服务经济发展的总体特征与制度障碍》,《科学发展》2010 年第 10 期。

36. 孙洁:《文化创意产业的空间集聚促进城市转型》,《社会科学》2012 年第 7 期。

37. 王信东:《文化创意产业促进中心城市产业结构优化升级路径分析》,《工业技

术经济》2011 年第 1 期。

38. 王慧敏：《文化创意产业集聚区发展的 3.0 理论模型与能级提升》，《社会科学》2012 年第 7 期。

39. 王仁祥、邓平：《创新型城市的评价指标体系》，《统计与决策》2007 年第 11 期。

40. 吴启焰、张京祥、朱喜纲：《世界城市的未来及面临的区域政策问题》，《城市问题》2005 年第 2 期。

41. 吴冬青、冯长春、党宁：《美国城市增长管理的方法与启示》，《城市问题》2007 年第 5 期。

42. 谢康等：《跨国公司集聚区域的特点及其在上海的发展趋势》，《世界经济研究》2004 年第 1 期。

43. 薛俊菲、顾朝林、孙加凤：《都市圈空间成长的过程及其动力因素》，《城市规划》2006 年第 3 期。

44. 姚士谋：《关于城市群的发展模式及经验新探》，《技术经济与管理研究》2005 年第 2 期。

45. 杨秀云、郭永：《文化创意产业提升城市创新能力的演化机理及其政策启示》，《西安交通大学学报》（社会科学版）2013 年第 3 期。

46. 杨华峰、邱丹、余艳：《创新型城市的评价指标体系》，《统计与决策》2007 年第 6 期。

47. 杨鲁豫：《对美国城市规划的认识与思考》，《城乡建设》2005 年第 6 期。

48. 杨冬梅、赵黎明、闫凌州：《创新型城市：概念模型与发展模式》，《科学学与科学技术管理》2006 年第 8 期。

49. 叶朗：《DOENTOWN 到 CBD——美国城市中心的演变》，《城市规划汇刊》1999 年第 1 期。

50. 叶炯：《可持续发展的城市住区设计研究》，《建筑创作》2002 年第 10 期。

51. 赵弘：《论北京发展总部经济》，《中国创业投资与高科技》2004 年第 2 期。

52. 张岩贵、任永菊：《跨国公司地区总部区位选择的影响因素——基于引力模型的研究》，《跨国公司论丛》（2006 年，南开大学跨国公司研究中心）。

53. 曾刚、王琛：《巴黎地区的发展与规划》，《国外城市规划》2004 年第 5 期。

54. 郑涛：《京津冀地区城市流强度时空动态实证研究城市发展研究》，《城市发展研究》2010 年第 3 期。

55. 郑晓光：《世界城市产业结构比较及对北京的启示》，《中国国情国力》2012 年第 11 期。

56. 智瑞芝、杜德斌、郝莹莹：《日本首都圈规划及中国区域规划对其的借鉴》，《当代亚太》2005 年第 11 期。

57. 周伟：《世界城市产业发展规律探析》，《商业时代》2012 年第 28 期。

58. 周振华：《伦敦、纽约、东京经济转型的经验及其借鉴》，《科学发展》2011 年第 10 期。

59. 周振华:《论城市能级水平与现代服务业》,《社会科学》2005 年第 9 期。

60. 钟坚:《关于深圳加快建设国家创新型城市的几点思考》,《管理世界》2009 年第 3 期。

61. 朱孔来等:《国内外对创新型城市评价研究现状综述》,《技术经济与管理研究》2010 年第 6 期。

62. 朱道才、周加来:《基于集聚经济的我国城市化战略取向》,《经济问题探索》2006 年第 10 期。

63. 朱英明、于念文:《沪宁杭城市密集区城市流研究》,《城市规划汇刊》2002 年第 1 期。

后　记

　　当经历了国庆长假的最后"冲刺"，在这部书稿杀青之时，我确实有如释重负的感觉，但同时又觉得言犹未尽。如释重负，是因为书稿集中写作了整整一年，从去年国庆节确定了整体框架开始撰写第一章，到今年国庆长假结束时终于完成全部书稿，我几乎所有的假期和双休日都是在奋力笔耕中度过的，现在总算可以歇口气了。言犹未尽，则是觉得自己围绕中国城镇化与城市转型发展所开展的学术研究，尽管已有很多年了，也发表了很多论文，出版了多部著作，还承担了一系列相关的国家级与省级课题，但内心始终认为还未能拿出真正的学术精品，书稿还需要继续打磨，或者再写一部新著来弥补缺憾。实际上，在 2008 年年底，当我的研究城市产业空间演化的著作《优化之道：城市新产业空间战略》由人民出版社出版之后，我就决定要再写一部研究当代中国城市转型发展的新著，以对该书中未能深化研究的问题，进行更系统的探讨，以期为我国正在推进的城市转型行动提供理论与实践的启示。随后，我的课题研究和论文写作也重点围绕这一主题来有序推进，并顺利拿到了国家社科基金项目，从而为实现设定的目标打好基础。如今，又一个五年过去了，我也如愿完成了《中国城市转型研究》的书稿，在感觉迈上一个新的学术台阶的同时，更期望自身的研究成果能为中国快速城市化、城市转型的实践创新提供一点决策上的参考，并建立起一个研究中国城市发展的基本话语体系。

　　学术研究需要积累，需要自身的孜孜努力，也更需要团队的协同与学术平台的多向支撑。我所走过的城市与区域经济研究之路，以及所取得的各项成果，直接验证了这一点。2007 年 9 月，我从南京大学被调入南京市社科院工作，作为城市经济学科带头人，从事城市发展的前沿研究、资政服务，带领研究团队开展了一大批城市经济课题研究，我自己也出版了《优化之道：城市新产业空间战略》著作。2008年9月，南京市社科院与南京大学、东南大学联合成立了"中国（南京）城市发展战略研究院"，由著名经济学家、南京大学党委书记洪银兴教授兼任院长，我与南京大学张鸿雁教授、东南大学王建国教授担任副院长。借助这个开放的学术平台，我与社科院的同仁们以及两所大学的专家，每年都要完成一批领导交办的重大课题和应急课题，这些课题中的主要成果已经结集于2011年由人民出版社正式出版。而我刚刚写就的这部新著《中国城市转型研究》，也直接得益于研究院这个开放的、高端的学术平台，得益于对多年来积累的相关学术成果的系统提升和完善。

在书稿即将交付出版之时，我要感谢南京市社科院院长、社科联主席叶南客研究员，他所营造的良好的工作环境与学术氛围，为我多年来的学术研究提供了重要保障。对长期合作的南京市社科院经济研究所、城市研究所的诸位同仁：唐启国研究员、黄南研究员、丰志勇副研究员、吴海瑾副研究员、陈燕副研究员、周蜀秦副研究员、王飞副研究员等，表示诚挚的感谢。在这部书稿完成的过程中，黄南研究员、陈燕副研究员、周蜀秦副研究员还直接参与了部分章节的初稿撰写，并联名发表了一些中间性的论文成果。没有他们的协助和奉献，我是不可能如期完成这部书稿的。李惠芬副研究员、王聪博士和我的博士生郑琼洁，对图表的处理花费了很多精力，在此一并致谢。

这些年来，我在进行城市经济、城镇化战略和城市转型发展的课题研究中，还有幸得到一批国内知名学者的及时指教和帮助，在此要特别感谢中国社科院经济所所长裴长洪教授，国务院研究室综合司司长陈文玲研究员，江苏省社科联常务副主席张颢瀚教授，江苏省城市经济学会会长周明生教授，南开大学安虎森教授，南京大学张二震教授，华东师范大学宁越敏教授，上海社科院朱平芳教授等，他们的无私帮助与指点，时时激励着我去探索新的学术课题。此外，我的这些研究成果，近年集中在《求是》杂志、《经济学动态》、《上海经济研究》、《江海学刊》、《城市问题》和《中国浦东干部学院学报》等知名期刊以及《中国社会科学报》和《新华日报》、《南京日报》、《西安日报》的理论版上得到及时刊出，并被《新华文摘》、《中国社会科学文摘》以及众多的媒体网站转载，及时有效地传播了相关学术观点和内容。在此，我要对这些知名期刊、报纸和网站的编辑，深深地道一声感谢。

做学问、搞研究，青灯孤影，焚膏续晷，所要付出的辛苦自不待言。但面对所发表的一篇篇论文、所出版的一部部著作，自身也容易获得满足感，而且这种持续的满足感会激发人的能动性和坚忍的精神，让人生的内容更为充实、丰厚。近10多年来，我在城市研究的多个领域中发表上百篇论文，完成了六部著作，除了正常的工作时间之外，大部分时光是在对着电脑写作，对其中的甘苦，体会至深。在即将迎来人生的"天命"之年，我祈盼未来的学术之路更加坚实，学术成果更多经世致用，并不断攀上新的学术台阶，与研究团队、学界同仁共赏学术之巅的美丽风景。

李程骅

2013 年 10 月 10 日于南京成贤街

责任编辑：陆丽云
装帧设计：曹　春

图书在版编目（CIP）数据

中国城市转型研究 / 李程骅　著 . – 北京：人民出版社，2013.12
ISBN 978 – 7 – 01 – 012971 – 6

I. ①中…　II. ①李…　III. ①城市发展战略 – 研究 – 中国　IV. ① F299.2

中国版本图书馆 CIP 数据核字（2013）第 308359 号

中国城市转型研究
ZHONGGUO CHENGSHI ZHUANXING YANJIU

李程骅　著

人 民 出 版 社 出版发行
（100706　北京市东城区隆福寺街 99 号）

北京汇林印务有限公司印刷　新华书店经销

2013 年 12 月第 1 版　2013 年 12 月北京第 1 次印刷
开本：710 毫米 × 1000 毫米 1/16　印张：27
字数：415 千字

ISBN 978 – 7 – 01 – 012971 – 6　定价：68.00 元

邮购地址 100706　北京市东城区隆福寺街 99 号
人民东方图书销售中心　电话（010）65250042　65289539